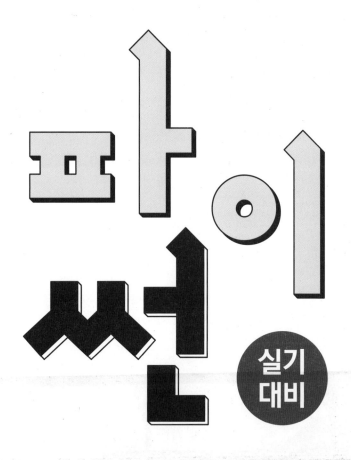

파이썬

실기 대비

한권으로 끝내기

시대에듀

파이썬 한권으로 끝내기 :
데이터분석전문가(ADP)+빅데이터분석기사 실기대비

Always with you

사람의 인연은 길에서 우연하게 만나거나 함께 살아가는 것만을 의미하지는 않습니다.
책을 펴내는 출판사와 그 책을 읽는 독자의 만남도 소중한 인연입니다.
시대에듀는 항상 독자의 마음을 헤아리기 위해 노력하고 있습니다. 늘 독자와 함께하겠습니다.

머리말

새로운 기술 발전에 의해 로봇 공학, 인공지능, IoT, 자율주행 등이 여러 분야에서 혁신을 일으키고 있습니다. 이것을 우리는 4차 산업 혁명이라고 부르며, 이 모든 것의 중심에는 '데이터'가 있습니다. IT업계뿐 아니라 제조 분야에서도 데이터 분석이 활발히 활용됩니다. 센서 데이터를 통해 불량률을 측정·예측하고, 더 나아가 최적의 설비 운영과 점검 주기까지도 데이터 분석으로 예측합니다. 이 외에도 유통, 물류, 의료분야까지 데이터를 활용하고 있으므로, 데이터 분석을 활용하지 않는 산업을 찾기가 더 어려운 시대입니다.

이러한 시대의 흐름에 맞추어 우리나라도 빅데이터 인재 양성에 힘을 쏟고 있으며, 그 일환으로 빅데이터분석기사와 같은 자격이 신설되었습니다. 이렇게 여러 데이터 관련 자격이 생겨나고 있지만 아직까지도 여전히 데이터 분석 업계에서는 데이터분석전문가(ADP)가 가장 권위 있는 자격으로 인정되고 있습니다. 권위 있는 자격증인 만큼 합격률이 평균 2~3%를 기록할 정도로 난도가 있는 시험이며, 특히 실기시험은 공식수험서로는 준비하기 어려운 시험입니다.

시험을 준비하면서 최근 파이썬의 사용자가 점점 늘어나고 있음에도, 이를 이용하여 데이터분석전문가 시험을 대비할 수 있는 수험서와 강의가 없다는 점이 안타까웠고, 저희와 같이 이러한 갈증을 느끼는 많은 사람을 위해 이 책을 기술하였습니다. 비전공자도 쉽게 따라해보고 이해할 수 있게 집필하였으며, 데이터 분석의 결과를 어떻게 해석해야 하는지에 집중하였습니다. 또한 학습의 방향이 같은 빅데이터분석기사 실기 시험까지 준비할 수 있도록 하였습니다.

간혹 출제되는 특이 문항을 제외하면, 결국 데이터분석전문가와 빅데이터분석기사 시험은 데이터분석가가 갖추어야 할 기본적인 소양에 대해 질문하고 있습니다. 그러 므로 이 도서는 데이터분석가라면 기본적으로 알고 있어야 하는 대부분의 지식이 수록 되어 있는 기본서가 될 것이라 확신합니다.

끝으로 저자들의 강의를 들으면서 많은 의견과 아이디어를 제공해 준 수강생들에게 감사의 뜻을 전합니다. 또한 이 책의 집필을 완성하기까지 힘이 되어준 가족, 동료들과 시대에듀 출판사의 관계자 여러분께도 진심어린 감사를 드립니다.

2024년 5월
편저자 올림

시험안내

⬡ 데이터분석전문가 / 빅데이터분석기사란?

데이터분석전문가	빅데이터분석기사
데이터분석전문가(ADP ; Advanced Data Analytics Professional)란 데이터 이해 및 처리 기술에 대한 기본 지식을 바탕으로 데이터 분석 기획, 데이터 분석, 데이터 시각화 업무를 수행하고 이를 통해 프로세스 혁신 및 마케팅 전략 결정 등의 과학적 의사결정을 지원하는 직무를 수행하는 전문가	빅데이터 이해를 기반으로 빅데이터 분석 기획, 빅데이터 수집 · 저장 · 처리, 빅데이터 분석 및 시각화를 수행하는 실무자

⬡ 직 무

구 분		내 용
데이터분석전문가	데이터 기획	비즈니스 목표 달성을 위해 내부 업무 프로세스를 기반으로 다양한 분석기회를 발굴하여 분석의 목표를 정의하고, 분석 대상 도출 및 분석 결과 활용 시나리오를 정의하여 분석 과제를 체계화 및 구체화하는 빅데이터 분석 과제 정의, 분석 로드맵 수립, 성과 관리 등을 수행한다.
	데이터 분석	분석에 대한 요건을 구체적으로 도출하고, 분석과정을 설계하고, 요건을 실무담당자와 합의하는 요건정의, 모델링, 검증 및 테스트, 적용 등을 수행한다.
	데이터 시각화	다양한 데이터들을 대상으로 어떤 요소를 시각화해야 하는지 정보 구조를 분석하며 어떤 형태의 시각화 모델이 적합한지 시각화에 대한 요건을 정의하고 시나리오를 개발하는 시각화 기획, 모델링, 디자인, 구축, 배포 및 유지 보수 등을 수행한다.
빅데이터분석기사		대용량의 데이터 집합으로부터 유용한 정보를 찾고 결과를 예측하기 위해 목적에 따라 분석 기술과 방법론을 기반으로 정형/비정형 대용량 데이터를 구축, 탐색, 분석하고 시각화를 수행하는 업무를 수행한다.

⬡ 출제유형

구 분	과목명	배 점	검정방법	검정시간
데이터분석전문가	데이터 분석 실무	100점	작업형	240분
빅데이터분석기사	빅데이터 분석 실무	100점	작업형	180분

※ 2023년 6월 24일부터 빅데이터분석기사 실기시험의 출제유형이 모두 작업형으로 변경됩니다. 자세한 내용은 데이터자격검정센터 홈페이지(www.dataq.or.kr)를 통해 확인하시기 바랍니다

⬡ 출제기준

구 분	과목명	주요항목
데이터분석전문가	데이터 분석 실무	데이터 분석 실무
빅데이터분석기사	빅데이터 분석 실무	데이터 수집 작업
		데이터 전처리 작업
		데이터 모형 구축 작업
		데이터 모형 평가 작업

⬡ 합격기준

데이터분석전문가	빅데이터분석기사
100점 기준 75점 이상	100점 기준 60점 이상

⬡ 사용언어

Python 또는 R

⬡ 2024년 시험일정

구 분	회 차	접수기간	시험일	합격자 발표
데이터분석전문가	제32회	3.22(금)~3.29(금)	4.27(토)	5.24(금)
	제33회	9.9(월)~9.13(금)	10.12(토)	11.8(금)
빅데이터분석기사	제8회	5.20(월)~5.24(금)	6.22(토)	7.12(금)
	제9회	10.28(월)~11.1(금)	11.30(토)	12.20(금)

※ 일정은 시행처의 사정에 따라 변경될 수 있으므로, 데이터자격검정센터 사이트(www.dataq.or.kr)를 참고하시기 바랍니다.

시험안내

◇ 응시자격

구 분		내 용
데이터분석전문가	학력 및 경력 기준	• 박사학위를 취득한 자 • 석사학위를 취득하고 해당 분야의 실무경력 1년 이상인 자 • 학사학위를 취득하고 해당 분야의 실무경력 3년 이상인 자 • 전문대학 졸업 후 해당 분야의 실무경력 6년 이상인 자 • 고등학교 졸업 후 해당 분야의 실무경력 9년 이상인 자
	자격보유 기준	• 데이터분석준전문가 자격을 취득한 자
빅데이터분석기사	실 기	• 필기시험 합격자 발표일로부터 2년의 유효기간을 가지며, 2년 이내에 시행되는(시행일 기준) 실기검정에 응시 가능(다만, 필기시험 합격일로부터 2년간 검정이 2회 미만으로 시행된 경우 그 다음에 이어지는 해당 필기시험 1회를 면제)
	학력 및 경력 기준	• 대학졸업자 등 또는 졸업예정자(전공 무관) • 3년제 전문대학 졸업자 등으로서 졸업 후 1년 이상 직장경력이 있는 사람(전공, 직무 분야 무관) • 2년제 전문대학 졸업자 등으로서 졸업 후 2년 이상 직장경력이 있는 사람(전공, 직무 분야 무관) • 4년 이상 직장경력이 있는 사람(직무 분야 무관)
	자격보유 기준	• 기사 등급 이상의 자격을 취득한 사람(종목 무관) • 기사 수준 기술훈련과정 이수자 또는 그 이수예정자(종목 무관) • 산업기사 등급 이상의 자격을 취득한 후 1년 이상 직장경력이 있는 사람(종목, 직무 분야 무관) • 산업기사 수준 기술훈련과정 이수자로서 이수 후 2년 이상 직장경력이 있는 사람(종목, 직무 분야 무관) • 기능사 등급 이상의 자격을 취득한 후 3년 이상 직장경력이 있는 사람(종목, 직무 분야 무관)

◇ 응시료

데이터분석전문가 실기	빅데이터분석기사 실기
70,000원	40,800원

◇ 접수처

데이터자격검정센터(www.dataq.or.kr)

⬡ 시험별 자격취득 현황

구 분	검정연도	응시자(명)	취득자(명)	합격률(%)
데이터분석전문가	2018	501	18	3.59
	2019	1,267	35	2.76
	2020	1,664	32	1.92
	2021	2,436	66	2.71
	2022	2,737	69	2.52

구 분	검정연도	회 차	응시자(명)	취득자(명)	합격률(%)
빅데이터분석기사	2022	제4회	2,943	1,580	53.7
		제5회	3,321	1,684	50.7
	2023	제6회	3,945	2,092	53.0
		제7회	4,369	2,083	47.7

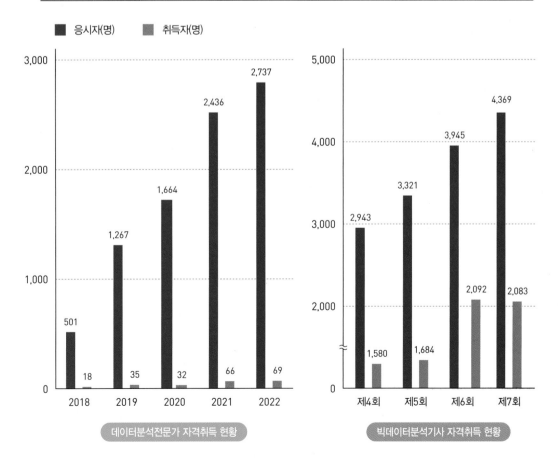

데이터분석전문가 자격취득 현황

빅데이터분석기사 자격취득 현황

학습전략

데이터분석전문가

01 머신러닝 파트(50점)

머신러닝은 회귀분석 하나만 해도 엄청나게 많은 알고리즘이 존재합니다. 아무리 오픈북 시험이라도, 머신러닝은 직접 작성해보고 결과를 해석해보지 않았던 알고리즘이 문제로 나온다면 시간 안에 풀기가 어렵습니다. 그렇기에 이 도서에 다양한 머신러닝 기법들의 코드를 소개해드렸습니다. 모두 직접 작성해보시고 해석까지 해보셔야 합니다.

> **문제유형**
>
> ❶ EDA
> ❷ 전처리(이상치, 결측치 처리, 정규화, 오버 샘플링, 더미변수화 등)
> ❸ 모델링
> 　예 svm, xgb, randomforest 3가지 알고리즘의 공통점을 쓰고, 이 데이터에 적합한 알고리즘을 선택하고
> 　　 해석하라.

02 통계분석 파트(50점)

머신러닝 파트보다 더 많이 공부하고 자료를 준비해야 하는 부분이라 생각합니다. 범위가 워낙 넓기 때문에 이론적인 부분을 자세히 공부하는 것보다 통계분석을 Python으로 구현하는 방법과 해석하는 것에 집중하시는 것을 추천드립니다. 머신러닝과 마찬가지로 이 도서에 다양한 통계 기법 코드를 소개해드렸습니다. 모두 직접 작성해보시고 해석까지 해보시길 바랍니다.

> **문제유형**
>
> ❶ 통계분석(회귀, ANOVA, ARIMA, 교차검정 등)
> ❷ 시각화(상관계수 히트맵, 다항회귀 시각화 등)
> ❸ 품질, 공정, 산업과 연계된 스토리텔링식 통계문제

※ 제22, 23회부터 상황을 주고 이에 맞는 통계기법을 선택하라는 문제가 출제되고 있으므로, 어떠한 통계기법을 어떠한 데이터에 사용할 수 있는지 명확하게 알고 있어야 합니다.

빅데이터분석기사

01 　 작업형 1유형(30점)

작업형 1유형은 대부분 전처리 문제로 출제됩니다. Python의 pandas 모듈을 사용하실 수 있다면 쉽게 풀 수 있는 문제들입니다. 정렬, 병합, 기초통계를 산출하는 문제들이 출제되었으며 더미변수화나 결측치, 이상치 처리 문제까지 출제될 수 있을 것으로 판단됩니다.

문제유형

Student 데이터세트의 income 컬럼을 최소최대 척도(Standard Scale)로 변환한 후 1보다 큰 값을 가지는 레코드 수를 구하시오.

02 　 작업형 2유형(40점)

작업형 2유형은 머신러닝 문제로 회귀분석 문제가 출제되었습니다. 계속해서 지도학습의 문제가 출제될 가능성이 높아보이며, Python의 sklearn을 활용하신다면 쉽게 푸실 수 있을 것입니다. 회귀분석뿐 아니라 분류분석까지 꼭 준비하셔야 하며, 본 도서에 있는 머신러닝 방법으로 준비하신다면 어렵지 않게 답을 작성하실 수 있을 것입니다.

문제유형

Student 데이터에서 학습용 데이터(y_train.csv, x_train.csv)를 이용하여 수학점수예측 모형을 만든 후, 이를 평가용 데이터(X_train.csv)에 적용하여 얻은 1,280명 학생의 수학점수 예측값(수학 점수)을 제출형식에 맞는 csv 파일로 생성하시오.

※ 제출한 모델의 성능은 R2 평가지표에 따라 채점한다.

※ 유의사항 : 성능이 우수한 예측모형을 구축하기 위해서는 적절한 데이터 전처리, Feature Engineering, 분류 알고리즘 사용, 초매개변수 최적화, 모형 앙상블 등이 수반되어야 한다.

학습전략

빅데이터분석기사

03 작업형 3유형(30점)

작업형 3유형은 통계분석 문제로 주로 검정, 추정에 대한 내용이 나올 것으로 예상됩니다. ADP와는 다르게 서술형이 아니므로 통계분석에 대한 결과 해석보다 주요 통계 모듈인 statsmodels를 숙지해야 합니다.

> **문제유형**
>
> 불면증환자 100명을 대상으로 수면 영양제를 복용하기 전후 수면시간을 측정한 데이터에서 수면 영양제 복용 전후 평균 수면시간 차이에 대한 검정통계량 값을 구하시오.

저자의 TIP!

자신만의 코드북을 만들어서 가시는 것을 추천드립니다. 다른 사람이 작성한 코드는 금방 잊어 버리지만, 직접 만들고 해석해본 코드는 기억에 오래 남습니다. 그리고 어디에 어떠한 코드가 있는지 금방 찾을 수 있기 때문에 직접 다양한 알고리즘을 실습해보시고 자기만의 코드북을 만들어 시험장에 가신다면 분명 큰 도움이 되실 것이라 확신합니다.

▲ 데이터 및 코드 다운 바로가기

※ 도서에서 사용하는 data와 코드는 아래 주소에서 다운받아 사용하실 수 있습니다.

➡ github.com/ADPclass/ADP_book_ver01

이 책의 목차

이 책의 목차

제1장

시험소개 및 환경구성

교육은 우리 자신의 무지를 점차 발견해 가는 과정이다.

– 윌 듀란트 –

제1장 시험소개 및 환경구성

제1절 데이터분석 자격시험 소개

1. 데이터분석전문가(ADP)

(1) 시험소개

① ADP의 공식 명칭은 '국가공인 데이터분석전문가'이며 'Advanced Data Analytics Professional'의 약자이다. 국가공인자격에 대한 법률근거(자격기본법)에 따라 데이터 이해 및 처리 기술에 대한 기본지식을 바탕으로 데이터분석 기획, 데이터분석, 데이터 시각화 업무를 수행하고 이를 통해 프로세스 혁신 및 마케팅 전략 결정 등의 과학적 의사결정을 지원하는 직무를 수행하는 데이터분석전문가 자격시험이다. 데이터분석전문가 확보와 양성을 위해 과학기술정보통신부가 주무부처로 있으며, 한국데이터산업진흥원에서 ADP에 대한 데이터분석전문가 자격검정을 실시하고 있다.

② ADP는 민간자격증이지만 까다로운 시험응시조건을 가지고 있고 필기·실기시험의 난도가 높기 때문에 합격률이 매우 낮아 데이터분석가들 사이에서 인정받는 자격시험이다. 2022년 전체 응시자수 대비 합격률은 2.5%에 지나지 않을 정도로 어렵지만 ADP를 취득한다면 그만큼 인정과 보상을 받을 수 있다.

③ ADP에서 요구하는 데이터분석전문가의 직무는 다음과 같다.

직무	세부내용
데이터 기획	비즈니스 목표 달성을 위해 내부 업무 프로세스를 기반으로 다양한 분석기회를 발굴하여 분석의 목표를 정의하고, 분석대상 도출 및 분석 결과 활용 시나리오를 정의하여 분석과제를 체계화 및 구체화하는 빅데이터분석과제 정의, 분석로드맵 수립, 성과 관리 등을 수행한다.
데이터분석	분석에 대한 요건을 구체적으로 도출하고, 분석과정을 설계하고, 요건을 실무담당자와 합의하는 요건 정의, 모델링, 검증 및 테스트, 적용 등을 수행한다.
데이터 시각화	다양한 데이터들을 대상으로 어떤 요소를 시각화해야 하는지 정보 구조를 분석하며 어떤 형태의 시각화 모델이 적합한지 시각화에 대한 요건을 정의하고 시나리오를 개발하는 시각화 기획, 모델링, 디자인, 구축, 배포 및 유지보수 등을 수행한다.

④ ADP는 필기시험과 실기시험으로 구성되어 있으며, 필기시험 합격기준 및 응시자격 요건을 충족해야 실기시험을 응시할 수 있다. 실기시험은 CBT(Computer Based Test) 방식의 시험으로 자격을 검정하며, 실기시험의 합격자는 최종합격자로 분류되어 데이터분석전문가 자격이 부여된다. 실기시험은 4시간 동안 진행되며 100점 만점을 기준으로 75점 이상의 점수를 받아야 한다.

구 분	과목명	배 점	합격기준	시험시간
실 기	데이터분석실무	100점	75점 이상	240분(4시간)

⑤ 또한 ADP는 아래와 같은 조건에서 실기시험이 실시된다.

구 분	세부사항
자 격	ADP 필기시험 합격 후 2년간 응시자격 부여
시험주기	1년에 2회 시행
사용 언어	Python 또는 R
시험환경	오픈북 허용, 인터넷 검색 불가
실기 응시료	70,000원

(2) ADP 실기시험 특징

① ADP 실기시험은 데이터분석 직무역량을 갖추었는지를 평가하기 위해 통계분석부터 머신러닝, 데이터 시각화에 이르기까지 데이터분석에 관해 난도 높은 분석수행을 요구하는 문제가 출제된다. 문제는 크게 두 파트로 나뉘며, 각 파트는 3~6개의 세부문항으로 구성된다. 각 문항은 주어진 데이터를 문제조건에 맞게 코드로 구현한 뒤 결과를 저장하고 제출하는 방식이다.

② 다른 데이터분석 실기문제와 가장 두드러지게 차이를 보이는 것은 다음과 같다.
  ㉠ 코드실행과 더불어 해당 분석기법에 대한 이론적인 설명을 할 수 있어야 한다.
  ㉡ 문제조건에 따라 데이터 전처리 및 시각화를 수행할 수 있어야 한다.

③ 다음은 제21회 ADP 기출복원문제이다. 이를 통해 시험의 특징을 살펴보자.

Part 1. 머신러닝(50점)
1. 시각화를 포함한 탐색적 자료분석을 수행하라.
2. 결측치를 식별한 뒤 결측치를 예측하는 두 가지 방법을 적용하고 해당 방법을 선택한 이유를 설명하라.
3. 범주형 변수 인코딩이 필요한 경우를 식별한 뒤 데이터 변환을 적용하고 해당 방법을 선택한 이유를 설명하라.
4. 데이터 분할 방법 2가지를 쓰고 적절한 데이터 분할을 적용한 뒤 해당 방법을 선택한 이유를 설명하라.
5. SVM, XGBoost, RandomForest 알고리즘의 공통점을 쓰고 해당 데이터세트에 대한 예측 분석에 적합한 알고리즘인지 설명하라.

6. 세 가지 모델링을 모두 수행한 뒤 가장 적합한 알고리즘을 선택하라. 해당 알고리즘을 선택한 이유와 한계점, 보완 가능한 부분, 현업에서 사용 시 주의할 점에 대해 서술하라.

Part 2. 통계분석(50점)

1. 연속형 독립변수를 가진 데이터세트로 아래의 조건에 따라 분석을 수행하시오(29점).

1-1. 데이터를 8 : 2로 분할하고 선형 회귀를 적용한 뒤 결정계수와 RMSE를 구하라.

1-2. 데이터를 8 : 2로 분할하고 릿지 회귀를 적용하라. 알파값을 0부터 1까지 0.1단위로 모두 탐색해서 결정계수가 가장 높을 때의 알파를 찾고, 해당 알파고 다시 모델을 학습해서 결정계수와 RMSE를 계산하라.

1-3. 라쏘 회귀로 1-2와 동일한 과정을 수행하라.

2. 주어진 데이터로 다항 회귀를 수행하라(12점).

2-1. 다항 회귀를 3차까지 적용하고 ① 각 차수별 데이터포인트 스캐터 플롯과 ② 계수와 기울기 선을 그려라.

3. ANOVA 분석(9점)

3-1. 범주형 변수 하나와 연속형 변수 두 가지를 포함한 데이터로 이원분산분석을 수행하고 통계표를 작성하라.

④ 실기문제는 머신러닝 파트와 통계분석 파트로 나뉜다.

㉠ 머신러닝 파트는 현업에서 실제로 수행하는 분석과정을 구현할 수 있는지를 평가한다. 주어진 데이터세트를 'EDA – 데이터 전처리 – 모델링 – 성능평가' 과정에 걸쳐 조건에 따라 분석을 수행해야 한다. 특히 탐색적 분석인 EDA는 이상치와 결측치를 판단하기 위한 시각화 방법을 요구하거나 상관관계를 직관적으로 알 수 있는 산점도 그리기, 시계열 데이터의 추세를 시각적으로 확인하는 히트맵 그리기 등을 요구한다. 또한 머신러닝 수행 단계별로 특정 기법을 사용한 이유를 서술해야 하므로, 코드구현뿐만 아니라 머신러닝에 대한 전반적인 이해를 바탕으로 해당 기법의 특징을 설명할 수 있어야 한다.

㉡ 통계분석 파트는 기초통계분석, 회귀분석, 시계열분석, 공정데이터분석 등 통계학적 이론을 기반으로 현업에서 실제 수행하는 분석과정을 구현할 수 있는지를 평가한다. 추정이론과 검정이론에 따라 가설을 증명하거나, 데이터의 변수관계를 분석하기 위한 회귀분석을 수행한다. 또한 특수한 형태의 데이터를 분석하기 위한 통계분석 방법의 수행능력을 평가하기도 한다. 기초통계분석부터 비모수분석과 시계열분석에 이르기까지 방대한 범위의 통계분석 과정을 수행해야 하므로 통계이론에 대한 정확한 이해를 바탕으로 분석코드를 구현하고 분석 결과를 시각화할 수 있어야 한다.

2. 빅데이터분석기사

(1) 시험소개

① 빅데이터분석기사는 국가기술자격법 및 동법 시행령에 따라 빅데이터 이해를 기반으로 빅데이터 분석 기획, 빅데이터 수집·저장·처리, 빅데이터분석 및 시각화를 수행하는 실무자를 위한 국가 기술자격시험이다. 법률 및 시행령에 따라 통계청과 과학기술정보통신부의 주관하에 한국데이터산업진흥원에서 빅데이터분석기사 자격검정을 실시하고 있다. 국가와 기업의 경쟁력 확보를 위해 빅데이터분석전문가의 수요는 증가하고 있지만, 수요 대비 공급 부족으로 인력 확보에 어려움이 있어 정부차원에서 빅데이터분석전문가를 양성하고 직무역량을 검증하고자 국가기술자격 빅데이터분석기사를 2021년부터 시행하였다.

② 빅데이터분석기사는 2023년 6월 실기시험부터 기존 단답형 10문제를 신규 유형인 '작업형 제3유형'으로 대체하였다. 기존에 단답형 문제는 필기시험과 동일한 개념이 출제되었지만, 작업형 제3유형에서는 통계분석(코드구현)이 출제된다. 최근, ADP시험에서 기초통계분석이 많이 출제되고 있는 것과 같은 흐름으로 점점 기초통계분석을 코드로 구현하는 문제가 많아질 것으로 예상된다. 빅데이터분석기사가 처음으로 시행된 2021년 제2회 빅데이터분석기사 실기 합격률은 59.9%로 상당히 높은 합격률을 보였다. 국가기술자격시험이기 때문에 공공기관 취업 시 가산점이 적용되는 이점이 있어 앞으로의 전망이 기대되는 자격시험 중 하나이다. 시행된 지 얼마 되지 않은 국가기술자격시험이기 때문에 향후 난이도 조절의 가능성이 있지만, ADP를 준비하는 수험생이 빅데이터분석기사에 함께 도전한다면 두 시험에 모두 합격하는 일석이조의 효과를 누릴 수 있을 것이다.

③ 직무는 다음과 같다.

빅데이터분석기사의 직무	대용량의 데이터 집합으로부터 유용한 정보를 찾고 결과를 예측하기 위해 목적에 따라 분석기술과 방법론을 기반으로 정형/비정형 대용량 데이터를 구축, 탐색, 분석하고 시각화를 수행한다.

④ 빅데이터분석기사는 필기시험과 실기시험으로 구성되어 있으며, 필기시험 합격기준 및 응시자격 요건을 충족해야 빅데이터분석기사 실기시험을 응시할 수 있다. 실기시험은 CBT(Computer Based Test) 방식의 시험으로 자격을 검정하며, 작업형 문제(코드구현)로 구성된다. 실기시험의 합격자는 최종합격자로 분류되어 빅데이터분석기사 자격이 부여된다. 실기시험은 3시간 동안 진행되며 100점 만점을 기준으로 60점 이상의 점수를 받아야 한다.

구 분	과목명	검정방법	배 점	합격기준	시험시간
실 기	빅데이터 분석실무	작업형	100점	60점 이상	180분 (3시간)

⑤ 또한 아래와 같은 조건에서 실기시험이 실시된다.

구 분	세부사항
자 격	빅데이터분석기사 필기시험 합격 후 2년간 응시자격 부여
시험주기	1년에 2회 시행
사용 언어	Python 또는 R
시험환경	• 오픈북 불가, 인터넷 검색 불가 • help 함수 사용 가능 • 클라우드 기반 코딩 플랫폼
실기 응시료	40,800원

(2) 빅데이터분석기사 실기시험 특징

① 빅데이터분석기사 실기시험 응시 가이드를 살펴보면 빅데이터분석기사 실기시험에 합격하기 위한 몇 가지 조건을 확인할 수 있다.

> • 제약사항
> – 라인별 실행, 그래프 기능, 단축키, 자동완성 기능 미제공
> – 코드 실행 시간은 1분으로 제한
> – 패키지는 추가 설치할 수 없으며, 제공된 패키지만 이용 가능
> • 실기 응시환경 내에서 help 함수 이용 가능 예 help(함수명)

② 먼저 라인별 실행, 그래프 기능, 단축키, 자동완성 기능이 제공되지 않는다. 분석 수행 시 코드를 라인별로 확인할 수 없다는 것은 자신의 코드수행 결과가 의도한 대로 출력되도록 전체 분석 코드를 한 번에 실행하라는 것이다. 또한 단축키와 자동완성 기능을 미제공하는 것은 코드를 암기해야 한다는 것을 의미한다. 다만, 응시환경 내에서 help 함수를 이용할 수 있기 때문에 실전연습 시 help 함수로 분석 패키지의 정보를 찾아보는 연습을 해두면 좋다.

③ 코드 실행 시간을 1분으로 제한하기 때문에 알고리즘 최적화 기법인 그리드서치(Grid Search) 등의 방식을 적용하기 어려울 것이다. 따라서 분석 패키지에서 제공하는 머신러닝 함수의 default 옵션을 사용하거나, 간단한 정도의 하이퍼파라미터 조절이 필요할 것으로 판단된다.

④ 빅데이터분석기사는 제공된 패키지만 이용할 수 있다. 한국데이터산업진흥원에서 공지한 39개의 패키지 리스트 중 데이터 처리와 관련된 것은 넘파이(Numpy)와 판다스(Pandas)이다. 머신러닝 및 분석과 관련된 것은 사이킷런(Scikit-Learn), 사이파이(Scipy), XGBoost가 있다. 딥러닝과 텍스트분석 관련 패키지는 제공되지 않으므로 데이터 전처리, 머신러닝과 관련된 문제가 출제된다고 해석할 수 있다.

⑤ 빅데이터분석기사 시험은 대용량의 데이터 집합을 분석하는 직무역량과 통계분석 능력을 갖추었는 지 평가하기 위해 작업형 3문제를 출제한다. 제1유형은 데이터 처리 영역이며 제2유형은 모델 구축 및 평가 영역이고 제3유형은 통계분석 영역이다. ADP의 데이터 전처리 및 머신러닝 파트와 유사하다. 작업형의 각 문항은 주어진 데이터를 문제조건에 맞게 코드로 구현한 뒤 결과를 저장하고 제출하는 방식이다.

⑥ 한국데이터산업진흥원 홈페이지에 공개된 문제유형과 유형별 예시문제를 통해 특징을 살펴보자.
　㉠ 문제유형

유 형		문항수	문항당 배점	총 점	배정시간
작업형	제1유형	3개	10점	30점	180분
	제2유형	1개	40점	40점	
	제3유형	2개	15점	30점	
합 계		14개	100점		180분

180분의 배정시간 동안 작업형 3문항을 풀어야 한다. 빅데이터분석기사 실기시험의 합격기준인 60점이 넘는 점수를 얻기 위해서는 반드시 기초적인 제1, 제2유형에서 충분한 점수를 획득해야 한다. 따라서 코드를 암기한 채로 참고자료를 보지 않고 데이터 전처리와 머신러닝 과정을 수행하는 연습이 필요하다. ADP와 달리, 빅데이터분석기사는 오픈북을 허용하지 않기 때문에 코드를 외울 필요가 있다. 한 가지 팁은, help 함수를 활용한다면 시험장에서도 머신러닝 패키지의 상세한 클래스 및 함수의 사용법에 대한 정보를 얻을 수 있다는 것이다.

Part 1. 작업형 제1유형(문항당 배점 10점 * 3문제)

Student 데이터세트의 income 컬럼을 최소최대 척도(Standard)로 변환한 후 1보다 큰 값을 가지는 레코드 수를 구하시오.

Part 2. 작업형 제2유형(문항당 배점 40점 * 1문제)

Student 데이터에서 학습용 데이터(y_train.csv, x_train.csv)를 이용하여 수학점수 예측모형을 만든 후, 이를 평가용 데이터(X_train.csv)에 적용하여 얻은 1,280명 학생의 수학점수 예측값(수학 점수)을 제출형식에 맞는 csv 파일로 생성하시오.

※ 제출한 모델의 성능은 R^2 평가지표에 따라 채점

※ 유의사항 : 성능이 우수한 예측모형을 구축하기 위해서는 적절한 데이터 전처리, Feature Engineering, 분류 알고리즘 사용, 초매개변수 최적화, 모형 앙상블 등이 수반되어야 함

Part 3. 작업형 제3유형 (문항당 배점 15점 * 2문제)

주어진 데이터(data/example3.csv)에는 불면증 환자 70명의 수면영양제 복용 전후의 수면시간이 저장되어 있다. 해당 영양제가 효과가 있는지(즉, 영양제 복용 후의 수면시간이 증가했는지) 대응표본 t-검정(paired t-test)을 통해 답하고자 한다. 가설은 아래와 같다.

μ_d:(복용 후 수면시간−복용 전 수면시간)의 평균

$$H_0 : \mu_d \geq 0$$
$$H_1 : \mu_d < 0$$

1. μ_d의 표본평균을 구하시오(반올림하여 소수 둘째자리까지 계산).
2. 위의 가설을 검정하기 위한 검정통계량을 구하시오(반올림하여 소수 둘째자리까지 계산).
3. 위의 통계량에 대한 p−값을 구하고(반올림하여 소수 넷째자리까지 계산), 유의수준 0.05하에서 가설검정의 결과를 (채택 / 기각) 중 하나를 선택하시오.

⑦ 작업형 제1유형은 데이터 전처리에 관한 문제이다. 기술통계량과 같이 데이터의 기본 특성을 파악할 수 있는 함수와 이상치 및 결측치 처리 등에 필요한 코드에 숙달할 필요가 있다. 작업형 제2유형은 머신러닝의 전 과정을 수행해야 하는 문제이다. 주어진 데이터로 문제의 조건에 맞는 머신러닝 분석을 수행하고 제출조건에 맞게 csv 파일을 생성해야 한다. ADP와 달리 문제풀이에 대한 상세한 요구조건을 기술하지 않았기 때문에 머신러닝 프로세스를 익혀 성능이 우수한 예측모델을 개발하고 평가하는 일련의 과정을 수행하는 연습을 해야 한다. 작업형 제3유형은 통계분석 문제로 주로 검정, 추정에 대한 내용이 나올 것으로 예상된다. ADP와는 다르게 서술형이 아니므로 통계분석에 대한 결과 해석보다 주요 통계 모듈인 statsmodels에 대해 익숙해질 필요가 있다.

1. 파이썬 설치하기

(1) 아나콘다

파이썬 머신러닝을 위한 패키지를 설치하는 가장 쉬운 방법은 Anaconda를 이용하는 것이다.

① 먼저 www.anaconda.com/download에 접속한다.

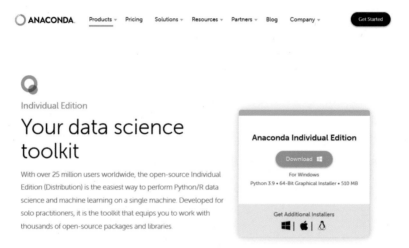

② 윈도우용 Anaconda 설치파일을 내려받는다. 이때 컴퓨터 운영체제와 환경을 확인한 뒤 자신의 PC환경에 맞는 버전의 설치파일을 다운받는다. 해당 링크를 클릭한 뒤 팝업창이 뜨면 적당한 디렉 터리에 내려받은 후 설치를 진행한다.

③ Anaconda를 설치하면 파이썬뿐만 아니라 머신러닝을 위한 패키지들과 주피터노트북이 함께 설치 된다. 설치가 끝나면 윈도우의 시작 메뉴에서 Anaconda를 입력해 'Anaconda Prompt'와 'Jupyter Notebook'을 확인할 수 있다.

④ 파이썬이 설치됐는지 확인해보려면 'Anaconda Prompt'를 클릭한 뒤 python −V 명령어를 실행 시키면 된다.

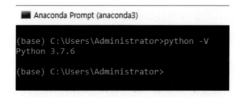

(2) 주피터노트북

① 주피터노트북은 웹 브라우저를 통해 코드와 문서를 같이 작성할 수 있는 개발환경이다. R과 Python 등의 언어와 마크다운 작성법을 기반으로 분석 코드와 수행 결과를 문서처럼 정리할 수 있다는 장점이 있다. 또한 대화형 파이썬 인터프리터(Interpreter)로서 분석결과를 각 단계마다 확인할 수 있다는 점에서 많이 사용되는 개발환경이다.

② 윈도우의 시작메뉴에서 Jupyter를 입력해 Jupyter Notebook 아이콘을 클릭해서 실행하면 콘솔화면이 뜨면서 주피터노트북을 구동하기 위한 서버 프로그램이 실행된다. 서버 프로그램 실행 후 웹 브라우저를 통해 http://localhost:8888에 접속하면 주피터노트북을 사용할 수 있다.

③ 주피터노트북의 폴더명은 C드라이브의 사용자명 아래 폴더명과 동일하다. 작업공간을 선택한 후 오른쪽 상단의 'New'에서 'Python3'을 선택하면 새로운 주피터노트북 창이 생성된다.

행운이란 100%의 노력 뒤에 남는 것이다.

– 랭스턴 콜먼 –

제2장

데이터 핸들링

교육은 우리 자신의 무지를 점차 발견해 가는 과정이다.

— 윌 듀란트 —

제2장 데이터 핸들링

제2장

데이터를 분석할 때 가장 먼저 알아야 할 것은 파이썬에서 데이터를 선언하고, 필요에 따라 변환하며, 저장하는 방법이다. 매우 큰 데이터에 과학 계산을 하기 위한 파이썬의 패키지에는 넘파이(Numpy)가 있으며, 넘파이 데이터에 라벨을 붙여 행과 열의 라벨로 데이터를 분석하고 처리할 수 있도록 한 것이 판다스(Pandas)이다. 이 장에서는 파이썬에서 데이터를 처리할 때 가장 빈번하게 사용되는 모듈인 판다스 라이브러리를 활용하여 데이터프레임을 다루는 방법을 살펴본다.

제1절 | 판다스 데이터 구조

먼저, 판다스에서 제공하는 데이터 구조를 알아보자. 판다스는 Series와 DataFrame 구조를 지원한다. Series는 판다스의 1차원 배열 구조로 이름과 형식을 가지고, 모든 값에 대해 고유한 인덱스를 가진다는 특징이 있다. DataFrame은 행(row)과 열(column)로 이루어진 2차원 배열 구조이다. 각 행은 인덱스를 가지며, 각 열은 이름과 형식을 가진다.

Series(시리즈)	DataFrame(데이터프레임)
• 각 값에 라벨이 있고 하나의 데이터 형식으로 이루어진 1차원 배열	• 행과 열에 라벨이 있는 2차원 배열 • 각 열은 서로 다른 데이터 타입을 지닐 수 있음

index	
index	
index	
index	
index	

	column	column	column
index			
index			
index			
index			

판다스의 데이터프레임을 사용하여 분석하기 위한 가장 첫 단계는 데이터를 호출하고 데이터의 내용과 요약·통계정보를 확인하는 것이다. 데이터나 분석 도구에 따라 컬럼명이나 컬럼의 타입을 변경해야 할 때도 있다. 지금부터 데이터를 준비하는 방법을 차근차근 살펴보자.

1. Pandas 사용 준비

(1) 파이썬에서 패키지를 사용하기 위해서는 먼저 패키지를 설치한 후 해당 패키지를 호출해야 한다. 한 번 설치하면 다시 설치할 필요는 없지만, 주피터노트북의 파일을 새로 열거나 커널을 재시작할 때마다 다시 호출하여야 한다. 시험장에서는 사용할 기본 패키지들을 설치해 두기 때문에 패키지의 설치가 필요한 경우는 많지 않지만, 기본으로 제공하지 않는 패키지의 경우 설치가 필요할 수도 있으므로 시험 전에 시험장에서 기본 제공하는 패키지를 확인하는 것도 필요하다. 패키지의 설치는 주피터노트북 또는 Anaconda Prompt에서 할 수 있다.

```
In [1]:    !pip install pandas
```

(2) 패키지 설치를 완료했으면 패키지를 호출해야 한다. import를 사용하여 패키지를 호출할 수도 있고 패키지의 특정 라이브러리 또는 함수만을 호출할 수도 있다. 패키지와 함수의 호출을 위해 사용하는 키워드는 import, from, as이다.

키워드	사용법	설 명
import	import pandas, numpy	• 모듈 또는 함수를 호출한다. • 콤마를 사용하여 여러 개를 동시에 호출할 수 있다.
from	from pandas import DataFrame from sklearn.datasets import load_iris	• 모듈의 일부 함수 또는 패키지만 호출할 수 있다. • 구두점(.)을 활용하여 함수의 위치를 구체적으로 지정할 수 있다.
as	import numpy as np	• 호출하는 대상의 약칭을 설정한다.

(3) 판다스 모듈을 호출하는 기본 방법은 다음과 같다. 이는 pandas 모듈을 호출하며, 앞으로 이 모듈을 'pd'라는 약칭으로 사용하겠다는 의미이다. 앞으로 나올 모든 코드는 pandas 패키지를 호출하였다는 가정하에 작성하므로 코드를 실습하기 전 반드시 pandas를 호출하길 바란다.

In [2]:	`import pandas as pd`

2. DataFrame 선언하기

판다스를 활용하여 데이터를 조작하기 위해서는 데이터를 판다스 객체로 선언할 필요가 있다. list, dictionary, ndarray와 같이 다양한 데이터 타입의 객체를 DataFrame으로 선언할 수 있다. Series 객체는 하나의 열을 가진 DataFrame으로 변환할 수 있다.

In [3]:	``` import numpy as np dataset = np.array([['kor', 70], ['math']]) df = pd.DataFrame(dataset, columns=['class', 'score']) df ```
Out [3]:	class score 0 kor 70 1 math 80

Tip

✅ **Series 선언하기**

pd.Series({'idx 1':value, 'idx 2':value}, name='class')

✅ **데이터프레임을 선언하는 다른 방법**

In [3]에서는 2번째 줄에서 array를 선언 후 3번째 줄에서 array를 데이터프레임으로 만들고 컬럼명을 추가하여 Out [3]의 데이터프레임을 선언하였다. 데이터프레임을 선언하는 것은 이 방법 외에도 다양한 방법으로 수행할 수 있다. 아래의 두 줄은 각각 Out [3]과 같은 데이터프레임을 한 줄의 코드로 선언하는 다른 방법이다.

df = pd.DataFrame([['kor', 70], ['math']], columns=['class', 'score'])

df = pd.DataFrame({'class': ['kor', 'math'], 'score': [70, 80]})

3. DataFrame 읽고 저장하기

(1) 시험에서는 데이터를 CSV 파일로 제시하고 이를 읽어 분석에 사용하도록 하고 있다. 판다스에서는 read_csv( ) 함수를 사용하여 CSV 파일을 DataFrame 객체로 읽어 들일 수 있다.

```
In [4]:    filepath = 'dataset/data.csv'
           data = pd.read_csv(filepath, na_values='NA', encoding='utf8')
```

(2) 파일 이름과 경로는 / 또는 ₩₩를 사용하여 연결하거나 r'p1₩p2₩file.csv' 형태로 사용할 수도 있다. csv 파일에서 null 값이 빈칸이 아닌 어떠한 string 값으로 저장된 경우 이를 인식하기 위해 na_values를 사용할 수 있다. 영어 외의 다른 형식의 언어로 작성된 값이 포함되어 있는 경우 해당 언어에 맞는 적절한 형식으로 인코딩해야 한다. 데이터에 한국어가 포함된 경우 'utf8'로 인코딩한다.

(3) 데이터프레임을 CSV 파일로 저장할 때는 DataFrame.to_csv( ) 함수를 사용한다. header와 index 파라미터를 통해 컬럼명과 인덱스를 함께 저장할지를 선택할 수 있다. 한국어 데이터일 때 'utf8'로 인코딩하지 않는다면 글자가 깨져서 저장될 수도 있다.

```
In [5]:    data.to_csv('result.csv', header=True, index=True, encoding='utf8')
```

4. DataFrame 출력

(1) 데이터프레임을 호출하여 데이터프레임의 내용과 형식을 직관적으로 확인할 수 있다. head( )와 tail( ) 함수로 처음 또는 마지막 몇 줄을 출력하여 데이터의 내용을 간단히 확인할 수 있다. 괄호 안에 아무 숫자도 지정하지 않으면 컬럼명을 포함하여 6줄을 출력한다.

(2) sklearn 패키지의 기본 제공 데이터세트인 iris 데이터를 불러오고 출력해보자.

```
In [6]:    !pip install scikit-learn
           from sklearn.datasets import load_iris
           iris = load_iris()
           iris = pd.DataFrame(iris.data, columns=iris.feature_names)
           iris
```

	sepal length (cm)	sepal width (cm)	petal length (cm)	petal width (cm)
0	5.1	3.5	1.4	0.2
1	4.9	3.0	1.4	0.2
2	4.7	3.2	1.3	0.2
3	4.6	3.1	1.5	0.2
4	5.0	3.6	1.4	0.2
...	...	...	...	...
145	6.7	3.0	5.2	2.3
146	6.3	2.5	5.0	1.9
147	6.5	3.0	5.2	2.0
148	6.2	3.4	5.4	2.3
149	5.9	3.0	5.1	1.8

Out [6] 에 해당하는 표이며, 150 rows × 4 columns

In [7]:
```
iris.head()
```

Out [7]:

	sepal length (cm)	sepal width (cm)	petal length (cm)	petal width (cm)
0	5.1	3.5	1.4	0.2
1	4.9	3.0	1.4	0.2
2	4.7	3.2	1.3	0.2
3	4.6	3.1	1.5	0.2
4	5.0	3.6	1.4	0.2

In [8]:
```
iris.tail()
```

Out [8]:

	sepal length (cm)	sepal width (cm)	petal length (cm)	petal width (cm)
145	6.7	3.0	5.2	2.3
146	6.3	2.5	5.0	1.9
147	6.5	3.0	5.2	2.0
148	6.2	3.4	5.4	2.3
149	5.9	3.0	5.1	1.8

5. DataFrame 요약·통계정보 확인하기

(1) 데이터의 내용을 확인했다면 그 이후에는 데이터프레임의 요약·통계정보를 확인해야 한다. info( )
함수를 통해 총 데이터의 건수와 각 컬럼의 데이터 형식과 결측치의 건수를 확인할 수 있다. 수치형 컬
럼이 존재하는 경우 필요하다면 describe( ) 함수를 사용하여 수치형 컬럼들의 n-percentile 분포도와
평균값, 최댓값과 최솟값을 확인할 수도 있다. 이는 중요한 정보이기 때문에 EDA를 통해 자세히 확인
하기도 한다.

(2) iris 데이터의 요약·통계정보를 출력하여 확인해보자.

In [9]:	`iris.info()`
Out [9]:	``` <class 'pandas.core.frame.DataFrame'> RangeIndex: 150 entries, 0 to 149 Data columns (total 4 columns): # Column Non-Null Count Dtype --- ------ -------------- ----- 0 sepal length (cm) 150 non-null float64 1 sepal width (cm) 150 non-null float64 2 petal length (cm) 150 non-null float64 3 petal width (cm) 150 non-null float64 dtypes: float64(4) memory usage: 4.8 KB ```

위에서부터 차례대로 결과를 해석하면, iris는 판다스의 DataFrame 객체이며, 150개의 행과 4개의
컬럼을 가지고 있다. 각 컬럼의 이름은 sepal length (cm), sepal width (cm), petal length (cm),
petal width (cm)이다. Non-Null Count가 모든 컬럼에서 150인 것으로 볼 때 모든 컬럼은 결측값
을 가지고 있지 않다. 모든 컬럼의 데이터 타입은 float64로 실수형 데이터이다.

In [10]:	iris.describe()			
Out [10]:		sepal length (cm)	sepal width (cm)	petal length (cm)	petal width (cm)

	sepal length (cm)	sepal width (cm)	petal length (cm)	petal width (cm)
count	150.000000	150.000000	150.000000	150.000000
mean	5.843333	3.057333	3.758000	1.199333
std	0.828066	0.435866	1.765298	0.762238
min	4.300000	2.000000	1.000000	0.100000
25%	5.100000	2.800000	1.600000	0.300000
50%	5.800000	3.000000	4.350000	1.300000
75%	6.400000	3.300000	5.100000	1.800000
max	7.900000	4.400000	6.900000	2.500000

describe( )는 수치형 데이터의 개수, 평균, 표준편차, 최솟값, 제1사분위 값(25%), 제2사분위 값(중앙값), 제3사분위 값(75%), 최댓값을 제공한다. describe를 확인하는 경우 주로 mean, min, max를 확인한다. iris의 sepal length (cm) 컬럼의 범위는 4.3~7.9이고 petal width (cm) 컬럼의 범위는 0.1~2.5로 그 크기가 상당히 차이 난다. 회귀분석을 수행할 경우 데이터값의 크기가 상대적으로 작은 petal width (cm)의 경우 sepal length (cm) 등 값의 숫자가 큰 다른 컬럼들에 비해 분석모델에 미치는 영향력이 적을 수 있다. 이는 모델링 전 전처리 과정에서 변수의 정규화를 수행하는 근거가 될 수 있다.

6. DataFrame 인덱스 확인·추가·리셋

(1) DataFrame은 index와 columns 속성(attribute)을 가지고 있으며, 이를 통해 인덱스나 컬럼을 수정하거나 출력할 수 있다. 인덱스나 컬럼명을 수정할 경우 list나 numpy의 array 형식을 사용할 수 있으며, 기존의 데이터와 길이가 같아야 한다.

In [11]:	df.index
Out [11]:	Index(['kor', 'math'], dtype='object', name='class')
In [12]:	list(df.index)
Out [12]:	[0, 1]
In [13]:	df.index = ['A', 'B']
In [14]:	df.index
Out [14]:	Index(['A', 'B'], dtype='object')
In [15]:	df
Out [15]:	

	class	score
A	kor	70
B	math	80

(2) set_index( )를 사용하면 DataFrame 내의 열을 인덱스로 변경할 수 있다. set_index( )의 사용 형식
은 아래와 같으며, keys를 제외한 나머지는 선택적으로 적용할 수 있다.

> DataFrame.set_index(keys, drop = True, append = False, inplace = True)
> - keys : 인덱스로 사용하고자 하는 컬럼의 이름을 문자형으로 입력
> - drop : 인덱스로 세팅한 컬럼을 DataFrame 내에서 삭제할지를 결정
> - append : 기존에 존재하던 인덱스를 삭제할지, 컬럼으로 추가할지를 결정
> - inplace : 원본 객체를 변경할지를 결정

In [16]:	df.set_index('class', drop = True, append = False, inplace = True) df
Out [16]:	

	score
class	
kor	70
math	80

(3) reset_index( )를 사용하여 인덱스를 0부터 시작하는 정수로 재설정할 수 있다. reset_index( )의 사용 형식은 다음과 같다.

> **DataFrame.reset_index(drop = False, inplace = False)**
> • drop : 기존 인덱스를 DataFrame 내에서 삭제할지, 컬럼으로 추가할지를 결정
> • inplace : 원본 객체를 변경할지를 결정

In [17]:	df.reset_index(drop = False, inplace = True) df
Out [17]:	class score 0 kor 70 1 math 80

7. DataFrame 컬럼명 확인 및 변경

(1) index와 같은 방식으로 columns 속성을 사용하여 컬럼명을 확인하거나 변경할 수 있다. iris 데이터를 사용하여 컬럼명을 확인하고 변경해보자.

In [18]:	iris.columns
Out [18]:	Index(['sepal length (cm)', 'sepal width (cm)', 'petal length (cm)', 'petal width (cm)'], dtype='object')
In [19]:	iris.columns = ['sepal length', 'sepal width', 'petal length', 'petal width'] iris
Out [19]:	sepal length sepal width petal length petal width 0 5.1 3.5 1.4 0.2 1 4.9 3.0 1.4 0.2 2 4.7 3.2 1.3 0.2

(2) replace( )를 사용하여 다음과 같은 방식으로 컬럼명 내의 특정 문자를 다른 문자로 대체할 수도 있다.

> DataFrame.columns.str.replace('기존문자', '대체할 문자')

iris의 컬럼명에 있는 띄어쓰기를 밑줄('_')로 교체해보자.

In [20]:	`iris.columns = iris.columns.str.replace(' ', '_')` `iris.head(3)`
Out [20]:	

	sepal_length	sepal_width	petal_length	petal_width
0	5.1	3.5	1.4	0.2
1	4.9	3.0	1.4	0.2
2	4.7	3.2	1.3	0.2

8. DataFrame 컬럼의 데이터 타입 확인 및 변경

(1) 데이터프레임의 컬럼은 다양한 타입을 지닐 수 있다. 그 목록을 확인하면 다음과 같다.

구 분	내 용
int	정수형, 소수점을 가지지 않은 숫자
float	실수형, 소수점 이하의 값을 가진 숫자
bool	부울형, True 혹은 False로 이루어짐
datetime	날짜와 시간 표현
category	카테고리, 범주형 변수일 경우 사용
object	문자열&복합형, 위의 형식으로 정할 수 없거나 여러 형식이 섞여 있는 경우 사용

(2) 데이터프레임의 각 컬럼의 데이터 타입은 dtypes 속성을 통해 확인할 수 있다. info( ) 또한 데이터 타입에 대한 정보를 포함하고 있으므로 데이터 타입을 확인해야 하는 경우 dtypes를 대신하여 사용할 수 있다.

In [21]:	`iris.dtypes`
| Out [21]: | ```
sepal_length    float64
sepal_width     float64
petal_length    float64
petal_width     float64
dtype: object
``` |

(3) 분석 목적이나 사용 모델에 따라 데이터 타입을 변경해야 할 때가 있다. 이 경우 astype( )을 통해 데이터 타입을 변경할 수 있다.

| In [22]: | ```
iris['sepal_length'] = iris['sepal_width'].astype('int')
iris[['sepal_width', 'petal_length']] = \
iris[['sepal_width', 'petal_length']].astype('int')
iris.head(3)
``` |
|---|---|
| Out [22]: | |

	sepal_length	sepal_width	petal_length	petal_width
0	3	3	1	0.2
1	3	3	1	0.2
2	3	3	1	0.2

Tip

✔ **코드에서 줄 바꾸기**

파이썬에서 Enter는 쓰고 작성하던 코드의 종료를 의미한다. 한 줄의 코드가 너무 길어 작성자가 보기 편하게 줄 바꿈을 해야 하는 경우 역슬래시(\ 또는 ₩)를 삽입하여 다음 줄의 코드를 함께 읽도록 할 수 있다.

데이터프레임은 행과 열에 각각 레이블(Label)을 가지고 있어 레이블의 이름이나 그 위치를 이용하여 행과 열을 선택하고 추가하고 삭제할 수 있다. 그 방법을 지금부터 차근차근 살펴보자.

1. row/column 선택

데이터를 수정하거나 삭제하는 등의 작업을 하기 위해서는 그 데이터가 어떤 것인지 정확히 지정하는 것이 필요하다. 행과 열의 위치나 이름을 사용하여 원하는 행이나 열을 지정할 수 있다.

(1) row 선택하기

슬라이싱을 이용하여 데이터프레임의 행을 선택할 수 있다. 다음과 같은 형식을 사용하며, n번째 행부터 m 직전 행까지를 의미한다.

```
DataFrame[n:m]
```

파이썬에서 객체의 인덱스는 0부터 시작한다. 판다스를 포함한 대부분의 파이썬 패키지는 이 규칙을 따르므로 위치를 사용하여 행과 열을 선택할 때 이를 주의하여야 한다.

iris 데이터세트의 1번 행부터 3번 행까지를 선택해보자.

In [1]:	`from sklearn.datasets import load_iris`
	`import pandas as pd`
	`iris = load_iris()`
	`iris = pd.DataFrame(iris.data, columns=iris.feature_names)`
	`iris[1:4]`

Out [1]:	(아래 표)

	sepal length (cm)	sepal width (cm)	petal length (cm)	petal width (cm)
1	4.9	3.0	1.4	0.2
2	4.7	3.2	1.3	0.2
3	4.6	3.1	1.5	0.2

제2장

Tip

✅ 슬라이싱(Slicing)

시퀀스의 일부를 선택하는 것을 슬라이싱이라고 한다. [start:end]와 같은 형태로, 파이썬에서는 대체로 start부터 end 직전까지를 의미한다. start와 end는 선언되지 않을 수 있으며 사용되지 않는 경우 start 위치는 '첫 번째 값부터', end는 '마지막 값까지'를 의미한다. 마이너스(-)가 사용되는 경우 시퀀스의 마지막 값부터 거꾸로 계산한 위치를 의미한다.

예

```
s = [1,2,3,4,5]
s[1:5]    # [2,3,4,5]
s[:-2]    # [1,2,3]
s[:]      # [1,2,3,4,5]
```

(2) column 선택하기

데이터프레임의 컬럼을 선택할 때에는 컬럼명 또는 컬럼명의 리스트를 이용한다. 두 개 이상의 컬럼을 선택하는 경우 대괄호([ ]) 두 개가 중첩된다는 것을 기억하자.

- DataFrame['컬럼명'] : 하나의 컬럼을 Series 형식으로 출력
- DataFrame[['컬럼명1', '컬럼명2']] : 여러 개의 컬럼을 DataFrame 형식으로 출력

In [2]:	`iris['sepal length (cm)'].head(4)`
Out [2]:	0 5.1 1 4.9 2 4.7 3 4.6 Name: sepal length (cm), dtype: float64
In [3]:	`iris[['sepal length (cm)', 'sepal width (cm)']].head(4)`
Out [3]:	<table><tr><th></th><th>sepal length (cm)</th><th>sepal width (cm)</th></tr><tr><td>0</td><td>5.1</td><td>3.5</td></tr><tr><td>1</td><td>4.9</td><td>3.0</td></tr><tr><td>2</td><td>4.7</td><td>3.2</td></tr><tr><td>3</td><td>4.6</td><td>3.1</td></tr></table>

(3) row와 column 선택하기

iloc 또는 loc 속성을 사용하여 행과 열을 모두 지정할 수 있다.

> DataFrame.iloc[row, column]

정수로 된 위치 기반 인덱스(integer location)로 행과 열을 선택하고자 할 때는 iloc[ ] 속성을 사용한다. 인수는 하나 혹은 두 개가 사용되며 정수, 리스트, 슬라이싱, boolean array가 들어갈 수 있다. 인수를 하나만 설정할 경우 행을 지정하고, 인수를 두 개 설정할 경우 순서대로 행과 열을 지정함을 의미한다.

In [4]:	`iris.iloc[1:4]`			

Out [4]:		sepal length (cm)	sepal width (cm)	petal length (cm)	petal width (cm)
	1	4.9	3.0	1.4	0.2
	2	4.7	3.2	1.3	0.2
	3	4.6	3.1	1.5	0.2

In [5]:	`iris.iloc[[1,3,5], 2:4]`		

Out [5]:		petal length (cm)	petal width (cm)
	1	1.4	0.2
	3	1.5	0.2
	5	1.7	0.4

In [6]:	`iris.iloc[:, [True, True, False, True]]`		

Out [6]:		sepal length (cm)	sepal width (cm)	petal width (cm)
	0	5.1	3.5	0.2
	1	4.9	3.0	0.2
	2	4.7	3.2	0.2
	3	4.6	3.1	0.2
	4	5.0	3.6	0.2
	...	...	...	...
	145	6.7	3.0	2.3
	146	6.3	2.5	1.9
	147	6.5	3.0	2.0
	148	6.2	3.4	2.3
	149	5.9	3.0	1.8

150 rows × 3 columns

```
DataFrame.loc[row, column]
```

레이블(인덱스의 이름 혹은 컬럼명)로 행과 열을 선택하고자 할 때는 loc[ ] 속성을 사용한다. iloc[ ]와 마찬가지로 인수는 하나 혹은 두 개가 사용되며 정수, 리스트, 슬라이싱, boolean array가 들어갈 수 있다. 인수를 하나만 설정할 경우 행을 지정하고, 인수를 두 개 설정할 경우 순서대로 행과 열을 지정함을 의미한다. loc[ ]에서 슬라이싱 start:end를 사용할 때에는 start부터 end까지로, 파이썬의 기본 슬라이싱 방법과 달리 end를 포함한다는 것에 주의하자.

In [7]:	`iris.loc[1:3]`			
Out [7]:		sepal length (cm)	sepal width (cm)	petal length (cm)	petal width (cm)
	1	4.9	3.0	1.4	0.2
	2	4.7	3.2	1.3	0.2
	3	4.6	3.1	1.5	0.2
In [8]:	`iris.loc[[1,2], 'sepal length (cm)':'petal length (cm)']`			
Out [8]:		sepal length (cm)	sepal width (cm)	petal length (cm)
	1	4.9	3.0	1.4
	2	4.7	3.2	1.3

(4) 선택한 값 변경하기

특정한 값을 선택했다면 그 값에 다른 값을 대입해 값을 변경할 수도 있다. 시험장에서는 주어진 값을 직접 변경할 일이 거의 없지만 실제 분석 환경에서는 이상치를 적당한 값으로 대체하는 등의 작업을 할 때 쓰이는 경우가 있으므로 값을 변경하는 방법을 학습해보자.

학생의 과목별 성적 데이터를 만들고 값을 변경해보자.

In [9]	`score = pd.DataFrame({'국어': [100, 80], '수학':[75, 90],`
	`                       '영어':[90, 95]}, index=['장화', '홍련'])`
	`score.loc['홍련', '영어'] = 100`
	`score['국어'] = score['국어'] - 5`
	`score`

Out [9]:	국어 수학 영어 **장화** 95 75 90 **홍련** 75 90 100

2. row/column 추가

(1) row 추가

데이터프레임에 한 행을 추가하는 것은 append( )를 사용한다. append의 인수로는 DataFrame, Series, Dictionary가 들어간다. Series형을 사용하여 행을 추가할 경우 Series의 name의 추가되는 행의 index가 된다.

In [10]:	`new_students = pd.DataFrame({'국어': [70, 85], '수학':[65, 100],`
	`                    '영어':[95, 65]}, index=['콩쥐', '팥쥐'])`
	`score = score.append(new_students)`
	`new_student1 = pd.Series({'국어':85, '수학':55, '영어':95}, name='해님')`
	`score = score.append(new_student1)`
	`score`

Out [10]:	<table><tr><td></td><td>국어</td><td>수학</td><td>영어</td></tr><tr><td>장화</td><td>95</td><td>75</td><td>90</td></tr><tr><td>홍련</td><td>75</td><td>90</td><td>100</td></tr><tr><td>콩쥐</td><td>70</td><td>65</td><td>95</td></tr><tr><td>팥쥐</td><td>85</td><td>100</td><td>65</td></tr><tr><td>해님</td><td>85</td><td>55</td><td>95</td></tr></table>

Dictionary 자료형을 사용하여 행을 추가할 경우 인덱스로 사용할 정보가 없으므로 ignore_index 인자를 True로 설정하지 않으면 오류가 발생한다. 'ignore_index=True'를 세팅할 경우 기존의 인덱스도 전부 사라지기 때문에 주의하여 사용하여야 한다.

In [11]:	`new_student2 = {'국어':75, '수학':80, '영어':80}` `score.append(new_student2, ignore_index=True)`
Out [11]:	<table><tr><td></td><td>국어</td><td>수학</td><td>영어</td></tr><tr><td>0</td><td>95</td><td>75</td><td>90</td></tr><tr><td>1</td><td>75</td><td>90</td><td>100</td></tr><tr><td>2</td><td>70</td><td>65</td><td>95</td></tr><tr><td>3</td><td>85</td><td>100</td><td>65</td></tr><tr><td>4</td><td>85</td><td>55</td><td>95</td></tr><tr><td>5</td><td>75</td><td>80</td><td>80</td></tr></table>

(2) column 추가

단일 값 또는 데이터프레임 행의 수와 같은 길이의 배열을 데이터프레임의 새로운 컬럼에 대입하여 수행할 수 있다.

In [12]:	science = [80, 70, 90, 85, 75] score['과학'] = science score['학년'] = 1 score
Out [12]:	<table><tr><td></td><td>국어</td><td>수학</td><td>영어</td><td>과학</td><td>학년</td></tr><tr><td>장화</td><td>95</td><td>75</td><td>90</td><td>80</td><td>1</td></tr><tr><td>홍련</td><td>75</td><td>90</td><td>100</td><td>70</td><td>1</td></tr><tr><td>콩쥐</td><td>70</td><td>65</td><td>95</td><td>90</td><td>1</td></tr><tr><td>팥쥐</td><td>85</td><td>100</td><td>65</td><td>85</td><td>1</td></tr><tr><td>해님</td><td>85</td><td>55</td><td>95</td><td>75</td><td>1</td></tr></table>

기존 데이터프레임의 행의 수와 같다면 계산식의 결과를 새로운 컬럼으로 추가할 수도 있다.

In [13]:	score['과학'] = score['과학'] + 5 score['총점'] = score['국어'] + score['수학'] + score['영어'] + score['과학'] score
Out [13]:	<table><tr><td></td><td>국어</td><td>수학</td><td>영어</td><td>과학</td><td>학년</td><td>총점</td></tr><tr><td>장화</td><td>95</td><td>75</td><td>90</td><td>85</td><td>1</td><td>345</td></tr><tr><td>홍련</td><td>75</td><td>90</td><td>100</td><td>75</td><td>1</td><td>340</td></tr><tr><td>콩쥐</td><td>70</td><td>65</td><td>95</td><td>95</td><td>1</td><td>325</td></tr><tr><td>팥쥐</td><td>85</td><td>100</td><td>65</td><td>90</td><td>1</td><td>340</td></tr><tr><td>해님</td><td>85</td><td>55</td><td>95</td><td>80</td><td>1</td><td>315</td></tr></table>

제2장

3. row/column 삭제

drop( )을 사용하여 DataFrame의 행과 열을 삭제할 수 있다. 행과 열을 동시에 지정하여 삭제하는 것은 불가능하다.

> DataFrame.drop(index=None, columns=None, inplace=False)
> - index : 삭제할 행의 인덱스 혹은 인덱스의 리스트를 지정(행을 삭제할 경우 'index=' 부분은 생략 가능)
> - columns : 삭제할 컬럼의 이름 혹은 컬럼명의 리스트를 지정
> - inplace : False일 경우 작업 수행의 결과를 복사본으로 반환하고, True이면 작업을 수행하고 None을 반환

In [14]:	`score.drop('장화', inplace=True)`
	`score.drop(columns = ['과학', '학년', '총점'], inplace=True)`
	`score`

Out [14]:	(결과 표)

Out [14]:

	국어	수학	영어
홍련	75	90	100
콩쥐	70	65	95
팥쥐	85	100	65
해님	85	55	95

조건에 맞는 데이터 탐색 및 수정

(1) 임의의 조건 탐색 및 데이터 수정

데이터프레임의 각 컬럼에서 조건문의 조건에 맞는 값을 가진 행을 탐색하거나 수정할 수 있다. 데이터프레임에서 조건식을 탐색하는 방법은 다음과 같다.

> **DataFrame[조건식]**

조건이 하나일 경우 DataFrame[DataFrame['컬럼명'] >= num]와 같은 방식으로 탐색한다.

In [1]:	```import pandas as pd students = pd.DataFrame({'이름':['장화','홍련','콩쥐','팥쥐','해님','달님'], '국어':[70, 85, None, 100, None, 85], '수학':[65, 100, 80, 95, None, 70]}) students[students['이름'] == '장화']```
Out [1]:	**이름 국어 수학** **0** 장화 70.0 65.0

조건이 두 개 이상일 때 조건식을 괄호로 묶어 &(AND 연산자)와 |(OR 연산자)로 연결한다. 예를 들어 데이터프레임 'dataset'에서 '조건1 AND 조건2 AND (조건3 OR 조건4)'를 만족하는 행을 찾고자 한다면 다음과 같이 작성한다.

> **DataFrame[(조건1) & (조건2) & ((조건3) | (조건4))]**

In [2]:	students[(students['국어'] >=80) & (students['수학'] >=80)]
Out [2]:	**이름 국어 수학** **1** 홍련 85.0 100.0 **3** 팥쥐 100.0 95.0

loc[ ]에도 조건문을 사용하여 데이터를 탐색할 수 있다. loc[ ]는 또한 존재하지 않는 레이블을 지정할 경우 해당 레이블을 가진 새로운 행/열을 만든다는 특징이 있다. 이를 이용하여 아래와 같은 방식으로 데이터를 자유롭게 수정해보자.

---

df.loc [조건문, '추가/변경할 컬럼명']

- '추가/변경할 컬럼명'이 존재하는 컬럼인 경우 조건문에 부합하는 행의 '추가/변경할 컬럼명'의 값을 변경
- '추가/변경할 컬럼명'이 존재하지 않는 컬럼인 경우 새로운 컬럼을 만들고 조건문에 부합하는 행에는 지정된 값을, 그 외의 행에는 NaN을 삽입

In [3]:	``` students.loc[6, '이름':'수학'] = ['별님', 50, 60] students.loc[(students['국어']>=80)&(students['수학']>=70), '합격'] = 'Pass' students.loc[students['합격']!='Pass', '합격'] = 'Fail' students ```
Out [3]:	

	이름	국어	수학	합격
0	장화	70.0	65.0	Fail
1	홍련	85.0	100.0	Pass
2	콩쥐	NaN	80.0	Fail
3	팥쥐	100.0	95.0	Pass
4	해님	NaN	NaN	Fail
5	달님	85.0	70.0	Pass
6	별님	50.0	60.0	Fail

하나의 컬럼에 여러 개의 조건에 따라 다른 값을 반환해야 하는 경우 numpy의 select( )를 활용할 수 있다.

---

np.select(조건목록, 선택목록, default = 디폴트값)

| In [4]: | ```python
import numpy as np
condition_list = [(students['국어'] >= 90),
                  (students['국어'] >= 80) & (students['국어'] < 90),
                  (students['국어'] >= 70) & (students['국어'] < 80)]
choice_list = ['A', 'B', 'C']
students['점수'] = np.select(condition_list, choice_list, default='F')
students
``` |
| Out [4]: |

	이름	국어	수학	합격	점수
0	장화	70.0	65.0	Fail	C
1	홍련	85.0	100.0	Pass	B
2	콩쥐	NaN	80.0	Fail	F
3	팥쥐	100.0	95.0	Pass	A
4	해님	NaN	NaN	Fail	F
5	달님	85.0	70.0	Pass	B
6	별님	50.0	60.0	Fail	F

 |

(2) 결측값 탐색 및 수정

결측값이란 손실값, 값이 존재하지 않는 것을 의미한다. 파이썬에서 None, np.NaN, pd.NaT 등의 방식으로 표현되곤 한다. 판다스는 결측값을 매우 유연하게 처리할 수 있다.

① 결측값 탐색

판다스는 데이터프레임의 각 값이 결측값인지 탐지하기 위해 isna( ) 또는 notna( )를 제공한다. isna( )는 값이 결측치일 경우 True를 반환하고 notna( )는 결측치가 아닐 경우 True를 반환한다.
```

㉠ 결측값 탐색 : isna( ), isnull( )

㉡ 결측이 아닌 값 탐색 : notna( ), notnull( )

결측값					결측이 아닌 값				
In [5]:	students.isna( )				In [6]:	students.notna( )			

Out [5]:		이름	국어	수학	합격	점수
	0	False	False	False	False	False
	1	False	False	False	False	False
	2	False	True	False	False	False
	3	False	False	False	False	False
	4	False	True	True	False	False
	5	False	False	False	False	False
	6	False	False	False	False	False

Out [6]:		이름	국어	수학	합격	점수
	0	True	True	True	True	True
	1	True	True	True	True	True
	2	True	False	True	True	True
	3	True	True	True	True	True
	4	True	False	False	True	True
	5	True	True	True	True	True
	6	True	True	True	True	True

결측값의 여부를 보여주는 것은 데이터의 크기가 클 때 효용이 없다. 이 정보는 행/열을 기준으로 요약되어 제시될 때 더욱 효용이 있을 것이다. True는 1, False는 0으로 대치되므로 sum( ) 함수를 사용하여 합계를 구하면 Boolean 형식의 데이터프레임에서 True의 개수를 셀 수 있다. sum( )은 열 합계를, sum(1)은 행 합계를 의미한다.

In [7]:	students.isna().sum()
Out [7]:	이름 0 국어 2 수학 1 합격 0 점수 0 dtype: int64
In [8]:	students.isna().sum(1)
Out [8]:	0 0 1 0 2 1 3 0 4 2 5 0 6 0 dtype: int64

② 결측값 제거

dropna( )는 결측값이 존재하는 행 또는 열을 삭제한다.

> DataFrame.dropna(axis=0, how='any', thresh=None, subset=None, inplace=False)
> - axis : 0 또는 'index'이면 결측값이 포함된 행을 삭제하고 1 또는 'columns'이면 결측값이 포함된 열을 삭제
> - how : 'any'이면 결측값이 존재하는 모든 행/열 삭제, 'all'이면 모든 값이 결측값일 때 삭제
> - thresh : 정숫값을 지정하면 결측값이 아닌 값이 그보다 많을 때 행 또는 열을 유지
> - subset : 어떤 레이블에 결측값이 존재하면 삭제할지 정의
> - inplace : True이면 제자리에서 작업을 수행하고 None을 반환

In [9]:	students.dropna() # 결측값이 포함된 모든 행을 삭제

Out [9]:		이름	국어	수학	합격	점수
	0	장화	70.0	65.0	Fail	C
	1	홍련	85.0	100.0	Pass	B
	3	팥쥐	100.0	95.0	Pass	A
	5	달님	85.0	70.0	Pass	B
	6	별님	50.0	60.0	Fail	F

In [10]:	students.dropna(thresh=4) # 결측값이 아닌 값이 4개보다 많은 행만 남기기

Out [10]:		이름	국어	수학	합격	점수
	0	장화	70.0	65.0	Fail	C
	1	홍련	85.0	100.0	Pass	B
	2	콩쥐	NaN	80.0	Fail	F
	3	팥쥐	100.0	95.0	Pass	A
	5	달님	85.0	70.0	Pass	B
	6	별님	50.0	60.0	Fail	F

③ 결측값 대체

데이터를 분석할 때 결측값이 존재하는 모든 행 또는 열을 지우기보다는 결측값을 적당한 값으로 채워서 분석에 사용하기도 한다. 결측값을 대체하는 방법은 크게 단일 값으로 채우기와 데이터에 따라 다른 값으로 대체하기로 나눌 수 있다. 단일 값으로 채우는 경우 0이나 mean, median 값으로 채운다. 하지만 데이터의 특성을 반영하여 각자 다른 방법으로 채울 수도 있는데 지금부터 알아보도록 한다.

판다스에서는 결측값 대체를 위해 fillna( ) 함수를 제공한다. fillna( ) 함수를 활용하여 다양한 방법으로 결측값을 대체할 수 있다.

> DataFrame.fillna(value=None, method=None, axis=None, inplace=False, limit=None)
> - value : 단일 값 혹은 dict/Series/DataFrame 형식으로 대체할 값을 직접 입력
> - method : 'pad', 'ffill' 이전 값으로 채우고, 'backfill'/'bfill'은 다음에 오는 값으로 채움
> - axis : 0 또는 'index'이면 행 방향으로 채우고 1 또는 'columns'이면 열 방향으로 채움
> - limit : method 인자를 지정한 경우 limit으로 지정한 개수만큼 대체할 수 있음

학생의 연도별 신체검사 데이터세트를 만들고 전체 결측값을 0으로 대체해보자. 여기서는 연습을 위해 결측값을 대체한 결과를 원본 데이터프레임에 적용하지 않지만, 'inplace=True'를 지정하면 원본 데이터에 변경 내용을 적용할 수 있다.

In [11]:	`health = pd.DataFrame({'연도':[2017, 2018, 2019, 2020, 2021, 2022],`
	`                        '키': [160, 162, 165, None, None, 166],`
	`                        '몸무게': [53, 52, None, 50, 51, 54],`
	`                        '시력': [1.2, None, 1.2, 1.2, 1.1, 0.8],`
	`                        '병결': [None, None, None, 2, None, 1]})`
	
	`health.fillna(0)`

Out [11]:	

	연도	키	몸무게	시력	병결
0	2017	160.0	53.0	1.2	0.0
1	2018	162.0	52.0	0.0	0.0
2	2019	165.0	0.0	1.2	0.0
3	2020	0.0	50.0	1.2	2.0
4	2021	0.0	51.0	1.1	0.0
5	2022	166.0	54.0	0.8	1.0

이번에는 전체 데이터세트에 대하여 변수별 평균으로 결측값을 대체해보자.

In [12]:	`health.fillna(health.mean())`

	연도	키	몸무게	시력	병결
0	2017	160.00	53.0	1.2	1.5
1	2018	162.00	52.0	1.1	1.5
2	2019	165.00	52.0	1.2	1.5
3	2020	163.25	50.0	1.2	2.0
4	2021	163.25	51.0	1.1	1.5
5	2022	166.00	54.0	0.8	1.0

Out [12]: (위 표)

전체 데이터세트의 결측치를 단일한 기준으로 대체할 수도 있지만 각 컬럼별로 다른 규칙을 적용하여 결측치를 대체할 수도 있다. 특성에 따라 다른 방식으로 대체한다면 분석에서 더욱 좋은 결과를 얻을 수도 있을 것이다.

health 데이터세트의 '병결' 컬럼의 결측치는 해당 연도에 병결한 기록이 없음을 의미함이 밝혀졌다고 하자. 이를 고려하여 '병결' 컬럼의 결측치를 0으로 대체해보자. 또한 '몸무게' 컬럼의 결측값을 평균으로 대체해보자.

In [13]:
```python
health['병결'] = health['병결'].fillna(0)
health['몸무게'] = health['몸무게'].fillna(health['몸무게'].mean())
```

Out [13]:

	연도	키	몸무게	시력	병결
0	2017	160.0	53.0	1.2	0.0
1	2018	162.0	52.0	NaN	0.0
2	2019	165.0	52.0	1.2	0.0
3	2020	NaN	50.0	1.2	2.0
4	2021	NaN	51.0	1.1	0.0
5	2022	166.0	54.0	0.8	1.0

남아있는 '키'와 '시력' 컬럼을 결측값이 등장하기 바로 직전 값으로 대체해보자.

In [14]:
```python
health.fillna(method='pad', inplace=True)
health
```

Out [14]:

	연도	키	몸무게	시력	병결
0	2017	160.0	53.0	1.2	0.0
1	2018	162.0	52.0	1.2	0.0
2	2019	165.0	52.0	1.2	0.0
3	2020	165.0	50.0	1.2	2.0
4	2021	165.0	51.0	1.1	0.0
5	2022	166.0	54.0	0.8	1.0

(3) 중복행 삭제

데이터프레임에 모든 컬럼의 값이 중복된 행이 있는 경우 다음을 사용하여 제거할 수 있다.

> DataFrame.drop_duplicates()

health 데이터세트를 활용하여 중복행 제거를 실습해보자. drop_duplicates( )는 전체 데이터세트에 대하여 완전히 중복된 행을 제거하는 데 사용할 수도 있지만, 하나의 컬럼에서 구성 요소를 확인하거나 몇 개의 데이터세트의 일부분에서 요소들의 조합을 살피는 데도 사용할 수 있다.

우선 health 데이터세트에서 '키' 컬럼이 가지고 있는 값에는 어떤 것이 있는지 중복 없이 확인해보자. 이 경우에는 파이썬의 기본 함수인 set( )를 대신 사용할 수도 있다. duplicates( ) 함수의 출력 결과는 pd.Series 형식으로, set( ) 함수의 출력 결과는 tuple 형식이다.

In [15]:	health['키'].drop_duplicates()
Out [15]:	0 160.0 1 162.0 2 165.0 5 166.0 Name: 키, dtype: float64
In [16]:	set(health['키'])
Out [16]:	{160.0, 162.0, 165.0, 166.0}

여러 개의 컬럼을 가진 데이터에 대해 drop_duplicates( ) 함수를 적용하면 각 행을 하나의 객체로 보고 중복을 제거한다. 따라서 0번 행과 3번 행의 '시력' 컬럼에서 확인할 수 있듯 개별 컬럼에는 중복된 값이 포함될 수 있다.

In [17]:	health[['시력','병결']].drop_duplicates()
Out [17]:	시력 병결 0 1.2 0.0 3 1.2 2.0 4 1.1 0.0 5 0.8 1.0

index 혹은 특정 컬럼의 값을 기준으로 행을 오름차순 혹은 내림차순으로 정렬할 수 있다. 먼저 인덱스를 기준으로 정렬해보자.

> DataFrame.sort_index(axis=0, ascending=True, inplace=False)
> - axis : 0이면 행 인덱스를 기준으로, 1이면 컬럼명을 기준으로 정렬
> - ascending : True이면 오름차순으로, False이면 내림차순으로 정렬
> - inplace : True이면 제자리에서 수행 후 None을 반환하고, False이면 복사본을 만들어 정렬을 수행하고 이를 반환

| In [1]: | ```python
import pandas as pd
from sklearn.datasets import load_iris
iris = load_iris()
iris = pd.DataFrame(iris.data, columns=iris.feature_names)
iris.sort_index(ascending=False, inplace=True)
iris.head()
``` |
|---|---|

Out [1]:		sepal length (cm)	sepal width (cm)	petal length (cm)	petal width (cm)
	149	5.9	3.0	5.1	1.8
	148	6.2	3.4	5.4	2.3
	147	6.5	3.0	5.2	2.0
	146	6.3	2.5	5.0	1.9
	145	6.7	3.0	5.2	2.3

| In [2]: | ```python
iris.sort_index(axis=1, ascending=True, inplace=True)
iris.head()
``` |
|---|---|

Out [2]:		petal length (cm)	petal width (cm)	sepal length (cm)	sepal width (cm)
	149	5.1	1.8	5.9	3.0
	148	5.4	2.3	6.2	3.4
	147	5.2	2.0	6.5	3.0
	146	5.0	1.9	6.3	2.5
	145	5.2	2.3	6.7	3.0

제2장

값 기준 정렬을 할 때는 기준 컬럼에 대한 정보가 반드시 들어가 있어야 한다. 기준 컬럼은 여러 개일 수 있으며, 이 경우 리스트로 입력하면 앞에 있는 컬럼부터 순서대로 정렬 기준으로 사용한다.

DataFrame.sort_values(by, axis=0, ascending=True, inplace=False)
- by : 정렬 기준으로 사용할 컬럼의 이름 혹은 컬럼명의 리스트
- axis : 0이면 행 인덱스를 기준으로, 1이면 컬럼명을 기준으로 정렬
- ascending : True이면 오름차순으로, False이면 내림차순으로 정렬
- inplace : True이면 제자리에서 수행 후 None을 반환하고, False이면 복사본을 만들어 정렬을 수행하고 이를 반환

In [3]:	`iris.sort_values('petal length (cm)')` `iris`			
	petal length (cm)	**petal width (cm)**	**sepal length (cm)**	**sepal width (cm)**
22	1.0	0.2	4.6	3.6
13	1.1	0.1	4.3	3.0
Out [3]: **14**	1.2	0.2	5.8	4.0
35	1.2	0.2	5.0	3.2
16	1.3	0.4	5.4	3.9

In [4]:	`iris.sort_values(['petal width (cm)', 'sepal length (cm)'])`			
	petal length (cm)	**petal width (cm)**	**sepal length (cm)**	**sepal width (cm)**
13	1.1	0.1	4.3	3.0
12	1.4	0.1	4.8	3.0
Out [4]: **37**	1.4	0.1	4.9	3.6
9	1.5	0.1	4.9	3.1
32	1.5	0.1	5.2	4.1

제6절 데이터 결합

데이터를 분석하기 위해 두 개 이상의 테이블을 하나의 테이블로 결합해야 하는 경우가 있다. 데이터를 결합하는 방법에는 단순 연결(Concat, Append)과 key를 기준으로 연결하는 조인(Join, Merge)이 있다.

1. 단순 연결

(1) 먼저, 단순 연결부터 알아보자. 단순 연결은 두 개 이상의 데이터프레임을 열 혹은 행 방향으로 그대로 붙이는 것이다. DataFrame 간의 연결 외에도 DataFrame – Series, Series – Series의 연결도 가능하다.

> **pandas.concat(objs, axis=0, ignore_index=False)**
> - objs : concat을 실행할 객체의 리스트(DataFrame, Series, Panel object)
> - axis : 0이면 열 방향로 합치고 1이면 행 방향으로 합침
> - ignore_index : True이면 기존 index를 무시하고 0부터 시작하는 정수로 재설정

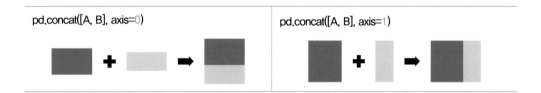

(2) 열 방향 결합부터 실습해보자. 열 방향으로 결합할 경우 각 데이터프레임에서의 컬럼의 위치와 관계없이 컬럼명을 기준으로 각 열을 재조립하여 출력한다. 이때 index는 각 데이터프레임이 가지고 있었던 고유한 인덱스를 유지하지만 'ignore_index=True'로 설정할 경우 0부터 1씩 증가하는 정수형으로 재설정된다.

| In [1]: | ```
import pandas as pd
HR1 = pd.DataFrame({'이름':['장화', '홍련'],
                    '부서':['영업', '회계'],
                    '직급':['팀장', '사원']})
HR2 = pd.DataFrame({'이름':['콩쥐', '팥쥐'],
                    '직급':['사원', '팀장'],
                    '부서':['영업', '인사']})
pd.concat([HR1, HR2], axis=0)
``` |
|---|---|
Out [1]:	**이름 부서 직급** **0** 장화 영업 팀장 **1** 홍련 회계 사원 **0** 콩쥐 영업 사원 **1** 팥쥐 인사 팀장
In [2]:	`pd.concat([HR1, HR2], axis=0, ignore_index=True)`
Out [2]:	**이름 부서 직급** **0** 장화 영업 팀장 **1** 홍련 회계 사원 **2** 콩쥐 영업 사원 **3** 팥쥐 인사 팀장

(3) 결합하는 두 데이터프레임이 다른 컬럼을 가지고 있는 경우에는 각 데이터프레임의 컬럼을 모두 가지고 값이 없는 칸은 np.NaN으로 채워진 데이터프레임이 출력된다.

| In [3]: | ```
HR3 = pd.DataFrame({'이름':['콩쥐','팥쥐'],
                    '부서':['영업', '인사'],
                    '급여':[3500, 2800]})
pd.concat([HR1, HR3], axis=0, ignore_index=True)
``` |
|---|---|
| Out [3]: | **이름 부서 직급 급여**
0 장화 영업 팀장 NaN
1 홍련 회계 사원 NaN
2 콩쥐 영업 NaN 3500.0
3 팥쥐 인사 NaN 2800.0 |

(4) 행 방향으로 결합하는 때도 마찬가지로 행 인덱스를 기준으로 데이터를 재조립한다. 결합하는 데이터들의 행 길이가 다른 경우 모든 값을 출력하고 정보가 없는 칸은 np.NaN으로 채운다.

In [4]:	`HR4 = pd.Series({1: 2500}, name='급여')` `pd.concat([HR1, HR4], axis=1)`

Out [4]:

	이름	부서	직급	급여
0	장화	영업	팀장	NaN
1	홍련	회계	사원	2500.0

In [5]:	`HR5 = pd.DataFrame({'급여': [4500, 3000, 3500]})` `pd.concat([HR1, HR5], axis=1)`

Out [5]:

	이름	부서	직급	급여
0	장화	영업	팀장	4500
1	홍련	회계	사원	3000
2	NaN	NaN	NaN	3500

2. 조인

(1) 조인(join, merge)은 연결할 두 데이터프레임이 동시에 가지고 있는 특정한 컬럼의 값을 기준으로 두 개 이상의 데이터프레임을 결합하여 하나의 데이터프레임으로 만드는 것이다. 여기서 두 데이터프레임이 동시에 가지고 있는 컬럼이란 컬럼명이 같다는 것을 의미하는 것이 아니라 컬럼이 가질 수 있는 값의 집합인 도메인이 같다는 것을 의미한다. 이 컬럼의 값을 key라고 하며, 이를 기준으로 1 : 1, 1 : M, M : M 결합을 할 수 있다.

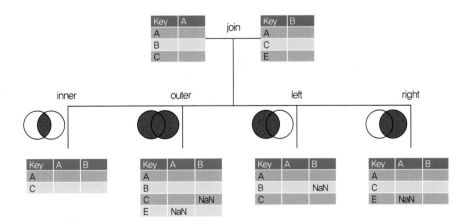

(2) 방향과 수행 방식에 따라 inner join, outer join, right join, left join의 네 가지 방식으로 나눌 수 있으며 모두 join( )과 merge( )를 사용하여 수행할 수 있다.

> **DataFrame.join(other, on=None, how='left', lsuffix='', rsuffix='', sort=False)**
> - DataFrame : 결합의 기준이 되는 데이터프레임으로 left DataFrame
> - other : 결합의 대상이 되는 데이터프레임으로 right DataFrame
> - on : key 컬럼의 이름(두 데이터프레임에서 key 컬럼의 이름이 같아야 함)
> - how : {'left', 'right', 'outer', 'inner'}, 조인의 수행 방식 선택
> - lsuffix/rsuffix : 결합한 데이터프레임에서 왼쪽/오른쪽 데이터프레임의 컬럼명에 사용할 접미사
> - sort : 키값을 기준으로 정렬할지 여부

join( )과 merge( ) 모두 데이터프레임 결합에 사용되지만, merge( )는 조금 더 다양한 조건을 사용할 수 있다.

> **DataFrame.merge(right, how='inner', on=None, left_on=None, right_on=None,**
> **left_index=False, right_index=False, sort=False, suffixes=('_x', '_y'))**
> - DataFrame : 결합의 기준이 되는 데이터프레임으로 left DataFrame
> - right : 결합의 대상이 되는 데이터프레임으로 right DataFrame
> - how : {'left', 'right', 'outer', 'inner', 'cross'}, 조인의 수행 방식을 선택
> - on : key 컬럼의 이름(두 테이블에서 key 컬럼의 이름이 같은 경우)
> - left_on/right_on : 두 테이블에서 key 칼럼명이 다를 때 'on'을 대신하여 각각 지정
> - left_index/right_index : 왼쪽 혹은 오른쪽 데이터프레임의 인덱스를 key로 사용할 경우
> - sort : 키값을 기준으로 정렬할지 여부
> - suffixes : 결합한 데이터프레임에서 왼쪽/오른쪽 데이터프레임의 컬럼명에 사용할 접미사를 왼쪽-오른쪽 순서로 지정

inner join은 교집합(A∩B)의 연산과 같다. key 컬럼의 값이 양쪽 데이터프레임에서 모두 존재하는 데이터에 대해서만 조인을 수행한다. 어느 한쪽 데이터프레임에만 존재하는 key를 가지고 있는 행들은 버려지게 된다.

상품 데이터와 주문 데이터를 만들고 조인을 연습해보자. 하나의 제품에 대해 여러 건의 주문이 들어올 수 있으므로 1 : N의 결합이 수행된다. 상품과 주문이 모두 존재하는 데이터만 조인하여 출력해보자. 주문되지 않은 상품인 감자와 존재하지 않는 상품에 대한 주문인 1004는 삭제된 것을 확인할 수 있다.

In [6]:	product = pd.DataFrame({'상품코드': ['G1', 'G2', 'G3', 'G4'],
	                '상품명': ['우유', '감자', '빵', '치킨']})
	 sale = pd.DataFrame({'주문번호': [1001, 1002, 1002, 1003, 1004],
	              '상품코드': ['G4', 'G3', 'G1', 'G3', 'G5'],
	              '주문수량': [1, 4, 2, 2, 3]})
	 sale.merge(product, on='상품코드', how='inner')

Out [6]:		주문번호	상품코드	주문수량	상품명
	0	1001	G4	1	치킨
	1	1002	G3	4	빵
	2	1003	G3	2	빵
	3	1002	G1	2	우유

outer join은 full outer join이라고도 하며 합집합(A∪B)의 연산과 같다. 조인을 수행하는 양쪽 데이터프레임에 있는 모든 데이터가 조인에 사용되고 출력된다. key 컬럼의 값이 양쪽 모두에 존재하는 데이터에 대한 조인은 inner join과 같지만, 어느 한쪽에만 존재하는 key의 경우 key가 존재하지 않는 데이터프레임 부분에는 np.NaN 값을 채운다.

outer join을 수행하고 key 컬럼인 상품코드를 기준으로 정렬해보자. 1004번 주문의 상품명과 G2 상품의 주문번호와 주문수량이 NaN으로 표기된 것을 확인할 수 있다.

In [7]:	sale.merge(product, on='상품코드', how='outer', sort=True)

Out [7]:		주문번호	상품코드	주문수량	상품명
	0	1002.0	G1	2.0	우유
	1	NaN	G2	NaN	감자
	2	1002.0	G3	4.0	빵
	3	1003.0	G3	2.0	빵
	4	1001.0	G4	1.0	치킨
	5	1004.0	G5	3.0	NaN

right join과 left join은 right outer join, left outer join이라고도 하며, 방향만 다를 뿐 같은 조인 방식이라고 볼 수 있다. 양쪽 데이터프레임에서 하나가 기준이 되는 조인 방식으로 기준이 되는 데이터프레임은 전체가 사용되지만, 대상이 되는 데이터프레임은 전체 데이터가 출력되지 않을 수 있다는 것이 특징이다. 대상 데이터프레임에 같은 key 값이 없다면 np.NaN을 채운다.

모든 주문에 대해 상품명 컬럼을 결합하는 것을 left 조인으로 연습해보자. 이번에는 양쪽 데이터프레임의 컬럼명을 각각 지정해본다. 1004번 주문의 상품명이 NaN으로 표기되었고, 주문이 존재하지 않는 G2 상품에 대한 정보는 삭제된 것을 확인할 수 있다.

In [8]:	sale.merge(product, left_on='상품코드', right_on='상품코드', how='left')			
		주문번호	상품코드	주문수량	상품명
Out [8]:	0	1001	G4	1	치킨
	1	1002	G3	4	빵
	2	1002	G1	2	우유
	3	1003	G3	2	빵
	4	1004	G5	3	NaN

제7절 | 데이터 요약

데이터를 요약하여 원하는 정보를 얻는 것은 데이터가 지닌 값들의 특징을 알게 해준다. 우리는 이와 비슷한 것을 제2절의 요약·통계정보 확인하기를 통해 수행해본 바 있다. 이 절에서는 데이터를 요약하여 집계하는 방법을 알아본다.

1. 그룹화와 집계

그룹화는 하나 이상의 데이터를 어떠한 조건에 따라 여러 개의 그룹으로 묶는 것을 의미한다. 각각의 그룹에 여러 개의 값을 가지게 되므로 그룹별 대푯값을 생성하기 위해 집계함수를 함께 사용한다. 그룹화는 DataFrame.groupby('그룹화할 기준열').FUN( ) 형식으로 사용된다. 여기서 FUN( )은 집계함수를 의미한다.

> DataFrame.groupby(by=None, axis=0, level=None, as_index=True, sort=False,
> dropna=True).FUN()
> - by : 그룹을 결정하는 데 사용
> - axis : 행(0)과 열(1) 지정, default 0
> - level : 축이 계층 구조일 때 특정 수준을 기준으로 그룹화
> - as_index : 그룹 레이블이 인덱스로 출력될지의 여부, default True
> - sort : 집계 행으로 정렬할지 여부
> - dropna : True이면 결측값이 행/열과 함께 삭제, False이면 결측값도 그룹의 키로 처리

> **Tip**
>
> ✅ **집계함수**
>
> 집계함수란 여러 개의 값을 계산하여 하나의 값으로 만드는 함수를 의미한다. 주로 사용되는 집계함수는 다음과 같으며, 그룹 내에서 결측치가 아닌(non-NA) 값들을 계산한다.
> - count() : 값의 개수
> - sum() : 값들의 합
> - min() : 최솟값
> - max() : 최댓값
> - mean() : 평균
> - median() : 중앙값
> - std() : 표준편차
> - var() : 분산
> - quantile(n) : 분위수
> - first() : 첫번째 값
> - last() : 마지막 값
> - describe() : 기술통계량

iris 데이터세트를 불러와 class에 따른 각 컬럼의 평균값과 중앙값을 확인해보자.

| In [1]: | ```python
import pandas as pd
from sklearn.datasets import load_iris
IRIS = load_iris()
iris = pd.DataFrame(data=IRIS.data, columns=IRIS.feature_names)
iris['class'] = IRIS.target
iris['class'] = iris['class'].map({0:'setosa', 1:'versicolor', 2:'virginica'})
iris.groupby(by='class').mean()
``` |
|---|---|

Out [1]:

class	sepal length (cm)	sepal width (cm)	petal length (cm)	petal width (cm)
setosa	5.006	3.428	1.462	0.246
versicolor	5.936	2.770	4.260	1.326
virginica	6.588	2.974	5.552	2.026

In [2]:	`iris.groupby(by='class').median()`

Out [2]:

class	sepal length (cm)	sepal width (cm)	petal length (cm)	petal width (cm)
setosa	5.0	3.4	1.50	0.2
versicolor	5.9	2.8	4.35	1.3
virginica	6.5	3.0	5.55	2.0
```

2. 도수분포표

도수분포표란 자료를 몇 개의 구간으로 나누고, 나누어진 각 구간에 속한 자료의 개수를 정리한 표이다. 데이터를 요약해서 살피는 방법의 하나로 수치형 데이터가 어떤 모양으로 분포되어 있는지 확인할 수 있다. 이 표를 그래프로 그린 것을 히스토그램이라고 한다. 도수분포표는 다음과 같은 방법으로 만들 수 있다.

pd.Series(DataFrame['컬럼명']).value_counts()

In [3]:	`pd.Series(iris['class']).value_counts()`
Out [3]:	```setosa 50 versicolor 50 virginica 50 Name: class, dtype: int64```

하지만 이 방법은 수치형 데이터의 경우 구간으로 나누지 않고 모든 값에 대해 개수를 센다는 한계가 있다. 수치형 데이터를 구간에 따라 나누기 위해서는 구간을 나눈 컬럼을 생성해야 한다. 다음 예를 확인해보자. 이 예에서는 to_frame( ) 함수를 사용하여 결과를 데이터프레임으로 변경하였다.

In [4]:	`iris['petal width level'] = pd.qcut(iris['petal width (cm)'], q=3, labels =['short', 'middle', 'long'])` `pd.Series(iris['petal width level']).value_counts().to_frame()`
Out [4]:	<table><tr><th></th><th>petal width level</th></tr><tr><td>middle</td><td>52</td></tr><tr><td>short</td><td>50</td></tr><tr><td>long</td><td>48</td></tr></table>

두 개의 기준에 따른 데이터의 분포를 확인하고자 할 때는 어떻게 해야 할까? crosstab( )을 이용하면 교차표(Contingency Table)를 그릴 수 있다.

---

pd.crosstab(index, columns, dropna = True, normalize = False)
- index : 열 위치에서 집계될 범주형 변수(컬럼1)
- columns : 행 위치에서 집계될 범주형 변수(컬럼2)
- dropna : 항목이 모두 NaN인 열을 제외할지 여부
- normalize : 'all' 또는 True를 전달하면 모든 값에 대해 정규화하고, 'index'를 전달하면 각 행에 대해, 'columns'가 전달되면 각 열에 대해 정규화

In [5]:	pd.crosstab(iris['petal width level'], iris['class'])			
	class **petal width level**	**setosa**	**versicolor**	**virginica**
Out [5]:	**short**	50	0	0
	middle	0	48	4
	long	0	2	46

제8절 | 데이터 재구조화

데이터를 분석할 때 분석 기법이나 적용할 함수에 맞지 않아 행과 열의 위치를 서로 바꾸는 등 원본 데이터의 구조를 바꾸어야 할 때가 있다. 이 절에서는 데이터를 재구조화하여 데이터의 형태를 변경하는 방법을 알아본다.

1. 피벗 테이블(Pivot Table)

피벗 테이블이란 원본 데이터에서 원하는 열만 선택하여 행과 열에 배치해 새로운 형태의 보고서를 만드는 것이다. 원본 데이터에서 인덱스와 컬럼, 값으로 사용할 열을 임의로 선택하여 데이터를 재구조화할 수 있다. 그림과 예제를 통해 알아보자.

Index	Columns	Values
1	Name_1	100
1	Name_2	200
2	Name_1	300
2	Name_2	400

Index	Name_1	Name_2
1	100	200
2	300	400

DataFrame.pivot_table(index=None, columns=None, values=None, aggfunc='mean')

· index : 피벗 테이블에서 인덱스가 될 컬럼의 이름(두 개 이상이면 리스트로 입력)

· columns : 피벗 테이블에서 컬럼으로 분리할 컬럼의 이름(범주형 변수 사용)

· values : 피벗 테이블에서 columns의 값이 될 컬럼의 이름

· aggfunc : 집계함수를 사용할 경우 지정

| In [1]: | ```python
import pandas as pd
score = {'학년':[1, 1, 1, 1, 2, 2],
        '반':['A', 'A', 'B', 'B', 'C', 'C'],
        '성별':['여자', '남자', '여자', '남자', '여자', '남자'],
        '성적': [76, 88, 85, 72, 68, 70]}
score = pd.DataFrame(score)
score
``` |
| Out [1]: | <table><tr><th></th><th>학년</th><th>반</th><th>성별</th><th>성적</th></tr><tr><td>0</td><td>1</td><td>A</td><td>여자</td><td>76</td></tr><tr><td>1</td><td>1</td><td>A</td><td>남자</td><td>88</td></tr><tr><td>2</td><td>1</td><td>B</td><td>여자</td><td>85</td></tr><tr><td>3</td><td>1</td><td>B</td><td>남자</td><td>72</td></tr><tr><td>4</td><td>2</td><td>C</td><td>여자</td><td>68</td></tr><tr><td>5</td><td>2</td><td>C</td><td>남자</td><td>70</td></tr></table> |
| In [2]: | ```python
score = score.pivot_table(index=['학년', '반'],
columns='성별', values='성적')
score
``` |
| Out [2]: | <table><tr><th>성별</th><th></th><th>남자</th><th>여자</th></tr><tr><th>학년</th><th>반</th><th></th><th></th></tr><tr><td>1</td><td>A</td><td>88</td><td>76</td></tr><tr><td></td><td>B</td><td>72</td><td>85</td></tr><tr><td>2</td><td>C</td><td>70</td><td>68</td></tr></table> |

2. 멜트(Melt)

melt는 피벗 테이블의 반대라고 생각하면 간단하다. 컬럼으로 나열된 자료를 variable과 value 컬럼으로 압축하는 것이다. 그림과 예제를 통해 사용법을 알아보자.

ID	variable	value
N1	Col_1	A
N2	Col_1	B
N3	Col_1	C
N1	Col_2	100
N2	Col_2	200
N3	Col_2	300

ID	Col_1	Col_2
N1	A	100
N2	B	200
N3	C	300

DataFrame.melt(id_vars=None, var_name=None, value_name=None)
- id_vars : 피벗 테이블에서 인덱스가 될 컬럼의 이름
  (variable, value의 내용으로 들어가지 않을 컬럼의 이름 리스트)
- var_name : variable 변수의 이름으로 지정할 문자열(선택)
- value_name : value 변수의 이름으로 지정할 문자열(선택)

In [3]:	score.reset_index().melt(id_vars=['학년','반'], var_name='성별', value_name='성적')
Out [3]:	 |	학년	반	성별	성적
---	---	---	---	---
0	1	A	남자	88
1	1	B	남자	72
2	2	C	남자	70
3	1	A	여자	76
4	1	B	여자	85
5	2	C	여자	68	

데이터프레임에 함수 적용하기

Apply와 Map 함수를 사용하여 데이터의 행 또는 열에 자유롭게 함수를 적용하고 그 값을 반환받을 수 있다.

1. 어플라이(Apply)

apply 함수는 데이터프레임에 행 또는 열 방향으로 지정한 함수를 수행하고 그 값을 결과로 받는다. apply는 집계함수도 적용할 수 있다. 제8절에서 사용했던 Out [3]의 결괏값에 이어 apply를 연습해 보자.

In [1]:	`import numpy as np` `score.apply(np.sqrt, axis=0)`
Out [1]:	<table><tr><td></td><td>성별</td><td>남자</td><td>여자</td></tr><tr><td>학년</td><td>반</td><td></td><td></td></tr><tr><td>1</td><td>A</td><td>9.380832</td><td>8.717798</td></tr><tr><td></td><td>B</td><td>8.485281</td><td>9.219544</td></tr><tr><td>2</td><td>C</td><td>8.366600</td><td>8.246211</td></tr></table>
In [2]:	`score.apply(np.max, axis=0)`
Out [2]:	성별 남자 88 여자 85 `dtype: int64`

apply 함수에 직접 정의한 함수도 적용할 수 있다. 직접 정의한 함수도 마찬가지로 각 값에 적용하거나 행과 열 방향으로 적용할 수 있다.

In [3]:	```python
	def plus_five(val):
	return val + 5
	score.apply(plus_five)
	``

	성별	남자	여자
학년	반		
1	A	93	81
	B	77	90
2	C	75	73

Out [3]:

In [4]:	```python
	def class_avg(df):
	return ceil((df['남자'] + df['여자'])/2)
	score.apply(class_avg, axis=1)
	``

Out [4]:
```
   학년  반
1  A    82
   B    79
2  C    69
dtype: int64
```

2. 맵(Map)

map 함수는 주어진 각 원소에 함수를 적용한다. 함수를 정의하는 lambda와 함께 사용할 수 있다. map(lambda)을 사용할 때에는 데이터가 시리즈 형식이어야 한다.

In [5]:	`score['남자'].map(lambda x: x + 5)`

Out [5]:
```
   학년  반
1  A    93
   B    77
2  C    75
Name: 남자, dtype: int64
```

Pandas의 Series.str()는 시리즈 내의 각 문자열에 쉽게 접근하고 조작하는 방법을 제공한다. str()은 DataFrame이 아닌 Series의 속성이므로 사용할 때 컬럼을 선택해 주어야 한다. 아래는 Series.str()를 활용하여 문자열을 수정하는 방법을 알아보기 위한 예시 데이터이다. 이를 활용하여 갖가지 기법을 하나씩 연습해보자.

| In [1]: | ```python
# 예시 데이터
import pandas as pd

landmark = pd.DataFrame(
    {'name':['경복궁','불국사', '첨성대', '광한루원', '창경궁'],
     'english name':['Gyeongbokgung Palace',
                     'bulguksa',
                     'cheomseongdae observatory',
                     'gwanghanru',
                     'Changgyeonggung Palace'],
     'location':['서울특별시 종로구 사직로 161',
                 '경북 경주시 불국로 385',
                 '경북 경주시 인왕동 839-1',
                 '전북 남원시 요천로 1447',
                 '서울 종로구 창경궁로 185']
    })
``` |
|---|---|
```

1. 문자열 대소문자 변환

upper() / lower() 함수를 활용하여 문자열 내의 모든 문자를 대문자/소문자로 변환할 수 있다.

| In [2]: | ```import pandas as pd

landmark['name_upper'] = landmark['english name'].str.upper()
landmark['name_lower'] = landmark['english name'].str.lower()

결과 확인
landmark[['english name', 'name_upper', 'name_lower']]``` |
|---|---|
| Out [2]: | <table><tr><th></th><th>english name</th><th>name_upper</th><th>name_lower</th></tr><tr><td>0</td><td>Gyeongbokgung Palace</td><td>GYEONGBOKGUNG PALACE</td><td>gyeongbokgung palace</td></tr><tr><td>1</td><td>bulguksa</td><td>BULGUKSA</td><td>bulguksa</td></tr><tr><td>2</td><td>cheomseongdae observatory</td><td>CHEOMSEONGDAE OBSERVATORY</td><td>cheomseongdae observatory</td></tr><tr><td>3</td><td>gwanghanru</td><td>GWANGHANRU</td><td>gwanghanru</td></tr><tr><td>4</td><td>Changgyeonggung Palace</td><td>CHANGGYEONGGUNG PALACE</td><td>changgyeonggung palace</td></tr></table> |

capitalize() 함수를 통해 문자열의 첫 번째 문자만 대문자로 변환하고, 나머지 문자는 소문자로 변환할 수 있다.

title() 함수는 문자열 내의 모든 단어의 첫 번째 문자를 대문자로 변환하고 나머지 문자는 소문자로 변환한다. 이 함수는 각 단어를 구분하는 기준으로 공백을 사용한다.

| In [3]: | ```landmark['name_capitalize'] = landmark['english name'].str.capitalize()
landmark['name_title'] = landmark['english name'].str.title()

결과 확인
landmark[['english name', 'name_capitalize', 'name_title']]``` |
|---|---|
| Out [3]: | <table><tr><th></th><th>english name</th><th>name_capitalize</th><th>name_title</th></tr><tr><td>0</td><td>Gyeongbokgung Palace</td><td>Gyeongbokgung palace</td><td>Gyeongbokgung Palace</td></tr><tr><td>1</td><td>bulguksa</td><td>Bulguksa</td><td>Bulguksa</td></tr><tr><td>2</td><td>cheomseongdae observatory</td><td>Cheomseongdae observatory</td><td>Cheomseongdae Observatory</td></tr><tr><td>3</td><td>gwanghanru</td><td>Gwanghanru</td><td>Gwanghanru</td></tr><tr><td>4</td><td>Changgyeonggung Palace</td><td>Changgyeonggung palace</td><td>Changgyeonggung Palace</td></tr></table> |

2. 문자열 분리

인덱싱을 활용하면 문자열 형식의 컬럼에서 각 행에서 동일한 위치의 문자열만 추출할 수 있다. landmark 데이터의 location 컬럼에서 3~6번 글자를 추출해 보자. 이 방법에서는 띄어쓰기도 하나의 글자로 취급하여 처리하는 것을 확인할 수 있다.

In [4]:	`landmark['location'].str[3:6]`
| Out [4]: | ```
0      별시
1     경주시
2     경주시
3     남원시
4     종로구
Name: location, dtype: object
``` |

Serise.str.split() 메소드를 활용하면 특정 문자를 기준으로 문자열을 분리할 수 있다. split() 메소드에 아무것도 할당하지 않으면 띄어쓰기를 기준으로 문자열을 분리한다. 예제를 통해 확인해보자.

| In [5]: | ```
series_split = landmark['location'].str.split()

# 결과 확인
series_split
``` |
|---|---|
| Out [5]: | ```
0    [서울특별시, 종로구, 사직로, 161]
1       [경북, 경주시, 불국로, 385]
2      [경북, 경주시, 인왕동, 839-1]
3      [전북, 남원시, 요천로, 1447]
4      [서울, 종로구, 창경궁로, 185]
Name: location, dtype: object
``` |

split()의 결과는 역시 Series type의 list이므로 여기서 N번째 문자열을 선택하기 위해서는 다시 .str. get() 메소드를 사용해야 한다.

| In [6]: | ```
print('series_split의 타입:', type(series_split))

landmark['location'].str.split().str.get(0)
``` |
|---|---|
| Out [6]: | ```
series_split의 타입: <class 'pandas.core.series.Series'>
0     서울특별시
1        경북
2        경북
3        전북
4        서울
Name: location, dtype: object
``` |
```

split() 메소드에 분할할 기준 문자를 지정할 수 있다. 다음은 띄어쓰기를 분할 기준 문자를 지정한 예이다. 'expand=True'를 설정해서 분할된 모든 문자를 컬럼으로 확장하여 저장하도록 하였다.

In [7]:	landmark['location'].str.split(" ", expand=True)
Out [7]:	<table><tr><th></th><th>0</th><th>1</th><th>2</th><th>3</th></tr><tr><td>0</td><td>서울특별시</td><td>종로구</td><td>사직로</td><td>161</td></tr><tr><td>1</td><td>경북</td><td>경주시</td><td>불국로</td><td>385</td></tr><tr><td>2</td><td>경북</td><td>경주시</td><td>인왕동</td><td>839-1</td></tr><tr><td>3</td><td>전북</td><td>남원시</td><td>요천로</td><td>1447</td></tr><tr><td>4</td><td>서울</td><td>종로구</td><td>창경궁로</td><td>185</td></tr></table>

3. 문자열 치환

replace() 메소드를 사용하면 DataFrame 내의 문자열 데이터에서 특정 패턴이나 문자를 쉽게 다른 문자나 패턴으로 대체할 수 있다. 이 메소드는 데이터 정제나 필요에 따른 문자열 형식 조정에 유용하게 활용할 수 있다.

In [8]:	# 'english name' 컬럼에서 ' '를 '_'으로 치환
	landmark['name_replace'] = landmark['english name'].str.replace(' ', '_')
	
	# 'location' 컬럼에서 지역명 앞의 '서울특별시', '경북', '전북'을 각각 '서울', '경주', '남원'으로 단순화하여 치환
	landmark['simple'] = landmark['location'].str.replace('서울특별시', '서울')\
	        .str.replace('경북 경주시', '경주')\
	        .str.replace('전북 남원시', '남원')
	
	# 결과 확인
	landmark[['name_replace', 'simple']]

Out [8]:	<table><tr><th></th><th>name_replace</th><th>simple</th></tr><tr><td>0</td><td>Gyeongbokgung_Palace</td><td>서울 종로구 사직로 161</td></tr><tr><td>1</td><td>bulguksa</td><td>경주 불국로 385</td></tr><tr><td>2</td><td>cheomseongdae_observatory</td><td>경주 인왕동 839-1</td></tr><tr><td>3</td><td>gwanghanru</td><td>남원 요천로 1447</td></tr><tr><td>4</td><td>Changgyeonggung_Palace</td><td>서울 종로구 창경궁로 185</td></tr></table>

extract() 메소드를 활용하면 정규표현식을 사용하여 문자열에서 특정 패턴을 추출할 수 있다. 이 방법은 데이터 내에서 일정한 패턴을 가진 정보를 분리해내야 할 때 효과적이다.

landmark 데이터프레임의 location 컬럼에서 '경주'라는 문자열을 추출하는 작업을 수행해보자. 이 경우 '경주'를 하나의 정보로 처리하기 위해서 소괄호로 묶어주어야 한다. '경주'가 포함되어 있지 않은 경우 NaN이 추출된다.

In [9]:	```# 'location' 컬럼에서 '경주'만 추출\nlandmark['Detailed address'] = landmark['location'].str.extract('(경주)')\n\n# 결과 확인\nlandmark[['name', 'location', 'Detailed address']]```
Out [9]:	<table><tr><td></td><td>name</td><td>location</td><td>Detailed address</td></tr><tr><td>0</td><td>경복궁</td><td>서울특별시 종로구 사직로 161</td><td>NaN</td></tr><tr><td>1</td><td>불국사</td><td>경북 경주시 불국로 385</td><td>경주</td></tr><tr><td>2</td><td>첨성대</td><td>경북 경주시 인왕동 839-1</td><td>경주</td></tr><tr><td>3</td><td>광한루원</td><td>전북 남원시 요천로 1447</td><td>NaN</td></tr><tr><td>4</td><td>창경궁</td><td>서울 종로구 창경궁로 185</td><td>NaN</td></tr></table>

landmark 데이터프레임의 location 컬럼에서 정규표현식을 활용하여 상세주소만 추출해보자.

In [10]:	```# 'location' 컬럼에서 상세주소만 추출\nlandmark['Detailed address'] = landmark['location'].str.extract('(\d+-?\d+)')\nlandmark[['name', 'location', 'Detailed address']]```
Out [10]:	<table><tr><td></td><td>name</td><td>location</td><td>Detailed address</td></tr><tr><td>0</td><td>경복궁</td><td>서울특별시 종로구 사직로 161</td><td>161</td></tr><tr><td>1</td><td>불국사</td><td>경북 경주시 불국로 385</td><td>385</td></tr><tr><td>2</td><td>첨성대</td><td>경북 경주시 인왕동 839-1</td><td>839-1</td></tr><tr><td>3</td><td>광한루원</td><td>전북 남원시 요천로 1447</td><td>1447</td></tr><tr><td>4</td><td>창경궁</td><td>서울 종로구 창경궁로 185</td><td>185</td></tr></table>

여기서 사용한 정규표현식은 복잡한 문자열을 처리할 때 사용하는 기법으로, 문자열을 처리하는 모든 곳에서 사용하는 일종의 형식 언어이다. 파이썬에서는 re 모듈을 통해서 사용하나 DataFrame의 문자열을 수정하기 위해서는 pandas의 extract() 메소드를 통해서 간단하게 사용할 수도 있다. 정규표현식을 간단하게 알아보자.

메타문자	의 미	예 시
.	개행 문자(\n)를 제외한 모든 단일 문자와 일치	a.c ⇨ "abc", "a#c"
^	문자열의 시작과 일치	^abc ⇨ "abcde"
$	문자열의 끝과 일치	abc$ ⇨ "myabc"
*	바로 앞의 문자가 0회 이상 반복되는 부분과 일치(그 문자가 없을 수도, 여러 번 있을 수도 있음)	ab*c ⇨ "ac", "abc", "abbbc"
+	바로 앞의 문자가 1회 이상 반복되는 부분과 일치(그 문자가 최소 한 번 이상 있음)	ab+c ⇨ "abc", "abbc"
?	바로 앞의 문자가 0회 또는 1회 나타나는 부분과 일치(그 문자가 있거나 없거나)	ab?c ⇨ "ac", "abc"
{m}	바로 앞의 문자가 정확히 m회 반복되는 부분과 일치	a{3} ⇨ "aaa"
{m,n}	바로 앞의 문자가 최소 m회 최대 n회 반복되는 부분과 일치 (n을 생략하면 m회 이상 반복)	a{2,3} ⇨ "aa", "aaa"
[]	대괄호 안에 포함된 문자들 중 하나와 일치. 범위를 나타내기 위해-사용 가능(┌[a-z])	[abc] ⇨ "a", "b", "c"
|	두 패턴 중 하나와 일치(OR 연산)	a|b ⇨ a 또는 b
()	괄호 안의 정규식을 그룹으로 만들고 일치하는 텍스트를 추출하는 데 사용	(abc) ⇨ "abc"
\	이스케이프 문자로, 메타문자가 아닌 문자 그 자체를 찾거나, 특수 문자(\n, \t 등)를 나타내는 데 사용	\. ⇨ "."
\d	모든 숫자와 일치. [0-9]와 동일	\d ⇨ "2"
\D	숫자가 아닌 모든 문자와 일치. [^0-9]와 동일	\D ⇨ "a"
\w	모든 알파벳 문자, 숫자, 밑줄 문자와 일치. [a-zA-Z0-9_]와 동일	\w ⇨ "a", "1", "_"
\W	\w에 속하지 않는 문자와 일치. [^a-zA-Z0-9_]와 동일	\W ⇨ "!"
\s	모든 공백 문자(스페이스, 탭, 뉴라인)와 일치	\s ⇨ " "(공백), "\t"(탭)
\S	공백이 아닌 모든 문자와 일치	\S ⇨ "a", "1", "!"

✅ **자주 사용하는 문자열 추출 레시피**

- 숫자만 추출하기 : \d+
- 문자만 추출하기 : [A–Za–z]+
- 이메일 주소 추출하기 : [a–zA–Z0–9._%+—]+@[a–zA–Z0–9.—]+.[a–zA–Z]{2,}
- 날짜 형식(YYYY–MM–DD) 추출하기 : \d{4}–\d{2}–\d{2}
- 전화번호 추출하기 : \d{2,3}–\d{3,4}–\d{4}
- 한글만 추출하기 : [가–힣]+
- 특정 단어를 포함하는 문자열 찾기 : (특정 단어)

4. 문자열 포함 여부 검사

contains() 메소드를 사용하면 특정 문자열이 포함되어 있는지의 여부를 불리언 값으로 반환할 수 있다.

In [11]:	`landmark['contains_py'] = landmark['english name'].str.contains('Palace')`
	
	`landmark[['name_replace', 'contains_py']]`

Out [11]:	<table><tr><th></th><th>name_replace</th><th>contains_py</th></tr><tr><td>0</td><td>Gyeongbokgung_Palace</td><td>True</td></tr><tr><td>1</td><td>bulguksa</td><td>False</td></tr><tr><td>2</td><td>cheomseongdae_observatory</td><td>False</td></tr><tr><td>3</td><td>gwanghanru</td><td>False</td></tr><tr><td>4</td><td>Changgyeonggung_Palace</td><td>True</td></tr></table>

5. 문자열 시작과 끝 문자 검사

Series.str.startswith()와 Series.str.endswith() 메소드는 Pandas의 문자열 메소드로, 각각 문자열이 특정 문자나 문자열로 시작하거나 끝나는지 여부를 확인하는 데 사용한다. 이 메소드들은 불리언 시리즈를 결과값으로 반환한다.

In [12]:	landmark['location'].str.startswith('서울')
Out [12]:	0 True 1 False 2 False 3 False 4 True Name: location, dtype: bool

In [13]:	landmark['location'].str.endswith('1')
Out [13]:	0 True 1 False 2 True 3 False 4 False Name: location, dtype: bool

6. 문자열 제거

strip(), rstrip(), lstrip() 메소드를 사용하여 문자열의 시작과 끝에 있는 공백이나 다른 문자를 제거할 수 있다.

- strip() : 문자열의 시작과 끝에서 지정된 문자(기본값은 공백) 제거
- lstrip() : 문자열의 시작(왼쪽)에서 지정된 문자 제거
- rstrip() : 문자열의 끝(오른쪽)에서 지정된 문자 제거

strip() 메소드를 테스트하기 위해 예제 데이터프레임을 다시 설정하였다. 하나씩 학습해보자.

In [14]:	```python
	# 예제 데이터프레임
	landmark = pd.DataFrame({
	    'name': [' 경복궁 ',
	             '불국사',
	             ' 첨성대 ',
	             '광한루원 ',
	             ' 창경궁'],
	    'english name': [' Gyeongbokgung Palace ',
	                     'bulguksa ',
	                     'cheomseongdae observatory',
	                     ' gwanghanru',
	                     'Changgyeonggung Palace '],
	    'location': [' 서울특별시 종로구 사직로 161 ',
	                 '경북 경주시 불국로 385',
	                 '경북 경주시 인왕동 839-1 ',
	                 ' 전북 남원시 요천로 1447',
	                 '서울 종로구 창경궁로 185']
	})
	
	# strip() 메소드를 사용하여 모든 컬럼의 문자열에서 시작과 끝의 공백 제거
	landmark['name'] = landmark['name'].str.strip()
	landmark['english name'] = landmark['english name'].str.strip()
	landmark['location'] = landmark['location'].str.strip()
	
	# lstrip()과 rstrip() 예시를 보여주기 위해 처음 두 컬럼에 적용
	landmark['name'] = landmark['name'].str.lstrip(' 경') # ' 경' 문자로 시작하는 경우 제거
	landmark['english name'] = landmark['english name'].str.rstrip('e ')
	# 'e ' 문자로 끝나는 경우 제거
	
	landmark```

Out [14]:	<table><tr><th></th><th>name</th><th>english name</th><th>location</th></tr><tr><td>0</td><td>복궁</td><td>Gyeongbokgung Palac</td><td>서울특별시 종로구 사직로 161</td></tr><tr><td>1</td><td>불국사</td><td>bulguksa</td><td>경북 경주시 불국로 385</td></tr><tr><td>2</td><td>첨성대</td><td>cheomseongdae observatory</td><td>경북 경주시 인왕동 839-1</td></tr><tr><td>3</td><td>광한루원</td><td>gwanghanru</td><td>전북 남원시 요천로 1447</td></tr><tr><td>4</td><td>창경궁</td><td>Changgyeonggung Palac</td><td>서울 종로구 창경궁로 185</td></tr></table>

날짜와 시간을 다루기 위해서는 datetime 모듈의 datetime 패키지를 이용한다.

1. 현재 날짜 데이터 추출하기

먼저 datetime 모듈을 사용하여 현재의 날짜 데이터를 추출해보자. 출력된 데이터는 순서대로 year, month, day, hour, minute, second, microsecond이다. datetime 객체 뒤에는 year 이외에도 month/day/hour 등을 붙여 값을 확인할 수 있다.

In [1]:	`from datetime import datetime` `datetime.today()`
Out [1]:	`datetime.datetime(2022, 1, 18, 1, 19, 54, 224043)`
In [2]:	`datetime.today().year`
Out [2]:	`2022`

2. 날짜 형식으로 변환하기

(1) pandas에서 데이터를 날짜 형식으로 변경하는 것은 to_datetime( ) 함수로 간단하게 처리할 수 있다. format에는 df['Datetime'] 열의 날짜 문자열의 날짜 작성 형식을 작성하면 된다.

df['Datetime'] = pd.to_datetime(df['Datetime'], format = "%Y-%m-%d %H:%M:%S")

(2) 문자열을 날짜로 변환하는 것도 유사하다. DataFrame이 아닌 일반 문자열에서는 strptime( ) 함수를 사용한다.

datetime.strptime('날짜 문자열', '포맷')

In [3]:	`datetime.strptime('2022-01-01 00:00:00', '%Y-%m-%d %H:%M:%S')`
Out [3]:	`datetime.datetime(2022, 01, 01, 0, 0)`

(3) 날짜 형식을 문자열로 변환하는 것은 strftime( ) 함수를 사용한다.

---

datetime객체.strftime('포맷')

In [4]:	```time = datetime.today()``` ```time.strftime('%Y-%m-%d %H:%M:%S')```
Out [4]:	'2022-01-18 07:45:04'

strftime( ), strptime( ) 메서드에 사용되는 서식은 다음 표와 같다. 포맷을 작성하는 위치에 표의 서식을 활용하여 날짜 형식을 지정한다.

구 분	내 용
%d	0을 채운 10진수 표기로 날짜를 표시
%m	0을 채운 10진수 표기로 월을 표시
%y	0을 채운 10진수 표기로 2자리 연도를 표시
%Y	0을 채운 10진수 표기로 4자리 연도를 표시
%H	0을 채운 10진수 표기로 시간(24시간 표기)을 표시
%I	0을 채운 10진수 표기로 시간(12시간 표기)을 표시
%M	0을 채운 10진수 표기로 분을 표시
%S	0을 채운 10진수 표기로 초를 표시
%f	0을 채운 10진수 표기로 마이크로 초(6자리)를 표시
%A	locale 요일을 표시
%a	locale 요일(단축 표기)을 표시
%B	locale 월을 표시
%b	locale 월(단축 표기)을 표시
%j	0을 채운 10진수 표기로 연 중 몇 번째 일인지 표시
%U	0을 채운 10진수 표기로 연 중 몇 번째 주인지 표시(일요일 시작 기준)

3. 날짜 데이터의 연산

날짜 데이터의 연산은 두 날짜와 시간 사이의 차이를 계산하는 것으로 datetime 모듈의 timedelta( ) 를 사용하여 datetime 객체에 더하거나 뺄 수 있다.

> datetime.timedelta(days=0, seconds=0, microseconds=0, milliseconds=0, minutes=0, hours=0, weeks=0)

| In [5]: | ```from datetime import timedelta
time = datetime.today()
time + timedelta(days=100)``` |
|---|---|
| Out [5]: | datetime.datetime(2022, 4, 28, 7, 57, 18, 31157) |

제3장

EDA와 시각화

끝까지 책임진다! 시대에듀!

QR코드를 통해 도서 출간 이후 발견된 오류나 개정법령, 변경된 시험 정보, 최신기출문제, 도서 업데이트 자료
등이 있는지 확인해 보세요! **시대에듀 합격 스마트 앱**을 통해서도 알려 드리고 있으니 구글 플레이나 앱 스토어
에서 다운받아 사용하세요. 또한, 파본 도서인 경우에는 구입하신 곳에서 교환해 드립니다.

제**3**장 EDA와 시각화

제1절 | EDA의 의미

EDA(Exploratory Data Analysis)란 데이터분석의 가장 첫 번째 단계로, 데이터의 특징과 데이터에 내재된 관계를 알아내기 위해 그래프와 통계적 분석 방법을 활용하여 데이터를 탐구하는 것이다. 분석하고자 하는 자료들의 유형과 범위, 수준을 확인하고, 단독으로 혹은 여러 변수를 함께 사용하여 그 분포와 의미를 고찰한다. 분석 목적을 달성하기 위한 알고리즘을 결정하기 전 데이터를 전처리하는 방법과 적합한 알고리즘을 결정하기 위한 자료로 사용된다.

EDA는 저항성의 강조, 잔차 계산, 자료변수의 재표현, 그래프를 통한 현시성이라는 4가지의 주제로 구분된다. 이 장에서는 시각화를 통해 자료를 탐색적으로 분석하는 방법을 알아본다.

> **Tip**
>
> ✔ **EDA의 주제**
> - 저항성의 강조 : 이상치 등 부분적 변동에 대한 민감성 확인
> - 잔차 계산 : 관찰 값들이 주 경향에서 벗어난 정도 파악
> - 자료변수의 재표현 : 변수를 적당한 척도로 바꾸는 것
> - 그래프를 통한 현시성 : 분석 결과를 이해하기 쉽게 시각화하는 것

1. 막대그래프

막대그래프는 범주형 데이터를 요약하고 시각적으로 비교하는 데 효과적인 그래프이다. 각 막대는 동일한 너비로 수평 혹은 수직으로 그려지며, 막대의 높이는 분석가가 제시하는 특정 집계(범주에 속하는 값의 개수, 범주에 속하는 값의 합계 등)에 비례한다. 예를 들어 한 학급에서 남녀의 인원수를 막대그래프를 활용하여 비교할 수 있다.

```
data_cnt = data['target'].value_counts()
plt.bar(x, height, width=0.8, bottom=None, align='center', data=None)
```
- x : 막대의 x 좌표
- height : 막대의 높이
- width : 막대의 너비
- bottom : 막대 바닥면의 y 좌표(누적 막대그래프를 그릴 때 사용할 수 있음)
- align : x 좌표에 대한 막대 정렬 {'center', 'edge'}

와인 데이터세트 타깃 변수를 막대그래프로 그려보자. 막대그래프를 포함하여 이 장에서 소개할 대부분의 그래프는 matplotlib의 pyplot 패키지로 그릴 수 있으며, seaborn 라이브러리를 활용하여 보다 시각적으로 표현할 수도 있다. 막대그래프는 value_counts( ) 함수를 사용하여 범주별 값의 개수를 구한 후 bar( ) 함수를 활용하여 그린다.

| In [1]: | ```
# 데이터 가져오기
import pandas as pd
import matplotlib.pyplot as plt
from sklearn.datasets import load_wine
wine_load = load_wine()
wine = pd.DataFrame(wine_load.data, columns = wine_load.feature_names)
wine['Class'] = wine_load.target
wine['Class'] = wine['Class'].map({0:'class_0', 1:'class_1', 2:'class_2'})

# 도수분포표
wine_type = wine['Class'].value_counts()
wine_type
``` |
| Out [1]: | ```
class_1    71
class_0    59
class_2    48
Name: Class, dtype: int64
``` |

| In [2]: | ```# 막대그래프 그리기
plt.bar(wine_type.index, wine_type.values, width = 0.8, bottom = None,
        align = 'center')
plt.show()``` |
|---|---|
| Out [2]: | 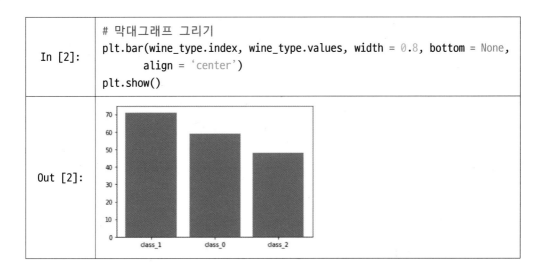 |

barh( ) 함수를 사용하여 수평 막대그래프를 그릴 수도 있다.

| In [3]: | ```plt.barh(wine_type.index, wine_type.values, height = 0.8, left = None,
        align = 'edge')
plt.show()``` |
|---|---|
| Out [3]: | 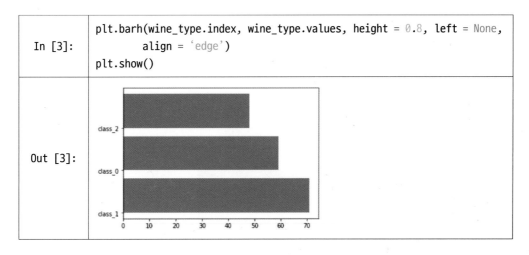 |

Bar Plot에서는 각 범주의 값의 개수 차이를 비교하고, 값의 개수 차이가 극단적인지를 확인한다. Out [2]와 Out [3]에서는 class_1의 값이 가장 많고, class_2는 가장 적다. class_1과 class_2의 개수 차이가 7 : 5 정도이므로 극단적인 차이를 보이지는 않는다. 예를 들어 두 개의 범주를 비교할 때 각 범주의 개수 차이가 극단적일 경우 데이터 전처리 과정에서 업/다운 샘플링 등을 통해 각 범주의 개수 가 유사하도록 조정해야 한다는 인사이트를 얻을 수 있다.

2. 히스토그램

히스토그램은 연속형 자료에 대한 도수분포표를 시각화하여 나타낸 것으로 서로 겹치지 않는 특정 구간에 따른 데이터의 빈도수를 표현한다. 각 구간은 서로 연속되어 있으므로 히스토그램의 막대는 막대그래프의 막대와 달리 서로 붙어있으며, 각 구간의 순서는 임의로 변경하여 나타낼 수 없다. 예를 들어 한 학급 학생들의 키(5cm 구간)에 따른 학생들의 인원수를 히스토그램으로 그릴 수 있다.

> plt.hist('**변수명**', bins = None, range = None, density = False, data = df)
> - bins : 히스토그램의 구간의 개수 정의
> - range : bin의 상한값과 하한값 (x.min(), x.max()) 형태로 선언
> - density : True이면 확률밀도함수를 그리고 반환

hist( ) 함수를 사용하여 wine 데이터의 'alcohol' 컬럼을 히스토그램으로 그리고 해석해보자.

| In [4]: | ```python
plt.title('Wine alcohol histogram')
plt.hist('alcohol', bins=8, range=(11, 15), color='purple', data=wine)
plt.show()
``` |
|---|---|
| Out [4]: | 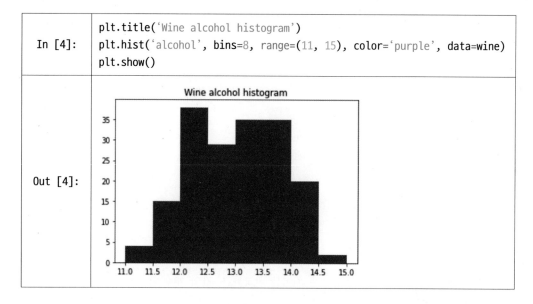 |

Out [4]는 wine 데이터에서 'alcohol' 컬럼을 11~15의 범위를 0.5씩 8개의 구간으로 나누어 표기한 히스토그램이다. 그래프를 보면 가장 많은 데이터가 차지하고 있는 알코올의 구간은 12~12.5도 사이이며, 그 다음은 13~14도 구간이다. 하나의 봉우리를 가진 정규분포의 모양을 하고 있기보다는 알코올의 도수는 12~14도 구간에 밀집되어 있는 것으로 해석할 수 있다.
```

제3절 │ 상자 그림(Box Plot)

Box Plot(상자 그림)은 사분위수를 이용하여 수치형 변수의 값의 분포를 확인하는 그래프로 상자에 수염같이 생긴 선이 붙어있다고 하여 상자 수염 그림이라고도 불린다. 상자의 크기, 중앙값 선의 위치, 수염의 길이를 통해 값의 분포와 대칭 정도, 이상치까지 한 컬럼의 값에 대한 다양한 정보를 한눈에 확인할 수 있다.

1. 상자 그림의 해석

Box Plot을 하나씩 해석해보자.

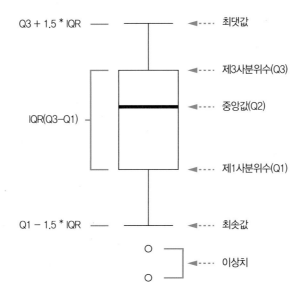

(1) 상자

상자에는 값의 50% 가량이 속하는데, 상자의 윗면과 아랫면은 값을 정렬했을 때 25% 위치에 존재하는 값인 제1사분위수와 75% 위치에 존재하는 값인 제3사분위수의 값이다. 데이터의 25~75% 위치의 값의 크기를 확인할 수 있기 때문에 상자의 크기를 통해 데이터가 퍼진 정도를 시각적으로 확인할 수 있다. 상자의 중앙에 있는 두꺼운 선은 중앙값으로 상자그림에서 데이터의 대푯값이 위치하는 자리이다. 상자 안에서 중앙값이 위치하는 지점에 따라 값이 어디에 치우쳐 있는지 판단할 수 있다.

(2) IQR

IQR(Inter Quatile Range)은 중앙 50%의 데이터들이 퍼진 정도를 의미하며, 제3분위수와 제1분위수의 차로 구할 수 있다. Box Plot에서 IQR은 데이터가 퍼진 정도를 표현하는 지표가 될 수 있다.

(3) 수염(Whisker)

Box Plot에서는 기본적으로 1.5*IQR 범위인 Q1 - 1.5*IQR부터 Q1까지, Q3부터 Q3 + 1.5*IQR까지의 범위를 수염으로 지정하고 이 범위를 벗어나는 값은 이상치로 표현한다. IQR에 곱하는 값은 인위적으로 지정할 수도 있다.

> **Tip**
>
> IQR을 이상치를 정제하기 위한 판단 기준으로 사용하기도 한다.

2. 상자 그림 그리기

(1) iris 데이터의 변수들을 상자 그림으로 그려보자. In [1]과 같이 여러 수치형 변수를 한번에 boxplot으로 표현할 수 있다. iris 데이터세트의 'class' 컬럼과 같은 문자열 변수는 boxplot으로 표현할 수 없기 때문에 제외해야 한다.

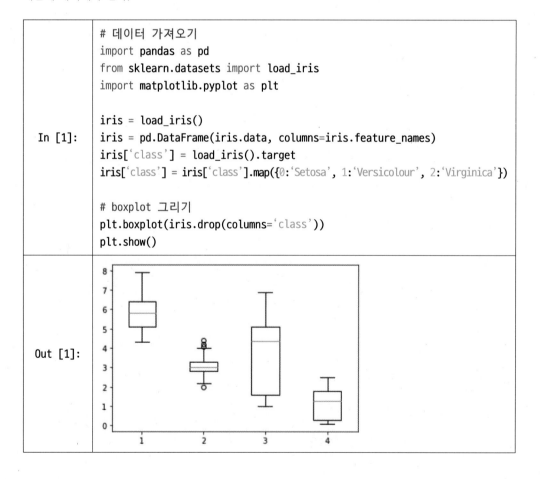

In [1]:	```python
	# 데이터 가져오기
	import pandas as pd
	from sklearn.datasets import load_iris
	import matplotlib.pyplot as plt
	
	iris = load_iris()
	iris = pd.DataFrame(iris.data, columns=iris.feature_names)
	iris['class'] = load_iris().target
	iris['class'] = iris['class'].map({0:'Setosa', 1:'Versicolour', 2:'Virginica'})
	
	# boxplot 그리기
	plt.boxplot(iris.drop(columns='class'))
	plt.show()```

Out [1]:	

(2) 하나의 컬럼만 boxplot으로 표현할 수도 있다. In [2]에서는 'sepal width (cm)' 컬럼만 선택하여 boxplot으로 표현하였다. 'whis'는 수염의 길이를 구하기 위해 IQR에 곱할 수를 지정하는 인수로, 여기서는 default 값인 1.5를 지정하였다.

In [2]:	```plt.boxplot(iris['sepal width (cm)'], whis=1.5)```
	```plt.title('sepal width (cm)')```
	```plt.show()```

Out [2]:	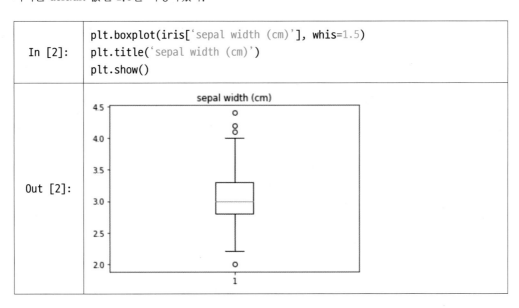

(3) 한 컬럼을 카테고리 변수에 따라 분리하여 boxplot으로 표현할 수도 있다. In [3]에서는 'class' 컬럼의 카테고리에 따른 'sepal width (cm)' 값의 차이를 boxplot으로 표현하였다.

In [3]:	```iris[['sepal width (cm)', 'class']].boxplot(by='class')``` ```plt.show()```
Out [3]:	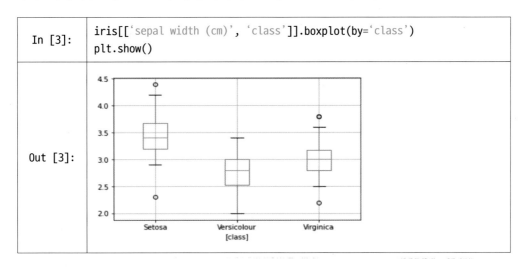

(4) Out [3]의 그래프를 seaborn 라이브러리를 활용하여 더욱 시각적으로 꾸밀 수도 있다.

| In [4]: | ```import seaborn as sns
sns.boxplot(x="class", y="sepal width (cm)", data=iris)
plt.show()``` |
|---|---|
| Out [4]: | 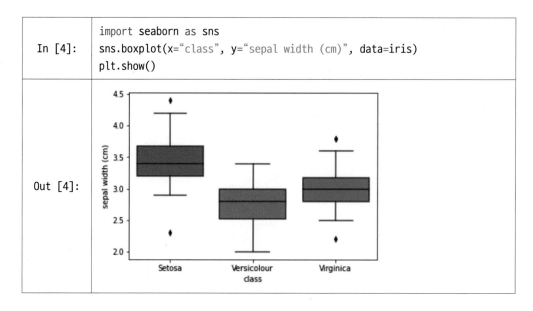 |

제4절 산점도(Scatter Plot)

Scatter Plot은 두 개의 수치형 변수 각각의 분포와 함께 두 변수의 관계를 확인하는 가장 기본적인 그래프이다. 두 개의 축을 가진 2차원 도표 안에 점들이 흩어져 있는 형태이다.

1. Scatter Plot의 해석

(1) 관계의 유형

Scatter Plot은 두 변수의 관계의 유형과 강도를 판단한다. 관계의 유형은 점들이 흩어져 있는 모양을 보고 판단한다. 점들이 우상향의 형태로 흩어져 있으면 양의 선형관계, 우하향의 형태로 흩어져 있으면 음의 선형관계라고 한다. 점들이 흩어져 있는 모습이 어떠한 패턴도 가지지 않는 경우, 두 변수는 관계가 없다고 설명한다.

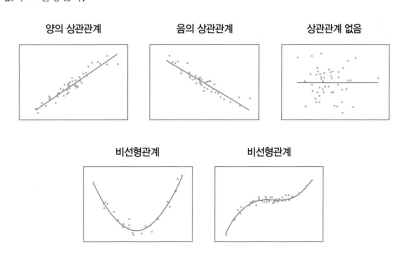

(2) 관계의 강도

데이터가 적합선에 얼마나 가깝게 모여 있는지를 평가하여 두 변수 간 관계의 강도를 추정할 수 있다. 점들이 적합선에서 비교적 멀리 퍼져 있으면 약한 상관관계, 가까이 퍼져 있으면 강한 상관관계라고 한다. 상관관계 분석을 수행하여 선형관계의 강도를 수치화할 수 있다.

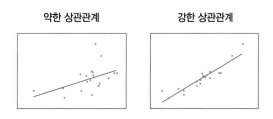

2. Scatter Plot 그리기

(1) iris 데이터세트를 활용하여 Scatter Plot을 연습해보자.

| In [1]: | ```python
# 데이터 가져오기
import pandas as pd
from sklearn.datasets import load_iris
import matplotlib.pyplot as plt

iris = load_iris()
iris = pd.DataFrame(iris.data, columns=iris.feature_names)
iris['class'] = load_iris().target
iris['class'] = iris['class'].map({0:'Setosa', 1:'Versicolour', 2:'Virginica'})

# 산점도 그리기
plt.title('iris scatter')
plt.xlabel('sepal length (cm)')
plt.ylabel('sepal width (cm)')

plt.scatter(x = iris['sepal length (cm)'], y = iris['sepal width (cm)'],
            alpha = 0.5)
plt.show()
``` |
| Out [1]: | |
```

(2) 한 컬럼을 카테고리 변수에 따라 색을 분리하여 scatterplot으로 표현할 수도 있다.

| In [2]: | ```import seaborn as sns
sns.scatterplot(x='sepal length (cm)', y='sepal width (cm)', data=iris,
              hue='class', style='class')
plt.show()``` |
|---|---|
| Out [2]: | 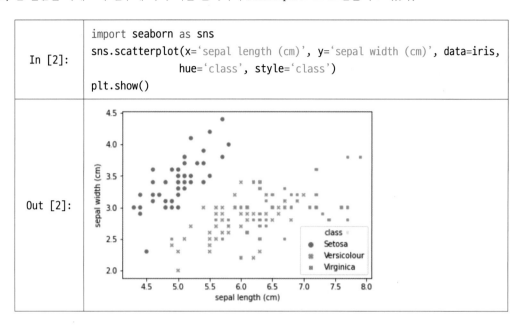 |

1. 수평선·수직선 그래프

수평선과 수직선은 그래프에 한계점, 평균값 등을 표시하기 위해 사용할 수 있다. 수평선은 hlines( ), 수직선은 vlines( ) 함수를 사용하여 그린다.

- plt.hlines(y, xmin, xmax, colors=None, linestyles='solid')
- plt.vlines(x, ymin, ymax, colors=None, linestyles='solid')

| In [1]: | ```python
import matplotlib.pyplot as plt
plt.hlines(-6, -10, 10, color='grey')
plt.hlines(-2, -10, 10, color='green')
plt.hlines(2, -10, 10, color='orange')
plt.hlines(6, -10, 10, color='red')
plt.vlines(-6, -10, 10, linestyles='solid')
plt.vlines(-2, -10, 10, linestyles='dashed')
plt.vlines(2, -10, 10, linestyles='dashdot')
plt.vlines(6, -10, 10, linestyles='dotted')
plt.show()
``` |
|---|---|
| Out [1]: | 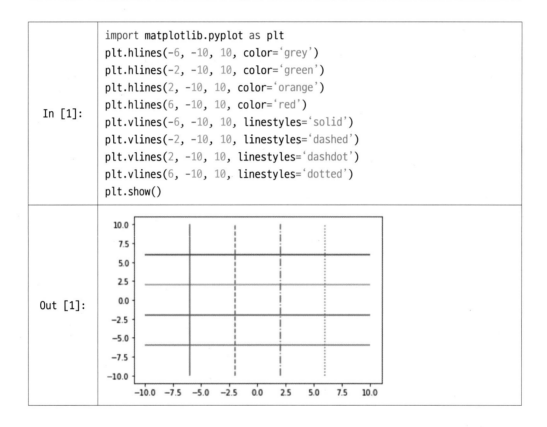 |
```

2. 함수식 그래프

함수식을 만들어 선 그래프를 그릴 수도 있다.

> plt.plot(x축, 함수식, data=df, c='color')

iris 데이터의 'sepal length (cm)' 컬럼을 x로 하고, 2x + 1을 y로 하는 그래프를 그려보자.

| In [2]: | ```python
# 데이터 가져오기
import pandas as pd
from sklearn.datasets import load_iris
import matplotlib.pyplot as plt
iris = load_iris()
iris = pd.DataFrame(iris.data, columns=iris.feature_names)
iris['class'] = load_iris().target
iris['class'] = iris['class'].map({0:'Setosa', 1:'Versicolour', 2:'Virginica'})

# 그래프
def linear_func(x):
  return 2 * x + 1

X = iris['sepal length (cm)']
plt.plot(X, linear_func(X), c='#789395')
plt.show()
``` |
| Out [2]: | 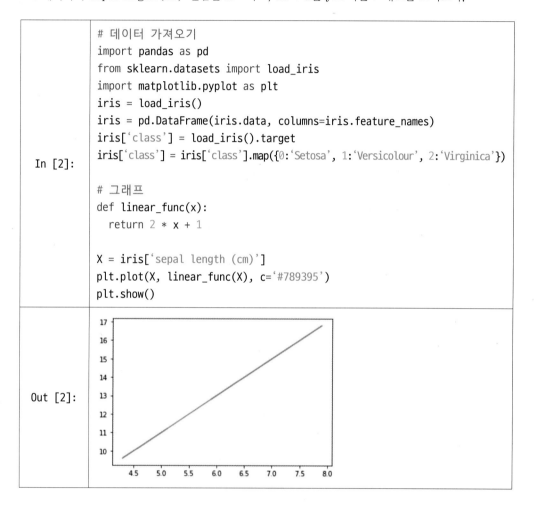 |
```

3. 회귀선 그래프

함수식 그래프를 그리는 방법을 활용하여 y축에 회귀식을 입력하여 회귀선 그래프를 그릴 수도 있다. np.polyfit( ) 함수는 X 값, Y 값 그리고 차수를 입력받아 최소제곱 다항식에 적합한다. np.polyfit( ) 함수의 결과 값은 차수 + 1개가 출력되며, 가장 높은 차원의 계수부터 순서대로 출력된다.

> **numpy.polyfit(X, Y, 차수)**

(1) iris 데이터를 활용하여 X축을 'sepal length (cm)', Y축을 'petal length (cm)'으로 하는 산점도 그래프를 그리고 그 위에 'sepal length (cm)'와 'petal length (cm)'에 대한 일차식 그래프를 붉은 색으로 그려보자.

| In [3]: | ```python
X, Y = iris['sepal length (cm)'], iris['petal length (cm)']
b1, b0 = np.polyfit(X, Y, 1)
plt.scatter(x = X, y = Y, alpha = 0.5)
plt.plot(X, b1*X + b0, color='red')
plt.show()
``` |
|---|---|
| Out [3]: | 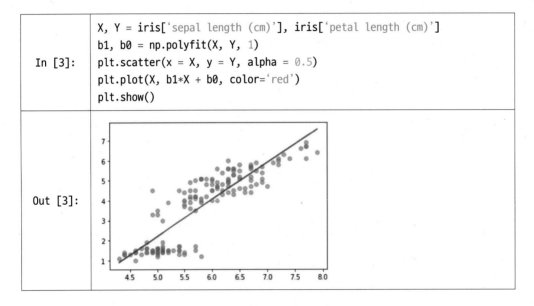 |
```

(2) 2차식을 그리는 방법은 1차식을 그리는 방법과 유사하다. 다만, 2차 이상의 그래프를 그리는 경우 데이터를 X값에 대하여 정렬할 필요가 있다.

| In [4]: | ```
iris2 = iris.sort_values(by='sepal length (cm)')
X, Y = iris2['sepal length (cm)'], iris2['petal length (cm)']
b2, b1, b0 = np.polyfit(X, Y, 2)
plt.scatter(x = X, y = Y, alpha = 0.5)
plt.plot(X, b0 + b1*X + b2*X**2, color='red')
plt.show()
``` |
|---|---|
| Out [4]: | 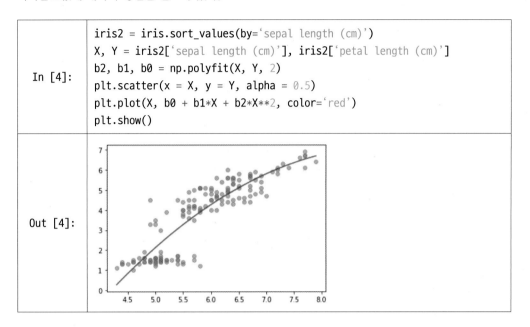 |

4. 꺾은선 그래프

(1) 꺾은선 그래프는 시간의 변화에 따라 값이 지속적으로 변화할 때 유용한 그래프이다. 값을 점으로 표기하고 점들을 선으로 이어 나타내며 주로 X축이 시점, Y축이 값을 의미한다. 시점에 대한 변화를 보여주는 그래프이므로 X축 값에 대한 정렬이 필요하다.

| In [5]: | ```
iris2 = iris.sort_values(by='sepal length (cm)')
plt.plot('sepal length (cm)', 'petal length (cm)', data=iris2)
plt.show()
``` |
|---|---|
| Out [5]: | 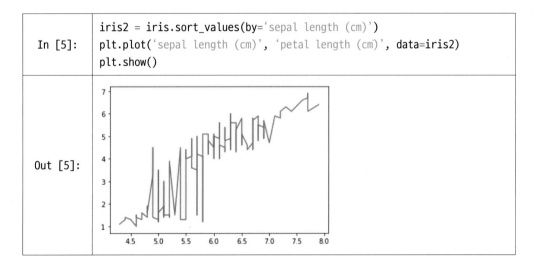 |

(2) 꺾은선 그래프도 카테고리에 따라 분리된 그래프로 그릴 수 있다. iris 데이터의 'sepal length (cm)', 'petal length (cm)' 컬럼에 대한 꺾은선 그래프를 'class'에 따라 분리하여 그리고 범례를 표시해보자.

In [6]:	```plt.plot('sepal length (cm)', 'petal length (cm)', data =iris2.loc[iris2['Class'] == 'Setosa']) plt.plot('sepal length (cm)', 'petal length (cm)', data =iris2.loc[iris2['Class'] == 'Versicolour']) plt.plot('sepal length (cm)', 'petal length (cm)', data =iris2.loc[iris2['Class'] == 'Virginica']) plt.legend(iris2.Class.unique()) plt.show()```
Out [6]:	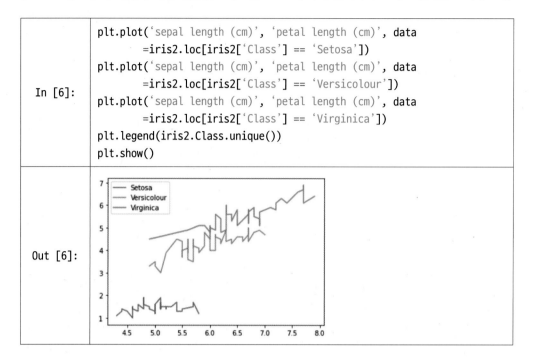

상관관계란 2개의 변수 간의 선형관계를 표현하는 통계적 측도이다. 제4절에서는 산점도를 통해 두 변수 사이의 데이터 분포를 살펴보고 관계의 유형과 강도를 판단해 보았다. 상관관계는 이를 수량화하여 데이터 간 단순 관계를 표현한다.

분석가는 EDA나 전처리 등의 작업을 위해 모든 데이터 컬럼에 대해 상관관계를 한 번에 파악하고자 할 수 있다. 데이터에 두 개 이상의 변수가 존재할 때 모든 변수에 대해 산포도를 그리고 확인하는 것은 많은 시간이 소요된다. 이 작업을 더욱 편리하게 수행하는 방법을 제6절에서 소개한다.

1. 산점도 행렬

산점도 행렬이란 두 개 이상의 변수가 있는 데이터에서 변수들 간의 산점도를 그린 그래프이다. 변수들 간의 관계를 수량화하여 제공하지는 않지만 실제 데이터의 분포를 한눈에 파악할 수 있고, 2차원 이상의 관계가 존재하는지의 여부도 파악할 수 있다는 장점이 있다.

pandas.plotting에서는 산점도와 함께 각 변수의 밀도그래프(KDE, Histogram)를 함께 그려 데이터의 분포와 변수들 간의 관계를 함께 살펴볼 수 있도록 하였다.

(1) 산점도 행렬 해석 방법

① 대각선의 히스토그램을 통해 이상치를 확인한다.
② 종속변수와 설명변수들 간의 관계를 시각적으로 판단한다.
③ 종속변수가 수치형인 경우 각 설명변수와의 직선 상관관계를 비교한다.
④ 종속변수가 범주형인 경우 종속변수를 잘 구분하는 변수를 파악한다.
⑤ 설명변수 간의 직선 함수관계를 파악하여 다중공선성 문제를 진단한다.

(2) 이제 산점도 행렬을 그리는 법을 알아보자. 단색의 산점도 행렬은 scatter_matrix( ) 함수를 사용해 그릴 수 있다.

scatter_matrix(data, alpha = 0.5, figsize =(8, 8), diagonal = 'hist')
- data : 데이터프레임
- alpha : 투명도(0~1)
- figsize : 그래프 크기(x, y)
- diagonal : 대각선의 밀도 그래프 종류 {hist/kde}

In [1]:	``` # 데이터 가져오기 import pandas as pd import matplotlib.pyplot as plt from pandas.plotting import scatter_matrix from sklearn.datasets import load_iris iris = load_iris() iris = pd.DataFrame(iris.data, columns=iris.feature_names) iris['Class'] = load_iris().target iris['Class'] = iris['Class'].map({0:'Setosa', 1:'Versicolour', 2:'Virginica'}) # 산점도 행렬 scatter_matrix(iris, alpha = 0.5, figsize = (8, 8), diagonal = 'hist') plt.show() ```
Out [1]:	

iris 데이터와 같이 target별 값의 차이가 나는 데이터에 대해서는 target 범주별 색깔을 다르게 지정하여 산점도 행렬을 그릴 수도 있다. 이 방법을 이용하면 두 컬럼 간의 범주별 관계의 유형과 강도의 차이를 파악하고 비교할 수 있다.

> sns.pairplot(data, diag_kind = 'auto', hue = 'target 컬럼명')
> • data : 데이터프레임
> • diag_kind : 대각선 밀도 그래프 종류(auto, hist, kde)
> • hue : 색을 구분할 타깃 변수

In [2]:	``` import seaborn as sns sns.pairplot(iris, diag_kind = 'auto', hue = 'Class') plt.show() ```
Out [2]:	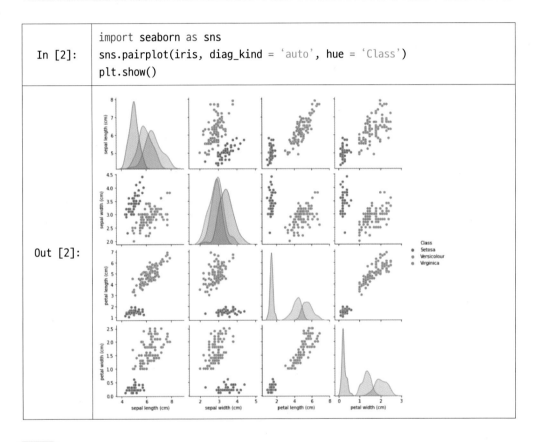

Tip

✔ KDE 그래프

KDE(Kernel Density Estimator, 커널 밀도 추정)는 히스토그램과 함께 Non-parametric 밀도 추정 방법 중 하나이다. bin의 크기와 시작 및 종료 위치에 따라서 그래프가 달라지는 히스토그램의 문제점을 개선한 방법으로, 커널 함수를 사용하여 데이터의 분포를 smooth하게 나타낸 것이다.

2. 상관계수 행렬 그래프

상관계수 행렬이란 다수의 변수 간 상관관계를 파악하거나 독립변수 간 다중공선성을 파악하고자 할 때 사용하는 분석 기법이다. 일부 데이터 분석 기법에서는 다중공선성이 높은 독립변수를 제거하거나 정제하기도 하는데, 이때 상관계수 행렬 그래프를 그려 다중공선성이 높은 독립변수 쌍을 직관적으로 파악할 수 있다.

(1) 상관관계 해석하기

상관관계는 −1~1 사이의 숫자 값으로 출력된다. 양수인 경우 양의 상관관계, 음수인 경우 음의 상관관계라고 하며, 값의 크기에 따라 독립변수 쌍의 관계의 강도까지 파악할 수 있다. 상관계수를 r이라고 할 때 상관계수의 판단 기준은 다음 표와 같다.

$r \le -0.8$	강한 음의 상관관계	$0.8 \le r$	강한 양의 상관관계
$-0.8 < r \le -0.6$	음의 상관관계	$0.6 \le r < 0.8$	양의 상관관계
$-0.6 < r \le -0.4$	약한 음의 상관관계	$0.4 \le r < 0.6$	약한 양의 상관관계
$-0.4 < r \le 0$	거의 상관 없음	$0 \le r < 0.4$	거의 상관 없음

(2) 상관계수 행렬 시각화하기

파이썬에서 상관계수 행렬 그래프를 그리는 방법은 두 가지의 단계로 이루어진다. 먼저, DataFrame.corr( ) 함수를 사용하여 상관행렬을 생성한다. 상관관계 분석 방법은 선택할 수 있으며, 기본 값은 pearson 상관계수이다.

```
data = data.corr(method='pearson')
```
• method : 상관분석 방법 {'pearson', 'kendall', 'spearman'}

상관행렬을 생성한 후에는 seaborn의 heatmap( )을 사용하여 상관행렬을 시각화한다. heatmap( )은 2차원의 데이터를 색으로 인코딩하여 플롯으로 만드는 함수로, 상관행렬 데이터세트로 heatmap을 그리면 관계의 정도가 색으로 표현된 상관행렬 그래프가 출력된다.

sns.heatmap(data, xticklabels = data.columns, yticklabels = data.columns,
    cmap = 'RdBu_r', annot = True)

- data : 상관행렬을 그릴 데이터의 상관계수 데이터프레임
- xticklabels : x축의 라벨명
- yticklabels : y축의 라벨명
- cmap : 히트맵의 색깔 지정
- annot : True일 경우 상관계수를 텍스트로 표시

In [3]:	```python iris_corr = iris.drop(columns='Class').corr(method='pearson') sns.heatmap(iris_corr, xticklabels = iris_corr.columns, yticklabels = iris_corr.columns, cmap = 'RdBu_r', annot = True) plt.show() ```
Out [3]:	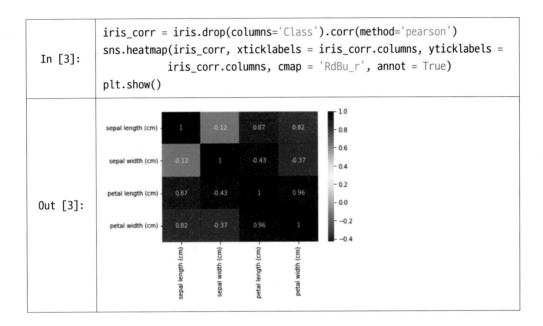

Out [3]을 보면 petal length와 petal width는 0.96으로 매우 강한 양의 상관관계를 가진다. sepal length와 petal length, sepal length와 petal width 또한 상관관계가 각각 0.87, 0.82로 높은 양의 상관관계를 가진다. 하지만 sepal length와 sepal width는 거의 상관이 없다.

Pandas Profiling은 데이터프레임에 대한 탐색적 분석을 한 줄의 코드로 수행할 수 있는 라이브러리이다. EDA에 소모되는 시간을 획기적으로 줄일 수 있어 시험장에서 유용한 라이브러리이지만, 시험장에서 사용되는 버전을 확인하고 그에 맞는 코드를 준비해 가는 것이 좋다.

1. Pandas Profiling 제공 기능

구 분	내 용
Overview	데이터세트의 통계정보 및 컬럼의 체크 사항
Variables	컬럼의 통계정보와 Null 정보, 히스토그램 또는 막대그래프 등
Interactions	컬럼쌍별 산점도
Correlations	상관계수 결정 방식별 상관행렬 그래프
Missing values	값의 개수 및 Null 값의 존재 여부 확인
Sample	가장 처음과 마지막의 10개의 값
Duplicate rows	중복행

2. Pandas Profiling 수행

iris 데이터를 사용하여 Pandas Profiling을 수행해보고 데이터를 해석해보자.

| In [1]: | ```
# Colab 환경에서 수행하는 경우 pandas_profiling 재설치
!pip uninstall pandas_profiling
!pip install pandas-profiling[notebook,html]
``` |
| --- | --- |
| In [2]: | ```
# 데이터 가져오기
import pandas as pd
from sklearn.datasets import load_iris
from pandas_profiling import ProfileReport
iris = load_iris()
iris = pd.DataFrame(iris.data, columns=iris.feature_names)
iris['Class'] = load_iris().target
iris['Class'] = iris['Class'].map({0:'Setosa', 1:'Versicolour', 2:'Virginica'})
# 판다스 프로파일링
ProfileReport(iris)
``` |

Out [2]:

Pandas Profiling을 수행하면 가장 상단에 Overview, Variables, Interactions 등 목차가 제공된다. 목차를 누르면 해당 작업이 수행된 위치로 스크롤이 이동된다.

Overview 항목에서는 데이터세트 전체에서의 정보와 데이터세트에 속한 컬럼들의 타입, 결측치 등을 제공한다. Alerts에서는 중복행의 수, 상관관계가 높은 변수 조합 등 데이터세트와 각 컬럼이 가진 독특한 정보를 공지한다.

Variables

sepal length (cm)
Real number (ℝ≥0)

HIGH CORRELATION
HIGH CORRELATION
HIGH CORRELATION
HIGH CORRELATION

Distinct	35	Minimum	4.3
Distinct (%)	23.3%	Maximum	7.9
Missing	0	Zeros	0
Missing (%)	0.0%	Zeros (%)	0.0%
Infinite	0	Negative	0
Infinite (%)	0.0%	Negative (%)	0.0%
Mean	5.843333333	Memory size	1.3 KiB

Toggle details

Statistics   Histogram   Common values   Extreme values

Quantile statistics		Descriptive statistics	
Minimum	4.3	Standard deviation	0.828066128
5-th percentile	4.6	Coefficient of variation (CV)	0.1417112598
Q1	5.1	Kurtosis	-0.5520640413
median	5.8	Mean	5.843333333
Q3	6.4	Median Absolute Deviation (MAD)	0.7
95-th percentile	7.255	Skewness	0.3149109566
Maximum	7.9	Sum	876.5
Range	3.6	Variance	0.6856935123
Interquartile range (IQR)	1.3	Monotonicity	Not monotonic

Statistics   Histogram   Common values   Extreme values

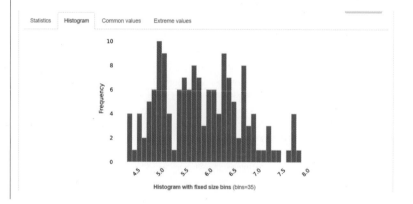

Histogram with fixed size bins (bins=35)

Out [2]:

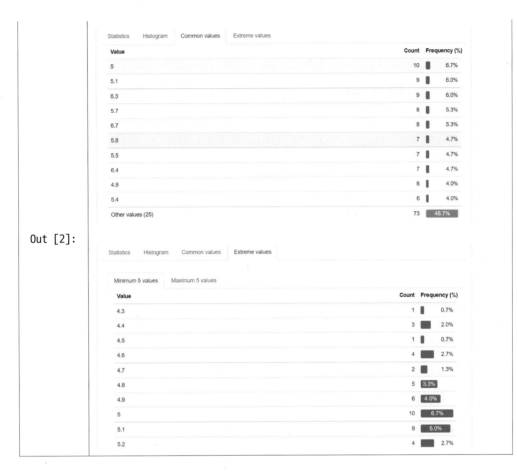

Variables 항목에서는 각 컬럼에 대해 통계정보와 Null 정보, 도수분포 그래프를 제공한다. 컬럼의 타입이 수치형일 경우 히스토그램을, 카테고리형인 경우 막대그래프로 보여준다. 'Toggle details' 버튼을 클릭하면 해당 변수에 대한 더 자세한 정보와 그래프를 제공한다.

Out [2]:

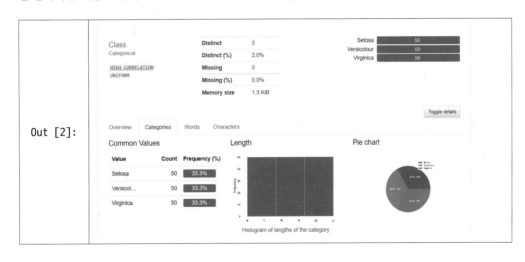

Toggle details는 컬럼의 형식에 따라 알맞은 기초분석 방법을 스스로 선택하여 제공한다. 타깃 변수이자 카테고리 타입 변수인 Class에서는 Pie Chart와 Words 등을 제공하고 있다.

Out [2]:

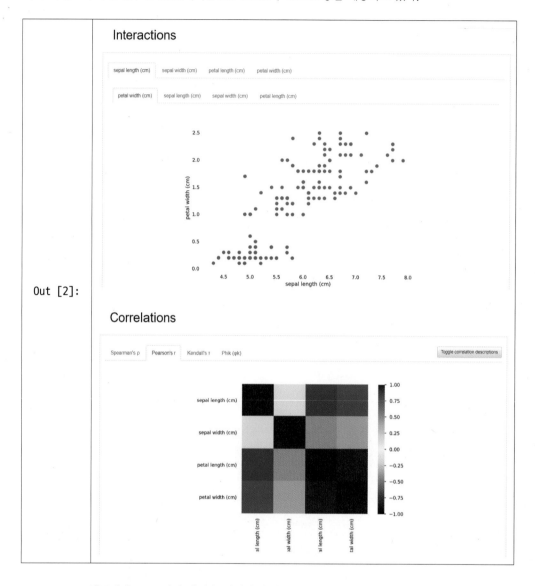

Interactions 항목에서는 두 개의 컬럼을 선택하여 산점도를 확인할 수 있으며, Correlations 항목에서는 데이터세트의 상관행렬 그래프를 확인할 수 있다.

이밖에도 컬럼별 결측값의 개수와 위치, 데이터프레임의 샘플, 중복행을 제공하므로 간단하게 데이터를 EDA할 수 있다.

제4장

데이터 전처리

교육은 우리 자신의 무지를 점차 발견해 가는 과정이다.

– 윌 듀란트 –

제4장 데이터 전처리

제1절 | 데이터 전처리의 의미

데이터 전처리(Data Preprocessing)란 수행하고자 하는 분석에 적합하게 데이터를 가공하는 작업을 의미한다. 현업에서 발생하는 데이터를 포함하여, 분석을 위해 수집한 데이터는 분석에 적합하지 않은 경우가 많다. 결측값이나 이상치가 존재하거나, 분석 도구에 적합하지 않을 정도로 많은 변수는 분석 결과의 품질을 떨어뜨린다. 이를 방지하기 위해 분석을 수행하기 전 데이터 전처리 과정을 수행한다. 데이터 전처리의 종류는 다음과 같다.

구 분	내 용
데이터 클리닝	결측치 처리, 이상치 확인 및 정제 등
데이터 통합	다양한 데이터 파일의 결합 등
데이터 변환	스케일링, 요약 등
데이터 축소	변수 축소, 라벨링 등
불균형 데이터 처리	언더 샘플링, 오버 샘플링 등
데이터 분할	train, test 데이터 분할 등

결측치 처리와 데이터 통합과 데이터 요약, 라벨링 방법은 제2장 데이터 핸들링에서 이미 다루었다. 이 장에서는 데이터 EDA를 수행하고 목적에 따라 데이터를 변환한 후 분석을 시작하기 전에 수행하는 전처리를 하나씩 살펴본다.

1. 이상치의 의미

결측치와 값이 크게 차이가 나는 데이터를 말한다. 이상치는 측정의 변동성이나 실험의 오류, 측정 장비의 이상 등의 이유로 발생할 수 있다. 자료를 수집할 때 결측값을 대체하여 넣은 값이 이상치로 확인될 수도 있다. 이상치는 분석 모델의 성능을 떨어뜨리거나 분석 결과에 악영향을 줄 수 있기 때문에 분석 전에 확인 및 제거해 주는 것이 좋다. 특히 자료 수집의 오류로 발생한 이상치의 경우 다른 관측치에 비해 극단적인 값이 들어가는 경우가 많아 분석 성능에 큰 영향을 미치기 때문에 가능한 한 제거해 주어야 한다.

(1) 관측값의 형식과 다른 형식의 값으로 표시된 결측치	(2) 관측값의 형식과 같은 형식의 값으로 표시된 결측치	(3) 자료 수집의 오류로 발생한 이상치	(4) 다른 관측치들과는 현저히 차이나는 실제 관측치
몸무게	**성적**	**거실 온도**	**일자별 게임시간**
60.0	90	22.4	2
55.5	85	22.3	1
ERROR	999	2345	17
70.5	100	22.1	4

이상치는 다양한 형태가 존재할 수 있다. 관측값의 형식과 다른 형식의 값으로 이상치가 표시되는 경우 컬럼의 형식이 관측치와 다르게 지정될 수도 있다. (1)의 경우 관측치는 float 값이지만 ERROR로 입력된 이상치로 인해 컬럼 전체가 object형으로 저장된다. 이 경우 컬럼의 형식만으로 이상값이 존재하는지 여부를 확인할 수 있다. (2)와 (3)의 경우는 관측값과 형식이 같지만, 실제 환경에서 발생하지 않을 값으로 저장된 이상치이다. 모델 전체에 영향을 미칠 수 있는 극단값으로, 이를 정제하지 않는다면 평균 등의 연산을 하는 경우 관측값과 전혀 다른 값이 도출될 수도 있다. (4)는 실제로 수집된 값이지만 아주 독특한 값으로, (2)나 (3)과 같이 모델 전체에 악영향을 줄 수 있기 때문에 정제해 주는 것이 좋다.

2. 이상치 확인

(1) 이상치를 확인하는 방법은 데이터에 따라 다양하다. 데이터 정의서를 통해 이상치의 기준이 정해져 있는 경우에는 규칙에 따라 필터링하여 이상치를 파악할 수 있으며, 시험 성적 등 일반적으로 알려진 데이터의 구간이 있는 경우(0~100점)에는 데이터의 구간이 벗어나는 값 파악을 통해 이상치를 확인할 수 있다. 하지만 그렇지 않은 경우 분석가가 이상치를 판단하는 기준을 정해야 한다. 일반적으로 수치형 변수의 경우 IQR 방식을 이상치 판단 기준으로 사용할 수 있다.

(2) IQR(Inter Quantile Range) 방식은 Box Plot의 이상치 결정 방법을 그대로 이용하는 것이다. IQR은 앞서 제3장 제3절의 Box Plot에서 이미 설명한 바 있다. 데이터를 오름차순으로 지정하고 정확히 4등분으로 나누었을 때, 나누는 구분점이 되는 3개의 지점인 25%, 50%(median), 75% 지점을 Q1(제1사분위수), Q2(제2사분위수), Q3(제3사분위수)라고 한다. 이때 Q3의 값과 Q1의 값의 차를 IQR이라고 한다. Box Plot에서는 Q3부터 Q3 + 1.5*IQR까지와 Q1부터 Q1 − 1.5*IQR까지의 범위에 수염을 그리고 이 범위를 벗어나는 값을 이상치로 간주하여 점으로 표시한다.

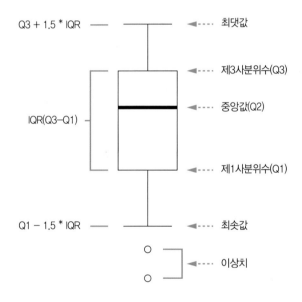

wine 데이터세트의 'color_intensity' 컬럼에서 IQR 방식으로 이상치를 탐색해보자.

In [1]:	``` # 데이터 가져오기 import pandas as pd import matplotlib.pyplot as plt from sklearn.datasets import load_wine wine_load = load_wine() wine = pd.DataFrame(wine_load.data, columns=wine_load.feature_names) wine['Class'] = wine_load.target wine['Class'] = wine['Class'].map({0:'class_0', 1:'class_1', 2:'class_2'}) ```
In [2]:	``` import matplotlib.pyplot as plt plt.boxplot(wine['color_intensity'], whis=1.5) plt.title('color_intensity') plt.show() ```
Out [2]:	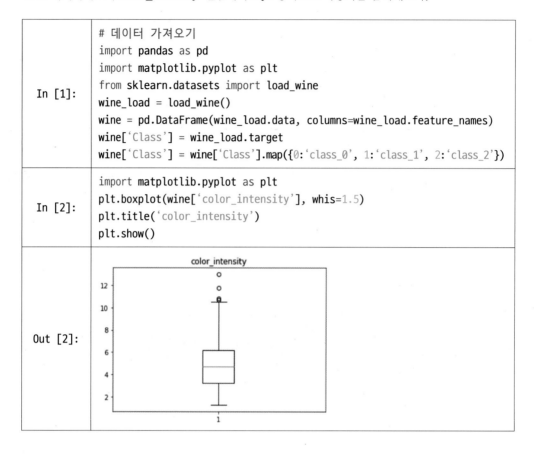

Out [2] 먼저 Box Plot을 그려 데이터의 이상치를 확인해 보았다. Q3의 수염 위에 4개의 이상치를 확인할 수 있다. 이제 코드를 이상치를 가져오는 함수로 만들어 이상치의 위치와 값을 확인해보자.

| In [3]: | ```python
import numpy as np
def outliers_iqr(dt, col):
    quartile_1, quartile_3 = np.percentile(dt[col], [25, 75])
    iqr = quartile_3 - quartile_1
    lower_whis = quartile_1 - (iqr * 1.5)
    upper_whis = quartile_3 + (iqr * 1.5)
    outliers = dt[(dt[col] > upper_whis) | (dt[col] < lower_whis)]
    return outliers[[col]]

outliers = outliers_iqr(wine,'color_intensity')
outliers
``` |
|---|---|
| Out [3]: | color_intensity

151   10.80
158   13.00
159   11.75
166   10.68 |

IQR을 이용한 방법은 아주 많은 데이터를 이상치로 간주할 위험이 있다. 무조건 IQR*1.5 규칙을 사용하여 이상치를 탐색하고 정제하기보다는 데이터의 유형을 살펴보고 필요에 따라 IQR에 곱하는 값을 조정하는 것도 좋은 방법이다.
```

3. 이상치 정제

이상치를 정제하는 방법은 이상치를 가진 행을 삭제하는 방법과 이상치를 적절한 값으로 정제하는 것이 있다. 이상치를 정제하는 것은 결측치를 정제하는 방법과 같은 방식으로 함께 수행하는 것이 편리하다.

(1) 이상치 제거

데이터의 수가 매우 많고 이상치가 존재하는 행이 전체 데이터에 비해 많지 않을 경우 이상치가 존재하는 행 전체를 삭제할 수 있다. 분석에 사용할 수 있는 데이터의 수가 줄어들기 때문에 삭제되는 행의 수와 전체 데이터세트의 길이를 비교한 후 수행해야 한다.

In [4]:	`drop_outliers = wine.drop(index=outliers.index)`
	
	`# 이상치를 삭제하기 전과 후의 데이터 shape`
	`print('Original :', wine.shape)`
	`print('Drop outliers :', drop_outliers.shape)`

Out [4]:	`Original : (178, 14)` `Drop outliers : (174, 14)`

(2) 이상치 대체

이상치를 다른 값으로 대체하는 방법으로 제2장 제4절 (2)의 결측치 대체와 같은 방법을 사용할 수 있다. 이상치를 대체할 때는 이상치를 Null로 만든 후 결측치와 함께 대체하면 간단하게 수행할 수 있다.

wine 데이터세트의 'color_intensity' 컬럼의 이상치를 평균값으로 대체해보자.

In [5]:	`# 이상치를 NaN으로 변경`
	`wine.loc[outliers.index, 'color_intensity'] = np.NaN`
	
	`# NaN이 된 이상치를 평균값으로 변경`
	`wine['color_intensity']`
	`wine['color_intensity'].fillna(wine['color_intensity'].mean())`
	`wine.loc[outliers.index, 'color_intensity']`

Out [5]:	`151     4.908678`
	`158     4.908678`
	`159     4.908678`
	`166     4.908678`
	`Name: color_intensity, dtype: float64`

제3절 | 범주형 변수 처리

범주형 변수(Categorical Data)는 몇 개의 부류나 범위, 서열 등으로 구분하여 수집된 변수로 질적 변수 (Qualitative Variable)라고도 한다. 범주형 변수는 주로 문자열 데이터로 DataFrame에서 object나 category형으로 저장되며, 숫자 값인 경우에도 수학적 의미는 가지지 않기 때문에 덧셈과 같은 수학적 연산의 개념을 적용할 수 없다. 성별, 직업과 같은 명목형 변수와 교육 수준, 만족도와 같은 순서형 변수가 여기에 포함된다.

범주형 변수는 값이 수학적 연산으로 모델을 생성하는 대부분의 분석 도구에서 직접 사용할 수 없어 특별한 처리가 필요하다. 이 책에서는 범주형 변수를 더미변수화하여 모델이 이해할 수 있는 형태로 만드는 방법을 소개한다.

더미변수란 범주형 변수에 있는 범주 각각을 컬럼으로 변경하고, 원본 컬럼의 값이 해당 범주에 속하는지 여부에 따라 1 혹은 0으로 채운 변수이다. 수학적 연산이 불가능한 범주형 변수를 True/False 형식의 숫자로 변경하여 수학적 연산을 가능하게 한다.

범주형 변수

Col1
A
B
A
C
C
B
C

➡️

더미 변수

Col1_A	Col1_B	Col1_C
1	0	0
0	1	0
1	0	0
0	0	1
0	0	1
0	1	0
0	0	1

pd.get_dummies(data, columns = ['범주형1', '범주형2'])

iris 데이터의 Class 컬럼을 활용하여 범주형 변수를 더미변수 형태로 대체하는 것을 연습해보자.

In [1]:	``` # 데이터 불러오기 import pandas as pd from sklearn.datasets import load_iris iris = load_iris() iris = pd.DataFrame(iris.data, columns=iris.feature_names) iris['Class'] = load_iris().target iris['Class'] = iris['Class'].map({0:'Setosa', 1:'Versicolour', 2:'Virginica'}) ```
In [2]:	``` iris_dummy = pd.get_dummies(iris, columns = ['Class']) iris_dummy ```
Out [2]:	

	sepal length (cm)	sepal width (cm)	petal length (cm)	petal width (cm)	Class_Setosa	Class_Versicolour	Class_Virginica
0	5.1	3.5	1.4	0.2	1	0	0
1	4.9	3.0	1.4	0.2	1	0	0
2	4.7	3.2	1.3	0.2	1	0	0
3	4.6	3.1	1.5	0.2	1	0	0
4	5.0	3.6	1.4	0.2	1	0	0
...	...	...	...	...	...	...	...
145	6.7	3.0	5.2	2.3	0	0	1
146	6.3	2.5	5.0	1.9	0	0	1
147	6.5	3.0	5.2	2.0	0	0	1
148	6.2	3.4	5.4	2.3	0	0	1
149	5.9	3.0	5.1	1.8	0	0	1

150 rows × 7 columns

제4절 | 데이터 분할

분석 모델을 학습하고 성과를 확인하기 위해서는 데이터를 Train과 Test 세트로 나누고 독립변수와 종속변수를 분리해야 한다. 머신러닝 등 분석 방법에 따라서는 Train과 Validation, Test 세트로 분리하기도 한다.

그렇다면 데이터를 분리하는 적절한 비율은 어느 정도일까? 전통적으로 머신러닝 방법에서는 Train : Test = 7 : 3 정도, 혹은 Train : Validation : Test = 6 : 2 : 2 정도의 비율로 나누는 것이 적절하다고 제안된다. 학습에 사용할 데이터의 수가 충분히 많지 않을 경우 Validation이나 Test에 사용될 데이터의 수량을 충분히 확보할 필요가 있다. 수백만 건 이상의 데이터를 활용하는 최근의 딥러닝 분석에서는 데이터 자체가 방대하기 때문에 Validation이나 Test 데이터의 비율을 줄이고 더 많은 데이터를 모델 최적화를 위한 학습에 사용하기도 한다.

데이터 분할은 scikit-learn의 train_test_split( ) 함수를 사용하여 수행할 수 있다.

```
from sklearn.model_selection import train_test_split
X_train, X_test, y_train, y_test = train_test_split(arrays, test_size=None, train_size=None,
            random_state=None, shuffle=True, stratify=None)
```
- X : 독립변수 테이블
- Y : 종속변수 테이블
- test_size : 테스트 사이즈 비율
- random_state : 임의의 번호 지정, 같은 숫자를 사용하면 같은 출력이 나옴
- shuffle : True이면 추출 전에 데이터를 섞음, False이면 섞지 않음
- stratify : None이 아닌 경우 데이터는 지정한 변수를 기준으로 계층화되어 해당 변수의 비율을 유지하도록 추출

train_test_split( )을 사용하여 iris 데이터를 train : test = 4 : 1 비율로 분할해보자.

In [1]:	```python
	# 데이터 불러오기
	import pandas as pd
	from sklearn.datasets import load_iris
	iris = load_iris()
	iris = pd.DataFrame(iris.data, columns=iris.feature_names)
	iris['Class'] = load_iris().target
	iris['Class'] = iris['Class'].map({0:'Setosa', 1:'Versicolour', 2:'Virginica'})
	``

In [2]:	```python
	from sklearn.model_selection import train_test_split
	X_train, X_test, y_train, y_test = train_test_split(iris.drop(columns
	              ='Class'), iris['Class'], test_size = 0.2,
	              random_state=1004)
	print('X_train :', X_train.shape, ' X_test :', X_test.shape)
	print('y_train :', y_train.shape, ' y_test :', y_test.shape)
	``

Out [2]:	X_train : (120, 4) X_test : (30, 4) y_train : (120,) y_test : (30,)
In [3]:	X_train.head(3)
Out [3]:			sepal length (cm)	sepal width (cm)	petal length (cm)	petal width (cm)
---	---	---	---	---
119	6.0	2.2	5.0	1.5
138	6.0	3.0	4.8	1.8
36	5.5	3.5	1.3	0.2	
In [4]:	y_train.head(3)
Out [4]:	119 Virginica 138 Virginica 36 Setosa Name: Class, dtype: object

train_test_split( )은 무작위 임의추출 방식이지만 random_state에 임의의 수를 지정하면 다음번에 같은 수를 random_state에 지정했을 때 이전과 똑같은 X_train, X_test, y_train, y_test를 얻을 수 있다. 이는 분석 모델을 튜닝할 때, 같은 데이터세트에서 분석 결과를 비교하고자 할 때 유용하게 사용할 수 있다.

In [5]:	iris['Class'].value_counts()
Out [5]:	Setosa 50 Versicolour 50 Virginica 50 dtype: int64
In [6]:	y_train.value_counts()
Out [6]:	Setosa 42 Virginica 41 Versicolour 37 Name: Class, dtype: int64

stratify를 지정하지 않은 무작위 임의추출의 수행 결과 종속변수인 'Class' 컬럼의 각 범주의 개수의 비율이 원본 데이터와는 차이가 난다. Out [6]과 같이 train, test에서 종속변수의 각 범주의 비율이 원본 데이터와 크게 차이나지 않는 경우 문제가 발생하지 않겠지만, 무작위 임의추출의 결과가 원본을 충분히 반영하지 못한다면 분석 성능에 큰 악영향을 미칠 수 있다.

train_test_split( )에서 stratify 인자는 층화임의추출 여부를 결정한다. 층화임의추출이란 모집단이 이질적인 몇 개의 계층으로 이루어져 있을 때 모든 계층으로부터 원소를 임의로 추출하여 각 계층을 고루 대표할 수 있도록 랜덤하게 표본을 추출하는 방법이다. 어떤 범주형 변수가 train과 test에서 원본 데이터와 같은 비율로 분포되어야 할 때, 범주형 변수의 범주들의 개수 차이가 크게 날 때 종종 사용한다.

iris 데이터에서 'Class' 컬럼을 기준으로 층화임의추출을 수행해보자.

In [7]:	`X_train, X_test, y_train, y_test = train_test_split(iris.drop(columns`
	`='Class'), iris['Class'], test_size = 0.2,`
	`stratify =iris['Class'])`
	`print('X_train :', X_train.shape, '\tX_test :', X_test.shape)`
	`print('y_train :', y_train.shape, '\ty_test :', y_test.shape)`

Out [7]:	`X_train : (120, 4) X_test : (30, 4)` `y_train : (120,) y_test : (30,)`
In [8]:	`y_train.value_counts()`

Out [8]:	`Virginica        40`
	`Setosa           40`
	`Versicolour      40`
	`Name: Class, dtype: int64`

보통의 경우 학습에 사용되는 데이터들은 각 컬럼이 가지는 값의 범위가 다양하다. 한 테이블에서 어떤 컬럼은 데이터의 범위가 0~1이고 다른 컬럼은 −1,000~1,000일 수도 있다. 하지만 대부분의 분석 알고리즘은 컬럼 간 데이터의 범위가 크게 차이날 경우 잘 동작하지 않는다. 값의 범위가 작은 컬럼에 비해 값의 범위가 큰 컬럼이 타깃 변수를 예측하는 데 큰 영향을 준다고 판단하게 되는 것이다. 따라서 각 컬럼을 변수로 하여 연산을 하는 분석모델을 사용하는 경우 스케일링(Scaling)을 통해 모든 컬럼의 값의 범위를 같게 만들어 주어야 한다.

(1) 데이터 스케일링 방법

데이터 스케일링의 방법과 순서는 다음과 같다. 데이터를 스케일링하는 데 있어 주의할 점은 train 데이터와 test 데이터를 같은 scaler 객체로 스케일링해야 한다는 것이다. 각각의 데이터세트에서 새로운 scaler 객체를 정의하여 사용하면 train 데이터와 test 데이터의 값이 가지는 의미가 달라진다.

① Scaler 선택 및 import
② Scaler 객체 생성
③ train 데이터의 분포 저장 : scaler.fit(X_train)
④ train 데이터 스케일링 : scaler.transform(X_train)
⑤ test 데이터 스케일링 : scaler.transform(X_test)
⑥ 원래 스케일로 변환 : scaler.inverse_transform(X_train_scaled)
※ ⑥은 시험상에서는 출제되지 않으나 학습을 위해 수록하였다.

스케일링에는 표준화와 정규화가 있다. 표준화(Standardization)는 각 컬럼의 평균을 0, 분산을 1인 정규 분포로 만드는 방법이다. 정규화는(Normalization) 각 컬럼들의 값이 특정 범위 (주로 0~1) 안에 들어가도록 스케일링하는 방법이다. Scaling 메서드는 scikit-learn의 preprocessing에서 제공한다. 지금부터 하나씩 알아보자.

(2) Standard Scaler

Standard Scaler는 표준화 방식으로 기본 스케일링 방식으로 컬럼들을 평균이 0, 분산이 1인 정규분포로 스케일링한다. 최솟값과 최댓값의 크기를 제한하지 않아 이상치에 매우 민감하므로 이상치를 미리 확인 및 정제한 후 사용하는 것이 좋다. 회귀보다는 분류분석에서 유용하다.

| In [1]: | ```python
from sklearn.preprocessing import StandardScaler
StdScaler = StandardScaler()

# Train 데이터의 fitting과 스케일링
StdScaler.fit(X_train)
X_train_sc = StdScaler.transform(X_train)

# Test 데이터의 스케일링
X_test_sc = StdScaler.transform(X_test)


# 결과 확인
print("\t\t(min, max) (mean, std)")
print("Train_scaled (%.2f, %.2f) (%.2f, %.2f)"%(X_train_sc.min(),
    X_train_sc.max(), X_train_sc.mean(), X_train_sc.std()))
print("Test_scaled (%.2f, %.2f) (%.2f, %.2f)"%(X_test_sc.min(),
    X_test_sc.max(), X_test_sc.mean(), X_test_sc.std()))
``` |
|---|---|
| Out [1]: | ``` 
             (min, max)      (mean, std)
Train_scaled (-2.35, 3.03)   (-0.00, 1.00)
Test_scaled  (-1.90, 2.81)    (0.30, 1.08)
``` |

(3) Min-max Scaler

Min-max Scaler는 정규화 방식으로 컬럼들을 0과 1 사이의 값으로 스케일링하는 방식이며 최솟값이 0, 최댓값이 1이 된다. 마찬가지로 이상치에 매우 민감하므로 이상치를 미리 정제한 후 수행하는 것이 좋다. 분류보다는 회귀에 유용한 방식이다.

<table>
<tr>
<td>In [2]:</td>
<td>

```python
from sklearn.preprocessing import MinMaxScaler

MmScaler = MinMaxScaler()

# Train 데이터의 fitting과 스케일링
MmScaler.fit(X_train)
X_train_sc = MmScaler.transform(X_train)

# Test 데이터의 스케일링
X_test_sc = MmScaler.transform(X_test)
print("\t\t(min, max) (mean, std)")
print("Train_scaled (%.2f, %.2f) (%.2f, %.2f)"%(X_train_sc.min(),
    X_train_sc.max(), X_train_sc.mean(), X_train_sc.std()))
print("Test_scaled (%.2f, %.2f) (%.2f, %.2f)"%(X_test_sc.min(),
    X_test_sc.max(), X_test_sc.mean(), X_test_sc.std()))
```

</td>
</tr>
<tr>
<td>Out [2]:</td>
<td>

```
              (min, max)      (mean, std)
Train_scaled  (0.00, 1.00)    (0.44, 0.26)
Test_scaled   (0.03, 1.06)    (0.52, 0.28)
```

</td>
</tr>
</table>

(4) Max Abs Scaler

Max Abs Scaler는 최대절댓값과 0이 각각 1, 0이 되도록 스케일링하는 정규화 방식으로 모든 값은 -1과 1 사이에 표현되며, 데이터가 양수인 경우 Min-max Scaler와 동일하다. 이상치에 매우 민감하며, 분류보다는 회귀분석에서 유용하다.

In [3]:	```
	from sklearn.preprocessing import MaxAbsScaler
	MaScaler = MaxAbsScaler()
	
	# Train 데이터의 fitting과 스케일링
	MaScaler.fit(X_train)
	X_train_sc = MaScaler.transform(X_train)
	
	# Test 데이터의 스케일링
	X_test_sc = MaScaler.transform(X_test)
	print("\t\t(min, max) (mean, std)")
	print("Train_scaled (%.2f, %.2f) (%.2f, %.2f)"%(X_train_sc.min(),
	    X_train_sc.max(), X_train_sc.mean(), X_train_sc.std()))
	print("Test_scaled (%.2f, %.2f) (%.2f, %.2f)"%(X_test_sc.min(),
	    X_test_sc.max(), X_test_sc.mean(), X_test_sc.std()))
	``

Out [3]:	``` (min, max) (mean, std) Train_scaled (0.04, 1.00) (0.61, 0.24) Test_scaled (0.08, 1.03) (0.67, 0.24) ```

(5) Robust Scaler

Robust Scaler는 평균과 분산 대신 중앙값(Median)과 사분위 값을 활용하는 방식으로, 중앙값을 0으로 설정하고 IQR을 사용하여 이상치의 영향을 최소화한다. quantile_range 파라미터(default [0.25, 0.75])를 조정하여 더 넓거나 좁은 범위의 값을 이상치로 설정하여 정제할 수 있다.

| In [4]: | ```python
from sklearn.preprocessing import RobustScaler
RuScaler = RobustScaler()

# Train 데이터의 fitting과 스케일링
RuScaler.fit(X_train)
X_train_sc = RuScaler.transform(X_train)

# Test 데이터의 스케일링
X_test_sc = RuScaler.transform(X_test)
print("\t\t(min, max) (mean, std)")
print("Train_scaled (%.2f, %.2f) (%.2f, %.2f)"%(X_train_sc.min(),
    X_train_sc.max(), X_train_sc.mean(), X_train_sc.std()))
print("Test_scaled (%.2f, %.2f) (%.2f, %.2f)"%(X_test_sc.min(),
    X_test_sc.max(), X_test_sc.mean(), X_test_sc.std()))
``` |
|---|---|
| Out [4]: | ```
              (min, max)      (mean, std)
Train_scaled  (-1.67, 2.33)   (-0.03, 0.61)
Test_scaled   (-1.33, 1.80)    (0.14, 0.64)
``` |

(6) 원본 스케일로 변경하기

스케일링한 데이터를 다시 원본 스케일로 변경할 수 있다.

> scaler.inverse_transform()

In [5]:	# 스케일링된 데이터 확인
	pd.DataFrame(X_train_sc).head(3)

Out [5]:	<table><tr><td></td><td>0</td><td>1</td><td>2</td><td>3</td></tr><tr><td>0</td><td>-0.408163</td><td>0.666667</td><td>-0.794326</td><td>-0.733333</td></tr><tr><td>1</td><td>0.326531</td><td>-0.333333</td><td>0.141844</td><td>-0.066667</td></tr><tr><td>2</td><td>-0.571429</td><td>-1.166667</td><td>-0.255319</td><td>-0.200000</td></tr></table>

In [6]:	# 원본 스케일로 변경
	X_Original = RuScaler.inverse_transform(X_train_sc)
	
	pd.DataFrame(X_Original).head(3)

Out [6]:	<table><tr><td></td><td>0</td><td>1</td><td>2</td><td>3</td></tr><tr><td>0</td><td>5.2</td><td>3.4</td><td>1.4</td><td>0.2</td></tr><tr><td>1</td><td>6.1</td><td>2.8</td><td>4.7</td><td>1.2</td></tr><tr><td>2</td><td>5.0</td><td>2.3</td><td>3.3</td><td>1.0</td></tr></table>

제6절 | 차원 축소

대부분의 경우 분석해야 하는 데이터는 여러 개의 설명변수를 가지고 있다. 데이터를 설명할 수 있는 변수는 많아질수록 좋은 것일까? 답은 아니다. 데이터 분석을 수행할 때 설명변수의 수가 아주 많은 경우 오히려 알고리즘의 성능이 저하되는 현상을 경험할 수 있다.

이런 현상을 '차원의 저주(Curse of Dimensionality)'라고 한다. 차원이 늘어남에 따라 데이터 간의 거리가 멀어지는 현상 또는 각 차원별 같은 영역의 자료를 갖고 있을 때 전체 영역에서 설명할 수 있는 데이터의 비율은 줄어드는 '공간의 성김 현상(Sparsity)'이 발생한다. 그림을 보면 더 명확히 이해할 수 있다.

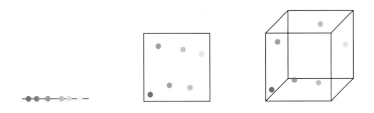

위의 그림은 같은 데이터가 차원이 증가함에 따라 어떻게 분포할 수 있는지를 설명한 그림이다. 데이터의 차원이 증가하면서 우리는 데이터의 새로운 분포를 파악할 수 있다. 하지만 1차원의 데이터에서 비교적 거리가 가까웠던 데이터들은 2차원, 3차원으로 증가하면서 거리는 멀어지고 점 사이의 빈 공간은 증가하는 것을 확인할 수 있다.

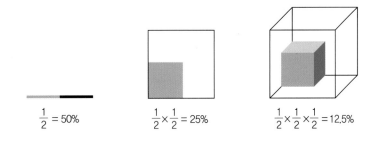

$\frac{1}{2} = 50\%$ $\frac{1}{2} \times \frac{1}{2} = 25\%$ $\frac{1}{2} \times \frac{1}{2} \times \frac{1}{2} = 12.5\%$

이 그림은 각 차원에서 50%의 영역에 해당하는 자료를 설명할 수 있다고 할 때 전체 자료에서 설명할 수 있는 데이터의 비율을 나타낸 것이다. 각 변수에서 같은 비율의 데이터를 차원이 증가할수록 전체 데이터에서 설명할 수 있는 비율이 줄어드는 것을 확인할 수 있다.

데이터 차원의 수가 증가하는 것은 새로운 패턴을 발견할 수 있는 가능성을 높이는 일이다. 동시에 데이터 하나하나의 위치를 설명하는 설명공간을 늘리고 같은 수의 데이터에서 데이터가 없는 공간을 키우는 일이기도 하다. 이때 주의할 점은 차원의 크기가 증가하는 것이 무조건 차원의 저주를 발생시키고 모델의 성능을 떨어뜨리는 것은 아니라는 것이다. 변수의 증가는 자료의 크기가 충분히 클 때는 자료를 더 정밀하게 설명할 수 있는 수단이 된다.

따라서 우리는 분석을 수행할 때 데이터의 크기와 설명변수의 수를 잘 따져보고 데이터를 잘 설명할 수 있는 변수를 모델 생성에 사용해야 한다. 이 절에서는 분석에 사용할 변수를 줄이는 방법을 하나씩 살펴본다.

1. 설명변수 선택

차원을 축소하는 가장 간단한 방법은 자료를 설명하는 데 몇 가지의 설명변수만을 선택하여 분석에 사용하는 방법이다. 가장 간단하고 해석이 쉬운 방법으로 유용하지 않거나 상관관계가 높은 컬럼은 제거한다.

분석을 수행할 데이터에서 정보가 없는 컬럼, 관련이 없는 컬럼은 종종 마주할 수 있다. 예를 들어 전체 데이터에서 모든 값이 'Y'인 컬럼은 정보가 없는 컬럼이라고 할 수 있다. 또한 컬럼의 ID와 데이터의 관리자 코드, 데이터 업데이트 일자 등은 분석과는 관련이 없는 컬럼일 확률이 높다. 이러한 컬럼은 삭제하는 것이 좋다. EDA에서 상관관계가 매우 높았던 설명변수는 유사한 정보를 가지고 있을 것이라고 판단하고 그중 하나만을 선택해서 분석에 사용할 수도 있다.

설명변수 선택의 장점은 선택한 설명변수의 해석이 용이하고 수행 과정이 간단하다는 것이다. 하지만 설명변수 간의 고차원적인 상관관계는 고려하기 어렵다는 단점이 있다.

2. 주성분 분석

주성분 분석(PCA ; Principle Component Analysis)은 차원 축소에서 가장 많이 사용되는 차원 추출의 방법이다. 차원 추출은 기존의 컬럼을 새롭게 해석하여 저차원의 초평면에 투영하는 것이다. 주성분 분석은 여러 변수 간에 존재하는 상관관계를 이용하는 차원 축소 방법으로 데이터를 축에 사영했을 때 분산이 가장 높은 축을 찾아 그 축을 새로운 주성분으로 결정하는 방법이다.

PCA가 차원을 축소하는 방법은 PCA는 제일 먼저 가장 큰 분산을 기반으로 첫 번째 축을 생성하고, 이 벡터 축에 직각이 되는 벡터를 두 번째 축으로 선택한다. 세 번째 축은 다시 두 번째 축과 직각이 되는 벡터를 축으로 설정한다. 이렇게 데이터를 충분히 설명할 수 있는 몇 개의 주성분으로 압축한다.

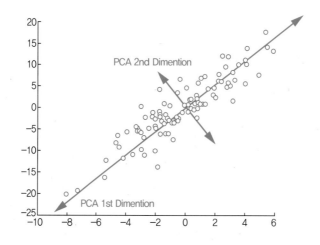

(1) 주성분 분석의 과정

주성분 분석의 과정은 다음과 같다.

① PCA를 위한 전처리

PCA를 수행하기 전에 변수 간 스케일의 차이가 주성분 선정에 영향을 주는 것을 방지하기 위해 이상치를 제거하고 스케일링을 수행한다.

```
# 수치형 데이터만 추출
features = ['수치형 변수1', '수치형 변수2']
x = data[features]

# 수치형 변수 정규화
from sklearn.preprocessing import StandardScaler
x = StandardScaler( ).fit_transform(x)
```

In [1]:	```import pandas as pd
from sklearn.datasets import load_iris

iris = load_iris()
iris = pd.DataFrame(iris.data, columns=iris.feature_names)
iris['Class'] = load_iris().target
iris['Class'] = iris['Class'].map({0:'Setosa', 1:'Versicolour', 2:'Virginica'})``` |
| In [2]: | ```# 수치형 데이터만 추출
features = ['수치형 변수1', '수치형 변수2']
x = iris.drop(columns = 'Class')

# 수치형 변수 정규화
from sklearn.preprocessing import StandardScaler
x = StandardScaler().fit_transform(x)

pd.DataFrame(x).head()``` |
| Out [2]: | <table><tr><td></td><td>0</td><td>1</td><td>2</td><td>3</td></tr><tr><td>0</td><td>-0.900681</td><td>1.019004</td><td>-1.340227</td><td>-1.315444</td></tr><tr><td>1</td><td>-1.143017</td><td>-0.131979</td><td>-1.340227</td><td>-1.315444</td></tr><tr><td>2</td><td>-1.385353</td><td>0.328414</td><td>-1.397064</td><td>-1.315444</td></tr><tr><td>3</td><td>-1.506521</td><td>0.098217</td><td>-1.283389</td><td>-1.315444</td></tr><tr><td>4</td><td>-1.021849</td><td>1.249201</td><td>-1.340227</td><td>-1.315444</td></tr></table> |

② 주성분 추출

생성할 주성분의 개수를 임시로 선택하고 scikit-learn의 PCA를 사용하여 주성분을 추출한다. 여기서 singular_values_는 전체 데이터에서 해당 모델(설정된 주성분의 개수)로 설명할 수 있는 분산의 비율, explained_variance_ratio_는 전체 데이터에서 각 주성분이 설명할 수 있는 분산의 비율을 의미한다. singular_values_와 explained_variance_ratio_로 사용할 주성분의 개수를 구할 수 있으나 Scree plot을 확인하여 정하기도 한다.

```
from sklearn.decomposition import PCA
pca = PCA(n_components = int) #n_components : 생성할 주성분의 개수
pca_fit = pca.fit(x)

print("고유 값 : ", pca.singular_values_)
print("분산 설명력: ", pca.explained_variance_ratio_)
```

In [3]:	```from sklearn.decomposition import PCA``` ```pca = PCA(n_components = 4)``` ```pca_fit = pca.fit(x)```
	
	 ```print("고유 값 : ", pca.singular_values_)``` ```print("분산 설명력: ", pca.explained_variance_ratio_)```

Out [3]:	고유 값 : [20.92306556 11.7091661 4.69185798 1.76273239] 분산 설명력: [0.72962445 0.22850762 0.03668922 0.00517871]

③ Scree Plot으로 사용할 주성분의 개수 정하기

Scree Plot은 주성분 각각으로 설명할 수 있는 분산의 정도를 점으로 표시하고 각 점들을 이은 선이다. 주성분 개수가 증가할수록 Scree Plot의 기울기(분산의 변화 정도)는 감소한다. 보통 플롯의 기울기가 급격히 감소하는 지점의 직전까지를 주성분으로 선택한다.

```
import matplotlib.pyplot as plt

plt.title( 'Scree Plot' )
plt.xlabel( 'Number of Components' )
plt.ylabel( 'Cumulative Explained Variance' )
plt.plot( pca.explained_variance_ratio_, 'o-' )
```

| In [4]: | ```python
import matplotlib.pyplot as plt

plt.title('Scree Plot')
plt.xlabel('Number of Components')
plt.ylabel('Cumulative Explained Variance')
plt.plot(pca.explained_variance_ratio_, 'o-')
plt.show()
``` |
|---|---|
| Out [4]: | 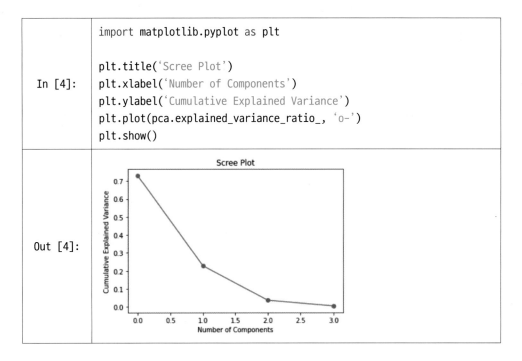 |

④ 새로운 데이터프레임 확인

주성분의 수를 정하고 ②를 다시 수행하여 주성분 객체를 생성하고, fit_transform( )을 수행하여
원하는 개수의 주성분을 가진 데이터프레임을 만든다.

```python
pca = PCA(n_components = 2)
principalComponents = pca.fit_transform(x)    # 2개의 주성분을 가진 데이터로 변환
principalDf = pd.DataFrame(data = principalComponents, columns = ['pc1', 'pc2'])
```

| In [5]: | ```python
# PCA 객체 생성 (주성분 개수 2개 생성)
pca = PCA(n_components = 2)
# 2개의 주성분을 가진 데이터로 변환
principalComponents = pca.fit_transform(x)
principal_iris = pd.DataFrame(data = principalComponents, columns
                                       =['pc1', 'pc2'])
principal_iris.head()
``` |
|---|---|
| Out [5]: | <table><tr><td></td><td>pc1</td><td>pc2</td></tr><tr><td>0</td><td>-2.264703</td><td>0.480027</td></tr><tr><td>1</td><td>-2.080961</td><td>-0.674134</td></tr><tr><td>2</td><td>-2.364229</td><td>-0.341908</td></tr><tr><td>3</td><td>-2.299384</td><td>-0.597395</td></tr><tr><td>4</td><td>-2.389842</td><td>0.646835</td></tr></table> |

⑤ 주성분 산포도 확인

주성분 데이터프레임의 산포도를 다시 확인하면 원본 데이터프레임으로 그린 산포도보다 종속변수를 더 잘 설명하는 산포도를 확인할 수 있다.

| In [6]: | ```python
import matplotlib.pyplot as plt
import seaborn as sns

plt.title('2 component PCA' )
sns.scatterplot(x = 'pc1', y = 'pc2', hue = iris.Class,  data =
               principal_iris)
plt.show()
``` |
|---|---|
| Out [6]: | 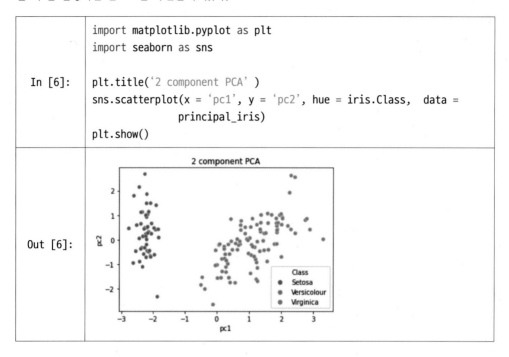 |
```

정상을 정확하게 분류하는 것과 이상을 정확하게 분류하는 것 중 일반적으로 이상을 정확히 분류하는 것이 더 중요하다. 보통 이상 데이터가 target값이 되는 경우가 많기 때문이다. 이상 데이터가 target이 되는 가장 대표적인 예는 암환자 분류 문제가 있다. 암 검진 대상자 중에 실제로 암에 걸린 사람은 그렇지 않은 사람에 비해 매우 적은 수이다. 이 경우 무작정 정확도를 높이기보다는 정확도를 다소 포기하더라도 최대한 손실 없이 암환자를 가려내어 치료를 시작하는 것이 중요하다. 데이터의 불균형 상태에서 소수의 이상 데이터를 분류해내는 문제가 정확도 손실과 어떻게 관련이 되는지 이해하기 쉽지 않을 수 있다. 그림을 활용해 다시 한번 살펴보자.

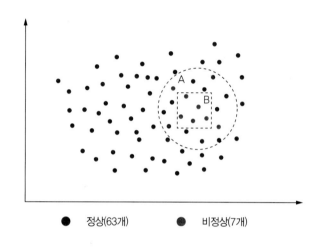

● 정상(63개)   ● 비정상(7개)

위와 같이 정상과 비정상의 수가 매우 차이가 나는 데이터가 있다고 하자. 정상과 비정상 데이터의 비율은 9 : 1이며, 이 데이터를 A와 B 두 가지 방법으로 분리하는 모델을 만들었다. A와 B 중 정확도(Accuracy)가 높은 모델은 무엇일까? 바로 B 모델이다. A와 B의 분류 결과를 오차행렬로 그리고 정확도를 계산해보자.

A	Pred_N	Pred_P
Real_N	7	0
Real_P	13	50

B	Pred_N	Pred_P
Real_N	5	2
Real_P	0	63

Accuracy_A : {50+7} / 70 = 0.81
Accuracy_B : {63+5} / 70 = 0.97

A는 70개의 데이터 중 20개를 비정상 데이터로 분류하였고, 비정상으로 분리된 데이터 중 실제 비정상은 7개, 정상으로 분리된 데이터 중 실제 정상 데이터는 50개이다. 따라서 정확도는 약 81%이다. B는 단 5개의 데이터만을 비정상 데이터로 분리하였고 이들은 전부 실제 비정상 데이터였다. 정상으로 분리한 65개의 데이터는 2개의 비정상을 제외한 나머지 63개는 정상 데이터였다. 정확도는 약 97%이다.

그렇다면 정확도가 97%로 더 높게 나온 B가 더 좋은 분류일까? 일반적으로는 그렇게 생각될 수도 있다. 그렇다면 모델이 전체 데이터를 정상으로 분류한다면 이 모델은 A 모델에 비해 좋은 분류일까? 이 경우 정확도는 90%로 81%의 정확도를 보인 A모델보다 정확도가 확연히 높다. 하지만 우리는 이것이 분류를 전혀 수행하지 못했다고 판단한다. 암환자인 것이 확실한 일부를 가려내느라 몇 명의 암환자를 놓쳐 집으로 돌려보내는 것보다 70명의 사람들 중 20명의 사람이 정밀검진을 받아야 하더라도 7명의 암환자를 모두 비정상으로 가려내는 것이 더욱 중요하다고 보는 것이다.

소개한 예와 같이 데이터가 불균형할 때는 분류의 성능과 Target 데이터를 정확히 분류해내는 목표가 일치하지 않게 되는 문제가 발생한다. 이는 분석 결과의 해석뿐만 아니라 머신러닝 등 모델링에서도 문제가 되는데, 우리가 사용하는 많은 모델이 학습 과정에서 여러 차례 모델링과 예측을 수행하며 모델을 완성해 나가기 때문이다. 이때 모델은 소수의 데이터인 Target의 중요도를 낮게 판단하므로 궁극적으로 분석가가 원하는 모델을 만들 수 없을 것이다. 이러한 문제를 해결하기 위해서 제시되는 방법이 소수의 비정상 데이터의 수를 늘리는 오버 샘플링과 상대적으로 많은 정상 데이터에서 일부만 사용하는 언더 샘플링이다. 지금부터 하나씩 살펴보자.

> **Tip**
>
> ### ✅ 오차행렬(Confusion Matrix, 혼동행렬)
>
> | | | Predict | |
> |---|---|---|---|
> | | | Negative | Positive |
> | Actual | Negative | TN | FP |
> | | Positive | FN | TP |
>
> - TN(True Negative) : 음성을 음성이라고 예측
> - FP(False Positive) : 음성을 양성이라고 예측
> - FN(False Negative) : 양성을 음성이라고 예측
> - TP(True Positive) : 양성을 양성이라고 예측
>
> 오차행렬은 이진분류 모델의 성능평가 기법 중 하나로, 클래스의 값이 True와 False만을 가질 때 4분면의 행렬에 실제 클래스 값과 예측 클래스 값이 어떻게 매핑되는지 표현한 것이다. 오차행렬의 값으로 정확도, 정밀도, 재현율 등 다양한 이진분류 결과 지표를 생성할 수 있으며, 이진분류에서는 이 평가지표를 다각적으로 활용하여 분류 성능을 평가한다. 여기서는 정확도(Accuracy)만을 사용하였으며, 그 식은 아래와 같다. 오차행렬에 대한 더 자세한 설명은 제5장 제3절 성능평가 기법에서 확인할 수 있다.
>
> $$accuracy = \frac{TP + TN}{TP + TN + FP + FN}$$

1. 언더 샘플링(Under Sampling)

(1) 언더 샘플링은 다수의 레이블을 가진 데이터를 샘플링하여 소수의 데이터세트가 가진 레이블의 수 수준으로 감소시키는 기법이다. 이 기법을 사용하면 데이터 불균형으로 인한 문제는 피할 수 있지만 전체 데이터의 수가 급격하게 줄어들어 오히려 학습 성능을 떨어뜨리는 결과를 초래할 수 있다.

이 절에서는 다양한 샘플링 함수를 제공하는 imblearn(imbalanced-learn) 모듈을 사용한다. 우선 모듈을 설치하고 95 : 1의 불균형 데이터를 만들어보자.

In [1]:	`!pip install imbalanced-learn`

In [2]:	```import numpy as np```
	 ```import pandas as pd```
	 ```from sklearn.datasets import make_classification```
	 ```from collections import Counter```
	 ```from imblearn.under_sampling import RandomUnderSampler```
	 ```x, y = make_classification(n_samples=2000, n_features=6, weights=[0.95], flip_y=0)```
	 ```print(Counter(y))```

Out [2]:	`Counter({0: 1900, 1: 100})`

(2) Random Under Sampling

랜덤 언더 샘플링은 다수를 차지하는 레이블에서 무작위로 데이터를 제거하는 방법이다. 'sampling_strategy' 파라미터를 'majority'로 지정하면 다수 레이블의 데이터를 샘플링하여 소수 레이블의 데이터 수와 동일하게 줄인다. 0에서 1 사이의 숫자 값을 지정하면 소수 레이블의 데이터 수와 다수 레이블의 데이터 수가 해당 비율이 되도록 조정한다. Out [3]과 Out [4]에서 1,900개였던 0번 레이블이 1번 레이블의 수에 맞추어 100개, 200개로 줄어든 것을 확인할 수 있다.

In [3]:	```undersample = RandomUnderSampler(sampling_strategy='majority')```
	 ```x_under, y_under = undersample.fit_resample(x, y)```
	
	 ```print(Counter(y_under))```

Out [3]:	`Counter({0: 100, 1: 100})`

In [4]:	```undersample = RandomUnderSampler(sampling_strategy=0.5)```
	 ```x_under2, y_under2 = undersample.fit_resample(x, y)```
	
	 ```print(Counter(y_under2))```

Out [4]:	`Counter({0: 200, 1: 100})`

2. 오버 샘플링(Over Sampling)

(1) 오버 샘플링은 소수의 레이블을 지닌 데이터세트를 다수 레이블을 지닌 데이터세트의 수만큼 증식시켜 학습에 사용하기 위한 충분한 양과 비율의 데이터를 확보하는 기법이다. 데이터의 손실이 없어 일반적으로 언더 샘플링보다 성능이 유리하여 주로 사용된다.

(2) Random Over Sampling

랜덤 오버 샘플링은 소수의 레이블을 지닌 데이터세트를 단순 복제하여 다수의 레이블과 비율을 맞추는 방법이다. 데이터를 단순 복제하기 때문에 분포는 변하지 않지만 그 수가 늘어나 같은 비율로 가중치를 받을 수 있다. 오버피팅의 위험성이 있지만 불균형 문제를 처리하지 않는 것보다는 유효하기 때문에 종종 사용된다.

오버 샘플링은 소수인 레이블의 데이터를 늘리는 방법으로 1번 레이블이 다수 레이블인 0번에 맞추어 950개, 1,900개로 증가하였다.

| In [5]: | ```from imblearn.over_sampling import RandomOverSampler
oversample = RandomOverSampler(sampling_strategy=0.5)
x_over, y_over = oversample.fit_resample(x, y)
print(Counter(y_over))``` |
|---|---|
| Out [5]: | ```Counter({0: 1900, 1: 950})``` |
| In [6]: | ```oversample = RandomOverSampler(sampling_strategy='minority')
x_over, y_over = oversample.fit_resample(x, y)
print(Counter(y_over))``` |
| Out [6]: | ```Counter({0: 1900, 1: 1900})``` |

(3) SMOTE

오버 샘플링 방식으로는 SMOTE(Synthetic Minority Over-sampling Technique)가 있다. SMOTE는 소수 레이블을 지닌 데이터세트의 관측 값에 대한 K개의 최근접 이웃(K-Nearest Neighbor)을 찾고, 관측 값과 이웃으로 선택된 값 사이에 임의의 새로운 데이터를 생성하는 방법으로 샘플의 수를 늘리는 방법이다.

| In [7]: | ```from imblearn.over_sampling import SMOTE
smote_sample = SMOTE(sampling_strategy='minority')
x_sm, y_sm = smote_sample.fit_resample(x, y)
print(Counter(y_sm))``` |
|---|---|
| Out [7]: | ```Counter({0: 1900, 1: 1900})``` |

불균형 조정의 결과는 Out [8]의 그래프와 같다. 먼저, 상단의 Original Data 그래프에서는 원본 데이터에서 0과 1 레이블의 개수가 크게 차이나는 것을 확인할 수 있는데 좌측의 Random Under Sampling의 결과를 보면 0번 레이블의 개수가 1번과 동일한 수준으로 줄어든 것을 확인할 수 있다. Random Over Sampling과 SMOTE의 차이도 확인할 수 있다. Random Over Sampling은 데이터를 단순 복제하여 1번 레이블의 관측값들의 위치가 원본 데이터와 차이가 없으나 SMOTE는 원본 데이터와 다른 1번 레이블 데이터를 만들어 내었다.

| In [8]: | ```python
from matplotlib import pyplot as plt
import seaborn as sns

fig, axes = plt.subplots(nrows=2, ncols=2, figsize=(10, 10))
sns.scatterplot(x[:, 1], x[:, 2], hue=y, ax=axes[0][0], alpha=0.5)
sns.scatterplot(x_under[:, 1], x_under[:, 2], hue=y_under, ax=axes[0][1],
                alpha=0.5)
sns.scatterplot(x_over[:, 1], x_over[:, 2], hue=y_over, ax=axes[1][0],
                alpha=0.5)
sns.scatterplot(x_sm[:, 1], x_sm[:, 2], hue=y_sm, ax=axes[1][1], alpha=0.5)

axes[0][0].set_title('Original Data')
axes[0][1].set_title('Random Under Sampling')
axes[1][0].set_title('Random Over Sampling')
axes[1][1].set_title('SMOTE')

plt.show()
``` |
```

Out [8]:

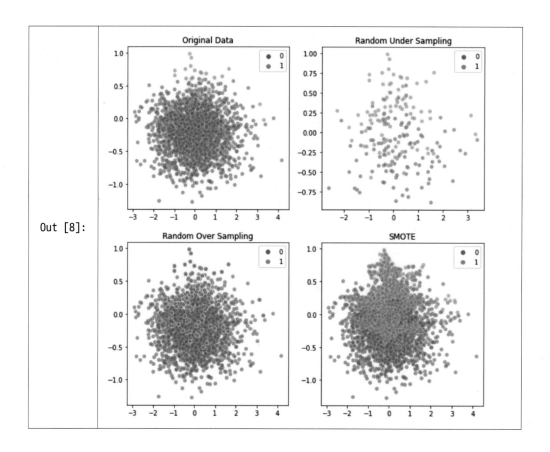

제5장

머신러닝 프로세스

교육은 우리 자신의 무지를 점차 발견해 가는 과정이다.

– 윌 듀란트 –

제5장 머신러닝 프로세스

제1절 | 머신러닝의 의미

머신러닝은 데이터의 훈련 샘플들을 학습해 데이터의 규칙과 패턴을 학습하여 결과를 예측하는 알고리즘과 시스템을 연구하는 분야이다. 통계학에서 유래된 머신러닝 기법들이 많고, 빅데이터 처리 기술 등의 컴퓨터 과학 분야의 발전으로 데이터의 경험적 학습을 통해 머신러닝이 발전하기도 한다. 머신러닝에서는 데이터에 대한 규칙을 프로그래밍으로 구현하지 않아도 파이썬 API 기반의 라이브러리로 손쉽게 모델을 구축할 수 있으며, 이를 통해 자동으로 데이터의 패턴을 학습할 수 있다.

제2절 | 머신러닝 분석 프로세스 설명

Step 1 데이터 확인 연속형/범주형/ 회귀/분류/비지도	Step 2 데이터 분할 학습·검증·평가세트/ 교차검증 방법	Step 3 전처리 정규화/표준화/ 결측치·이상치 처리	Step 4 모델학습 회귀/분류/비지도 하이퍼파라미터 조절	Step 5 성능평가 분석 정확도 확인/ 알고리즘 성능 제시
Step 1 실전팁 •독립변수, 종속변수 확인 •연속형 vs 범주형 확인 •적용 가능한 분석모델 확인 (회귀·분류·비지도 학습)	**Step 2 실전팁** •학습세트 : 60~80% •검증세트 : 10~20% •평가세트 : 10~20% •교차검증방법 적용 가능	**Step 3 실전팁** •표준화(평균 0, 표준편차 1) 또는 MinMax 정규화 •결측치 확인 후 처리 •이상치 확인 후 처리	**Step 4 실전팁** •머신러닝 알고리즘 적용 •회귀/분류/비지도 학습 •최적모델을 결정하기 위해 하이퍼파라미터 탐색·조절	**Step 5 실전팁** •평가세트에 최종모델을 적용 •평가세트에 대한 정확도를 머신러닝 분석에 대한 성능으로 제시

머신러닝 분석을 위한 프로세스는 5가지 단계로 구성된다. 머신러닝 분석 단계별로 주요 내용과 실전팁을 알아보자.

1. 데이터 확인

분석할 데이터의 특성을 확인하는 단계이다. 독립변수와 종속변수의 존재 여부를 파악하고 적용가능한 분석모델을 확인한다. 종속변수의 특성이 연속형이라면 회귀분석을 적용하고, 범주형이라면 분류분석을 수행할 수 있다. 종속변수가 없는 데이터라면 비지도학습을 적용한다. 또한 독립변수의 특성이 범주형이라면 이를 분석에 활용하도록 전처리해야 한다.

2. 데이터 분할

학습용 데이터와 평가용 데이터를 분할하는 단계이다. 머신러닝 분석 시 학습용 데이터세트로만 학습하고 예측한다면 예측결과는 100%가 나오는 문제가 발생한다. 기말고사를 한 번 보고 답을 알고 있는 상태에서 같은 문제가 들어있는 기말고사 시험지로 학습성과를 평가한 셈이다. 따라서 예측을 수행하는 데이터세트는 학습을 수행한 학습용 데이터세트가 아니라 평가단계 전용 데이터세트여야 한다.

데이터는 학습데이터/검증데이터/평가데이터로 나눈다. 데이터를 분할하는 비율은 정해지지 않았다. 보통 학습데이터는 전체의 60~80%, 검증데이터는 전체의 10~20%, 평가데이터는 전체의 10~20%를 차지하도록 비율을 설정해 분할한다.

전체 데이터를 학습/검증/평가 용도로 가르는 작업을 한 번만 수행하면 머신러닝 분석결과가 데이터 분할에 의존하게 된다. 예를 들어 1회의 데이터 분할을 통해 단순한 학습데이터와 복잡한 평가데이터를 얻었을 때, 학습데이터로 데이터의 특징을 학습한 알고리즘은 복잡한 평가데이터의 특징을 반영하지 못해 높은 예측력을 보여주기 어렵다. 이러한 문제를 해결하려면 다수의 학습-검증-평가데이터 세트가 필요하다. 데이터 크기가 작거나 검증 결과를 일반화하기 위해 교차검증방법을 적용한다.

3. 전처리

데이터의 특성에 따라 분석이 가능한 형태로 변형하는 단계이다. 독립변수에 범주형 변수가 있을 경우, 원핫인코딩(One-hot Encoding) 방법으로 데이터를 변형한다. 원핫인코딩은 데이터를 분할하기 전에 수행하는 것이 좋다. 데이터 분할 후 원핫인코딩을 한다면 동일한 원핫인코딩 과정을 3번(학습-검증-평가) 수행해야 하는 번거로움이 있기 때문이다.

변수마다 단위 특성에 차이가 클 때 분석결과에 영향을 줄 수 있다. 분석결과의 정확도를 높이기 위해 정규화 또는 표준화를 적용한다. 데이터에 결측치와 이상치가 발견된다면 분석가의 판단과 도메인 상황에 따라 적절한 방법으로 처리해야 한다.

4. 모델학습

머신러닝 알고리즘을 학습데이터세트에 적용하는 단계이다. 1단계에서 파악한 분석방법에 따라 사이킷런 라이브러리를 사용해 머신러닝 알고리즘 객체를 생성한다. 머신러닝 분석방법은 크게 지도학습과 비지도학습으로 나눌 수 있다. 지도학습은 다시 회귀분석과 분류분석으로 나뉜다. 분석 목표에 따라, 그리고 데이터의 특성에 따라 적용할 수 있는 분석방법이 달라질 수 있다.

학습데이터세트로 학습을 수행한 뒤, 검증데이터세트로 학습결과를 확인하고 하이퍼파라미터를 적용하는 과정을 거친다. 다양한 하이퍼파라미터를 적용해봄으로써 최적의 하이퍼파라미터를 탐색해볼 수 있다.

5. 성능평가

최적의 하이퍼파라미터 및 최종모델을 결정하는 단계이다. 최종모델에 평가데이터세트를 적용하여 머신러닝 알고리즘의 예측성능을 평가한다. 평가데이터세트에 대한 정확도를 머신러닝 분석에 대한 최종성능으로 제시한다. 성능평가 단계에서 학습데이터세트와 검증데이터세트를 사용하지 않도록 주의해야 한다.

> **Tip**

> ### ✅ 머신러닝 프로세스 요약
>
> | 단 계 | 주요내용 및 실전팁 |
> | --- | --- |
> | 데이터 확인 | • 독립변수 및 종속변수 존재 유무 확인
• 종속변수가 연속형인지 범주형인지 확인
• 독립변수에 범주형 자료가 있는지 확인
• 적용가능한 분석모델 파악(회귀/분류/비지도학습) |
> | 데이터 분할 | • 학습세트 : 검증세트 : 평가세트 = 80% : 10% : 10%
• 교차검증방법 적용 가능 |
> | 전처리 | • 표준화 또는 정규화 적용
• 독립변수의 범주형 자료를 원핫인코딩(One-hot Encoding)
• 결측치 및 이상치 확인 후 처리 |
> | 모델학습 | • 회귀/분류/비지도학습 중 다양한 알고리즘 적용 가능
• 하이퍼파라미터 탐색과정을 통해 최적의 하이퍼파라미터 결정 |
> | 성능평가 | • 평가데이터세트에 최종모델을 적용
• 평가데이터세트에 대한 정확도를 머신러닝 최종 성능으로 제시 |

앞서 살펴보았듯이 머신러닝 분석 과정은 데이터 가공 과정을 거친 후 모델이 데이터를 학습한 뒤 알고리즘을 평가하는 프로세스로 구성된다. 모델 예측성능을 평가하는 것은 결국 학습모델이 실젯값을 얼마나 정확하게 맞추었는지를 나타내는 것이다. 머신러닝 모델은 여러 가지 방법으로 예측성능을 평가할 수 있다. 이를 성능평가지표(Evaluation Metric)라 하며, 일반적으로 분석 알고리즘이 회귀분석인지 분류분석인지에 따라 여러 종류로 나뉜다.

1. 회귀분석

회귀분석에서는 실젯값과 예측값의 차이를 기반으로 한 지표들을 중심으로 성능평가지표가 발전해왔다. 실젯값과 예측값의 차이를 구해서 이것들을 단순히 합하게 되면 +와 −가 섞여 오류가 상쇄될 수 있다. 극단적으로는 두 데이터값의 차이가 하나는 −2, 다른 하나는 +2라면 최종 오류는 0이 된다. 이러한 문제를 해결하기 위해 오류의 절댓값을 구하거나 제곱한 뒤 평균값을 구한다. 회귀분석에서 사용하는 성능평가지표는 다음과 같다.

(1) MAE(Mean Absolute Error)

정 의	• 실젯값과 예측값의 차이를 절댓값으로 변환해 평균한 것
수 식	$$MAE = \frac{1}{n} \sum_{i=1}^{n} |Y_i - \widehat{Y_i}|$$
특 징	• 에러의 크기가 그대로 반영 • 이상치에 영향을 받음

파이썬
코드
	```In [1]: # 사이킷런 API 호출```
	``` from sklearn.metrics import mean_absolute_error```
	```In [2]: mae = mean_absolute_error(y_test, y_pred)```

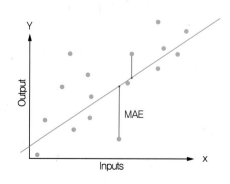

(2) MSE(Mean Squared Error)

정 의	• 실젯값과 예측값의 차이를 제곱해 평균한 것
수 식	$$MSE = \frac{1}{n} \sum_{i=1}^{n} (Y_i - \widehat{Y_i})^2$$
특 징	• 실젯값과 예측값 차이의 면적 합을 의미 • 특이값이 존재하면 수치가 증가
파이썬 코드	```In [1]: # 사이킷런 API 호출 from sklearn.metrics import mean_squared_error In [2]: mse = mean_squared_error(y_test, y_pred)```

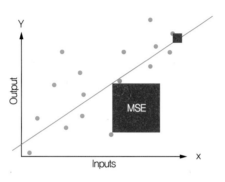

(3) RMSE(Root Mean Squared Error)

정 의	• 실젯값과 예측값의 차이를 제곱해 평균한 것에 루트를 씌운 것
수 식	$$RMSE = \sqrt{\frac{1}{n} \sum_{i=1}^{n} (Y_i - \widehat{Y_i})^2}$$
특 징	• 에러에 제곱을 하면 에러가 클수록 그에 따른 가중치가 높이 반영 • 이때, 손실이 기하급수적으로 증가하는 상황에서 실제 오류평균보다 값이 더 커지지 않도록 상쇄하기 위해 사용
파이썬 코드	```In [1]: # 사이킷런 API 호출 from sklearn.metrics import mean_squared_error In [2]: import numpy as np In [3]: mse = mean_squared_error(y_test, y_pred) In [4]: rmse = np.sqrt(mse)```

(4) MSLE(Mean Squared Log Error)

정 의	실젯값과 예측값의 차이를 제곱해 평균한 것에 로그를 적용한 것
수 식	$$MSLE = \log\left(\frac{1}{n}\sum_{i=1}^{n}(Y_i - \widehat{Y_i})^2\right)$$
특 징	RMSE와 같이 손실이 기하급수적으로 증가하는 상황에서 실제 오류평균보다 값이 더 커지지 않도록 상쇄하기 위해 사용

파이썬 코드	`In [1]: # 사이킷런 API 호출`
	       `from sklearn.metrics import mean_squared_log_error`
	`In [2]: msle = mean_squared_log_error(y_test, y_pred)`

(5) MAPE(Mean Absolute Percentage Error)

정 의	MAE를 퍼센트로 변환한 것
수 식	$$MAPE = \frac{n}{100}\sum_{i=1}^{n}\left|\frac{y_i - \widehat{f(x_i)}}{y_i}\right|$$
특 징	오차가 예측값에서 차지하는 정도를 나타냄

파이썬 코드	`In [1]: # 수식을 함수로 만들기`
	       `import numpy as np`
	`In [2]: def MAPE(y_test, y_pred):`
	       `mape = np.mean(np.abs((y_test - y_pred)/y_test)) * 100`
	       `return mape`
	`In [3]: mape = MAPE(y_test, y_pred)`

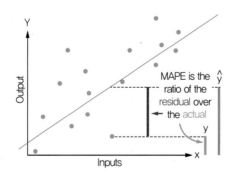

(6) 결정계수(R2, R-Squared)

정 의	• 회귀모형 내에서 설명변수 X로 설명할 수 있는 반응변수 Y의 변동 비율 • 총 변동(SST)에서 설명 가능한 변동(SSR)이 차지하는 비율
수 식	$$R2 = \frac{SSR}{SST} = 1 - \frac{SSE}{SST} = 1 - \frac{\sum(y_i - \widehat{y_i})^2}{\sum(y_i - \overline{y_i})^2}$$
특 징	• 결정계수는 0~1 사이의 범위를 가지며, 1에 가까울수록 회귀모델이 데이터에 대한 높은 연관성을 가지고 있다고 해석 • 독립변수와 종속변수 사이의 상관계수와 비례(결정계수가 높으면 상관계수가 높음)

파이썬
코드
	```In [1]: # 사이킷런 API 호출```
	``` from sklearn.metrics import r2_score```
	```In [2]: r2 = r2_score(y_test, y_pred)```

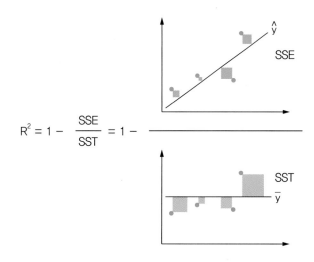

제5장

Tip

✅ 회귀모델의 결정계수가 낮을 때 모델 해석

결정계수가 낮으면 회귀모델이 데이터에 대해 낮은 연관성을 가지고 있다고 해석한다. 다만, 데이터가 회귀분석에 적합하지 않았을 수도 있으므로, 데이터 탐색을 통해 적절한 분석방법을 고려해야 한다. 예를 들어, 선형적이지 않은 형태의 데이터의 경우, 비선형 모델을 적용해볼 수 있다.

2. 분류분석

분류분석도 실제분류와 예측분류가 얼마나 일치했는가를 기반으로 알고리즘의 성능을 평가한다. 다만 이진분류에서는 단순히 정확도로만 모델을 평가했을 때 잘못된 평가 결과를 가질 수 있다. 결정값이 0과 1로 구성된 이진분류에서는 정확도가 아닌 다른 성능평가지표가 더 중요하게 여겨지는 경우도 있다. 분류분석에서 사용하는 다양한 성능평가지표를 살펴보자.

(1) 정확도(Accuracy)

정 의	실제 데이터에서 예측 데이터가 얼마나 같은지 판단하는 지표
수 식	$$Accuracy = \frac{\text{예측결과가 동일한 데이터 건수}}{\text{전체 예측 데이터 건수}}$$
특 징	데이터 구성에 따라 머신러닝 모델의 성능을 왜곡할 가능성이 있음
파이썬 코드	```In [1]: # 사이킷런 API 호출 from sklearn.metrics import accuracy_score In [2]: acc = accuracy_score(y_test, y_pred)```

정확도 지표가 어떻게 머신러닝 모델의 성능을 왜곡할 수 있다는 것일까? 예를 들어 3%의 확률로 발생하는 질병을 예측하는 분류모델을 만들어야 하는 사람 A가 있다고 가정해보자. A가 만든 모델이 어떠한 데이터를 입력하든지 상관 없이 모두 질병이 발생하지 않는다는 예측결과를 내놓는다면, 전체 예측 데이터 건수 중 예측결과가 동일한 데이터 건수의 비율은 97%이기 때문에 정확도(Accuracy)는 97%이다. 그렇지만 A가 만든 분류모델의 성능이 좋다고 평가하는 것은 잘못된 평가가 될 것이다.

정확도는 위의 예시처럼 불균형한 레이블 값 분포에서 머신러닝 모델의 성능을 평가할 경우, 적합한 평가지표로 보기 어렵다. 분류분석 성능지표로서 정확도(Accuracy)가 가진 한계점을 보완하기 위해 여러 가지 분류지표가 함께 고려되어야 한다.

(2) 혼동행렬(Confusion Matrix)

정확도의 한계점을 보완하기 위해 혼동행렬을 활용할 수 있다.

정 의	이진 분류의 예측오류가 얼마이고 어떠한 유형의 예측 오류가 발생하고 있는지 나타내는 지표
특 징	4분면 행렬에서 실제 레이블 클래스 값과 예측 레이블 클래스 값이 어떠한 유형을 가지고 매핑되는지 나타냄

파이썬
코드
	``In [1]: # 사이킷런 API 호출
	        from sklearn.metrics import confusion_matrix
	In [2]: cm = confusion_matrix(y_test, y_pred)
	Out[2]: array([[218, 0],
	               [37, 0]], dtype=int64)```

사이킷런의 혼동행렬에는 TN, FP가 첫 행에 나타나고 FN, TP가 두 번째 행에 나타난다.

예측 클래스
(Predicted Class)

		Negative(0)	Positive(1)
실제 클래스 **(Actual Class)**	Negative(0)	TN (True Negative)	FP (False Positive)
	Positive(1)	FN (False Negative)	TP (True Positive)

혼동행렬의 4분면은 각각 아래와 같은 의미를 지닌다.

구 분	내 용
TN	예측값을 Negative(0)로 예측했고, 실제 값도 Negative(0)
FP	예측값을 Positive(1)로 예측했지만, 실제 값은 Negative(0)
FN	예측값을 Negative(0)로 예측했지만, 실제 값은 Positive(1)
TP	예측값을 Positive(1)로 예측했고, 실제 값도 Positive(1)

이 4가지 값을 조합해 분류모델의 성능을 측정하는 주요 지표인 정확도(Accuracy), 정밀도(Precision), 재현율(Recall)을 알 수 있다. 정확도(Accuracy)는 오차행렬상 (TN + TP)/(TN + FP + RN + TP)와 같다.

(3) 정밀도(Precision)와 재현율(Recall)

정밀도와 재현율은 Positive 데이터 예측에 집중한 성능평가지표이다. 앞서 예시로 들었던 A라는 사람이 만든 머신러닝은 Positive로 예측한 값이 없다. 정확도는 97%이지만 TP가 하나도 없기 때문에 정밀도와 재현율은 모두 0이다.

① 정밀도

정 의	• Positive로 예측한 것들 중 실제로도 Positive인 것들의 비율
특 징	• Positive 예측성능을 더욱 정밀하게 측정하기 위한 평가지표 • 양성 예측도라 불림 • 정밀도가 상대적인 중요성을 가지는 경우 : 실제 Negative인 데이터를 Positive로 잘못 예측했을 때 업무상 큰 영향이 발생할 때
수 식	$Precision = TP/(FP+TP)$
파이썬 코드	``` In [1]: # 사이킷런 API 호출 from sklearn.metrics import precision_score In [2]: precision = precision_score(y_test, y_pred) ```

② 재현율

정 의	• 실제 Positive인 것들 중 Positive로 예측한 것들의 비율
특 징	• 민감도(Sensitivity) 또는 TPR(True Positive Rate)라고 불림 • 재현율이 상대적인 중요성을 가지는 경우 : 실제 Positive인 데이터를 Negative로 잘못 예측했을 때 업무상 큰 영향이 발생할 때
수 식	$Recall = TP/(FN+TP)$
파이썬 코드	``` In [1]: # 사이킷런 API 호출 from sklearn.metrics import recall_score In [2]: recall = recall_score(y_test, y_pred) ```

③ 정밀도와 재현율의 상충관계 – 트레이드오프(Trade-off)

분류 결정 임곗값(Threshold)을 조정함으로써 정밀도 또는 재현율의 수치를 조절할 수 있다. 하지만 이 둘은 상충관계인 성능평가지표이기 때문에 한쪽을 강제로 높이면 다른 하나의 수치가 떨어지게 된다. 분석 상황에 따라 정밀도와 재현율 중 하나에 중요도를 부여해 임곗값을 조절할 수 있지만, 정밀도와 재현율 중 하나만을 강조해서는 안 된다. 두 평가지표의 수치가 적절한 조화를 이루어 종합적으로 분류모델의 성능을 평가해야 한다.

(4) F1 스코어

F1 스코어는 정밀도와 재현율을 결합한 분류 성능지표이다.

정 의	실제 Positive인 것들 중 Positive로 예측한 것들의 비율
특 징	정밀도와 재현율이 어느 한쪽으로 치우치지 않고 적절한 조화를 이룰 때 상대적으로 높은 수치를 나타냄
수 식	$$F1 = \cfrac{2}{\cfrac{1}{recall} + \cfrac{1}{precision}} = 2 * \frac{precision * recall}{precision + recall}$$
파이썬 코드	```In [1]: # 사이킷런 API 호출
from sklearn.metrics import f1_score
In [2]: f1 = f1_score(y_test, y_pred)```

(5) ROC 곡선과 AUC 스코어

ROC 곡선과 이를 기반으로 하는 AUC 스코어는 이진 분류모델의 주요 성능평가지표이다.

① ROC 곡선

정 의	• FPR(False Positive Rate)이 변할 때 TPR(True Positive Rate)이 변하는 것을 나타내는 곡선 (ROC)
특 징	• TPR을 y축으로, FPR을 x축으로 하는 그래프 • 분류 결정 임곗값을 조절하면서 FPR이 0부터 1까지 변할 때 TPR의 변화값을 그래프에 나타냄 • 우상향 그래프로 그려짐
수 식	$$TNR = TN/(FP+TN)$$ $$FPR = FP/(FP+TN) = 1 - TNR$$

파이썬 코드	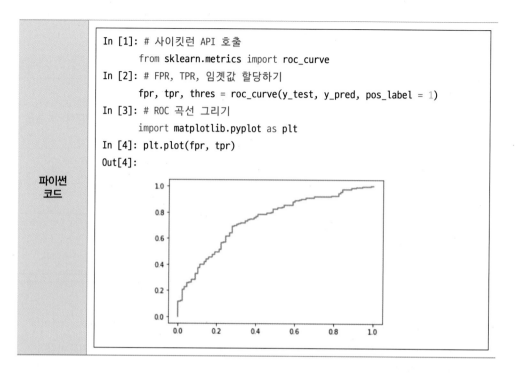

② AUC 스코어

ROC 곡선 자체는 FPR과 TPR의 변화 값을 보는 데 이용한다. ROC 곡선 아래의 면적 값을 분류 성능지표로서 사용할 수 있다.

정의	• Area Under the ROC Curve • ROC 곡선 아래의 면적 • 1에 가까울수록 예측성능이 우수하다고 판단
특징	• AUC 값이 커지려면 FPR이 작을 때 TPR 값이 커야 함 • 우상향 직선에서 멀어지고 왼쪽 상단의 모서리 쪽으로 가파르게 곡선이 이동할수록 AUC가 1에 가까워짐 • 랜덤 수준의 AUC값은 0.5
파이썬 코드	```In [1]: # 사이킷런 API
from sklearn.metrics import roc_curve, auc
In [2]: # FPR, TPR, 임곗값 할당하기
fpr, tpr, thres = roc_curve(y_test, y_pred, pos_label = 1)
In [3]: # AUC 값
auc = auc(fpr, tpr)```

머신러닝의 여러 가지 알고리즘을 익히기 전에, 머신러닝 분석 과정을 살펴보자. 회귀분석과 분류분석 프로세스를 살펴보면 ADP를 위한 머신러닝 분석 과정을 이해할 수 있다. 회귀문제(Regression) 데이터로 분석과정을 전체적으로 파악해보자. 데이터는 사이킷런의 보스턴 주택가격 데이터를 활용한다. 약 500개의 레코드로 구성되어있으며 보스턴 주택가격(Price)을 종속변수(y)로 하고, 나머지 변수를 독립변수(특성치 또는 feature)로 하여 학습데이터로 모델을 훈련시키고, 평가데이터로 검증한다.

1. 데이터 확인

사이킷런의 데이터세트로부터 보스턴 주택가격 데이터를 가져온 뒤 이를 데이터프레임으로 변환한다.

| In [1]: | ```python
from sklearn import datasets
import pandas as pd
import warnings
warnings.filterwarnings('ignore')

# 보스턴 주택가격 로드하기
df, price = datasets.fetch_openml('boston', return_X_y=True)

df['PRICE'] = price
``` |
| --- | --- |
```

보스턴 주택가격 데이터가 로드된 것을 확인해보자. 데이터에는 총 14개의 변수가 있다. 해당 변수는 아래와 같은 의미를 가지고 있다.

구분	내용
CRIM	지역별 범죄 발생률
ZN	25,000 평방 피트를 초과하는 거주 지역의 비율
INDUS	비상업 지역 넓이 비율
CHAS	찰스강에 대한 더미 변수(강의 경계에 위치한 경우는 1, 아니면 0)
NOX	일산화질소 농도
RM	거주할 수 있는 방 개수
AGE	1940년 이전에 건축된 소유 주택의 비율
DIS	5개 주요 고용센터까지의 가중 거리
RAD	고속도로 접근 용이도
TAX	10,000달러당 재산세율
PIRATIO	지역의 교사와 학생수 비율
B	지역의 흑인 거주 비율
LSTAT	하위 계층의 비율
PRICE	보스턴 주택가격

In [2]:	df.head()
Out [2]:	

	CRIM	ZN	INDUS	CHAS	NOX	RM	AGE	DIS	RAD	TAX	PTRATIO	B	LSTAT	PRICE
0	0.00632	18.0	2.31	0.0	0.538	6.575	65.2	4.0900	1.0	296.0	15.3	396.90	4.98	24.0
1	0.02731	0.0	7.07	0.0	0.469	6.421	78.9	4.9671	2.0	242.0	17.8	396.90	9.14	21.6
2	0.02729	0.0	7.07	0.0	0.469	7.185	61.1	4.9671	2.0	242.0	17.8	392.83	4.03	34.7
3	0.03237	0.0	2.18	0.0	0.458	6.998	45.8	6.0622	3.0	222.0	18.7	394.63	2.94	33.4
4	0.06905	0.0	2.18	0.0	0.458	7.147	54.2	6.0622	3.0	222.0	18.7	396.90	5.33	36.2

shape, info( )를 사용해 데이터의 형태, 타입을 확인해보자. 데이터는 506개 행과 14개 컬럼을 가지고 있다. CHAS와 RAD 변수는 범주형 변수(category)이며 두 변수를 제외한 변수들은 실수형(float) 타입이다.

In [3]:	`df.shape`
Out [3]:	`(506, 14)`

In [4]:	`df.info()`

Out [4]:	<pre><class 'pandas.core.frame.DataFrame'>
	RangeIndex: 506 entries, 0 to 505
	Data columns (total 14 columns):
	 # Column Non-Null Count Dtype
	--- ------ -------------- -----
	 0 CRIM 506 non-null float64
	 1 ZN 506 non-null float64
	 2 INDUS 506 non-null float64
	 3 CHAS 506 non-null category
	 4 NOX 506 non-null float64
	 5 RM 506 non-null float64
	 6 AGE 506 non-null float64
	 7 DIS 506 non-null float64
	 8 RAD 506 non-null category
	 9 TAX 506 non-null float64
	10 PTRATIO 506 non-null float64
	11 B 506 non-null float64
	12 LSTAT 506 non-null float64
	13 PRICE 506 non-null float64
	dtypes: category(2), float64(12)
	memory usage: 49.0 KB</pre>

RAD 변수는 고속도로 용이도에 대한 값이다. 산점도를 그려 PRICE 변수와의 상관관계를 직관적으로 확인할 수 있도록 RAD 변수를 정수(int)로 변환한다.

In [5]:	`df['RAD'] = df['RAD'].astype(int)`

데이터에 결측치가 있는지 파악해보자. 확인 결과 해당 데이터에 결측치는 없다.

In [6]:	df.isna().sum()
Out [6]:	CRIM 0 ZN 0 INDUS 0 CHAS 0 NOX 0 RM 0 AGE 0 DIS 0 RAD 0 TAX 0 PTRATIO 0 B 0 LSTAT 0 PRICE 0 dtype: int64

CHAS 변수를 제외한 나머지 12개 변수들과 주택가격(Price) 사이의 선형관계를 파악하기 위해 산점도와 선형 회귀직선을 함께 시각화해보자. seaborn(시본)의 regplot을 사용하면 산점도와 회귀직선을 동시에 나타낼 수 있다. matplotlib.pyplot의 subplots( )에서 3개의 행과 4개의 열을 가지도록 설정한다. constrained_layout=True는 그래프 사이의 적절한 간격을 자동으로 설정하도록 한다. 12개의 변수는 보스턴 주택가격 데이터의 변수에서 'PRICE'와 'CHAS' 변수를 제외하도록 설정해 features 리스트에 담는다. for문에서 행번호와 열 번호가 설정되도록 row, col 변수를 지정한다. seaborn의 regplot을 이용해 산점도와 선형 회귀직선을 함께 시각화한다. 12개의 변수는 보스턴 주택가격과 양 또는 음의 선형관계임을 확인할 수 있다.

| In [7]: | ```python
import matplotlib.pyplot as plt
import seaborn as sns

# 3개의 행과 4개의 열을 가진 subplot 그리기
fig, axs = plt.subplots(figsize =(16,10), ncols =4, nrows =3,
constrained_layout=True)

features = df.columns.difference(['PRICE', 'CHAS'])

for i, feature in zip(range(12), features):
    row = int(i/4) # 행번호 설정
    col = i%4      # 열번호 설정
    # seaborn의 regplot을 이용해 산점도와 선형회귀직선을 함께 시각화함
    sns.regplot(x=feature, y=df['PRICE'], data=df, ax=axs[row][col])
``` |
| Out [7]: | |
```

2. 데이터 분할

보스턴 주택가격 데이터를 8:2의 비율로 학습세트와 평가세트로 분할했다. 데이터는 변수들의 값 (value)으로 구성된 x와 주택가격 값으로 구성된 y로 나눈다. 그 후 학습세트와 평가세트의 비율이 8:2가 되도록 train_test_split( )을 사용해 분할한다.

In [8]:	`from sklearn.model_selection import train_test_split`
	
	`x = df[['CRIM', 'ZN', 'INDUS', 'NOX', 'RM', 'AGE', 'DIS', 'RAD',`
	`        'TAX', 'PTRATIO', 'B', 'LSTAT']].values`
	`y = df['PRICE'].values`
	
	`x_train, x_test, y_train, y_test = train_test_split(x, y, test_size=0.2,`
	`        random_state=42)`

분할된 데이터의 종속변수의 평균을 확인해보자. 연속형 자료인 데이터가 임의적으로 잘 나뉘었는지 점검해볼 수 있다.

In [9]:	`print('학습데이터세트 PRICE 평균: ', y_train.mean())` `print('평가데이터세트 PRICE 평균: ', y_test.mean())`
Out [9]:	학습데이터세트 PRICE 평균: 22.796534653465343 평가데이터세트 PRICE 평균: 21.488235294117644

3. 전처리

보스턴 주택가격 데이터의 변수는 다양한 수치들로 구성되어 있다. 비율, 농도, 개수 등 서로 다른 단위를 가진 연속형 자료이다. 최솟값이 0, 최댓값이 1이 되도록 Min-Max 방법으로 정규화한다.

In [10]:	`from sklearn.preprocessing import MinMaxScaler`
	`scaler = MinMaxScaler()`
	`x_train_scaled = scaler.fit_transform(x_train)`

4. 모델학습

회귀분석은 선형 회귀(LinearRegression) 알고리즘을 사용해보자. 사이킷런의 LinearRegression 클래스를 import한 뒤 선형 회귀 OLS를 선언한다. Min-Max로 정규화한 x_scaled와 주택가격값인 y_train을 모델에 입력해 fit( )으로 학습한다.

In [11]:	`from sklearn.linear_model import LinearRegression`
	`linear = LinearRegression()`
	`linear.fit(x_train_scaled, y_train)`

predict( )로 학습데이터를 예측한 값을 pred_train으로 저장하였다. pred_train과 y_train을 비교해 학습세트로 훈련한 모델의 예측성능을 평가할 수 있다. 이때 다양한 성능평가지표가 사용될 수 있다. 사이킷런의 mean_absolute_error, mean_squared_error, r2_score 클래스를 사용했다. 결정계수(R-square)는 데이터에 대한 모델의 설명력을 평가하는 지표이다. 또한 MAE, MSE 등 다양한 평가지표를 사용해 모델의 예측정확도를 확인할 수 있다. 모델의 설명력(R-squre)은 74.5%로 양호하게 나왔다. MAE를 통해 pred_train과 y_train은 평균 3.32 정도 차이를 보인다는 것을 알 수 있다.

In [12]:	`from sklearn.metrics import mean_absolute_error, mean_squared_error`
	`from sklearn.metrics import r2_score`
	`import numpy as np`
	
	`pred_train = linear.predict(x_train_scaled)`
	
	`mae = mean_absolute_error(y_train, pred_train)`
	`mse = mean_squared_error(y_train, pred_train)`
	`rmse = np.sqrt(mse)`
	`r2 = r2_score(y_train, pred_train)`
	
	`print('MAE: {0: .5f}'.format(mae))`
	`print('MSE: {0: .5f}'.format(mse))`
	`print('RMSE: {0: .5f}'.format(rmse))`
	`print('R2: {0: .5f}'.format(r2))`

Out [12]:	`MAE:    3.32616`
	`MSE:    22.11246`
	`RMSE:   4.70239`
	`R2:     0.74546`

5. 성능평가 및 예측값 저장

평가세트에 훈련된 모델을 적용해보자. 앞서 train_test_split으로 분할한 x_test를 scaler.transform( )에 입력해 x_train과 같은 방식으로 Min-max 정규화를 수행한다. x_test_scaled를 훈련된 모델에 입력해 예측값을 얻을 수 있다. 예측값은 pred로 저장한다.

| In [13]: | ```python
x_test_scaled = scaler.transform(x_test)
pred = linear.predict(x_test_scaled)
``` |
|---|---|

pred와 y_test를 비교해 선형 회귀 모델의 예측성능을 최종적으로 평가한다. 모델의 설명력 (R-squre)은 66.4%로 나왔다. MAE를 통해 pred와 y_test는 평균 3.23 정도 차이를 보인다는 것을 알 수 있다.

| In [14]: | ```python
mae = mean_absolute_error(y_test, pred)
mse = mean_squared_error(y_test, pred)
rmse = np.sqrt(mse)
r2 = r2_score(y_test, pred)

print('MAE: {0: .5f}'.format(mae))
print('MSE: {0: .5f}'.format(mse))
print('RMSE: {0: .5f}'.format(rmse))
print('R2: {0: .5f}'.format(r2))
``` |
|---|---|
| Out [14]: | ```
MAE:    3.23724
MSE:    24.63539
RMSE:   4.96341
R2:     0.66406
``` |

실제 값과 예측 결과를 비교하도록 데이터프레임으로 저장해보자. linear 모델에 x_test_scaled 값을 입력해 얻은 예측값 pred는 array로 저장되었다. 이를 데이터프레임으로 변환한 뒤 컬럼명을 pred Price로 설정했다.

| In [15]: | ```python
pred_df = pd.DataFrame(pred, columns =['pred Price'])
pred_df.head()
``` |
|---|---|
| Out [15]: | **pred Price**
0 29.218660
1 33.551467
2 14.810658
3 25.084725
4 19.173927 |

y_test도 array로 저장되었기 때문에 컬럼명을 actual Price로 하는 데이터프레임으로 변환했다.

In [16]:	`actual = pd.DataFrame(y_test, columns =['actual Price'])` `actual.head()`
Out [16]:	actual Price 테이블

Out [16] 테이블:

	actual Price
0	23.6
1	32.4
2	13.6
3	22.8
4	16.1

pd.concat( )으로 pred_df와 actual을 병합한다. 병합한 reg_result를 'reg_result.csv' 파일로 내보내기 및 저장을 수행한다. csv 파일은 파이썬과 주피터노트북을 수행하고 있는 작업폴더에 저장된다.

In [17]:	`reg_result = pd.concat([actual, pred_df], axis =1)`
	`reg_result.to_csv('reg_result.csv', index =False, encoding ='utf-8-sig')`
	`reg_result.head()`

Out [17] 테이블:

	actual Price	pred Price
0	23.6	29.218660
1	32.4	33.551467
2	13.6	14.810658
3	22.8	25.084725
4	16.1	19.173927

이번에는 분류문제(Classification) 데이터로 머신러닝 분석을 처음부터 끝까지 프로세스에 따라 수행한다. 데이터는 사이킷런의 아이리스(iris) 데이터를 활용한다. 꽃잎의 각 부분의 너비와 길이 등을 측정한 데이터이며 150개의 레코드로 구성되어 있다. 아이리스의 종류(Species)를 종속변수(y 또는 레이블)로 하고, 나머지 변수를 독립변수(특성치 또는 feature)로 하여 학습데이터로 모델을 훈련시키고, 평가데이터로 검증한다.

1. 데이터 확인

사이킷런의 데이터세트로부터 붓꽃 데이터의 독립변수와 종속변수를 가져온 뒤 이를 데이터프레임으로 변환한다.

| In [1]: | ```
from sklearn.datasets import load_iris
import pandas as pd

iris = load_iris() # iris 로드하기
iris_dt = iris.data # iris/data는 독립변수(feature)만으로 된 numpy 형태
iris_label = iris.target # isis.target은 종속변수(label) 값을 numpy 형태
로 가짐

df = pd.DataFrame(data =iris_dt, columns =iris.feature_names)
df['label'] = iris_label
``` |
|---|---|

아이리스 데이터의 로드 상태를 확인한다. 각 행은 sepal의 길이와 너비 및 petal의 길이와 너비 정보를 cm로 나타내고 있고 붓꽃의 종류를 구분하고 있다. 아이리스 데이터는 3개의 종류(Species)를 가진다.

In [2]:	df.head()

Out [2]:		sepal length (cm)	sepal width (cm)	petal length (cm)	petal width (cm)	Species
	0	5.1	3.5	1.4	0.2	0
	1	4.9	3.0	1.4	0.2	0
	2	4.7	3.2	1.3	0.2	0
	3	4.6	3.1	1.5	0.2	0
	4	5.0	3.6	1.4	0.2	0
```

0은 Setosa이고, 1은 Versicolor이고, 2는 Virginica를 의미한다. unique( ) 메서드로 Species 컬럼의 값들을 살펴볼 수 있다.

In [3]:	df['Species'].unique()
Out [3]:	array([0, 1, 2])

판다스의 shape 함수로 아이리스 데이터의 행과 열을 확인할 수 있다. 아이리스 데이터는 150개의 행을 가진다.

In [4]:	df.shape
Out [4]:	(150, 5)

2. 데이터 분할

아이리스 데이터는 150행으로 데이터의 크기가 작은 편이다. 학습세트와 평가세트의 비율을 8 : 2로 나눈 뒤, 학습세트로 교차검증을 수행해 데이터 사이즈의 문제를 극복하고자 한다. 원본 데이터를 학습세트와 평가세트로 분할한 뒤 학습데이터를 다시 모델학습을 위한 학습세트와 모델의 성능을 1차 평가하는 검증세트로 나눈다. 검증평가를 10회에 걸쳐 진행하도록 K-Fold 교차검증 방식을 적용한다. 검증평가들의 평균으로 교차검증 최종평가를 결정한다. 검증결과로 얻은 모델에 평가데이터세트를 적용해 알고리즘 성능을 평가한다.

train_test_split( ) 모듈을 사용해 학습세트와 평가세트를 8 : 2의 비율로 나누었다. stratify를 설정해 아이리스 종류를 나타내는 iris_label의 비율을 적용했다. K-Fold 교차검증을 적용하는 것은 코드 작성상 '모델학습' 단계에서 진행한다.

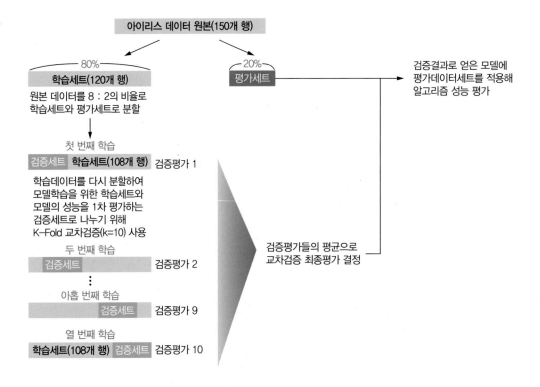

In [5]:	`from sklearn.model_selection import train_test_split`
	`x_train, x_test, y_train, y_test = train_test_split(iris_dt, iris_`
	`        label, test_size=0.2, random_state=0, stratify=iris_label)`

3. 전처리

아이리스 데이터는 독립변수들이 모두 연속형이고 단위가 동일하기 때문에 표준화 또는 정규화 등의
전처리를 하지 않아도 된다. 결측치가 존재하는지 확인한 결과, 각 컬럼에 결측치가 발견되지 않는다.

In [6]:	`df.isna().sum()`
| Out [6]: | ```
sepal length (cm)    0
sepal width (cm)     0
petal length (cm)    0
petal width (cm)     0
Species              0
dtype: int64
``` |

4. 모델학습

분류 모델 중 대표적인 알고리즘인 의사결정나무(Decision Tree)를 사용해 분류 분석을 수행한다. 의
사결정나무의 자세한 파라미터 설명은 제4절에서 설명한다. 사이킷런에서 Decision-treeClassifier
클래스를 import한 뒤 트리의 깊이를 각각 5, 3, 1로 설정한 의사결정나무 모델 세 가지를 생성한다.
어떤 값으로 트리의 깊이를 설정해야 성능이 좋은지 교차검증을 통해 확인한다.

| In [7]: | ```
from sklearn.tree import DecisionTreeClassifier
dtree_clf_5 = DecisionTreeClassifier(max_depth =5, random_state =100)
dtree_clf_3 = DecisionTreeClassifier(max_depth =3, random_state =100)
dtree_clf_1 = DecisionTreeClassifier(max_depth =1, random_state =100)
``` |
|---|---|

cross_val_score 클래스에서 학습과 검증을 수행할 모델을 dtree_clf_5로 설정하고, 검증평가 방법을
accuracy로 측정하도록 한 뒤 cv를 10으로 설정해 검증평가를 10회에 걸쳐 진행하도록 한다. 10회에
걸친 교차검증 정확도의 평균으로 교차검증 최종평가를 결정한다. 이 과정에서 넘파이를 사용하므로
이를 import한다.

| In [8]: | ```
from sklearn.model_selection import cross_val_score
import numpy as np
scores = cross_val_score(dtree_clf_5, x_train, y_train,
        scoring='accuracy', cv =10)
print('교차검증 정확도: ', np.round(scores, 3))
print('평균 검증 정확도: ', np.round(np.mean(scores), 4))
``` |
|---|---|
| Out [8]: | 교차검증 정확도: [0.917 1.   0.917 1.   1.   0.833 1.   0.917 1.   0.833]
평균 검증 정확도: 0.9417 |
```

이번에는 트리의 깊이를 3으로 설정한 dtree_clf_3 모델로 데이터를 학습하고 교차검증한다.

In [9]:	```scores = cross_val_score(dtree_clf_3, x_train, y_train,```
	``` scoring='accuracy', cv =10)```
	```print('교차검증 정확도: ', np.round(scores, 3))```
	```print('평균 검증 정확도: ', np.round(np.mean(scores), 4))```
Out [9]:	교차검증 정확도: [0.917 1. 0.917 0.917 1. 0.833 1. 0.917 0.917
	0.833]
	평균 검증 정확도: 0.925

트리의 깊이를 1로 설정한 dtree_clf_1 모델로 데이터를 학습하고 교차검증한 결과이다.

In [10]:	```scores = cross_val_score(dtree_clf_1, x_train, y_train,```
	``` scoring='accuracy', cv =10)```
	```print('교차검증 정확도: ', np.round(scores, 3))```
	```print('평균 검증 정확도: ', np.round(np.mean(scores), 4))```
Out [10]:	교차검증 정확도: [0.667 0.667 0.667 0.667 0.667 0.667 0.667 0.667
	0.667 0.667]
	평균 검증 정확도: 0.6667

교차검증 결과 트리의 깊이를 5로 설정한 dtree_clf_5 모델로 데이터를 학습했을 때 정확도가 가장 높다는 것을 알 수 있다. 해당 모델로 평가데이터세트를 적용해 알고리즘 성능평가를 수행한 뒤 예측값을 저장해보자.

5. 성능평가 및 예측값 저장

fit( )을 사용해 dtree_clf_5 모델에 x_train과 y_train을 학습시킨다. 그 후 predict( )를 사용해 데이터를 학습한 모델 dtree_clf_5 에 x_test를 입력하여 예측값 pred를 얻는다. 알고리즘 성능평가를 위해 분류분석 예측정확도(Accuracy)를 측정하는 클래스를 sklearn.metrics에서 import한다. 예측정확도를 프린트하는 명령문으로 알고리즘 성능을 확인한다. 아이리스 종류를 분류하는 분석의 최종 예측 정확도는 약 96.66%이다.

| In [11]: | ```python
dtree_clf_5.fit(x_train, y_train)
pred = dtree_clf_5.predict(x_test)

from sklearn.metrics import accuracy_score
print('의사결정나무(교차검증 후) 예측 정확도:
        {0:.5f}'.format(accuracy_score(y_test, pred)))
``` |
| --- | --- |
| Out [11]: | 의사결정나무(교차검증 후) 예측 정확도: 0.96667 |

실젯값과 예측 결과를 비교하도록 데이터프레임으로 저장해보자. dtree_clf_5 모델에 x_test 값을 입력해 얻은 예측값 pred는 array로 저장되었다. 이를 데이터프레임으로 변환한 뒤 컬럼명을 pred Species로 설정했다.

| In [12]: | ```python
pred = pd.DataFrame(pred, columns =['pred Species'])
pred.head()
``` |
| --- | --- |
| Out [12]: | <table><tr><td></td><td>**pred Species**</td></tr><tr><td>**0**</td><td>0</td></tr><tr><td>**1**</td><td>1</td></tr><tr><td>**2**</td><td>0</td></tr><tr><td>**3**</td><td>2</td></tr><tr><td>**4**</td><td>0</td></tr></table> |

y_test도 array로 저장되었기 때문에 컬럼명을 actual Species로 하는 데이터프레임으로 변환했다.

In [13]:	`actual = pd.DataFrame(y_test, columns =['actual Species'])` `actual.head()`
Out [13]:	actual Species 테이블

Out [13] 테이블:

	actual Species
0	0
1	1
2	0
3	2
4	0

pd.concat( )으로 pred와 actual을 병합한다. 병합한 classify_result를 'clf_result.csv' 파일로 내보내기 및 저장을 수행한다. csv 파일은 파이썬과 주피터노트북을 수행하고 있는 작업폴더에 저장된다.

In [14]:	`classify_result = pd.concat([actual, pred], axis =1)`
	`classify_result.to_csv('clf_result.csv', index =False, encoding ='utf-8-sig')`
	`classify_result.head()`

Out [14]:	actual Species / pred Species 테이블

Out [14] 테이블:

	actual Species	pred Species
0	0	0
1	1	1
2	0	0
3	2	2
4	0	0

제6장

머신러닝 - 지도학습

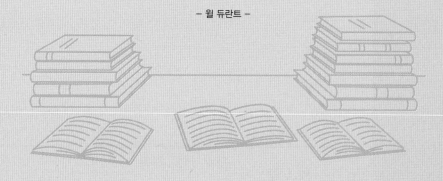

시대에듀

끝까지 책임진다! 시대에듀!

QR코드를 통해 도서 출간 이후 발견된 오류나 개정법령, 변경된 시험 정보, 최신기출문제, 도서 업데이트 자료 등이 있는지 확인해 보세요! **시대에듀 합격 스마트 앱**을 통해서도 알려 드리고 있으니 구글 플레이나 앱 스토어 에서 다운받아 사용하세요. 또한, 파본 도서인 경우에는 구입하신 곳에서 교환해 드립니다.

제6장 머신러닝 - 지도학습

제1절 단순 선형 회귀(Simple Linear Regression Model)

1. 개념

선형 회귀는 입력 특성에 대한 선형함수를 만들어 예측을 하는 알고리즘이다. 독립변수가 하나인 경우 데이터의 특징을 가장 잘 설명하는 직선을 학습하는 것이다. 예를 들어 나이에 따른 의료비 지출에 대해 선형 회귀 모델을 만들어본다면 다음과 같다.

$$\text{의료비 지출액} = \beta_0 + \beta_1 * \text{나이}$$

선형 모델은 독립변수(입력 특성)인 나이에 대한 선형 모델이며, β_0와 β_1은 선형 모델의 파라미터이다. 선형 회귀 모델은 입력 특성의 가중치 합과 편향(또는 절편)을 더해 예측을 수행한다.

선형 회귀 모델을 이용해 학습데이터세트에 가장 적합하도록 모델 파라미터를 설정하는 과정을 '모델을 학습시킨다'고 한다. 제5장에서 언급한 대로 회귀에서 널리 사용되는 성능평가지표는 MSE(평균제곱 오차)이다. 선형 회귀 모델을 잘 학습시키려면 MSE 값을 최소화하는 파라미터를 찾아야 한다. 이 과정에서 통계적 방식의 회귀분석과 머신러닝 모델은 MSE 값을 최소화하는 파라미터를 찾는다는 목표가 같지만, 문제해결을 위한 접근방식이 다르다. 통계적 방식의 회귀분석은 정규방정식을 사용해 문제를 해결하지만, 머신러닝 모델은 경사하강법을 사용해 문제를 해결한다.

2. 정규방정식

정규방정식 $\hat{\beta} = (X^TX)^{-1}X^Ty$을 사용하면 MSE 값을 최소로 하는 파라미터를 바로 얻을 수 있다. 최소 자승법(Least Squares Method)을 코드로 구현할 수도 있고, scikit-learn 패키지에서 선형 회귀 함수를 import해도 된다.

(1) scikit-learn의 LinearRegression

scikit-learn 패키지로 선형 회귀 모델을 학습할 수 있다. scikit-learn의 linear_model의 여러 회귀 함수 중, LinearRegression은 최소 자승법을 사용한 OLS(Ordinary Least Squares) 방식으로 선형 회귀 모델을 구현한다. 즉, LinearRegression은 계수 w=(w1, ..., wp)를 사용해 선형 모델을 피팅하여 데이터세트에서 관찰된 대상과 선형 근사에 의해 예측된 대상 간의 잔차제곱합을 최소화한다. 선형 회귀를 구현하는 LinearRegression 함수를 알아보자.

---

sklearn.linear_model.LinearRegression(*, fit_intercept = True, normalize = 'deprecated',
copy_X = True, n_jobs = None, positive = False)

---

① 매개변수

fit_intercept	• 데이터 타입(기본값) : bool(default = True) • 설명 : 선형 회귀 모델에 대한 절편을 계산할지 여부를 결정한다. False로 설정하면 절편을 사용하지 않는 모델로 계산한다. 즉, 데이터가 원점을 지나 중앙에 위치할 것으로 예상한다.
normalize	• 데이터 타입(기본값) : bool(default = False) • 설명 : True인 경우 X는 평균을 빼고 L2-norm으로 나누어 회귀 전에 정규화된다. False인 경우 해당 정규화를 하지 않는다. 표준화를 진행하고 싶으면, normalize=False로 설정한 뒤 fit( )을 호출하기 전에 StandarScaler( )를 사용하면 된다.
copy_X	• 데이터 타입(기본값) : bool(default = True) • 설명 : True이면 X가 복사된다. False이면 덮어쓴다.
n_jobs	• 데이터 타입(기본값) : int(default = None) • 설명 : 계산 작업 횟수이다.
positive	• 데이터 타입(기본값) : bool(default = False) • 설명 : True로 하면 계수가 양수가 된다.

② 속 성

coef_	• 데이터 타입 : (n_features,) 또는 (n_targets, n_features)의 array 형태 • 설명 : 선형 회귀 문제에 대한 추정된 계수이다. 대상이 두 개 이상이면 2차원 배열(n_targets, n_features)이고, 대상이 하나이면 길이가 n_features인 1차원 배열이다.
rank_	• 데이터 타입 : 정수(int) • 설명 : 행렬 X의 rank이다.
singular_	• 데이터 타입 : (min(X, y),)의 array 형태 • 설명 : 행렬 X의 특이값이다.
intercept_	• 데이터 타입 : float 또는 (n_targets,)의 array 형태 • 설명 : 선형 모델의 독립항(절편)이다.

③ 메서드

대괄호 [ ] 안의 인자는 생략 가능하다.

fit(X, y[, sample_weight])	• 기능 : 모델을 학습시킨다. • 인자 설명 　－ X : 학습데이터. 2차원 array 형태로 입력 　－ y : 타깃데이터. (n_samples,) 또는 (n_samples, n_targets) 형태로 입력 　－ sample_weight : 개별 데이터에 대한 가중치 • 반환값 : 선형 회귀 모델 추정기를 Object로 반환
get_params([deep])	• 기능 : 선형 회귀 모델의 매개변수를 가져온다. • 인자 설명 　deep : bool 형태로 입력, default = True • 반환값 : 값에 매칭되는 파라미터의 이름을 딕셔너리 형태로 반환
predict(X)	• 기능 : 선형 모델을 사용해 예측한다. • 인자 설명 　X : 데이터 샘플 • 반환값 : 예측값을 array로 반환
score(X, y[, sample_weight])	• 기능 : 예측의 결정계수를 반환한다. • 인자 설명 　－ X : 테스트 샘플을 array로 입력 　－ y : X의 실제 값 　－ sample_weight : 개별 데이터에 대한 가중치 • 반환값 : 결정계수를 float으로 반환

④ 코드 구현

캐글의 보험 가입자 데이터를 사용해 선형 회귀 모델을 구현해보자. 실습 데이터는 ADP 교재의 깃허브에서 주피터노트북으로 직접 다운로드할 수 있다.

| In [1]: | ```python
import numpy as np
import pandas as pd
import matplotlib.pyplot as plt
from sklearn.linear_model import LinearRegression

data = pd.read_csv("https://raw.githubusercontent.com/ADPclass/ADP_book_ver01/main/data/insurance.csv")
data
``` |
|---|---|
| Out [1]: | |

	age	sex	bmi	children	smoker	region	charges
0	19	female	27.900	0	yes	southwest	16884.92400
1	18	male	33.770	1	no	southeast	1725.55230
2	28	male	33.000	3	no	southeast	4449.46200
3	33	male	22.705	0	no	northwest	21984.47061
4	32	male	28.880	0	no	northwest	3866.85520
...	...	...	...	...	...	...	...
1333	50	male	30.970	3	no	northwest	10600.54830
1334	18	female	31.920	0	no	northeast	2205.98080
1335	18	female	36.850	0	no	southeast	1629.83350
1336	21	female	25.800	0	no	southwest	2007.94500
1337	61	female	29.070	0	yes	northwest	29141.36030

1338 rows × 7 columns

나이(Age)와 의료비용(Charges) 사이의 선형 모델을 생성하기에 앞서, 두 데이터 사이의 선형성을 확인해보아야 한다. 산점도를 이용해 두 값에서 선형성이 발견되는지 확인한다. 아래 산점도에서 나이와 의료비용 사이에 선형성이 발견되며, 우상향하는 추세를 확인할 수 있다.

| In [2]: | ```python
x=data['age']
y=data['charges']

plt.figure(figsize=(10,5))
plt.scatter(x,y)
plt.xlabel('X')
plt.ylabel('Y')
plt.show()
``` |
|---|---|

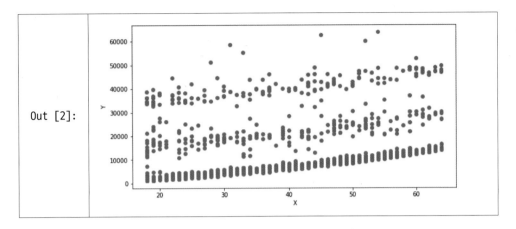

Out [2]:

패키지를 import한 뒤 LinearRegression을 불러오고 .fit( )을 이용해 데이터에 학습시킨다. 이때 .fit( )에 입력되는 데이터는 2차원 array여야 하므로, .reshape( )으로 차원을 맞춰주었다.

| In [3]: | ```python
x=np.array(data['age'])
y=np.array(data['charges'])
x=x.reshape(1338, 1)
# .reshape()으로 차원 맞추기
y=y.reshape(1338, 1)
lr = LinearRegression()
lr.fit(x,y)
``` |
|---|---|
| Out [3]: | ```
LinearRegression(copy_X=True, fit_intercept=True, n_jobs=None,
normalize=False)
``` |

scikit-learn을 이용한 선형 회귀 모델 결과는 아래와 같다.

| In [4]: | ```python
print("선형 회귀 모델 결과")
print("절편", lr.intercept_, "계수", lr.coef_)
``` |
|---|---|
| Out [4]: | **선형 회귀 모델 결과**
절편 [3165.88500606] 계수 [[257.72261867]] |

선형 회귀 모델의 결정계수를 구해보자. 결정계수가 8%로 낮게 나온 것을 알 수 있다.

In [5]:	`print(lr.score(x,y))`
Out [5]:	`0.08940589967885804`
```

새로운 데이터 샘플을 선형 회귀 모델에 입력한 뒤 나이에 따른 의료비용을 예측해보자. 그 결과 19살은 8,062.61원을 의료비용으로 지출하고, 64세는 19,660.13원을 지출한다고 해석할 수 있다.

In [6]:	```x_new=[[19],[64]]```
	 ```y_hat=lr.predict(x_new)```
	 ```print(y_hat)```

Out [6]:	```[[8062.61476073]``` ``` [19660.13260074]]```

산점도 위에 회귀선을 그어 선형 모델이 데이터를 얼마나 설명할 수 있는지 시각화해보자.

In [7]:	```plt.figure(figsize=(10,5))```
	 ```plt.plot(x_new, y_hat, "-r", label ="Prediction")```
	 ```plt.plot(x, y, "b.", label ='Actual')```
	 ```plt.legend(loc='upper right')```
	 ```plt.xlabel('X')```
	 ```plt.ylabel('Y')```
	 ```plt.show()```

Out [7]:	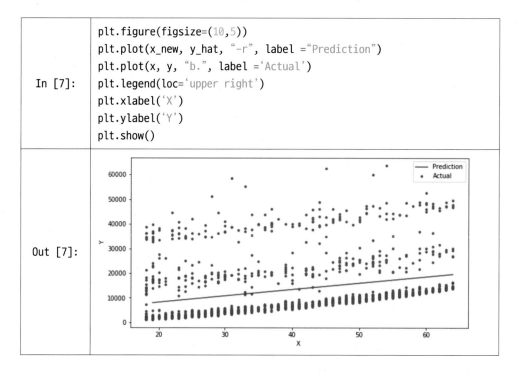

3. 경사하강법

경사하강법(Gradient Descent)은 함수의 값이 낮아지는 방향으로 독립변수의 값을 바꿔가면서 최종적으로 최소 함숫값을 갖도록 하는 독립 변숫값을 찾는 방식이다. 여러 종류의 문제에서 최적의 해법을 찾을 수 있는 최적화 알고리즘으로서, 함수를 최소화하기 위해 파라미터를 반복적으로 조정해나간다. 머신러닝에서 함수의 최솟값을 찾는 방식으로 경사하강법을 사용하는 이유는 두 가지로 설명할 수 있다. 먼저 분석에서 마주하는 함수들은 형태가 복잡해 수식으로 미분계수와 그 해를 찾기 어려울 수 있기 때문이다. 또한 데이터의 양이 큰 경우 경사하강법이 상대적으로 쉽게 컴퓨터로 구현될 수 있다.

무작위초기화(Random Initialization)방식을 통해 임의의 값으로 시작해 한 번에 조금씩 함수의 값이 감소하는 방향으로 최솟값에 수렴할 때까지 점진적으로 진행한다. 이때 학습 스텝의 크기를 학습률(Learning Rate)라고 한다. 학습률이 너무 작으면 수렴하기까지 반복을 여러 번 수행해야 하므로 시간이 오래 걸린다는 단점이 있다. 반대로 학습률을 너무 높이면 함수의 값이 발산되는 경향이 있다. 그러므로 하이퍼파라미터인 학습률을 적정한 크기로 조절해야 한다.

(1) 경사하강법의 종류

① 배치 경사하강법

⊙ 반복 시 전체 훈련세트를 사용해 가중값을 갱신한다.

ⓛ 특징 : 계산량이 많아 훈련에 소요되는 시간이 증가한다. 하지만 학습 시 발생하는 잡음이 적은 최적치를 찾을 수 있다.

② 확률적 경사하강법

⊙ 한 개의 샘플데이터를 무작위로 선택하고 그 샘플에 대한 경사를 계산한다. 매 반복마다 가중값이 달라지기 때문에 비용 함수가 최솟값에 접근할 때 확률값으로 요동치며 평균적으로 감소한다.

ⓛ 특징 : 최솟값에 요동치면서 접근하기 때문에 알고리즘이 멈출 때 최적치가 아닐 수 있다. 하지만 지역 최솟값을 건너뛰고 전역 최솟값으로 다다를 가능성이 높고 데이터의 양이 많아도 계산 속도가 빠르다.

③ 미니 배치 경사하강법

⊙ 각 스텝을 반복할 때 임의의 30~50개 관측값으로 경사를 계산하고 모델의 가중값을 갱신한다.

ⓛ 특징 : 파라미터공간에서 확률적 경사하강법보다 지역 최솟값에서 빠져나오기 어려울 가능성이 있다. 하지만 확률적 경사하강법보다 낮은 오차율을 가지게 되어 최솟값에 더 가까이 도달할 수 있다.

(2) scikit-learn의 SGDRegressor

scikit-learn 패키지로 경사하강법을 활용한 선형 회귀 모델을 학습할 수 있다. scikit-learn의 linear_model의 여러 함수 중, SGDRegressor은 확률적 경사하강법을 사용한 방식으로 회귀 모델을 구현한다. 손실의 기울기는 각 샘플에서 한 번에 추정되며 모델은 감소하는 강도 즉, 학습률에 따라 업데이트된다. 정규화는 제곱 유클리드 norm L2 또는 절대 norm L1 또는 이 둘의 조합(elastic net)을 이용해 매개변수를 0벡터로 축소하는 손실 함수에 추가된 패널티이다. 경사하강법을 구현하는 SGDRegressor 함수를 알아보자.

```
class sklearn.linear_model.SGDRegressor(loss='squared_error', *, penalty='l2',
alpha=0.0001, l1_ratio=0.15, fit_intercept=True, max_iter=1000, tol=0.001,
shuffle=True, verbose=0, epsilon=0.1, random_state=None,
learning_rate='invscaling', eta0=0.01, power_t=0.25, early_stopping=False,
validation_fraction=0.1, n_iter_no_change=5, warm_start=False, average=False)
```

① 매개변수

loss	• 데이터 타입(기본값) : str(default = 'squared_error') • 설명 : 사용할 손실 함수를 설정하는 매개변수이다. 'squared_error', 'huber', 'epsilon_insensitive' 또는 'squared_epsilon_insensitive'를 사용할 수 있다.
penalty	• 데이터 타입(기본값) : str(default = 'l2') • 설명 : 사용할 패널티(정규화, Normalization)를 설정한다. 'l1', 'l2', 또는 'elasticnet'을 사용할 수 있다. 선형 SVM 모델의 표준 정규화 장치인 'l2'가 기본값이다.
alpha	• 데이터 타입(기본값) : float(default = 0.0001) • 설명 : 정규화 항을 곱하는 상수이다. 값이 높을수록 정규화가 강해진다.
l1_ratio	• 데이터 타입(기본값) : float(default = 0.15) • 설명 : 0 = l1_ratio은 L2 패널티에 상응하며 1−l1_ratio는 L1 패널티에 상응한다. l1_ratio가 0 이상 1 이하일 경우 elaticnet에 적용된다.
fit_intercept	• 데이터 타입(기본값) : bool(default = True) • 설명 : 절편을 추정해야 하는지 여부이다. False이면 데이터가 이미 중앙에 있는 것으로 간주한다.
max_iter	• 데이터 타입(기본값) : int(default = 1000) • 설명 : 훈련 데이터(또는 epoch)에 대한 최대 패스 수이다.
tol	• 데이터 타입(기본값) : float(default = 1e−3) • 설명 : 중지 기준이다. [n_iter_no_charge]의 연속적인 에포크 동안(loss > best_loss − tol)일 때 학습을 멈춘다. [early_stopping] 파라미터에 따라 traing loss 또는 validation loss에 대해 수렴 여부를 확인한다.
shuffle	• 데이터 타입(기본값) : bool(default = True) • 설명 : 각 epoch 이후에 학습데이터를 섞을지 여부를 말한다.
verbose	• 데이터 타입(기본값) : int(default = 0) • 설명 : 자세한 정보 수준을 나타낸다.
epsilon	• 데이터 타입(기본값) : float(default = 0.1) • 설명 : loss가 'huber', 'epsilon_insensitive' 또는 'squared_epsilon_insensitive'인 경우 엡실론 값을 나타낸다. 'huber'의 경우 예측을 정확히 맞추는 것이 덜 중요해지는 임곗값을 결정한다. 'epsilon_insensitive'인 경우 현재 예측과 올바른 레이블 간의 차이가 이 임곗값보다 작으면 무시한다.
random_state	• 데이터 타입(기본값) : int(default = None) • 설명 : shffle이 True로 설정된 경우 데이터 셔플에 사용한다. 여러 함수 호출에서 재현 가능한 출력을 위해 int를 전달한다.

learning_rate	• 데이터 타입(기본값) : str(default = 'invscaling') • 설명 : 학습률의 스케줄을 설정한다. 'constant' : eta = eta0 'optimal' : eta = 1.0 / (alpha * (t + t0)) 'invscaling' : eta = eta0 / pow(t, power_t)
eta0	• 데이터 타입(기본값) : float(default = 0.01) • 설명 : 학습률의 초깃값을 설정한다.
power_t	• 데이터 타입(기본값) : float(default = 0.25) • 설명 : invscaling 학습률의 지수이다.
early_stopping	• 데이터 타입(기본값) : bool(default = False) • 설명 : Validation Score가 개선되지 않았을 때 학습을 멈출 것인지 여부에 대해 설정하는 것이다. True로 설정할 경우, 자동으로 훈련데이터의 일부를 검증으로 따로 설정하고 메서드에서 반환된 Validation Score가 연속적인 에포크 이상 동안 개선되지 않을 때 훈련을 종료한다.
validation_fraction	• 데이터 타입(기본값) : float(default = 0.1) • 설명 : early staopping을 위해 학습데이터세트에서 일정부분 validation set로 떼어두는 비율을 말한다. 0~1사이의 값만 입력할 수 있다. [early_stopping]이 True로 설정되었을 때만 사용 가능하다.
n_iter_no_charge	• 데이터 타입(기본값) : int(default = 5) • 설명 : 학습을 중지하기 전에 개선사항이 없는 학습을 반복하는 횟수이다.
warm_start	• 데이터 타입(기본값) : bool(default = False) • 설명 : True로 설정하면 초기화에 맞게 이전 호출의 솔루션을 재사용하고, 그렇지 않으면 이전 솔루션을 지운다.
average	• 데이터 타입(기본값) : bool 또는 int(default = False) • 설명 : True로 설정하면 모든 업데이트에서 평균 SGD 가중치를 계산하고 그 결과를 coef_ 속성에 저장한다. 만약 1보다 큰 정수를 설정할 경우, 표시된 샘플의 총 수가 average에 도달하면 평균화가 시작된다.

② 속 성

coef_	• 데이터 타입 : (n_features,)의 array 형태 • 설명 : feature에 할당된 가중치이다.
intercept_	• 데이터 타입 : (1,)의 array 형태 • 설명 : 선형 모델의 독립항(절편)이다.
n_iter	• 데이터 타입 : int • 설명 : 중지 기준에 도달하기 전의 실제 반복 횟수이다.
t_	• 데이터 타입 : int • 설명 : 훈련 중 수행된 가중치 업데이트 수이다.

제6장

③ 메서드

대괄호 [ ] 안의 인자는 생략 가능하다.

fit(X, y)	• 기능 : 모델을 학습시킨다. • 인자 설명 − X : 학습데이터. 2차원 array 형태로 입력 − y : 타깃데이터. (n_samples,) 또는 (n_samples, n_targets) 형태로 입력 • 반환값 : SGD 회귀 모델 추정기를 Object로 반환
get_params([deep])	• 기능 : 모델의 매개변수를 가져온다. • 인자 설명 deep : bool 형태로 입력, default = True • 반환값 : 값에 매칭되는 파라미터의 이름을 딕셔너리 형태로 반환
partial_fit(X, y)	• 기능 : 주어진 샘플에 대해 한 epoch의 확률적 경사하강법을 수행한다. • 인자 설명 − X : 훈련 데이터의 하위 집합 − y : 대상 값의 하위 집합 • 반환값 : self의 인스턴스를 반환
predict(X)	• 기능 : 선형 모델을 사용해 예측한다. • 인자 설명 X : 데이터 샘플 • 반환값 : 예측값을 array로 반환
score (X, y[, sample_weight])	• 기능 : 예측의 결정계수를 반환한다. • 인자 설명 − X : 테스트 샘플을 array로 입력 − y : X의 실제 값 − sample_weight : 개별 데이터에 대한 가중치 • 반환값 : 결정계수를 float으로 반환

④ 코드 구현

앞서 사용한 보험 가입자 데이터로 선형 회귀 모델을 구현해보자.

데이터를 불러온 뒤 모델에 입력하도록 데이터의 형태를 맞춘다. 패키지를 import한 뒤 SGDRegressor을 불러와 .fit( )메서드로 데이터에 학습시킨다. fit( )에 입력되는 데이터는 2차원 array여야 하므로, reshape( )으로 차원을 맞춰준다.

| In [1]: | ```
import pandas as pd
import numpy as np
from sklearn.linear_model import SGDRegressor

data= pd.read_csv("https://raw.githubusercontent.com/ADPclass/ADP_
book_ver01/main/data/insurance.csv")
x=np.array(data['age'])
y=np.array(data['charges'])
# .reshape()으로 차원 맞추기
x=x.reshape(1338, 1)
y=y.reshape(1338, 1)

sgd_reg =SGDRegressor(max_iter=1000, random_state=200)
sgd_reg.fit(x,y.ravel())
``` |
|---|---|
| Out [1]: | SGDRegressor(random_state=200) |

scikit-learn을 이용한 SGD 회귀 모델 결과는 아래와 같다.

| In [2]: | ```
print("SGD 회귀 모델 결과")
print("절편", sgd_reg.intercept_, "계수", sgd_reg.coef_)
``` |
|---|---|
| Out [2]: | SGD 회귀 모델 결과
절편 [-507.07230083] 계수 [772.38069104] |

새로운 데이터 샘플을 SGD 회귀 모델에 입력한 뒤 나이에 따른 의료비용을 예측해보자. 그 결과 19살은 14,168원을 의료비용으로 지출하고, 64세는 48,925원을 지출한다고 해석할 수 있다.

| In [3]: | ```
x_new=[[19],[64]]
y_hat=sgd_reg.predict(x_new)
print(y_hat)
``` |
|---|---|
| Out [3]: | [14168.16082885 48925.29192548] |
```

산점도 위에 회귀선을 그어 SGD 선형 모델이 데이터를 얼마나 설명할 수 있는지 시각화해보자.

In [4]:	```python
	plt.figure(figsize=(10,5))
	plt.plot(x_new, y_hat, "-r", label ="Prediction")
	plt.plot(x, y, "b.", label ='Actual')
	plt.legend(loc='upper right')
	plt.xlabel('X')
	plt.ylabel('Y')
	plt.show()
	``

Out [4]:	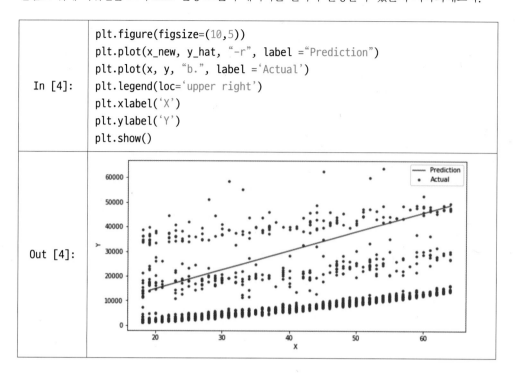

다항 회귀(Polynomial Regression)

1. 개념

데이터가 단순한 직선 형태가 아닌 비선형의 형태를 갖고 있을 때, 각 변수의 거듭제곱을 새로운 변수로 추가하면 선형 모델을 사용할 수 있다. 이렇게 확장된 특성을 데이터세트에 선형 모델로 훈련시키는 기법을 다항 회귀(Polynomial Regression)라고 한다. 예를 들어, 시리얼의 설탕 함유량(X)에 따른 영양등급평가(y)를 회귀분석으로 예측한다고 해보자. 이 경우 설탕 함유량(X)을 제곱하여 새로운 특성으로 추가할 수 있다.

(1) 다항변수 생성

scikit-learn의 PolynomialFeatures(degree=d)를 활용해 변수특성을 거듭제곱으로 변환한다. 이때 주어진 차수까지 변수 간의 모든 교차항을 추가한다. 이러한 이유로 설명변수가 여러 개일 때 다항 회귀는 일반적인 선형 회귀 모델과 달리 변수들 사이의 관계를 찾을 수 있다. 변수 a와 변수 b가 있을 때 degree=3으로 PolynomialFeatures를 적용하면 a^2, a^3, b^2, b^3 뿐만 아니라 ab, a^2b, ab^2도 변수로 추가된다.

각 변수의 거듭제곱을 추가해 고차 다항 회귀를 적용하면 훈련데이터에 적합한 모델을 생성할 수 있다. 하지만, 과대적합의 가능성이 있어 주의할 필요가 있다.

(2) 선형결합

PolynomialFeatures로 생성한 변수들을 LinearRegression( )의 입력값으로 대입하면 다항 회귀분석을 수행할 수 있다. 매개변수와 속성, 메서드를 그대로 활용할 수 있다.

2. scikit-learn의 PolynomialFeatures

다항 회귀분석을 위해 다항변수를 생성하는 PolynomialFeature 함수에 대해 알아보자. 다항 회귀는 다항변수를 생성한 뒤 LinearRegression 함수에 적용하면 된다.

```
class sklearn.preprocessing.PolynomialFeatures(degree=2, *, interaction_only=False,
include_bias=True, order='C')
```

(1) 매개변수

degree	• 데이터 타입(기본값) : int(default=2) • 설명 : 다항식의 차수를 결정한다.
interaction_only	• 데이터 타입(기본값) : bool(default=False) • 설명 : 교차항을 추가할지 여부를 결정한다. True인 경우 교차항만 생성된다. False인 경우 교차항과 함께 동일한 변수의 2제곱 이상인 항도 추가된다.
include_bias	• 데이터 타입(기본값) : bool(default=True) • 설명 : bias 컬럼을 추가할지 결정한다. True인 경우 bias 컬럼을 추가하고, False인 경우 추가하지 않는다.

(2) 메서드

fit_transform(X)	• 기능 : 데이터를 적합시킨 뒤 변환한다. • 인자설명 X : 샘플데이터. 2차원 array 형태로 입력 • 반환값 : 새로운 X 데이터를 반환
transform	• 기능 : 데이터를 다항 변수로 변환한다. • 인자설명 X : 샘플데이터. 2차원 array 형태로 입력 • 반환값 : 새로운 X 데이터를 반환

(3) 다항 회귀 코드 실습

캐글의 80가지 시리얼 영양소 평가데이터를 통해 다항 회귀분석을 수행해보자. 실습 데이터는 ADP 교재의 깃허브에서 주피터노트북으로 직접 다운로드할 수 있다.

In [1]:	``` import pandas as pd cereal = pd.read_csv("https://raw.githubusercontent.com/ADPclass/ADP_book_ver01/main/data/cereal.csv") cereal.info() ```

| Out [1]: | ```
<class 'pandas.core.frame.DataFrame'>
RangeIndex: 77 entries, 0 to 76
Data columns (total 16 columns):
 #   Column    Non-Null Count   Dtype
---  ------    --------------   -----
 0   name      77 non-null      object
 1   mfr       77 non-null      object
 2   type      77 non-null      object
 3   calories  77 non-null      int64
 4   protein   77 non-null      int64
 5   fat       77 non-null      int64
 6   sodium    77 non-null      int64
 7   fiber     77 non-null      float64
 8   carbo     77 non-null      float64
 9   sugars    77 non-null      int64
 10  potass    77 non-null      int64
 11  vitamins  77 non-null      int64
 12  shelf     77 non-null      int64
 13  weight    77 non-null      float64
 14  cups      77 non-null      float64
 15  rating    77 non-null      float64
dtypes: float64(5), int64(8), object(3)
``` |
|---|---|

분석에 필요한 데이터만 추출하기 위해 전처리를 진행한다. name, mfr, type 변수는 데이터 타입이 object이므로 분석에서 제외한다. 또한 설탕함유량(sugars) 0 이상인 데이터만 추출하는 코드를 추가하여, 설탕이 함유된 시리얼에 대한 분석을 수행한다.

| In [2]: | ```
cereal = cereal[cereal.columns[3:]]
cereal = cereal[cereal.sugars >= 0]
cereal.head()
``` |
|---|---|

Out [2]:		calories	protein	fat	sodium	fiber	carbo	sugars	potass	vitamins	shelf	weight	cups
	0	70	4	1	130	10.0	5.0	6	280	25	3	1.0	0.33
	1	120	3	5	15	2.0	8.0	8	135	0	3	1.0	1.00
	2	70	4	1	260	9.0	7.0	5	320	25	3	1.0	0.33
	3	50	4	0	140	14.0	8.0	0	330	25	3	1.0	0.50
	4	110	2	2	200	1.0	14.0	8	-1	25	3	1.0	0.75

다양한 변수 중 시리얼의 설탕 함유량(X)에 따른 영양등급평가(y)를 다항 회귀분석으로 예측해보자. 먼저 sugars 변수와 rating 변수 사이의 관계를 확인하기 위해 산점도를 그려본다. sugars와 rating 변수를 추출한 뒤, sugars를 기준으로 정렬한다. 그 후 인덱스를 재설정하여 sugars를 x로, rating을 y 변수로 설정한다. plt.scatter( )를 사용하면 아래로 볼록한 형태의 산점도가 그려지는 것을 확인할 수 있다.

| In [3]: | ```python
import matplotlib.pyplot as plt
cereal2 = cereal[['sugars', 'rating']]
cereal2.sort_values(by=['sugars'], inplace =True)
cereal2.reset_index(drop=True, inplace =True)
x=cereal2['sugars'].values
y=cereal2['rating'].values
plt.scatter(x,y)
plt.show
``` |
|---|---|
| Out [3]: | 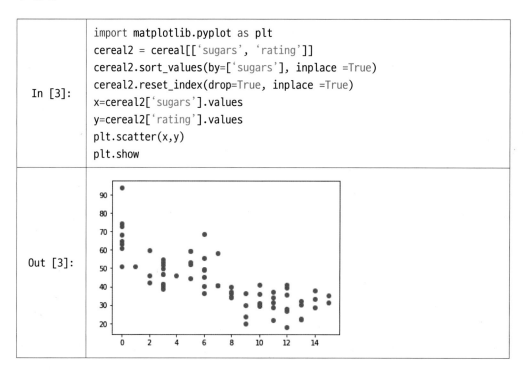 |

sugars를 설명변수 X로 설정하고 rating을 타깃변수 y로 설정한다. train_test_split을 통해 학습데이터와 평가데이터를 7 : 3의 비율로 분할한다.

| In [4]: | ```python
from sklearn.model_selection import train_test_split
X_train, X_test, y_train, y_test = train_test_split(x, y, test_size =0.3,
        random_state =1)
print(X_train.shape, X_test.shape)
print(y_train.shape, y_test.shape)
``` |
|---|---|
| Out [4]: | (53,) (23,)
(53,) (23,) |

PolynomialFeatures로 2차 다항식 조건을 생성한 뒤 fit_transform( ) 메서드로 X_poly 데이터를 생성한다. X_poly는 교차항과 2차항을 포함한 데이터로 변환되었다. 다항 회귀분석을 위해 LinearRegression으로 회귀 모델을 불러온다. fit( ) 메서드를 활용해 변환된 데이터 X_poly와 타깃 변수 y_train을 입력해 데이터를 학습한다.

| In [5]: | ```
from sklearn.preprocessing import PolynomialFeatures
poly_reg=PolynomialFeatures(degree =2)
X_poly=poly_reg.fit_transform(X_train.reshape(-1,1))

from sklearn.linear_model import LinearRegression
reg=LinearRegression()
reg.fit(X_poly, y_train)
``` |
|---|---|
| Out [5]: | ```
LinearRegression()
``` |

다항 회귀 모델을 평가하기 위해 X_test를 transform( ) 메서드를 활용해 X_test_poly로 변환한다. 다항 회귀 모델 reg에 predict( ) 메서드를 적용해 X_test_poly에 대한 예측값을 pred에 저장한다. 넘파이의 set_printroptions로 자리수를 소수점 둘째자리로 맞춘다. 예측값 pred와 실젯값 y_test를 비교하기 위해 넘파이 concatenate로 합친 뒤 이를 출력한다.

| In [6]: | ```
import numpy as np
X_test_poly=poly_reg.transform(X_test.reshape(-1,1))
pred=reg.predict(X_test_poly)

np.set_printoptions(precision=2) # 소수점 둘째자리까지 표현
print(np.concatenate((pred.reshape(len(pred),1),
                      y_test.reshape(len(y_test),1)),1))
``` |
|---|---|
| Out [6]: | ```
[[51.63 46.66]
 [32.1  28.74]
 [55.79 59.64]
 [31.08 37.84]
 [32.1  31.44]
 [44.46 44.33]
 [38.82 40.4 ]
 [41.45 55.33]
 [41.45 49.12]
 [31.38 27.75]
 [36.56 34.38]
 [34.7  29.92]
 [65.25 63.01]
 [33.21 31.07]
 [44.46 52.08]
``` |

```
[38.82 40.45]
[51.63 53.13]
[36.56 33.98]
[41.45 49.51]
[31.04 22.74]
[31.38 39.26]
[31.5  31.23]
[32.1  21.87]]
```

5장에서 언급된 회귀분석에서 사용하는 다양한 성능 평가 지표를 통해 모델의 예측력을 평가해보자. MAE를 통해 실제값과 예측값의 평균적인 차이가 4.606임을 확인할 수 있다. 또한 RMSE를 통해 에러가 큰 예측값의 가중치를 반영하여 실제값과 예측값의 차이가 5.794임을 확인할 수 있다. 결정계수(R2)는 회귀모형 내에서 설명변수 X로 설명할 수 있는 반응변수 Y의 변동 비율로서, 다항 회귀 모델이 74.376%의 설명력을 가진다고 해석할 수 있다.

| In [7]: | ```
from sklearn.metrics import mean_squared_error, mean_absolute_error, mean_squared_error
mse = mean_squared_error(y_test, pred)
mae = mean_absolute_error(y_test, pred)
rmse = np.sqrt(mse)
acc = reg.score(poly_reg.transform(X_test.reshape(-1,1)), y_test)

print('MAE\t{}'.format(round(mae,3)))
print('RMSE\t{}'.format(round(rmse,3)))
print('R2\t{}%'.format(round(acc *100,3)))
``` |
|---|---|
| Out [7]: | ```
MAE     4.606
RMSE    5.794
R2      74.376%
``` |

다항 회귀분석 결과를 시각화해보자. 앞서 산점도에서 살펴본 바와 같이 아래로 볼록한 다항 회귀선이 그려지는 것을 확인할 수 있다.

| In [8]: | ```
X_new = np.linspace(0,15,100).reshape(100,1)
X_new_poly = poly_reg.transform(X_new)
y_new = reg.predict(X_new_poly)

plt.plot(x,y, 'o', label ='Actual')
plt.plot(X_new, y_new, 'r-', label ="Prediction")
plt.legend(loc ='upper right')
plt.xlabel("$Sugars_1$")
plt.ylabel("$Rating$")
plt.show()
``` |
|---|---|
```

Out [8]:	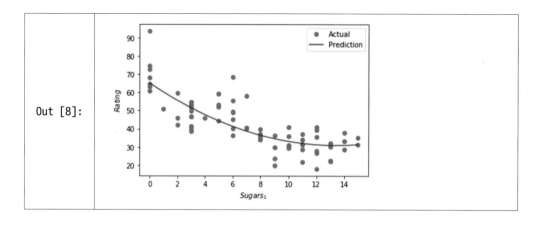

(4) 고차 다항 회귀 분석 코드 실습

이번에는 동일한 시리얼 영양소 평가데이터로 고차 다항 회귀분석을 수행해보자. 설명변수를 12개의 데이터로 설정하여 머신러닝을 수행한다.

| In [1]: | ```python
X = cereal.iloc[:,:-1].values
y = cereal.iloc[:,-1].values

from sklearn.model_selection import train_test_split
X_train, X_test, y_train, y_test = train_test_split(X, y, test_size =0.3,
        random_state =1)
print (X_train.shape, X_test.shape, y_train.shape, y_test.shape)
``` |
| Out [1]: | (53, 12) (24, 12) (53,) (24,) |

이번에는 정확성을 높이기 위해 표준정규화(스케일링) 단계를 추가한 뒤, 다항 변수 변환과 모델 적합 과정을 수행한다.

| In [2]: | ```python
from sklearn.preprocessing import StandardScaler
sc = StandardScaler()
X_train = sc.fit_transform(X_train)
X_test = sc.transform(X_test)

from sklearn.preprocessing import PolynomialFeatures
poly_reg = PolynomialFeatures(degree=2)

from sklearn.linear_model import LinearRegression
X_poly = poly_reg.fit_transform(X_train)
reg = LinearRegression()
reg.fit(X_poly, y_train)
``` |
| Out [2]: | LinearRegression() |

회귀분석에서 사용하는 성능평가지표로 고차 다항 회귀의 예측력을 확인해보자. MAE와 RMSE 값이 각각 2.273과 3.319로 감소했으므로 실제값과 예측값 사이의 차이가 줄어들었음을 확인할 수 있다. 또한 결정계수가 91.93%로 증가하여 고차 다항 회귀 모델의 설명력이 높아졌음을 확인할 수 있다. 그러므로 앞서 수행한 다항 회귀 모델보다 해당 고차 다항 회귀 모델의 예측성능이 향상되었다.

In [3]:	```python import numpy as np X_test_poly = poly_reg.transform(X_test) pred = reg.predict(X_test_poly) from sklearn.metrics import mean_squared_error, mean_absolute_error, mean_squared_error mse = mean_squared_error(y_test, pred) mae = mean_absolute_error(y_test, pred) rmse = np.sqrt(mse) acc = reg.score(poly_reg.transform(X_test), y_test) print('MAE\t{}'.format(round(mae,3))) print('RMSE\t{}'.format(round(rmse,3))) print('ACC\t{}%'.format(round(acc *100,3)))```
Out [3]:	``` MAE 2.138 RMSE 3.068 ACC 92.781%```

Tip

✅ **회귀모델의 결정계수가 낮을 때 모델 해석**

결정계수가 낮으면 회귀모델이 데이터에 대해 낮은 연관성을 가지고 있다고 해석한다. 다만, 데이터가 회귀분석에 적합하지 않았을 수도 있으므로, 데이터 탐색을 통해 적절한 분석방법을 고려해야 한다. 예를 들어, 선형적이지 않은 형태의 데이터의 경우, 비선형 모델을 적용해볼 수 있다.

1. 다중 회귀 개념

다중 회귀분석은 다중의 독립변수가 있는 회귀분석을 말한다. 여러 개의 독립변수가 복합적으로 종속변수에 영향을 미치는 경우 다중 회귀 모형으로 데이터를 표현할 수 있다. 다중 회귀 모형의 회귀식을 표현하면 아래와 같다.

$$\widehat{Y} = \beta_0 + \sum_{i=1}^{n} \beta_i x_i$$

- $\widehat{Y}$는 예측값이다.
- n은 독립변수의 수(또는 입력 특성의 개수)이며, i번째 특성변수를 x_i라 한다.
- β_i은 i번째 모델 파라미터이다.

이처럼 다중 회귀 모델은 변수 Y에 원인이 되는 변수가 여러 개(n) 포함되는 형태로 표현된다.

다중 회귀에서는 최적모델을 결정하기 위해 다양한 방법으로 변수를 선택한다. 또한 모델이 복잡해지면 과대적합이 발생할 가능성이 있어 이를 방지하고자 다양한 규제를 적용해 모델의 가중치를 제한한다.

2. 변수선택법

다중 선형 모델의 성능을 높이기 위해 독립변수의 부분집합을 선택하는 방법이 있다. 변수선택법은 모델의 적합도를 개선하는 방식으로서 전진선택법과 후진선택법 등이 있다. 변수선택법은 다음 장에서 자세히 알아볼 예정이다.

3. 규제가 있는 다항 회귀 모델

변수선택법의 대안으로 계수추정치들을 제한하거나 규칙화하는 기법으로 p개의 독립변수를 모두 포함하는 모델을 적합할 수 있다. 규칙에 따라 계수 추정치들을 0으로 수축하는 방식으로 다중 회귀 모델의 성능을 높인다. 회귀계수들을 0으로 수축하기 위한 방식으로 가장 잘 알려진 것은 릿지(Ridge)와 라쏘(Lasso)이다. 이 두 가지의 절충안으로 엘라스틱넷(Elastic Net)이 있다.

(1) 릿지(Ridge)

① 개념

릿지 회귀는 최소제곱 적합식의 수축 패널티라 불리는 항에 L2 패널티를 추가한 것이다.

$$RidgedMSE(\beta) = MSE(\beta) + \alpha\frac{1}{2}\sum_{i=1}^{n}\beta_i^2$$

수축 패널티는 RidgeMSE에서 2번째 항인 $\alpha\frac{1}{2}\sum_{i=1}^{n}\beta_i^2$ 이다. 이 항은 $\beta_1, \ldots, \beta_n$이 0에 가까울 때 작기 때문에 β_i의 추정치를 0으로 수축하는 효과를 준다. 이 규제항은 데이터를 학습하는 동안에만 비용 함수에 추가되며 모델의 학습이 끝나면 수축 패널티의 규제가 없는 성능 지표로 모델의 예측 성능을 평가한다. 수축 패널티의 α는 하이퍼파라미터로 모델을 얼마나 많이 규제할지 조절하는 역할을 한다. $\alpha=0$이면 패널티의 영향이 없어 릿지 회귀는 선형 회귀와 같아진다. α가 커질수록 수축 패널티의 영향이 커져 릿지 회귀계수 추정치는 0에 가까워지므로 데이터의 평균을 지나는 선을 만든다.

릿지 회귀가 최소제곱법보다 나은 이유는 편향 - 분산 절충(Bias-variance Trade-off) 관점에서 살펴볼 수 있다. α가 증가하면 릿지 회귀 적합의 유연성이 줄어들어 편향은 증가하지만 분산은 감소한다. 그러므로 학습데이터의 작은 변화에 회귀계수 추정치가 크게 변하는 문제를 극복할 수 있다. 또한 릿지는 2^p개의 모델을 탐색해야 하는 변수선택법에 비해 계산이 빠르다는 장점도 가지고 있다.

② scikit-learn의 Ridge

릿지 규제를 구현하는 Ridge 함수에 대해 알아보자.

```
class sklearn.linear_model.Ridge(alpha=1.0, *, fit_intercept=True, normalize='deprecated', copy_X=True, max_iter=None, tol=0.001, solver='auto', positive=False, random_state=None)
```

㉠ 매개변수

alpha	• 데이터 타입(기본값) : float(default=1.0) • 설명 : 정규화 강도를 정하는 값이다. 양수의 부동 소수점이어야 한다. 알파값이 클수록 정규화의 강도가 세진다.
fit_intercept	• 데이터 타입(기본값) : bool(default=True) • 설명 : 선형 회귀 모델에 대한 절편을 계산할지 여부를 결정한다. False로 설정하면 절편을 사용하지 않는 모델로 계산한다. 즉, 데이터가 원점을 지나 중앙에 위치할 것으로 예상한다.

normalize	• 데이터 타입(기본값) : bool(default=False) • 설명 : True인 경우 X는 평균을 빼고 L2−norm으로 나누어 회귀 전에 정규화된다. False 인 경우 해당 정규화를 하지 않는다. 표준화를 진행하고 싶으면, normalize=False로 설정한 뒤 fit( )을 호출하기 전에 StandarScaler( )를 사용하면 된다.
positive	• 데이터 타입(기본값) : bool(default=False) • 설명 : True로 하면 계수가 양수가 된다.
copy_X	• 데이터 타입(기본값) : bool(default=True) • 설명 : True이면 X가 복사된다. False이면 덮어쓴다.

ⓒ 속 성

coef_	• 데이터 타입 : (n_features,) 또는 (n_targets, n_features)의 array 형태 • 설명 : 선형 회귀 문제에 대한 추정된 계수이다. 대상이 두 개 이상이면 2차원 배열(n_targets, n_features)이고, 대상이 하나이면 길이가 n_features인 1차원 배열이다.
intercept_	• 데이터 타입 : float 또는 (n_targets,)의 array 형태 • 설명 : 선형 모델의 독립항(절편)이다.

ⓒ 메서드

대괄호 [ ] 안의 인자는 생략 가능하다.

fit(X, y[, sample_weight])	• 기능 : 모델을 학습시킨다. • 인자 설명 − X : 학습데이터. 2차원 array 형태로 입력 − y : 타깃데이터. (n_samples,) 또는 (n_samples, n_targets) 형태로 입력 − sample_weight : 개별 데이터에 대한 가중치 • 반환값 : 선형 회귀 모델 추정기를 Object로 반환
get_params([deep])	• 기능 : 선형 회귀 모델의 매개변수를 가져온다. • 인자 설명 deep : bool 형태로 입력, default = True • 반환값 : 값에 매칭되는 파라미터의 이름을 딕셔너리 형태로 반환
predict(X)	• 기능 : 선형 모델을 사용해 예측한다. • 인자 설명 X : 데이터 샘플 • 반환값 : 예측값을 array로 반환
score (X, y[, sample_weight])	• 기능 : 예측의 결정계수를 반환한다. • 인자 설명 − X : 테스트 샘플을 array로 입력 − y : X의 실제 값 − sample_weight : 개별 데이터에 대한 가중치 • 반환값 : 결정계수를 float으로 반환

③ 코드 실습

scikit-learn에서 제공하는 당뇨 데이터로 릿지 회귀를 수행하고 α에 따라 회귀계수의 변화를 시각화해보자. 먼저 당뇨 데이터를 불러온다.

| In [1]: | ```
from sklearn.datasets import load_diabetes
import pandas as pd

diabetes=load_diabetes()
x=pd.DataFrame(diabetes.data, columns=diabetes.feature_names)
y=diabetes.target
``` |
|---|---|
| Out [1]: | |

	age	sex	bmi	bp	s1	s2	s3	s4	s5	s6
0	0.038076	0.050680	0.061696	0.021872	-0.044223	-0.034821	-0.043401	-0.002592	0.019908	-0.017646
1	-0.001882	-0.044642	-0.051474	-0.026328	-0.008449	-0.019163	0.074412	-0.039493	-0.068330	-0.092204
2	0.085299	0.050680	0.044451	-0.005671	-0.045599	-0.034194	-0.032356	-0.002592	0.002864	-0.025930
3	-0.089063	-0.044642	-0.011595	-0.036656	0.012191	0.024991	-0.036038	0.034309	0.022692	-0.009362
4	0.005383	-0.044642	-0.036385	0.021872	0.003935	0.015596	0.008142	-0.002592	-0.031991	-0.046641
...	...	...	...	...	...	...	...	...	...	...
437	0.041708	0.050680	0.019662	0.059744	-0.005697	-0.002566	-0.028674	-0.002592	0.031193	0.007207
438	-0.005515	0.050680	-0.015906	-0.067642	0.049341	0.079165	-0.028674	0.034309	-0.018118	0.044485
439	0.041708	0.050680	-0.015906	0.017282	-0.037344	-0.013840	-0.024993	-0.011080	-0.046879	0.015491
440	-0.045472	-0.044642	0.039062	0.001215	0.016318	0.015283	-0.028674	0.026560	0.044528	-0.025930
441	-0.045472	-0.044642	-0.073030	-0.081414	0.083740	0.027809	0.173816	-0.039493	-0.004220	0.003064

α값을 설정한 뒤 scikit-learn의 Ridge를 사용해 모델을 생성한 뒤 fit( )으로 데이터를 학습시킨다. RidgeMSE의 α값에 따라 다르게 설정되는 릿지 회귀계수를 데이터프레임에 저장하여 df_ridge로 출력한다.

| In [2]: | ```
from sklearn.linear_model import Ridge
import numpy as np

alpha = np.logspace(-3, 1, 5)

data=[]
for i, a in enumerate(alpha):
    ridge=Ridge(alpha=a, random_state=45)
    ridge.fit(x, y)
    data.append(pd.Series(np.hstack([ridge.coef_])))

df_ridge=pd.DataFrame(data, index=alpha)
df_ridge.columns=x.columns
df_ridge
``` |
|---|---|

	age	sex	bmi	bp	s1	s2	s3	s4	s5	s6
0.001	-9.551414	-239.090354	520.363367	323.828627	-712.328205	413.383794	65.811629	167.513774	720.944468	68.122100
0.010	-7.199457	-234.552930	520.583136	320.523356	-380.607066	150.483752	-78.591232	130.313059	592.349587	71.133768
0.100	1.307349	-207.194814	489.691080	301.769437	-83.466074	-70.828096	-188.680164	115.712703	443.814054	86.748539
1.000	29.465746	-83.154885	306.351627	201.629434	5.909369	-29.515927	-152.040465	117.311715	262.944995	111.878718
10.000	19.812822	-0.918458	75.416167	55.025419	19.924600	13.948686	-47.553816	48.259420	70.144068	44.213876

Out [2]: (표)

α값이 증가하면서 회귀계수의 값이 0에 수렴하는지 시각화해보자. α가 증가하면서 회귀계수의 값이 점점 0에 수렴하는 것을 확인할 수 있다.

In [3]:
```python
import matplotlib.pyplot as plt

plt.semilogx(df_ridge)
plt.xticks(alpha, labels=np.log10(alpha))
plt.legend(labels=df_ridge.columns, bbox_to_anchor=(1, 1))
plt.title("Ridge")
plt.xlabel('alpha')
plt.ylabel('Coefficient (size)')
plt.axhline(y=0, linestyle='--', color='black', linewidth=3)
```

Out [3]:

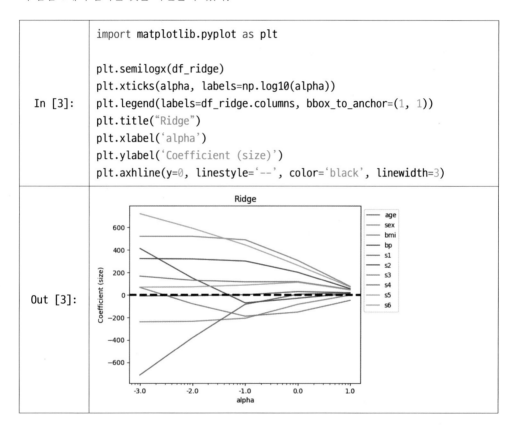

이번에는 MSE를 사용한 회귀 모델과 비교해보자. MSE를 사용한 회귀 모델은 α=0일 때와 같은 효과를 지닌다. α가 작은 릿지 회귀 모델의 회귀계수는 MSE를 사용한 회귀 모델의 계수와 비슷한 사이즈를 지닌다. α값이 점점 증가하면서 회귀계수가 0에 가까워지는 것을 확인할 수 있다.

| In [4]: | ```python
from sklearn.linear_model import LinearRegression

lr=LinearRegression()
lr.fit(x,y)

plt.axhline(y=0, linestyle='--', color='black', linewidth=2)
plt.plot(df_ridge.loc[0.001], '^-', label='Ridge alpa = 0.001')
plt.plot(df_ridge.loc[0.010], 's', label='Ridge alpa = 0.010')
plt.plot(df_ridge.loc[0.100], 'v', label='Ridge alpa = 0.100')
plt.plot(df_ridge.loc[1.000], '*', label='Ridge alpa = 1.000')
plt.plot(df_ridge.loc[10.000], 'o-', label='Ridge alpa = 10.000')

plt.plot(lr.coef_,label="LinearRegression")
plt.xlabel('Feature Names')
plt.ylabel('Coefficient (size)')
plt.legend(bbox_to_anchor=(1,1))
``` |
| Out [4]: | 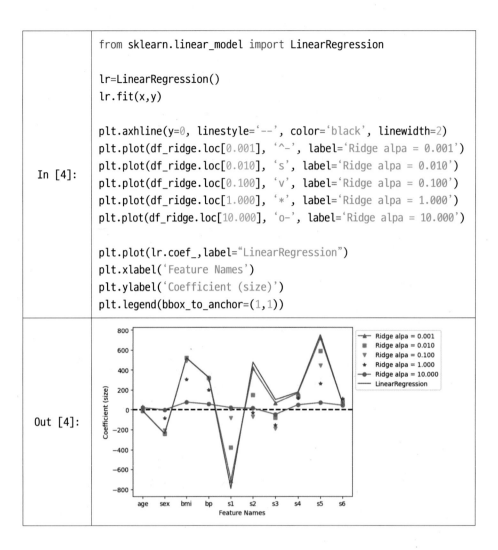 |

(2) 라쏘(Lasso)

① 개 념

릿지 회귀는 최종 모델에 p개의 변수를 모두 포함한다. RidgeMSE의 수축 패널티 항은 모든 계수를 0으로 수렴시키지만 어떤 것도 0으로 만들지는 않는다. 만약에 변수의 크기(p)가 매우 큰 데이터로 릿지 모델을 실행시킨다면, 결과를 해석하는 데 어려움이 발생할 가능성이 있다. 릿지 회귀의 이러한 문제점을 해결하기 위해 라쏘 회귀가 사용된다.

라쏘 회귀는 최소제곱 적합식의 수축 패널티라 불리는 항에 L1 패널티를 추가한 것이다.

$$LassoMSE(\beta) = MSE(\beta) + \alpha \sum_{i=1}^{n} |\beta_i|$$
```

수축 패널티는 LassoMSE에서 2번째 항인 $\alpha\sum_{i=1}^{n}|\beta_i|$ 이다. 이 항은 $\beta_1, ..., \beta_n$이 0에 가까울 때 작기 때문에 β_i의 추정치를 0으로 수축하는 효과를 준다. 다만, L1 패널티는 하이퍼파라미터 α가 충분히 클 때, 계수 추정치들의 일부를 0이 되게 할 수 있다. 덜 중요한 특징은 특성의 가중치를 제거할 수 있다는 점에서 릿지 회귀와 차이를 보인다. 즉, 라쏘 회귀는 회소 모델(sparse model)을 만들 수 있다.

② scikit-learn의 Lasso

라쏘 규제를 구현하는 Lasso 함수에 대해 알아보자.

```
class sklearn.linear_model.Lasso(alpha=1.0, *, fit_intercept=True, normalize='deprecated',
precompute=False, copy_X=True, max_iter=1000, tol=0.0001, warm_start=False,
positive=False, random_state=None, selection='cyclic')
```

㉠ 매개변수

alpha	• 데이터 타입(기본값) : float(default = 1.0) • 설명 : L1 항을 곱하는 상수이다. 알파값이 0인 경우는 OLS 기반으로 선형 회귀를 푼 것과 동등한 결과를 도출한다.
fit_intercept	• 데이터 타입(기본값) : bool(default = True) • 설명 : 선형 회귀 모델에 대한 절편을 계산할지 여부를 결정한다. False로 설정하면 절편을 사용하지 않는 모델로 계산한다. 즉, 데이터가 원점을 지나 중앙에 위치할 것으로 예상한다.
normalize	• 데이터 타입(기본값) : bool(default = False) • 설명 : True인 경우 X는 평균을 빼고 L2-norm으로 나누어 회귀 전에 정규화된다. False인 경우 해당 정규화를 하지 않는다. 표준화를 진행하고 싶으면, normalize=False로 설정한 뒤 fit( )을 호출하기 전에 StandarScaler( )를 사용하면 된다.
positive	• 데이터 타입(기본값) : bool(default = False) • 설명 : True로 하면 계수가 양수가 된다.
copy_X	• 데이터 타입(기본값) : bool(default = True) • 설명 : True이면 X가 복사된다. False이면 덮어쓴다.

㉡ 속 성

coef_	• 데이터 타입 : (n_features,) 또는 (n_targets, n_features)의 array 형태 • 설명 : 선형 회귀 문제에 대한 추정된 계수이다. 대상이 두 개 이상이면 2차원 배열(n_targets, n_features)이고, 대상이 하나이면 길이가 n_features인 1차원 배열이다.
intercept_	• 데이터 타입 : float 또는 (n_targets,)의 array 형태 • 설명 : 선형 모델의 독립항(절편)이다.

ⓒ 메서드

대괄호 [ ] 안의 인자는 생략 가능하다.

fit(X, y[, sample_weight])	• 기능 : 모델을 학습시킨다. • 인자 설명 　− X : 학습데이터. 2차원 array 형태로 입력 　− y : 타깃데이터. (n_samples,) 또는 (n_samples, n_targets) 형태로 입력 　− sample_weight : 개별 데이터에 대한 가중치 • 반환값 : 선형 회귀 모델 추정기를 Object로 반환
get_params([deep])	• 기능 : 선형 회귀 모델의 매개변수를 가져온다. • 인자 설명 　deep : bool 형태로 입력, default = True • 반환값 : 값에 매칭되는 파라미터의 이름을 딕셔너리 형태로 반환
predict(X)	• 기능 : 선형 모델을 사용해 예측한다. • 인자 설명 　X : 데이터 샘플 • 반환값 : 예측값을 array로 반환
score (X, y[, sample_weight])	• 기능 : 예측의 결정계수를 반환한다. • 인자 설명 　− X : 테스트 샘플을 array로 입력 　− y : X의 실제 값 　− sample_weight : 개별 데이터에 대한 가중치 • 반환값 : 결정계수를 float으로 반환

③ 코드 실습

α값을 설정한 뒤 scikit-learn의 Lasso를 사용해 모델을 생성한 뒤 fit( )으로 데이터를 학습시킨다. LassoMSE의 α값에 따라 다르게 설정되는 라쏘 회귀계수를 데이터프레임에 저장하여 df_lasso로 출력한다.

| In [1]: | ```python
from sklearn.linear_model import Lasso

alpha=np.logspace(-3, 1, 5)

data=[]
for i, a in enumerate(alpha):
    lasso=Lasso(alpha=a, random_state=45)
    lasso.fit(x, y)
    data.append(pd.Series(np.hstack([lasso.coef_])))

df_lasso=pd.DataFrame(data, index=alpha)
df_lasso.columns=x.columns
df_lasso
``` |
```

	age	sex	bmi	bp	s1	s2	s3	s4	s5	s6
0.001	-8.998449	-238.899740	520.261362	323.429484	-720.251734	421.405141	66.734168	164.448873	725.340440	67.475538
0.010	-1.306575	-228.822331	525.560658	316.175320	-307.013677	89.321688	-105.081398	119.597989	571.330871	65.007316
0.100	-0.000000	-155.362882	517.182017	275.082351	-52.540269	-0.000000	-210.159753	0.000000	483.914409	33.672821
1.000	0.000000	-0.000000	367.701852	6.301904	0.000000	0.000000	-0.000000	0.000000	307.605700	0.000000
10.000	0.000000	0.000000	0.000000	0.000000	0.000000	0.000000	-0.000000	0.000000	0.000000	0.000000

Out [1]:

α값이 증가하면서 회귀계수의 값이 0에 도달하는지 시각화해보자. α가 증가하면서 회귀계수의 값이 점점 0가 되는 것을 확인할 수 있다. 규제가 강한 라쏘 회귀에서는 'bmi' 변수와 's5' 변수만 포함하는 모델이 관찰된다. $\log\alpha$가 −1에 가까울 때 'bmi', 's5', 'bp', 's3', 'sex', 's1' 변수가 포함되는 모델이 생성되는 것을 알 수 있다.

In [2]:

```
plt.semilogx(df_lasso)
plt.xticks(alpha, labels=np.log10(alpha))
plt.legend(labels=df_lasso.columns, bbox_to_anchor=(1, 1))
plt.title("Lasso")
plt.xlabel('alpha')
plt.ylabel('Coefficient (size)')
plt.axhline(y=0, linestyle='--', color='black', linewidth=3)
```

Out [2]:

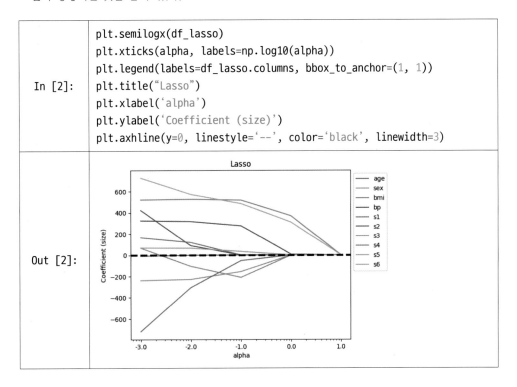

이번에는 MSE를 사용한 회귀 모델과 비교해보자. MSE를 사용한 회귀 모델은 α=0일 때와 같은 효과를 지닌다. α가 작은 라쏘 회귀 모델의 회귀계수는 MSE를 사용한 회귀 모델의 계수와 비슷한 사이즈를 지닌다. α값이 점점 증가하면서 회귀계수가 0이 되는 것을 확인할 수 있다. 릿지 회귀는 α=10일 때 회귀계수가 0에 가까운 형태를 보이지만 0은 아니었다. 하지만 라쏘 회귀는 α=10일 때 회귀계수가 0이 된다.

| In [3]: | ```python
plt.axhline(y=0, linestyle='--', color='black', linewidth=2)
plt.plot(df_lasso.loc[0.001], '^', label='Lasso alpa = 0.001')
plt.plot(df_lasso.loc[0.010], 's', label='Lasso alpa = 0.010')
plt.plot(df_lasso.loc[0.100], 'v', label='Lasso alpa = 0.100')
plt.plot(df_lasso.loc[1.000], '*', label='Lasso alpa = 1.000')
plt.plot(df_lasso.loc[10.000], 'o-', label='Lasso alpa = 10.000')

plt.plot(lr.coef_,label="LinearRegression")
plt.xlabel('Feature Names')
plt.ylabel('Coefficient (size)')
plt.legend(bbox_to_anchor=(1,1))
``` |
| :--- | :--- |
| Out [3]: | 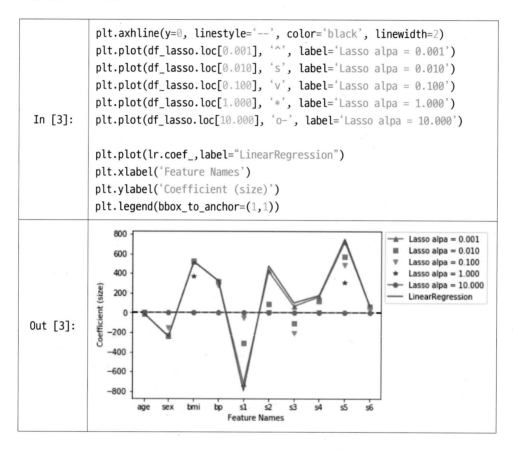 |

(3) 엘라스틱넷(Elastic Net)

① 개념

엘라스틱넷은 릿지 회귀와 라쏘 회귀를 절충한 알고리즘이다. 수축 패널티는 릿지와 회귀의 규제항을 단순히 더한 것이며, 혼합비율 r을 사용해 조절한다. r=0이면 릿지 회귀의 효과를 발휘하고, r=1이면 라쏘 회귀와 같다.

$$ElasticNet\,MSE(\beta) = MSE(\beta) + r\alpha\sum_{i=1}^{n}|\beta_i| + \frac{1-r}{2}\alpha\sum_{i=1}^{n}\beta^2$$
```

② scikit-learn의 ElasticNet

엘라스틱넷 규제를 구현하는 ElasticNet 함수에 대해 알아보자.

> class sklearn.linear_model.ElasticNet(alpha=1.0, *, l1_ratio=0.5, fit_intercept=True, normalize='deprecated', precompute=False, max_iter=1000, copy_X=True, tol=0.0001, warm_start=False, positive=False, random_state=None, selection='cyclic')

㉠ 매개변수

alpha	• 데이터 타입(기본값) : float(default = 1.0) • 설명 : 패널티 항을 곱하는 상수이다. 알파값이 0인 경우는 OLS 기반으로 선형 회귀를 풀었을 때와 동등한 결과를 도출한다.
l1_ratio	• 데이터 타입(기본값) : float(default = 0.5) • 설명 : 엘라스틱넷의 혼합정도를 결정하는 파라미터이다. l1 ratio가 0과 1사이의 값일 경우, L1과 L2 규제를 혼합한 것이다. l1 ratio가 0일 경우 L2 규제를 적용한 것이다. l1 ratio가 1일 경우, L1 규제를 적용한 것이다.
fit_intercept	• 데이터 타입(기본값) : bool(default = True) • 설명 : 선형 회귀 모델에 대한 절편을 계산할지 여부를 결정한다. False로 설정하면 절편을 사용하지 않는 모델로 계산한다. 즉, 데이터가 원점을 지나 중앙에 위치할 것으로 예상한다.
normalize	• 데이터 타입(기본값) : bool(default = False) • 설명 : True인 경우 X는 평균을 빼고 L2-norm으로 나누어 회귀 전에 정규화된다. False인 경우 해당 정규화를 하지 않는다. 표준화를 진행하고 싶으면, normalize=False로 설정한 뒤 fit( )을 호출하기 전에 StandarScaler( )를 사용하면 된다.
positive	• 데이터 타입(기본값) : bool(default = False) • 설명 : True로 하면 계수가 양수가 된다.
copy_X	• 데이터 타입(기본값) : bool(default = True) • 설명 : True이면 X가 복사된다. False이면 덮어쓴다.

㉡ 속 성

coef_	• 데이터 타입 : (n_features,) 또는 (n_targets, n_features)의 array 형태 • 설명 : 선형 회귀 문제에 대한 추정된 계수이다. 대상이 두 개 이상이면 2차원 배열(n_targets, n_features)이고, 대상이 하나이면 길이가 n_features인 1차원 배열이다.
intercept_	• 데이터 타입 : float 또는 (n_targets,)의 array 형태 • 설명 : 선형 모델의 독립항(절편)이다.

ⓒ 메서드

대괄호 [ ] 안의 인자는 생략 가능하다.

fit(X, y[, sample_weight])	• 기능 : 모델을 학습시킨다.
	• 인자 설명
	  − X : 학습데이터. 2차원 array 형태로 입력
	  − y : 타깃데이터. (n_samples,) 또는 (n_samples, n_targets) 형태로 입력
	  − sample_weight : 개별 데이터에 대한 가중치
	• 반환값 : 선형 회귀 모델 추정기를 Object로 반환

get_params([deep])	• 기능 : 선형 회귀 모델의 매개변수를 가져온다. • 인자 설명 deep : bool 형태로 입력, default = True • 반환값 : 값에 매칭되는 파라미터의 이름을 딕셔너리 형태로 반환
predict(X)	• 기능 : 선형 모델을 사용해 예측한다. • 인자 설명 X : 데이터 샘플 • 반환값 : 예측값을 array로 반환

score
(X, y[, sample_weight])
	• 기능 : 예측의 결정계수를 반환한다.
	• 인자 설명
	  − X : 테스트 샘플을 array로 입력
	  − y : X의 실제 값
	  − sample_weight : 개별 데이터에 대한 가중치
	• 반환값 : 결정계수를 float으로 반환

③ 코드 실습

α값을 설정한 뒤 scikit-learn의 ElasticNet으로 모델을 생성한 뒤 fit( )으로 데이터를 학습시킨다. 이때 엘라스틱넷 비율(r)은 0.5로 설정했다. ElasticNetMSE의 α값에 따라 다르게 설정되는 엘라스틱넷 회귀계수를 데이터프레임에 저장하여 df_ela로 출력한다.

| In [1]: | ```python
from sklearn.linear_model import ElasticNet

alpha = np.logspace(-3, 1, 5)

data=[]
for i, a in enumerate(alpha):
    ela=ElasticNet(alpha=a, l1_ratio=0.5, random_state=45)
    ela.fit(x, y)
    data.append(pd.Series(np.hstack([ela.coef_])))

df_ela=pd.DataFrame(data, index=alpha)
df_ela.columns=x.columns
df_ela
``` |
```

	age	sex	bmi	bp	s1	s2	s3	s4	s5	s6
0.001	8.705295	-178.076275	450.881224	281.072686	-44.049984	-77.944846	-188.958313	119.794742	393.703478	98.943695
0.010	33.147202	-35.245609	211.023930	144.560115	21.931533	0.000000	-115.620017	100.658838	185.326334	96.257214
0.100	10.286327	0.285976	37.464643	27.544899	11.108850	8.355884	-24.120808	25.505488	35.465757	22.894981
1.000	0.359018	0.000000	3.259767	2.204356	0.528646	0.250935	-1.861363	2.114454	3.105841	1.769851
10.000	0.000000	0.000000	0.000000	0.000000	0.000000	0.000000	-0.000000	0.000000	0.000000	0.000000

α값이 증가하면서 회귀계수의 값이 0에 수렴하는지 시각화해보자. α가 증가하면서 회귀계수의 값이 점점 0에 수렴하는 것을 확인할 수 있다.

In [2]:
```
plt.semilogx(df_ela)
plt.xticks(alpha, labels=np.log10(alpha))
plt.legend(labels=df_ela.columns, bbox_to_anchor=(1, 1))
plt.title("Elastic")
plt.xlabel('alpha')
plt.ylabel('Coefficient (size)')
plt.axhline(y=0, linestyle='--', color='black', linewidth=3)
```

Out [2]:

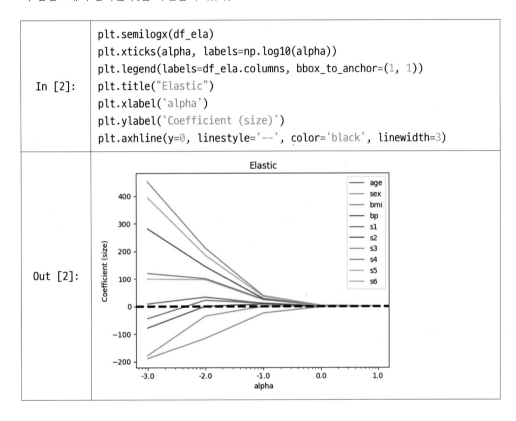

이번에는 MSE를 사용한 회귀 모델과 비교해보자. MSE를 사용한 회귀 모델은 α=0일 때와 같은 효과를 지닌다. α가 작은 엘라스틱넷 회귀 모델의 회귀계수는 MSE를 사용한 회귀 모델의 계수와 비슷한 사이즈를 지닌다. α값이 점점 증가하면서 회귀계수가 0이 되는 것을 확인할 수 있다. 엘라스틱넷 회귀는 α=10일 때 회귀계수가 0이 된다.

| In [3]: | ```python
plt.axhline(y=0, linestyle='--', color='black', linewidth=2)
plt.plot(df_ela.loc[0.001], '^-', label='Elastic alpa = 0.001')
plt.plot(df_ela.loc[0.010], 's', label='Elastic alpa = 0.010')
plt.plot(df_ela.loc[0.100], 'v', label='Elastic alpa = 0.100')
plt.plot(df_ela.loc[1.000], '*', label='Elastic alpa = 1.000')
plt.plot(df_ela.loc[10.000], 'o-', label='Elastic alpa = 10.000')

plt.plot(lr.coef_,label="LinearRegression")
plt.xlabel('Feature Names')
plt.ylabel('Coefficient (size)')
plt.legend(bbox_to_anchor=(1,1))
``` |
|---|---|
| Out [3]: | 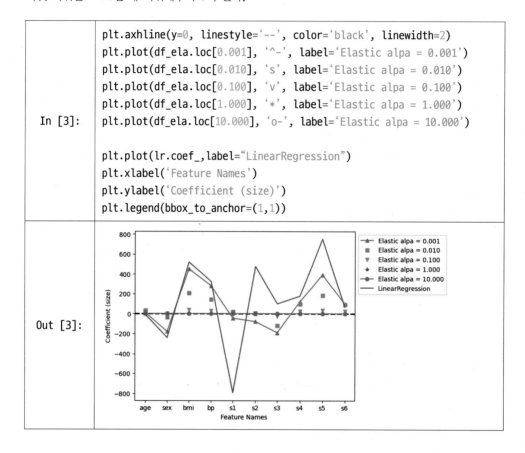 |
```

1. 개념

선형 모델을 분류에 사용해 샘플이 특정 클래스에 속할 확률을 추정하는 데 사용할 수 있다. 반응변수가 범주형인 경우에 적용하는 회귀분석을 로지스틱 회귀분석이라 한다. 로지스틱 회귀분석은 반응변수 Y를 직접 모델링하지 않고, Y가 특정 범주에 속하는 확률을 모델링한다. 예를 들면 누군가의 카드대금이 주어졌을 때 그 사람이 카드대금을 연체할 확률을 구하는 것이다.

$$\text{Pr}(\text{연체} = Yes | \text{잔고})$$

(1) p(X)와 X 사이의 모델링

로지스틱 회귀는 선형 회귀 모델처럼 독립변수의 가중치 합으로 계산해 P(X)와 X 사이의 관계를 나타낸다. 다만, 특정 범주에 속하는 확률인 로지스틱 회귀를 선형 회귀 모델처럼 P(X)를 $P(X) = \beta_0 + \beta_1 X$로 표현하는 것은 예측에 맞지 않는다.

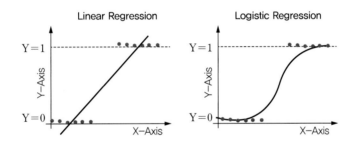

그러므로 P(X)=Pr(Y=1|X)와 X 사이의 관계를 모델링할 때 새로운 접근이 필요하다. 즉, 모든 X값에 대해 0에서 1사이의 값을 제공하는 함수를 사용해야 한다. X가 아주 큰 음수일 때 0이 되고 X가 아주 큰 양수일 때 1이 되도록 바꾸려면 시그모이드 함수(또는 로지스틱 함수)를 사용해야 한다.

$$Y = \frac{1}{1 + e^{-X}}$$

(2) 승산비(Odds)

Odds는 '실패에 비해 성공할 확률'을 의미한다. 성공확률을 p라 할 때, Odds는 p/(1-p) 로 계산한다. 예를 들어 카드대금을 연체할 확률이 1/3이고 대금을 완납할 확률이 2/3이라면, 연체 Odss는 1/2가 된다. 이때 Odds는 신용카드 사용내역 3번 중 2번 완납을 하고 1번 연체한다고 해석하는 것이다. 하지만 P(Y=1|X) 확률값이 1에 가까워질수록 Odds가 무한대로 발산하기 때문에 범위에 제약이 있다.

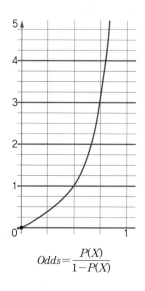

$$Odds = \frac{P(X)}{1-P(X)}$$

범위의 한계를 극복하기 위해 Odds에 로그 함수를 취하게 된다. 그러면 log(Odds)는 범위가 $-\infty <$ log(Odds) $< \infty$ 로 바뀐다. 또한 X가 음수일 때는 Y가 0에서 0.5 이하인 값을, X가 양수일 땐 Y가 0.5 이상이면서 1 이하인 값을 반환하게 된다. 즉, 성공확률 0.5를 기준으로 X값이 나뉘게 되는 것이다. 이러한 장점을 활용해 설명변수에 로짓반응을 적용해서 모델링하는 것이 로지스틱 회귀 모델이다.

$$\log(Odds) = \log\left(\frac{P(X)}{1+P(X)}\right) = \beta_0 + \beta_1 X$$

양변에 로그를 지우면 설명변수로 승산비를 표현할 수 있다.

$$Odds = \frac{P(X)}{1+P(X)} = e^{\beta_0 + \beta_1 X}$$

성공확률 P(X)를 설명변수에 대한 식으로 다음과 같이 표현할 수 있다.

$$P(X) = \frac{1}{1+e^{-(\beta_0 + \beta_1 X)}}$$

이 과정을 통해 로지스틱 회귀 모델은 설명변수 X에 대해 선형적인 로짓을 가진다고 말할 수 있다.

승산비는 로지스틱 회귀에서 이렇게 해석한다. 카드대금 예시에서 승산비가 높으면 연체확률이 증가하고 승산비가 낮으면 연체확률이 낮아진다. 선형 회귀 모델에서 β_1이 X의 한 유닛 증가와 연관된 Y의 평균 변화를 제공했던 것처럼, 로지스틱 회귀 모델에서 X의 한 유닛 증가는 로그 공산을 β_1만큼 변화시킨다. 승산비에 e^{β_1}을 곱하는 것과 같다. P(X)와 X의 관계가 직선이 아니므로, β_1은 X의 한 유닛 증가와 관련된 PX( )의 변화와 일치하지는 않는다. 결론적으로 X에 속할수록 Y를 할 확률이 $e^{\beta_1}(=\exp(\beta_1))$ 배 증가한다.

(3) 훈련 및 비용 함수

로지스틱 회귀 모델의 학습 방법 및 비용 함수를 알아보자. 로지스틱 회귀 모델의 데이터 학습 목적은 양성 샘플(y=1)에 대해서는 높은 확률을 추정하고 음성 샘플(y=0)에 대해서는 낮은 확률을 추정하는 모델의 파라미터를 찾는 것이다. P(X)의 회귀계수가 알려져 있지 않기 때문에 학습데이터에 기초해 회귀계수를 추정해야 하기 때문이다. 이 목적을 달성하기 위해 최대 우도 추정법(MLE ; Maximum Likelihood Estimation)을 사용한다.

최대 우도 추정법은 확률 모형의 모수 추정에서 일반적으로 사용하는 방식이다. 회귀계수를 모르는 상태에서는 베이즈 규칙을 활용해 우도(Likelihood)를 추정해볼 수 있다. 즉, 이미 주어진 표본 x들에 비추어 모집단의 모수에 대한 추정을 하는 것이다. 성공을 1, 실패를 0으로 대응시켰을 때 두 가지 결과만을 가지게 되는 베르누이 확률분포를 활용할 수 있다. 베르누이 확률변수 Y에 관한 우도 함수를 활용해 회귀계수를 추정하는 식을 만들 수 있다.

$$l(\beta_0, \beta_1) = \prod_{i:y_i=1} P(x_i) \prod_{i':y_i=0} (1-P(x_i'))$$

카드대금 예시에서 P(X)를 사용해 예측한 개인에 대한 연체확률 $\widehat{P}(x_i)$가 사람들의 실제 연체 상태와 최대한 일치하도록 파라미터를 추정하는 것이다. 즉, 추정한 회귀계수를 P(X)에 대입하면 연체를 했던 사람들에 대해서는 1에 가깝고, 연체를 하지 않았던 사람들에 대해서는 0에 가까운 값을 반환한다. 따라서 $\widehat{\beta_0}$과 $\widehat{\beta_1}$은 우도 함수 $l(\beta_0, \beta_1)$가 최대화되도록 선택한다.

우도 함수를 최대화되도록 $l(\beta_0, \beta_1)$를 미분한 것이 최소가 되는 값을 찾으면 된다. 하지만 정규방정식 같은 것이 없어 다른 방식으로 최적해를 찾는다. 경사하강법 또는 Newton-Rapson 방식으로 최적화 알고리즘에 따라 해를 구한다.

(4) scikit-learn의 LogisticRegression

로지스틱 회귀를 구현하는 LogisticRegression 함수에 대해 알아보자.

```
class sklearn.linear_model.LogisticRegression(penalty='l2', *, dual=False, tol=0.0001,
C=1.0, fit_intercept=True, intercept_scaling=1, class_weight=None, random_state=None,
solver='lbfgs', max_iter=100, multi_class='auto', verbose=0, warm_start=False,
n_jobs=None, l1_ratio=None)
```

① 매개변수

panelty	• 데이터 타입(기본값) : str(default = 'l2') • 설명 : 패널티에 적용할 노름(norm)을 결정한다. 　'none'은 패널티를 적용하지 않는 것이다. 　'l2', 'l1', 'elasticnet'은 각각 해당하는 패널티를 적용한다.
dual	• 데이터 타입(기본값) : bool(default = False) • 설명 : Dual formulation을 실행할지 여부를 나타낸다. n_sample이 n_feature보다 크다면 　False 값을 추천한다.
tol	• 데이터 타입(기본값) : float(default = 1e-4) • 설명 : 중지 기준에 대한 허용 오차이다.
c	• 데이터 타입(기본값) : float(default = 1.0) • 설명 : 정규화 강도의 역수이다.
fit_intercept	• 데이터 타입(기본값) : bool(default = True) • 설명 : bias 또는 절편을 추가해야 하는지 여부를 결정한다.
class_weight	• 데이터 타입(기본값) : dict(default = None) • 설명 : 클래스와 관련된 가중치이다. 지정하지 않으면 모든 클래스의 가중치가 1이 된다.
random_state	• 데이터 타입(기본값) : int(default = None) • 설명 : solver가 'sag', 'saga', 'liblinear'일 때 사용된다.
solver	• 데이터 타입(기본값) : str(default = 'lbfgs') • 설명 : 최적화 문제를 푸는 해를 구할 때 사용할 알고리즘을 정하는 것이다. 데이터세트의 　크기가 작으면 'liblinear'가 좋다고 알려져 있다. 다중 클래스 문제에서는 'newton-cg', 'sag', 　'saga', 그리고 'lbfgs'를 사용한다.
multi_class	• 데이터 타입(기본값) : str(default = 'auto') • 설명 : 클래스 타입을 설정하는 것이다. 'auto'는 자동으로 설정하는 것이고, 'ovr'는 binary 　문제에 해당한다. 'multinomial'은 다중 클래스 문제에서 선택한다.
verbose	• 데이터 타입(기본값) : int(default = 0) • 설명 : liblinear과 lbfgs에서 자세한 설명을 확인하기 위해 verbose를 양수로 설정한다.
l1_ratio	• 데이터 타입(기본값) : float(default = None) • 설명 : panelty가 elasticnet일 경우에만 사용한다. 0=l1_ratio은 L2 패널티에 상응하며 1-l1_ 　ratio는 L1 패널티에 상응한다. l1_ratio가 0 이상 1 이하일 경우 elaticnet에 적용된다.

② 속 성

classes_	• 데이터 타입 : (n_classes,)의 array 형태 • 설명 : 분류기에서 라벨링된 클래스이다.
coef_	• 데이터 타입 : (n_features,)의 array 형태 • 설명 : feature에 할당된 가중치이다.
intercept_	• 데이터 타입 : (1,)의 array 형태 • 설명 : 선형 모델의 독립항(절편)이다.
n_iter	• 데이터 타입 : int • 설명 : 중지 기준에 도달하기 전의 실제 반복 횟수이다.

③ 메서드

대괄호 [ ] 안의 인자는 생략 가능하다.

decision_function	• 기능 : 분류자가 샘플데이터 X에 대해 예측한 y값이 Hyperplane의 오른쪽(양수)/왼쪽(음수)에 있는지 여부와 이것이 Hyperplane에서 얼마나 멀리 떨어져 있는지를 나타낸다. 또한 모델이 샘플데이터 X에 대해 예측한 y값이 얼마나 확실하게 양수 또는 음수의 값인지 알려준다. • 인자 설명 X : 샘플데이터. 2차원 array 형태로 입력 • 반환값 : Confidence Score ※ 로지스틱 회귀에서 Hyperplane은 x=0이다.
fit(X, y)	• 기능 : 모델을 학습시킨다. • 인자 설명 − X : 학습데이터. 2차원 array 형태로 입력 − y : 타깃데이터. (n_samples,) 또는 (n_samples, n_targets) 형태로 입력 • 반환값 : 로지스틱 회귀 추정기를 Object로 반환
get_params([deep])	• 기능 : 모델의 매개변수를 가져온다. • 인자 설명 deep : bool 형태로 입력, default = True • 반환값 : 값에 매칭되는 파라미터의 이름을 딕셔너리 형태로 반환
predict(X)	• 기능 : 로지스틱 회귀 모델을 사용해 예측한다. • 인자 설명 X : 데이터 샘플 • 반환값 : 예측값을 array로 반환
predict_log_proba(X)	• 기능 : 확률 추정의 로그를 예측한다. • 인자 설명 X : 데이터 샘플 • 반환값 : 클래스에 대한 샘플데이터의 로그 확률

predict_proba(X)	• 기능 : 확률을 추정한다. • 인자 설명 　X : 데이터 샘플 • 반환값 : 클래스에 대한 샘플데이터의 확률
score (X, y[, sample_weight])	• 기능 : 예측의 평균 정확도(Accuracy)를 반환한다. • 인자 설명 　- X : 테스트 샘플을 array로 입력 　- y : X의 실제 값 　- sample_weight : 개별 데이터에 대한 가중치 • 반환값 : 평균 정확도를 float으로 반환

④ 코드 구현

캐글의 bodyPerformance 데이터를 사용해 로지스틱 회귀 모델을 구현해보자. 실습 데이터는 ADP 교재의 깃허브에서 주피터노트북으로 직접 다운로드할 수 있다.

In [1]:	```python
	import pandas as pd
	import numpy as np
	import warnings
	warnings.filterwarnings('ignore')
	
	body=pd.read_csv("https://raw.githubusercontent.com/ADPclass/ADP_book_ver01/main/data/bodyPerformance.csv")
	body
	``

Out [1]:	

	age	gender	height_cm	weight_kg	body fat_%	diastolic	systolic	gripForce	sit and bend forward_cm	sit-ups counts	broad jump_cm	class
0	27.0	M	172.3	75.24	21.3	80.0	130.0	54.9	18.4	60.0	217.0	C
1	25.0	M	165.0	55.80	15.7	77.0	126.0	36.4	16.3	53.0	229.0	A
2	31.0	M	179.6	78.00	20.1	92.0	152.0	44.8	12.0	49.0	181.0	C
3	32.0	M	174.5	71.10	18.4	76.0	147.0	41.4	15.2	53.0	219.0	B
4	28.0	M	173.8	67.70	17.1	70.0	127.0	43.5	27.1	45.0	217.0	B
...	...	...	...	...	...	...	...	...	...	...	...	...
13388	25.0	M	172.1	71.80	16.2	74.0	141.0	35.8	17.4	47.0	198.0	C
13389	21.0	M	179.7	63.90	12.1	74.0	128.0	33.0	1.1	48.0	167.0	D
13390	39.0	M	177.2	80.50	20.1	78.0	132.0	63.5	16.4	45.0	229.0	A
13391	64.0	F	146.1	57.70	40.4	68.0	121.0	19.3	9.2	0.0	75.0	D
13392	34.0	M	164.0	66.10	19.5	82.0	150.0	35.9	7.1	51.0	180.0	C

gender 변수는 np.where을 사용해서 binary로 바꿔준다. 남자이면 0, 여자면 1로 둔다. 이진 분류를 수행할 예정이므로 class에서 A인 경우 1, A가 아닌 경우 0이 되도록 전처리한다.

In [2]:	```python body['gender']=np.where(body['gender']=='M', 0, 1) body['class_1']=np.where(body['class']=='A', 1, 0) body```

Out [2]:

	age	gender	height_cm	weight_kg	body fat_%	diastolic	systolic	gripForce	sit and bend forward_cm	sit-ups counts	broad jump_cm	class	class_1
0	27.0	0	172.3	75.24	21.3	80.0	130.0	54.9	18.4	60.0	217.0	C	1
1	25.0	0	165.0	55.80	15.7	77.0	126.0	36.4	16.3	53.0	229.0	A	0
2	31.0	0	179.6	78.00	20.1	92.0	152.0	44.8	12.0	49.0	181.0	C	1
3	32.0	0	174.5	71.10	18.4	76.0	147.0	41.4	15.2	53.0	219.0	B	1
4	28.0	0	173.8	67.70	17.1	70.0	127.0	43.5	27.1	45.0	217.0	B	1
...	...	...	...	...	...	...	...	...	...	...	...	...	...
13388	25.0	0	172.1	71.80	16.2	74.0	141.0	35.8	17.4	47.0	198.0	C	1
13389	21.0	0	179.7	63.90	12.1	74.0	128.0	33.0	1.1	48.0	167.0	D	1
13390	39.0	0	177.2	80.50	20.1	78.0	132.0	63.5	16.4	45.0	229.0	A	0
13391	64.0	1	146.1	57.70	40.4	68.0	121.0	19.3	9.2	0.0	75.0	D	1
13392	34.0	0	164.0	66.10	19.5	82.0	150.0	35.9	7.1	51.0	180.0	C	1

13393 rows × 13 columns

설명변수 X와 종속변수 Y를 나눈 뒤, 사이킷런의 train_test_split으로 학습데이터와 테스트데이터를 0.7 : 0.3의 비율로 나누어보자.

In [3]:	```python from sklearn.model_selection import train_test_split feature_columns = list(body.columns.difference(['class', 'class_1'])) x=body[feature_columns] y=body['class_1'] train_x, test_x, train_y, test_y=train_test_split(x,y,stratify=y, train_size=0.7, random_state=1) print(train_x.shape, test_x.shape, train_y.shape, test_y.shape)```
Out [3]:	`(9375, 11) (4018, 11) (9375,) (4018,)`

LogisticRegression을 import한 뒤 모델에 데이터를 학습시켜보자.

In [4]:	```python from sklearn.linear_model import LogisticRegression logR=LogisticRegression(random_state=45) logR.fit(train_x, train_y)```
Out [4]:	`LogisticRegression(random_state=45)`

predict_proba 메서드와 decision_function 메서드를 사용해 로지스틱 회귀 그래프를 그려볼 수 있다. 먼저 predict_proba의 반환값을 데이터프레임으로 만든다. 열 인덱스 [0]은 클래스 0(Not A)에 속할 확률을 나타내고, 열 인덱스 [1]은 클래스 1(A)에 속할 확률을 나타낸다. decision_function의 결과로 얻은 Confidence Score은 해당 값이 x=0인 Hyperplane을 기준으로 양수/음수에 위치하는지와 얼마큼 멀리 떨어져 있는지를 나타낸다.

| In [5]: | ```python
proba=pd.DataFrame(logR.predict_proba(train_x))
cs=logR.decision_function(train_x)

df=pd.concat([proba, pd.DataFrame(cs)], axis=1)
df.columns=['Not A', 'A', 'decision_function']

df.sort_values(['decision_function'], inplace=True)
df.reset_index(inplace=True, drop=True)

df
``` |
| Out [5]: | <table><tr><td></td><td>Not A</td><td>A</td><td>decision_function</td></tr><tr><td>0</td><td>1.000000</td><td>1.328369e-08</td><td>-18.136729</td></tr><tr><td>1</td><td>1.000000</td><td>6.208396e-08</td><td>-16.594778</td></tr><tr><td>2</td><td>1.000000</td><td>6.532467e-08</td><td>-16.543896</td></tr><tr><td>3</td><td>1.000000</td><td>9.824696e-08</td><td>-16.135781</td></tr><tr><td>4</td><td>1.000000</td><td>1.063497e-07</td><td>-16.056533</td></tr><tr><td>...</td><td>...</td><td>...</td><td>...</td></tr><tr><td>9370</td><td>0.001895</td><td>9.981047e-01</td><td>6.266493</td></tr><tr><td>9371</td><td>0.001755</td><td>9.982451e-01</td><td>6.343605</td></tr><tr><td>9372</td><td>0.001520</td><td>9.984805e-01</td><td>6.487849</td></tr><tr><td>9373</td><td>0.000634</td><td>9.993662e-01</td><td>7.363194</td></tr><tr><td>9374</td><td>0.000000</td><td>1.000000e+00</td><td>46.481296</td></tr></table> |
```

Confidence Score에 따른 클래스 확률값을 매칭시키면 A 클래스에 속할 추정확률과 결정경계(파란 선)를 얻을 수 있다.

| In [6]: | ```python
import matplotlib.pyplot as plt

plt.figure(figsize=(15,5))

plt.axhline(y=0.5, linestyle='--', color='black', linewidth=1)
plt.axvline(x=0, linestyle='--', color='black', linewidth=1)

plt.plot(df['decision_function'], df['Not A'], 'g--', label='Not A')
plt.plot(df['decision_function'], df['Not A'], 'g^')
plt.plot(df['decision_function'], df['A'], 'b--', label='A')
plt.plot(df['decision_function'], df['A'], 'b*')

plt.xlabel
plt.ylabel

plt.legend(loc='upper left')

plt.show()
``` |
|---|---|
| Out [6]: | |
```

테스트데이터세트에 대해 분류 모델의 성능평가를 수행해보자. predict 메서드로 테스트데이터세트 test_x에 대한 예측값을 pred로 반환한 뒤, test_y와 pred를 입력받아 혼동행렬을 반환한다. 뒤이어 정확도, 정밀도, 재현율, F1 스코어, AUC 값을 반환해보자.

| In [7]: | ```python
from sklearn.metrics import confusion_matrix, accuracy_score,
precision_score, recall_score, f1_score

pred=logR.predict(test_x)

test_cm=confusion_matrix(test_y, pred)
test_acc=accuracy_score(test_y, pred)
test_prc=precision_score(test_y, pred)
test_rcll=recall_score(test_y, pred)
test_f1=f1_score(test_y, pred)

print(test_cm)
print('\n')
print('정확도\t{}%'.format(round(test_acc*100,2)))
print('정밀도\t{}%'.format(round(test_prc*100,2)))
print('재현율\t{}%'.format(round(test_rcll*100,2)))
print('F1\t{}%'.format(round(test_f1*100,2)))
``` |
|---|---|
| Out [7]: | ```
[[2763  251]
 [ 339  665]]

정확도    85.32%
정밀도    72.6%
재현율    66.24%
F1       69.27%
``` |

ROC커브와 함께 AUC를 시각화해보자.

| In [8]: | ```python
import matplotlib.pyplot as plt
from sklearn.metrics import RocCurveDisplay

RocCurveDisplay.from_estimator(logR, test_x, test_y)
plt.show()
``` |
|---|---|
```

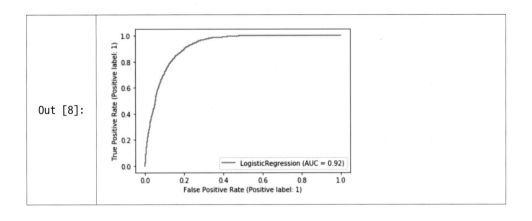

Out [8]:

2. 다중 클래스 분류 - 소프트맥스 회귀

(1) 개 념

로지스틱 회귀 모델은 2개 이상의 클래스인 다중 클래스를 지원하도록 일반화할 수 있다. 이 과정을 다항 로지스틱 회귀(Multinomial Logistic Regression) 또는 소프트맥스 회귀(Softmax Regression)라고 한다. 소프트맥스 함수는 클래스의 총 개수를 k개라고 할 때 k차원의 벡터를 입력받아 각 클래스에 대한 점수 $S_k(X)$를 계산하고, 그 점수에 소프트맥스 함수를 적용해 각 클래스의 확률을 추정한다. k차원의 벡터에서 i번째 클래스가 정답일 확률을 $\hat{p}_k$라고 하면, $\hat{p}_k$를 다음과 같이 나타낼 수 있다.

$$\hat{p}_k = \sigma(S(X))_k = \frac{\exp(S_k(X))}{\sum_{j=1}^{K} \exp(S_j(X))}$$

예를 들어 클래스가 3개인 분류 문제의 경우, k=3이므로 3차원 벡터 x=[x1 x2 x3]을 입력받으면 소프트맥스 함수는 아래와 같은 반환값을 출력한다.

$$softmax(x) = [\frac{\exp(S_1(X))}{\sum_{j=1}^{3} \exp(S_j(X))} \quad \frac{\exp(S_2(X))}{\sum_{j=1}^{3} \exp(S_j(X))} \quad \frac{\exp(S_3(X))}{\sum_{j=1}^{3} \exp(S_j(X))}] = [p_1, \ p_2, \ p_3]$$

p1, p2, p3은 각각 1번, 2번, 3번 클래스에 속할 확률을 나타내며 p1,...,pn까지의 총합은 1이 된다.

(2) scikit-learn의 LogisticRegression 의 매개변수를 활용한 소프트맥스 회귀

LogisticRegression의 multi_class 매개변수를 'multinomial'로 바꾸면 소프트맥스 회귀를 사용할 수 있다. solver 매개변수에 소프트맥스 회귀를 적용할 수 있는 'lbfgs'와 같은 알고리즘을 설정해야 한다.

> **소프트맥스 회귀 구현 방법**
>
> LogisticRegression의 multi_class 매개변수를 'multinomial'로 바꾸고, slover 매개변수에 'lbfgs'와 같은 알고리즘을 설정한다.

로지스틱 회귀 모델에서 사용한 bodyPerformance로 소프트맥스 회귀를 실습해보자.

| In [1]: | ```python
import pandas as pd
import numpy as np
import warnings
warnings.filterwarnings('ignore')
body = pd.read_csv("https://raw.githubusercontent.com/ADPclass/ADP_book_ver01/main/data/bodyPerformance.csv")
body
``` |
|---|---|
| Out [1]: | |

	age	gender	height_cm	weight_kg	body fat_%	diastolic	systolic	gripForce	sit and bend forward_cm	sit-ups counts	broad jump_cm	class
0	27.0	M	172.3	75.24	21.3	80.0	130.0	54.9	18.4	60.0	217.0	C
1	25.0	M	165.0	55.80	15.7	77.0	126.0	36.4	16.3	53.0	229.0	A
2	31.0	M	179.6	78.00	20.1	92.0	152.0	44.8	12.0	49.0	181.0	C
3	32.0	M	174.5	71.10	18.4	76.0	147.0	41.4	15.2	53.0	219.0	B
4	28.0	M	173.8	67.70	17.1	70.0	127.0	43.5	27.1	45.0	217.0	B
...	...	...	...	...	...	...	...	...	...	...	...	...
13388	25.0	M	172.1	71.80	16.2	74.0	141.0	35.8	17.4	47.0	198.0	C
13389	21.0	M	179.7	63.90	12.1	74.0	128.0	33.0	1.1	48.0	167.0	D
13390	39.0	M	177.2	80.50	20.1	78.0	132.0	63.5	16.4	45.0	229.0	A
13391	64.0	F	146.1	57.70	40.4	68.0	121.0	19.3	9.2	0.0	75.0	D
13392	34.0	M	164.0	66.10	19.5	82.0	150.0	35.9	7.1	51.0	180.0	C

gender 변수에서 남자는 0, 여자는 1로 변환한다. 4개의 class를 각각 {A : 0, B : 1, C : 2, D : 3}이 되도록 전처리한다.

| In [2]: | ```python
# gender 변수 전처리
body['gender']=np.where(body['gender']=='M', 0, 1)
# class 변수 전처리
mapping={'A':0, 'B':1, 'C':2, 'D':4}
body['class_2']=body['class'].map(mapping)

body
``` |
|---|---|

	age	gender	height_cm	weight_kg	body fat_%	diastolic	systolic	gripForce	sit and bend forward_cm	sit-ups counts	broad jump_cm	class	class_2
0	27.0	0	172.3	75.24	21.3	80.0	130.0	54.9	18.4	60.0	217.0	C	2
1	25.0	0	165.0	55.80	15.7	77.0	126.0	36.4	16.3	53.0	229.0	A	0
2	31.0	0	179.6	78.00	20.1	92.0	152.0	44.8	12.0	49.0	181.0	C	2
3	32.0	0	174.5	71.10	18.4	76.0	147.0	41.4	15.2	53.0	219.0	B	1
4	28.0	0	173.8	67.70	17.1	70.0	127.0	43.5	27.1	45.0	217.0	B	1
...	...	...	...	...	...	...	...	...	...	...	...	...	...
13388	25.0	0	172.1	71.80	16.2	74.0	141.0	35.8	17.4	47.0	198.0	C	2
13389	21.0	0	179.7	63.90	12.1	74.0	128.0	33.0	1.1	48.0	167.0	D	4
13390	39.0	0	177.2	80.50	20.1	78.0	132.0	63.5	16.4	45.0	229.0	A	0
13391	64.0	1	146.1	57.70	40.4	68.0	121.0	19.3	9.2	0.0	75.0	D	4
13392	34.0	0	164.0	66.10	19.5	82.0	150.0	35.9	7.1	51.0	180.0	C	2

train_test_split으로 학습데이터와 평가데이터를 분리한다.

In [3]:	

```
from sklearn.model_selection import train_test_split

feature_columns = list(body.columns.difference(['class', 'class_2']))
x=body[feature_columns]
y=body['class_2']

train_x, test_x, train_y, test_y = train_test_split(x,y,stratify=y,
train_size=0.7, random_state=1)

print(train_x.shape, test_x.shape, train_y.shape, test_y.shape)
```

Out [3]:	(9375, 11) (4018, 11) (9375,) (4018,)

LogisticRegression에서 소프트맥스 회귀를 수행하기 위한 매개변수를 설정한 뒤 fit 메서드로 데이터를 모델에 학습시킨다.

In [4]:	

```
from sklearn.linear_model import LogisticRegression

softm=LogisticRegression(multi_class='multinomial', solver='lbfgs',
random_state=45, C=10)
softm.fit(train_x, train_y)
```

Out [4]:	LogisticRegression(C=10, multi_class='multinomial', random_state=45)

test_x 데이터를 predict 메서드로 모델에 적용해 예측값을 pred에 저장한다. test_y와 pred 값을 이용해 혼동행렬과 정확도(Accuracy)를 구해보자.

| In [5]: | ```python
from sklearn.metrics import confusion_matrix, accuracy_score

pred=softm.predict(test_x)

test_cm=confusion_matrix(test_y, pred)
test_acc=accuracy_score(test_y, pred)

print(test_cm)
print('\n')
print('정확도\t{}%'.format(round(test_acc*100,2)))
``` |
|---|---|
| Out [5]: | ```
[[707 261  36   0]
 [269 403 299  33]
 [ 92 207 525 181]
 [ 13  63 157 772]]


정확도   59.91%
``` |

predict 메서드는 데이터 샘플 X를 입력받아 해당 데이터 샘플이 속할 클래스를 반환하고, predict_proba는 각 클래스의 확률을 반환한다. test_x의 마지막 행 데이터를 predict 메서드에 입력하면 클래스 '0'에 속할 것으로 예측했다. predict_proba 메서드를 통해 클래스 '0'에 속할 확률은 62%, 클래스 '1'에 속할 확률은 31%, 클래스 '2'에 속할 확률은 6%, 클래스 '3'에 속할 확률은 0%인 것을 확인할 수 있다. 실제로 해당 데이터는 클래스 '0'인 B에 속한다는 것을 알 수 있다.

In [6]:	`softm.predict([test_x.iloc[-1,:]])`
Out [6]:	`array([0], dtype=int64)`

In [7]:	`softm.predict_proba([test_x.iloc[-1,:]])`
Out [7]:	`array([[0.62640017, 0.31189912, 0.06015625, 0.00154446]])`

서포트 벡터 머신(Support Vector Machine)

1. 개 념

서포트 벡터 머신(SVM ; Support Vector Machine)은 새로운 데이터가 입력되었을 때 기존 데이터를 활용해 분류하는 방법이다. 패턴인식, 자료분석 등을 위한 지도학습 모델로 회귀와 분류 문제 해결에 사용되는 알고리즘이다. SVM은 최대 마진 분류기(Maximal Margin Classifier)라고 불리는 단순한 분류기를 일반화한 것이며, 이러한 최대 마진 분류기의 단점을 극복하고 확장성을 넓힌 것이 서포트 벡터 분류기(SVC ; Support Vector Classifier)이다. 또 SVC를 더 확장하고 비선형 클래스 경계를 수용하기 위해 SVM이 고안되었다.

(1) 최대 마진 분류기

최대 마진 분류기를 이해하려면 초평면(Hyperplane)에 대한 개념을 먼저 정의해야 한다. 초평면은 p차원 공간에서 차원이 (p−1)인 평평한 아핀(Affine) 부분공간이다. 예를 들어 2차원 공간에서는 1차원 부분공간인 선이 초평면이고, 3차원 공간에서는 2차원 부분공간인 평면이 초평면이 된다. p차원의 초평면은 수학적으로 아래와 같이 정의할 수 있다.

$$\beta_0 + \beta_1 X_1 + \ldots + \beta_p X_p = 0$$

p차원 공간의 점 $X = (X_1, X_2, \cdots, X_p)^T$가 위의 식을 만족하면 점 X는 초평면상에 있다. 초평면의 위와 아래에도 각각의 영역이 존재하고, 관측값은 이 두 영역 중 하나에 속할 것이다. 각각의 영역을 수학적으로 나타내면 아래와 같다.

$$\beta_0 + \beta_1 X_1 + \ldots + \beta_p X_p > 0$$
$$\beta_0 + \beta_1 X_1 + \ldots + \beta_p X_p < 0$$

다만 데이터를 두 공간으로 나눌 수 있는 초평면은 무한 개가 있다. 데이터를 두 공간으로 나누는 분리 초평면을 기반으로 무한 개의 초평면 중 어느 것을 최종적으로 사용할지 결정해야 한다. 이때 마진(Margin)의 개념을 활용한다. 즉, 관측치들에서 초평면까지 가장 짧은 거리인 마진(Margin)이 가장 큰 분리 초평면을 찾는다. 그리고 양의 초평면과 음의 초평면에 접한 관측값들을 '서포트 벡터'라 한다. 다시 말해, 서포트 벡터는 초평면에 가장 가까이에 붙어있는 최전방 데이터이다.

최대 마진 초평면은 다음과 같은 최적화 문제에 대한 해답을 찾는다.

구 분	내 용
목적 함수	$maximize\ M$
조건 1	$\sum\limits_{j=1}^{n} \beta_j^2 = 1$의 조건을 만족
조건 2	$y_1(\beta_0 + \beta_1 X_1 + \cdots + \beta_n X_n) \geq M\ \forall i = 1, \cdots, n$

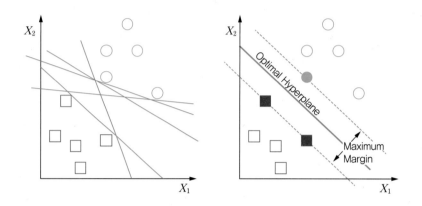

(2) 서포트 벡터 분류기

모든 데이터가 초평면에 의해 두 영역으로 분류될 수 있는 것이 아니기 때문에, 최대 마진 분류기는 모든 데이터에 적용하기 어렵다는 단점이 있다. 또한 분리 초평면에 의해 데이터 클래스를 나누면 학습데이터를 완벽하게 분류하기 때문에 과적합의 문제와 테스트데이터의 이상치에 민감할 수 있다는 문제도 있다. 그러므로 이상치로부터 영향을 덜 받으면서도 대부분의 학습데이터를 잘 분류할 수 있는 방식이 필요했다. 이를 위해 서포트 벡터 분류기(SVC ; Support Vector Classifier)는 최대 마진 분류기를 가지면서도 일부 관측치들이 마진이나 초평면의 반대쪽에 있는 것을 허용한다.

SVC는 오차항을 수용하기 위해 제약조건을 아래와 같이 허용한다.

구 분	내 용
목적 함수	$maximize\ M$
조건 1	$\sum\limits_{j=1}^{n} \beta_j^2 = 1$의 조건을 만족
조건 2	$y_1(\beta_0 + \beta_1 X_1 + \cdots + \beta_n X_n) \geq M\ \forall i = 1, \cdots, n$
조건 3	$\epsilon \geq 0,\ \sum\limits_{i=1}^{n} \epsilon_i \leq C$

조건 3의 C는 오차를 튜닝하는 하이퍼파라미터이다. C의 크기에 따라 오차 허용도가 달라진다. C=0 이면 마진을 위반할 여유가 없으므로 최대 마진 초평면의 최적화 문제와 같은 조건이 된다.

만약 C > 0 이면 C 이하의 관측치들이 초평면의 반대쪽에 존재하는 것을 허용한다. 그러므로 C가 증가하면 모델을 더 유연하게 만들어 마진 위반에 대한 허용도가 커진다. 반면에 C값이 작아지면 마진 위반에 대한 허용도를 줄인다.

(3) 서포트 벡터 머신

SVC는 데이터 클래스가 두 영역으로 나뉘고 그 사이의 경계가 선형인 경우에 적용할 수 있는 분류 기법이다. 하지만 모든 데이터가 선형으로 영역이 나뉠 수 있는 것은 아니다. 클래스의 경계가 비선형인 상황에서는 SVC의 개념을 확장하고 커널(Kernel)을 활용해 서포트 벡터 머신(SVM ; Support Vector Machine)을 사용하면 된다. 커널(Kernel)이란 두 관측치들의 유사성을 수량화하는 함수를 말한다. 예를 들어 2차원에서는 선형 분리가 가능하지 않았던 데이터를 3차원 다항 커널로 변환했을 때 선형분리가 가능한 경우가 있다.

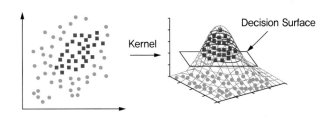

(4) 서포트 벡터 회귀

SVM의 작동 원리는 분류 과제뿐만 아니라 회귀분석에서도 사용할 수 있다. 서포트 벡터 회귀(SVR ; Support Vector Regression)는 SVM의 개념을 활용한 회귀분석 모델이다. 다만, 분류기에서의 목표를 반대로 적용한다. SVM 분류기는 일정한 마진 오류 안에서 두 클래스 간의 도로 폭이 최대가 되도록 했지만, SVR는 아래 그림처럼 제한된 마진 오류 안에서 도로 안에 가능한 한 많은 데이터 샘플이 들어가도록 학습한다. 이때, 마진오류는 도로 밖의 데이터 샘플을 의미한다.

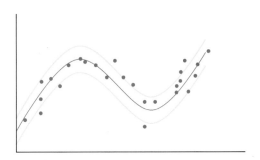

SVR에서 사용하는 손실 함수 중 가장 대표적인 것은 epsilon-insensitive 함수이다. epsilon-insensitive 함수를 사용한 SVR 식은 다음과 같다.

$$L_{SVR} = \min \frac{1}{2}||w||^2 + C\sum_{i=1}^{n}(\zeta_i + \zeta_i^*)$$
$$s.t. (w^T x_i + b) - y_i \leq \epsilon + \zeta_i$$
$$y_i - (w^T x_i + b) \leq \epsilon + \zeta_i^*$$
$$\zeta_i \zeta_i^* \geq 0$$

수식에 사용된 하이퍼파라미터에 대한 설명은 다음과 같다. C(Cost)는 비용을 의미하며 패널티항을 통해 규제의 정도를 결정짓는다. C는 작아질수록 잘못 예측한 값에 대해 패널티를 부여하기 때문에 C가 작아질수록 회귀식이 평평해진다. ϵ은 회귀식 위아래로 허용하는 노이즈의 정도이다. ϵ이 클수록 허용 노이즈가 많아진다. ζ는 회귀식 위쪽에서, 도로의 폭에서 벗어난 거리이며 ζ^*는 회귀식의 아래쪽에서 도로의 폭을 벗어난 거리이다.

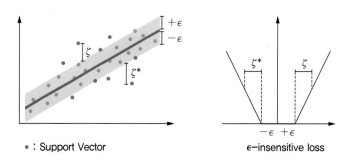

• : Support Vector

ϵ–insensitive loss

2. scikit-learn의 LinearSVC

서포트 벡터 방식으로 분류분석을 구현하는 LinearSVC 함수에 대해 알아보자.

```
class sklearn.svm.SVC(*, C=1.0, kernel='rbf', degree=3, gamma='scale', coef0=0.0,
shrinking=True, probability=False, tol=0.001, cache_size=200, class_weight=None,
verbose=False, max_iter=-1, decision_function_shape='ovr', break_ties=False,
random_state=None)
```

(1) 매개변수

C	• 데이터 타입(기본값) : float(default = 1.0) • 설명 : 정규화 파라미터이다. 정규화의 강도는 C에 반비례하며, C값은 반드시 양수여야 한다.
kernel	• 데이터 타입(기본값) : str(default = 'rbf') • 설명 : 커널 함수의 타입을 고르는 것이다. 'linear', 'poly', 'rbf', 'sigmoid', 'precomputed' 중 고를 수 있다.
degree	• 데이터 타입(기본값) : int(default = 3) • 설명 : 커널 함수를 'poly'로 선택했을 때 다항 함수의 차수를 정하는 것이다.

gamma	• 데이터 타입(기본값) : str(default = 'scale') • 설명 : 커널 함수가 'rbf', 'poly', 'sigmoid'일 때 커널의 계수를 의미한다. gamma 값을 디폴트인 'scale'로 설정할 경우 1/(n_features*X.var())을 사용한다. 'auto'인 경우 1/n_features를 사용한다.
coef0	• 데이터 타입(기본값) : float(default = 0.0) • 설명 : 커널 함수를 'poly' 또는 'sigmoid'로 선택했을 때, 커널 함수의 독립항을 지정하는 것이다.
tol	• 데이터 타입(기본값) : float(default = 1e-3) • 설명 : 중지 기준이다.
class_weight	• 데이터 타입(기본값) : dict 또는 'balanced'(default = None) • 설명 : 각 클래스에서 매개변수 C에 대해 {class_weivht[i]*C}로 가중치를 부여한다. 지정하지 않으면 모든 클래스에 대해 가중치를 1로 적용한다.
verbose	• 데이터 타입(기본값) : int(default = 0) • 설명 : 자세한 정보 수준을 나타낸다.
max_iter	• 데이터 타입(기본값) : int(default = 1000) • 설명 : 최대 실행 반복 횟수이다.
decision_ function_ shape	• 데이터 타입(기본값) : str(default = 'ovr') • 설명 : 'ovo' 또는 'ovr'을 선택할 수 있다. one-vs-rest 방식은 ovr이며, one-vs-one 방식은 ovo이다.
random_ state	• 데이터 타입(기본값) : int(default = None) • 설명 : 데이터를 섞기 위한 pseudo 난수 생성을 제어한다.

(2) 속 성

class_ weight_	• 데이터 타입 : (n_classes,) 형태의 array • 설명 : 각 클래스에 대한 파라미터 C의 승수이다.
coef_	• 데이터 타입 : array • 설명 : kernel='linear'일 때, 변수에 할당된 가중치이다.
dual_coef_	• 데이터 타입 : array • 설명 : 결정 함수에서 서포트 벡터에 대한 이중 계수이다.
intercept_	• 데이터 타입 : array • 설명 : Decision Function의 상수이다.
support_ vectors_	• 데이터 타입 : array • 설명 : 서포트 벡터들을 나타낸다.
support_	• 데이터 타입 : array • 설명 : 서포트 벡터의 인덱스이다.
n_support_	• 데이터 타입 : array • 설명 : 각 클래스에 대한 서포트 벡터의 개수이다.

(3) 메서드

대괄호 [ ] 안의 인자는 생략 가능하다.

decision_function(X)	• 기능 : 데이터 샘플의 Confidence Score를 반환한다. • 인자 설명 　X : 샘플데이터. 2차원 array 형태로 입력 • 반환값 : Confidence Score
fit(X, y[, sample_weight])	• 기능 : 모델을 학습시킨다. • 인자 설명 　− X : 학습데이터. 2차원 array 형태로 입력 　− y : 타깃데이터. (n_samples,) 또는 (n_samples, n_targets) 형태로 입력 • 반환값 : SVM 분류기를 Object로 반환
get_params([deep])	• 기능 : 모델의 매개변수를 가져온다. • 인자 설명 　deep : bool 형태로 입력, default = True • 반환값 : 값에 매칭되는 파라미터의 이름을 딕셔너리 형태로 반환
predict(X)	• 기능 : SVM 분류 모델을 사용해 예측한다. • 인자 설명 　X : 데이터 샘플 • 반환값 : 예측값을 array로 반환
predict_log_proba(X)	• 기능 : 확률 추정의 로그를 예측한다. • 인자 설명 　X : 데이터 샘플 • 반환값 : 클래스에 대한 샘플데이터의 로그 확률
predict_proba(X)	• 기능 : 확률을 추정한다. • 인자 설명 　X : 데이터 샘플 • 반환값 : 클래스에 대한 샘플데이터의 확률
score (X, y[, sample_weight])	• 기능 : 예측의 평균 정확도(Accuracy)를 반환한다. • 인자 설명 　− X : 테스트 샘플을 array로 입력 　− y : X의 실제 값 　− sample_weight : 개별 데이터에 대한 가중치 • 반환값 : 평균 정확도를 float으로 반환

(4) 코드 실습

캐글의 classification 데이터로 SVM 모델을 학습해보자. 실습 데이터는 ADP 교재의 깃허브에서 주 피터노트북으로 직접 다운로드할 수 있다.

In [1]:	```import pandas as pd```

```
import pandas as pd
import matplotlib.pyplot as plt
import seaborn as sns

c=pd.read_csv("https://raw.githubusercontent.com/ADPclass/ADP_book_
ver01/main/data/classification.csv")
c
```

Out [1]:

	age	interest	success
0	23.657801	18.859917	0.0
1	22.573729	17.969223	0.0
2	32.553424	29.463651	0.0
3	6.718035	25.704665	1.0
4	14.401919	16.770856	0.0
...	...	...	...
292	27.697220	18.799309	0.0
293	15.150959	72.000352	1.0
294	22.264378	68.453459	1.0
295	25.677420	90.118212	1.0
296	21.215594	48.265520	1.0

데이터의 클래스 분포를 산점도로 살펴보자.

In [2]:	```sns.pairplot(hue='success', data=c)```

Out [2]:

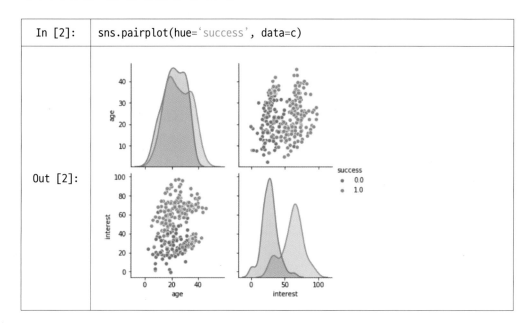

설명변수와 타깃변수를 설정한 뒤, 7 : 3의 비율로 학습데이터와 평가데이터를 분리한다.

| In [3]: | ```python
from sklearn.model_selection import train_test_split

x=c[['age', 'interest']]
y=c['success']

train_x, test_x, train_y, test_y = train_test_split(x,y,stratify=y,
train_size=0.7, random_state=1)

print(train_x.shape, test_x.shape, train_y.shape, test_y.shape)
``` |
|---|---|
| Out [3]: | (207, 2) (90, 2) (207,) (90,) |

SVM은 특성의 스케일에 민감하기 때문에 scikit-learn의 StandardScaler를 사용하면 좀더 예측력 높은 결정경계를 생성할 수 있다. StandardScaler를 이용해 스케일링을 한 이후 산점도를 그려보면 클래스의 특성이 더 잘 시각화되는 것을 확인할 수 있다.

| In [4]: | ```python
from sklearn.preprocessing import StandardScaler

scaler=StandardScaler()
train_x=scaler.fit_transform(train_x)

sns.pairplot(data=pd.concat([pd.DataFrame(train_x),
                             train_y.reset_index(drop=True)],
                            axis=1),
             hue='success')
``` |
|---|---|
| Out [4]: | 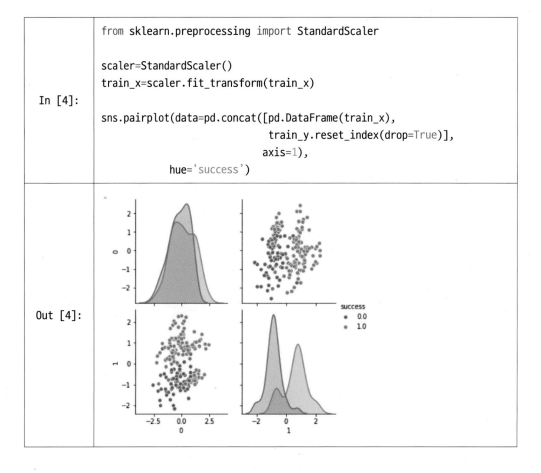 |

SVC로 모델을 만들고 데이터를 적합해보자.

| In [5]: | ```python
from sklearn.svm import SVC

clf = SVC(C=0.5, random_state=45)
clf.fit(train_x, train_y)
``` |
|---|---|
| Out [5]: | SVC(C=0.5, random_state=45) |

테스트데이터로 모델 평가를 수행해보자. train_x 데이터를 스케일링할 때 사용한 scaler를 test_x 데이터에도 적용한다. 이때 transform 메서드를 사용한다. 이후 predict 메서드로 테스트데이터의 예측값을 pred로 저장한다. 모델 평가를 위해 분류모델의 예측성능 척도를 도출한다.

| In [6]: | ```python
from sklearn.metrics import confusion_matrix, accuracy_score,
precision_score, recall_score, f1_score

test_x_scal = scaler.transform(test_x)

pred=clf.predict(test_x_scal)

test_cm=confusion_matrix(test_y, pred)
test_acc=accuracy_score(test_y, pred)
test_prc=precision_score(test_y, pred)
test_rcll=recall_score(test_y, pred)
test_f1=f1_score(test_y, pred)

print(test_cm)
print('\n')
print('정확도\t{}%'.format(round(test_acc*100,2)))
print('정밀도\t{}%'.format(round(test_prc*100,2)))
print('재현율\t{}%'.format(round(test_rcll*100,2)))
print('F1\t{}%'.format(round(test_f1*100,2)))
``` |
|---|---|
| Out [6]: | ```
[[37  2]
 [ 2 49]]


정확도  95.56%
정밀도  96.08%
재현율  96.08%
F1      96.08%
``` |
```

classification 데이터에서 하이퍼파라미터 C에 따라 마진에서 어떠한 변화가 발생하는지 살펴보자. C의 값이 커지면 마진과 옳지 않은 데이터의 허용치가 증가한다. 아래의 시각화는 svm.LinearSVC를 사용했으며 기본 개념은 svm.SVC와 같다. 아래에서 C=1일 때보다 C=500일 때 마진과 반대 방향인 데이터가 더 많이 허용되는 것을 확인할 수 있다.

In [7]:
```python
import numpy as np
import matplotlib.pyplot as plt
from sklearn.svm import LinearSVC


plt.figure(figsize=(10, 5))
for i, C in enumerate([1, 500]):
    clf = LinearSVC(C=C, loss="hinge", random_state=42).fit(train_x,
train_y)
    # decision function으로 서포트 벡터 얻기
    decision_function = clf.decision_function(train_x)
    support_vector_indices = np.where(np.abs(decision_function) <= 1 +
1e-15)[0]
    support_vectors = train_x[support_vector_indices]

    plt.subplot(1, 2, i + 1)
    plt.scatter(train_x[:, 0], train_x[:, 1], c=train_y, s=30, cmap
=plt.cm.Paired)
    ax = plt.gca()
    xlim = ax.get_xlim()
    ylim = ax.get_ylim()
    xx, yy = np.meshgrid(
        np.linspace(xlim[0], xlim[1], 50), np.linspace(ylim[0], ylim[1], 50)
    )
    Z = clf.decision_function(np.c_[xx.ravel(), yy.ravel()])
    Z = Z.reshape(xx.shape)
    plt.contour(
        xx,
        yy,
        Z,
        colors="k",
        levels=[-1, 0, 1],
        alpha=0.5,
        linestyles=["--", "-", "--"],
    )
    plt.scatter(
        support_vectors[:, 0],
        support_vectors[:, 1],
        s=100,
        linewidth=1,
        facecolors="none",
        edgecolors="k",
    )
```

```
        plt.title("C=" + str(C))
plt.tight_layout()
plt.show()
```

Out [7]:

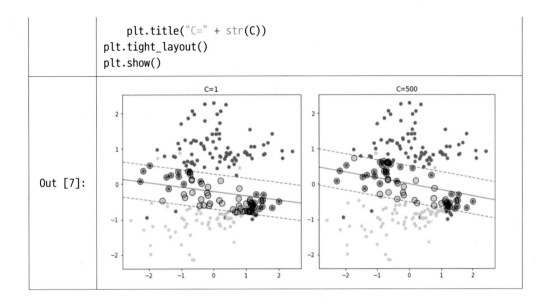

3. scikit-learn의 SVR

서포트 벡터 방식으로 회귀분석을 구현하는 LinearSVR 함수에 대해 알아보자.

class sklearn.svm.SVR(*, kernel='rbf', degree=3, gamma='scale', coef0=0.0, tol=0.001,
C=1.0, epsilon=0.1, shrinking=True, cache_size=200, verbose=False, max_iter=−1)

(1) 매개변수

C	• 데이터 타입(기본값) : float(default = 1.0) • 설명 : 정규화 파라미터이다. 정규화의 강도는 C에 반비례하며, C값은 반드시 양수여야 한다.
kernel	• 데이터 타입(기본값) : str(default = 'rbf') • 설명 : 커널 함수의 타입을 고르는 것이다. 'linear', 'poly', 'rbf', 'sigmoid', 'precomputed' 중 고를 수 있다.
degree	• 데이터 타입(기본값) : int(default = 3) • 설명 : 커널 함수를 'poly'로 선택했을 때 다항 함수의 차수를 정하는 것이다.
gamma	• 데이터 타입(기본값) : str(default = 'scale') • 설명 : 커널 함수가 'rbf', 'poly', 'sigmoid'일 때 커널의 계수를 의미한다. gamma 값을 디폴트인 'scale'로 설정할 경우 1/(n_features*X.var())을 사용한다. 'auto'인 경우 1/n_features를 사용한다.
coef0	• 데이터 타입(기본값) : float(default = 0.0) • 설명 : 커널 함수를 'poly' 또는 'sigmoid'로 선택했을 때, 커널 함수의 독립항을 지정하는 것이다.

tol	• 데이터 타입(기본값) : float(default = 1e−3) • 설명 : 중지 기준이다.
epsilon	• 데이터 타입(기본값) : float(defualt = 0.1) • 설명 : epsilon−SVR에서의 epsilon 값을 의미한다. 실제 값으로부터 거리 엡실론 내에서 예측된 데이터포인트와 학습 손실 함수에서 패널티가 적용되지 않는 엡실론 튜브를 지정한다.
verbose	• 데이터 타입(기본값) : int(default = 0) • 설명 : 자세한 정보 수준을 나타낸다.
max_iter	• 데이터 타입(기본값) : int(default = 1000) • 설명 : 최대 실행 반복 횟수이다.

(2) 속 성

class_ weight_	• 데이터 타입 : (n_classes,) 형태의 array • 설명 : 각 클래스에 대한 파라미터 C의 승수이다.
coef_	• 데이터 타입 : array • 설명 : kernel = 'linear'일 때, 변수에 할당된 가중치이다.
dual_coef_	• 데이터 타입 : array • 설명 : 결정 함수에서 서포트 벡터에 대한 이중 계수이다.
intercept_	• 데이터 타입 : array • 설명 : Decision Function의 상수이다.
support_ vectors_	• 데이터 타입 : array • 설명 : 서포트 벡터들을 나타낸다.
support_	• 데이터 타입 : array • 설명 : 서포트 벡터의 인덱스이다.
n_support_	• 데이터 타입 : array • 설명 : 각 클래스에 대한 서포트 벡터의 개수이다.

(3) 메서드

대괄호 [ ] 안의 인자는 생략 가능하다.

fit(X, y[, sample_weight])	• 기능 : 모델을 학습시킨다. • 인자 설명 - X : 학습데이터. 2차원 array 형태로 입력 - y : 타깃데이터. (n_samples,) 형태로 입력 • 반환값 : SVR 추정기를 Object로 반환
get_params([deep])	• 기능 : 모델의 매개변수를 가져온다. • 인자 설명 deep : bool 형태로 입력, default = True • 반환값 : 값에 매칭되는 파라미터의 이름을 딕셔너리 형태로 반환
predict(X)	• 기능 : SVR을 사용해 예측한다. • 인자 설명 X : 데이터 샘플 • 반환값 : 예측값을 array로 반환
score (X, y[, sample_weight])	• 기능 : 예측의 결정계수를 반환한다. • 인자 설명 - X : 테스트 샘플을 array로 입력 - y : X의 실제 값 - sample_weight : 개별 데이터에 대한 가중치 • 반환값 : 결정계수를 float으로 반환

(4) 코드 실습

임의의 데이터로 SVR을 사용한 회귀분석을 실행해보자. 먼저 넘파이를 사용해 임의로 데이터를 생성해준다. np.random.seed() 함수는 seed 값을 설정하여 매 결과마다 동일한 샘플 데이터가 생성될 수 있도록 해준다. seed를 0으로 설정하여 데이터를 샘플 데이터를 생성한다. 또한 타깃데이터인 y값에 노이즈를 추가한다.

| In [1]: | ```
import numpy as np

# 샘플데이터 생성하기
X = np.sort(5 * np.random.rand(40, 1), axis=0)
y = np.sin(X).ravel()

print(X[0:6], '\n\n',y[0:10])
``` |
|---|---|
```

| Out [1]: | ```
[[0.093949  ]
 [0.10109199]
 [0.35518029]
 [0.4356465 ]
 [0.59137213]
 [0.71676644]]

[0.09381086 0.10091989 0.34775941 0.4219966  0.55750066 0.65695022
 0.96940081 0.94059723 0.87637482 0.8538402]
``` |

| In [2]: | ```
# 타깃데이터에 노이즈 추가하기
y[::5] += 3 * (0.5 - np.random.rand(8))

print(y[0:10])
``` |
| Out [2]: | ```
[0.51528716 0.10091989 0.34775941 0.4219966  0.55750066 0.84585436
 0.96940081 0.94059723 0.87637482 0.8538402]
``` |

커널 함수를 각각 랜덤포레스트(rbf), 선형 회귀(linear), 다항 회귀(poly)로 설정한 뒤 SVR 모델을 구축해보자. 사이킷런의 SVR을 import한 뒤 파라미터를 설정해 추정기를 생성한다. 그 후 fit( ) 메서드를 활용하여 데이터를 학습한다.

| In [3]: | ```
from sklearn.svm import SVR

# 회귀 모델 적합시키기
svr_rbf = SVR(kernel="rbf", C=100, gamma=0.1, epsilon=0.1)
svr_lin = SVR(kernel="linear", C=100, gamma="auto")
svr_poly = SVR(kernel="poly", C=100, gamma="auto", degree=3,
epsilon=0.1, coef0=1)

svr_rbf.fit(X, y)
svr_lin.fit(X, y)
svr_poly.fit(X, y)
``` |
| Out [3]: | ```
SVR(C=100, gamma=0.1)
SVR(C=100, gamma='auto', kernel='linear')
SVR(C=100, coef0=1, gamma='auto', kernel='poly')
``` |
```

각각의 SVR 모델에 predict( ) 메서드를 활용해 예측값을 생성한다. 다양한 성능평가지표를 통해 학습데이터세트를 얼마나 잘 예측했는지 확인할 수 있다.

| In [4]: | ```python
rbf_pred=svr_rbf.predict(X)
lin_pred=svr_lin.predict(X)
poly_pred=svr_poly.predict(X)

from sklearn.metrics import mean_squared_error, mean_absolute_error,
mean_squared_error
import pandas as pd
import numpy as np

preds = [rbf_pred, lin_pred, poly_pred]
kernel = ['Random_Forest', 'Linear', 'Polynomial']
evls = ['mse', 'rmse', 'mae']

results=pd.DataFrame(index=kernel,columns=evls)

for pred, nm in zip(preds, kernel):
    mse = mean_squared_error(y, pred)
    mae = mean_absolute_error(y, pred)
    rmse = np.sqrt(mse)

    results.loc[nm]['mse']=round(mse,2)
    results.loc[nm]['rmse']=round(rmse,2)
    results.loc[nm]['mae']=round(mae,2)

results
``` |
|---|---|
| Out [4]: | |

	mse	rmse	mae
Random_Forest	0.12	0.34	0.19
Linear	0.26	0.51	0.39
Polynomial	0.12	0.35	0.18
```

세 가지 종류의 SVR 모형이 실제 데이터에 어떠한 형태로 적합되었는지 시각화해보자.

In [5]:
```python
lw = 2

svrs = [svr_rbf, svr_lin, svr_poly]
kernel_label = ["RBF", "Linear", "Polynomial"]
model_color = ["m", "c", "g"]

fig, axes = plt.subplots(nrows=1, ncols=3, figsize=(15, 10), sharey=True)
for ix, svr in enumerate(svrs):
    axes[ix].plot(
        X,
        svr.fit(X, y).predict(X),
        color=model_color[ix],
        lw=lw,
        label="{} model".format(kernel_label[ix]),
    )
    axes[ix].scatter(
        X[svr.support_],
        y[svr.support_],
        facecolor="none",
        edgecolor=model_color[ix],
        s=50,
        label="{} support vectors".format(kernel_label[ix]),
    )
    axes[ix].scatter(
        X[np.setdiff1d(np.arange(len(X)), svr.support_)],
        y[np.setdiff1d(np.arange(len(X)), svr.support_)],
        facecolor="none",
        edgecolor="k",
        s=50,
        label="other training data",
    )
    axes[ix].legend(
        loc="upper center",
        bbox_to_anchor=(0.5, 1.1),
        ncol=1,
        fancybox=True,
        shadow=True,
    )

fig.text(0.5, 0.04, "data", ha="center", va="center")
fig.text(0.06, 0.5, "target", ha="center", va="center", rotation="vertical")
fig.suptitle("Support Vector Regression", fontsize=14)
plt.show()
```

Out [5]:

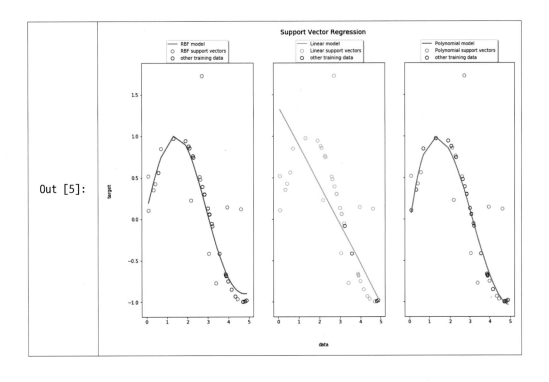

1. 개 념

K-최근접 이웃(KNN)은 유사한 특성을 가진 데이터는 유사한 범주에 속하는 경향이 있다는 가정으로 데이터를 분류하는 머신러닝 기법이다. KNN의 기본 원리는 간단하다. 학습데이터를 그대로 저장한 뒤 새로운 데이터 포인트에 대해 학습데이터에서 가장 가까운 k개의 데이터 포인트를 찾아 그것들로 부터 새로운 데이터 포인트의 범주를 라벨링한다. 단순한 방식을 사용하지만 KNN은 손글씨 및 위성 이미지 분석 등 다양한 분류 및 회귀 문제에서 높은 예측력을 보인다. 또한 비모수적인 방식을 사용하기 때문에 결정경계가 매우 불규칙한 분류 상황에서 종종 높은 예측성능을 보인다.

(1) KNN 분류

KNN 분류 모델은 샘플데이터로부터 가장 가까운 학습데이터 포인트 하나를 최근접 이웃으로 선택해 예측에 사용한다. 예를 들어 과일을 오렌지(주황색), 포도(파란색), 사과(초록색)로 정의한 뒤 종류를 알 수 없는 과일(빨간색)이 새롭게 주어졌을 때 이 과일이 어떤 종류인지 분류해야 하는 문제상황을 가정해보자. 이런 상황에서 '새로운 과일은 어떤 과일의 특성에 가장 가까울까?' 라는 직관적인 질문을 할 수 있다. 질문에 답을 하기 위해, 2차원 그래프상에서 새로운 데이터가 '거리상 가장 가까운' 데이터와 유사한 집단에 속할 것이라고 생각할 수 있다.

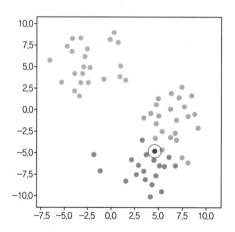

여기서 새로운 데이터와 기존 데이터들의 거리 계산을 위해 특정한 거리계산식을 이용한다. 데이터 사이의 거리를 측정하는 다양한 기법 중에서도, KNN은 유클리디안 거리를 많이 사용한다.

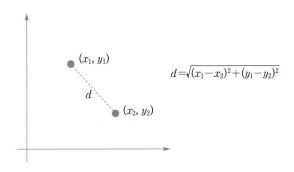

집단이 가깝게 맞닿아있는 부분에서 경계를 정확히 알기 어려울 때는 k의 수를 조절해야 한다. k가 1일 때 가장 가까운 데이터로 새로운 데이터를 분류하면 분류 정확도가 낮게 나오는 경우도 많다. 경계가 뚜렷하지 않은 특징은 '일정한 잡음(Noise)'이라고 간주하고, 노이즈를 고려한 파라미터 k를 설정해야 한다. 아래 그림에서 k를 어떤 값으로 설정하는지에 따라 빨간색 데이터의 라벨링이 달라지는 것을 알 수 있다. k=1일 경우, 새로운 데이터는 기존의 데이터와 거리상 파란색에 가장 가깝다. 하지만 집단을 기준으로 보면 그 파란색 데이터는 집단 내 잡음일 가능성이 있다. 즉, 빨간색 데이터가 파란색 데이터에 가까운 위치에 있다 하더라도, 초록색 집단에 속할 수 있다는 것이다. k를 2 이상으로 설정한다면 데이터 집단 간의 경계 모호성을 해결할 수 있다. k를 3 또는 5로 설정했을 때 새로운 데이터(빨간색)가 초록색 집단으로 분류된다.

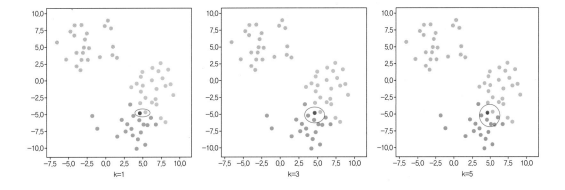

(2) KNN 회귀

KNN 회귀는 가까운 이웃 데이터들을 고려하지만 개별값을 예측한다는 차이가 있다. 즉, KNN 회귀는 k개의 이웃 데이터를 사용해 회귀선을 도출한다. KNN은 하나의 회귀식을 도출하는 것이 아니라는 점에서 선형 회귀와 다른 특징을 보인다. KNN 회귀는 주어진 입력을 바탕으로 가장 잘 예측된 평균값들의 집합을 나타낸다. 그렇기 때문에 종속변수에 대한 독립변수의 영향력을 의미하는 회귀계수는 KNN 회귀에서 확인되지 않는다.

k=3으로 설정한 KNN 회귀 모델의 학습방법을 살펴보자. 예를 들어 k=3으로 설정하면 아래 그림처럼 y값을 예측하기 위해 특정 x지점에서 수직선과 가장 가까운 3개의 데이터값을 찾은 뒤, 3개의 값을 평균낸다. 이 평균값은 특정 지점 x의 예측값 y인 것이다.

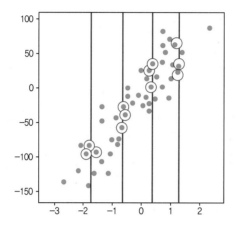

만약 x축이 '시점'이라면 KNN 회귀 모델은 모든 시점의 평균 데이터를 예측하게 된다. 모든 시점에서 예측된 값들을 하나의 선으로 연결하면 예측에 사용된 데이터들에 대한 표준 데이터를 표시할 수 있으므로 시계열분석에도 종종 사용할 수 있다.

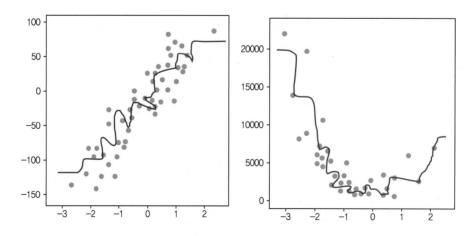

2. scikit-learn 의 KNeighborsClassifier

KNN 방식으로 분류분석을 구현하는 KNeighborsClassifier 함수에 대해 알아보자.

class sklearn.neighbors.KNeighborsClassifier(n_neighbors=5, *, weights='uniform', algorithm='auto', leaf_size=30, p=2, metric='minkowski', metric_params=None, n_jobs=None)

(1) 매개변수

n_neighbors	• 데이터 타입(기본값) : int(default = 5) • 설명 : 쿼리에 사용할 이웃 수 k이다.
weights	• 데이터 타입(기본값) : str(default = 'uniform') • 설명 : 예측에 사용되는 가중치 함수이다. 'uniform', 'distance' 등을 사용할 수 있다. 　− 'uniform' :　각 이웃의 포인트는 동일한 가중치가 부여된다. 　− 'distance' : 거리의 역수로 가중치를 부여한다. 샘플 포인트에서 가까운 데이터가 멀리 있는 　　 데이터보다 큰 영향을 미친다.
algorithm	• 데이터 타입(기본값) : str(default = 'auto') • 설명 : 가장 가까운 이웃 데이터를 계산하는 데 사용되는 알고리즘을 정한다. 'auto'는 fit( )에 전 달된 값을 기반으로 가장 적절한 알고리즘을 판단한다. 'auto', 'ball_tree', 'kd_tree', 'brute' 중 하나를 선택할 수 있다.
leaf_size	• 데이터 타입(기본값) : int(default = 30) • 설명 : BallTree 또는 KDTree에 전달된 리프 크기이다.
p	• 데이터 타입(기본값) : int(default = 2) • 설명 : Minkowski 메트릭에 대한 검정력 매개변수이다. p=2일 때 유클리디언 거리를 L2로 사 용하는 것과 같다. 임의의 p에 대해서는 minkowski_distance(l_p)를 사용한다.
metric	• 데이터 타입(기본값) : str(default = 'minkowski') • 설명 : 거리 메트릭이다. 기본 메트릭은 minkowski이다. p=2인 경우 표준 유클리드 메트릭과 동일하기 때문에 기본값으로 KNN을 수행할 경우 유클리드 거리 기반이다.
metric_params	• 데이터 타입(기본값) : dict(default = None) • 설명 : 메트릭 함수에 대한 추가 키워드 인수이다.
n_jobs	• 데이터 타입(기본값) : int(default = None) • 설명 : 근접 데이터 탐색을 위한 병렬 작업의 수이다.

(2) 메서드

fit(X, y)	• 기능 : 학습데이터로부터 KNN 분류기를 적합시킨다. • 인자 설명 　－ X : 학습데이터. (n_samples, n_features) 형태로 입력 　－ y : 타깃데이터. (n_samples,) 또는 (n_samples, n_outputs) 형태로 입력 • 반환값 : 적합된 KNN 분류기
get_params([deep])	• 기능 : 추정기의 파라미터를 얻는다. • 인자 설명 　deep : bool 형태로 입력, default = True • 반환값 : 데이터에 매칭된 파라미터의 이름을 딕셔너리로 반환
kneighbors ([X, n_neighbors, return_distance])	• 기능 : 데이터 포인트의 K-neighbors를 찾는다. • 인자 설명 　－ X : 데이터 포인트. (n_queries, n_features) 형태로 입력. default=None. X를 입력하지 않으면 모든 데이터포인트의 K-neighbors를 반환 　－ n_neighbors: int(default=None). 이웃의 개수. default인 경우, 생성자에 입력된 k로 대신함 　－ return_distance : bool(default=True). 거리를 반환할지 여부 • 반환값 : neigh_dist : 포인트까지의 길이 / neigh_ind : 모집단 행렬에서 가장 가까운 점의 인덱스
predict(X)	• 기능 : 주어진 데이터로 클래스를 분류해 예측하는 메서드이다. • 인자 설명 　X : 테스트 샘플데이터 • 반환값 : y. 각 데이터로부터 예측한 클래스 분류값
predict_proba(X)	• 기능 : 테스트 샘플 X의 확률 추정값을 반환한다. • 인자 설명 　X : 테스트 샘플데이터 • 반환값 : p. 입력 샘플의 클래스 확률값
score (X, y[,sample_weight])	• 기능 : 테스트 샘플데이터와 실젯값이 주어졌을 때 평균 정확도(Accuraccy)를 반환한다. • 인자 설명 　－ X : 테스트 샘플데이터 　－ y : X의 실제 레이블 　－ sample_weight : 가중치 샘플 • 반환값 : self.predict(X)의 평균 정확도(Accuracy) 반환

(3) 코드 실습

캐글의 데이터로 KNN을 실습해보자. 인도의 간질환자에 대한 기록이 담긴 데이터세트를 ADP 교재의 깃허브에서 다운로드할 수 있다. Dataset 변수를 통해 간질환자는 두 집단으로 나뉘어 있다는 것을 알 수 있다. Dataset을 타깃변수로 하여 KNN 분류를 수행해보자. 데이터는 ADP 교재의 깃허브에서 주피터노트북으로 직접 다운로드한다(URL 참고).

| In [1]: | ```
import pandas as pd

liver = pd.read_csv("https://raw.githubusercontent.com/ADPclass/ADP_
book_ver01/main/data/indian_liver_patient.csv")
print(liver.Dataset.unique())
print(liver.head())
``` |
|---|---|
Out [1]:	`array([1, 2], dtype=int64)` |	Age	Gender	Total_Bilirubin	Direct_Bilirubin	Alkaline_Phosphotase	Alamine_Aminotransferase	Aspartate_Aminotransferase	Total_Protiens	Albumin	Album
0	65	Female	0.7	0.1	187	16	18	6.8	3.3	
1	62	Male	10.9	5.5	699	64	100	7.5	3.2	
2	62	Male	7.3	4.1	490	60	68	7.0	3.3	
3	58	Male	1.0	0.4	182	14	20	6.8	3.4	
4	72	Male	3.9	2.0	195	27	59	7.3	2.4		

간질환자 데이터세트는 Dataset 변수가 1인 행을 간암환자로, 2인 행을 비환자로 구분한다. 이진 분류 모델은 True(1)와 False(0)로 종속변수를 설정해야 하므로 Dataset 변수를 변환할 필요가 있다. 간암환자인지 예측하는 분석 모델을 만들기 위해, Dataset 변수가 2이면 0으로 바꾼다. 결과적으로 분류모델은 간암환자를 True(1), 비환자를 False(0)으로 학습하게 된다.

또한 성별(Gender) 변수를 One-hot Encoding하여 분석에 사용한다.

| In [2]: | ```
import numpy as np

liver.Dataset = np.where(liver.Dataset==2,0,1)
liver.Gender = np.where(liver.Gender=='Female',0,1)
print(liver.head())
``` |
|---|---|
Out [2]:			Age	Gender	Total_Bilirubin	Direct_Bilirubin	Alkaline_Phosphotase	Alamine_Aminotransferase	Aspartate_Aminotransferase	Total_Protiens	Albumin	Album
0	65	0	0.7	0.1	187	16	18	6.8	3.3	
1	62	1	10.9	5.5	699	64	100	7.5	3.2	
2	62	1	7.3	4.1	490	60	68	7.0	3.3	
3	58	1	1.0	0.4	182	14	20	6.8	3.4	
4	72	1	3.9	2.0	195	27	59	7.3	2.4		

데이터에 결측치가 있는지 liver.isna( ).sum( )으로 확인한다. 결측치가 4개이므로 사이즈가 작아 결측치를 제거한다.

In [3]:	print(liver.isna().sum())
Out [3]:	Age 0 Gender 0 Total_Bilirubin 0 Direct_Bilirubin 0 Alkaline_Phosphotase 0 Alamine_Aminotransferase 0 Aspartate_Aminotransferase 0 Total_Protiens 0 Albumin 0 Albumin_and_Globulin_Ratio 4 Dataset 0 dtype: int64

dropna(axis=0, inplace=True)를 사용해 liver 데이터프레임의 결측행을 삭제했다. print문을 통해 liver 데이터에 결측치가 제거되었음을 확인한다.

In [4]:	liver.dropna(axis=0, inplace=True) print(liver.isna().sum())
Out [4]:	Age 0 Gender 0 Total_Bilirubin 0 Direct_Bilirubin 0 Alkaline_Phosphotase 0 Alamine_Aminotransferase 0 Aspartate_Aminotransferase 0 Total_Protiens 0 Albumin 0 Albumin_and_Globulin_Ratio 0 Dataset 0 dtype: int64

데이터에서 설명변수와 타깃변수를 설정한 뒤 7 : 3의 비율로 학습데이터와 평가데이터로 분리한다.

| In [5]: | ```python
from sklearn.model_selection import train_test_split

x=liver[liver.columns.difference(['Dataset'])]
y=liver['Dataset']

train_x, test_x, train_y, test_y = train_test_split(x,y,stratify=y,
train_size=0.7, random_state=1)

print(train_x.shape, test_x.shape, train_y.shape, test_y.shape)
``` |
| Out [5]: | (405, 10) (174, 10) (405,) (174,) |

KNeighborClassifier를 이용해 KNN 분류기를 생성한다. fit( ) 메서드를 사용해 데이터를 학습시킨다.

| In [6]: | ```python
from sklearn.neighbors import KNeighborsClassifier

clf=KNeighborsClassifier(n_neighbors=15, weights='uniform')
clf.fit(train_x, train_y)
``` |
| Out [6]: | KNeighborsClassifier(n_neighbors=15) |

적합한 KNN 분류기에 predict 메서드를 활용해 test 데이터를 입력한 뒤 예측값을 pred에 저장한다.
분류모델의 다양한 성능지표를 통해 모델의 성능을 평가한다.

| In [7]: | ```python
from sklearn.metrics import confusion_matrix, accuracy_score,
precision_score, recall_score, f1_score

pred=clf.predict(test_x)

test_cm=confusion_matrix(test_y, pred)
test_acc=accuracy_score(test_y, pred)
test_prc=precision_score(test_y, pred)
test_rcll=recall_score(test_y, pred)
test_f1=f1_score(test_y, pred)

print(test_cm)
print('\n')
print('정확도\t{}%'.format(round(test_acc*100,2)))
print('정밀도\t{}%'.format(round(test_prc*100,2)))
print('재현율\t{}%'.format(round(test_rcll*100,2)))
``` |
| Out [7]: | ```
[[14 36]
 [27 97]]


정확도    63.79%
정밀도    72.93%
재현율    78.23%
``` |

3. scikit-learn의 KNeighborsRegressor

KNN 방식으로 회귀분석을 구현하는 KNeighborsRegressor 함수에 대해 알아보자.

> class sklearn.neighbors.KNeighborsRegressor(n_neighbors=5, *, weights='uniform',
> algorithm='auto', leaf_size=30, p=2, metric='minkowski', metric_params=None, n_jobs=None)

(1) 매개변수

KNeighborsClassifier와 동일한 파라미터를 사용한다.

n_neighbors	• 데이터 타입(기본값) : int(default = 5) • 설명 : 쿼리에 사용할 이웃 수 k이다.
weights	• 데이터 타입(기본값) : str(default = 'uniform') • 설명 : 예측에 사용되는 가중치 함수이다. 'uniform', 'distance' 중 하나를 선택할 수 있다. 　– 'uniform' : 각 이웃의 포인트는 동일한 가중치가 부여된다. 　– 'distance' : 거리의 역수로 가중치를 부여한다. 샘플 포인트에서 가까운 데이터가 멀리 있는 　　데이터보다 큰 영향을 미친다.
algorithm	• 데이터 타입(기본값) : str(default = 'auto') • 설명 : 가장 가까운 이웃 데이터를 계산하는 데 사용되는 알고리즘을 정한다. 'auto'는 fit( )에 전 　달된 값을 기반으로 가장 적절한 알고리즘을 판단한다. 'auto', 'ball_tree', 'kd_tree', 'brute' 중 　하나를 선택할 수 있다.

(2) 메서드

fit(X, y)	• 기능 : 학습데이터로부터 KNN 회귀를 적합시킨다. • 인자 설명 　– X : 학습데이터. (n_samples, n_features) 형태로 입력 　– y : 타깃데이터. (n_samples,) 또는 (n_samples, n_outputs) 형태로 입력 • 반환값 : 적합된 KNN 회귀 모델
get_params([deep])	• 기능 : 추정기의 파라미터를 얻는다. • 인자 설명 　deep : bool(default = True) • 반환값 : 데이터에 매칭된 파라미터의 이름을 딕셔너리로 반환

kneighbors
([X, n_neighbors,
return_distance])
	• 기능 : 데이터 포인트의 K−neighbors를 찾는다.
	• 인자 설명
	 − X : 데이터 포인트. (n_queries, n_features) 형태로 입력. default = None. X를
	  입력하지 않으면 모든 데이터포인트의 K−neighbors를 반환
	 − n_neighbors : int(default = None). 이웃의 개수. default인 경우, 생성자에 입력
	  된 k로 대신함
	 − return_distance : bool(default = True). 거리를 반환할지 여부
	• 반환값
	 − neigh_dist : 포인트까지의 길이
	 − neigh_ind : 모집단 행렬에서 가장 가까운 점의 인덱스

predict(X)	• 기능 : 주어진 데이터로 예측하는 메서드이다. • 인자 설명 X : 테스트 샘플데이터 • 반환값 : y. 각 데이터로부터 예측한 값
score (X, y[,sample_weight])	• 기능 : 테스트 샘플데이터와 실젯값이 주어졌을 때 결정계수(R2)를 반환한다. • 인자 설명 − X : 테스트 샘플데이터 − y : X의 실제 레이블 − sample_weight : 가중치 샘플 • 반환값 : self.predict(X)의 결정계수 반환

(3) 코드 실습

임의의 데이터로 KNN을 사용한 회귀분석을 실행해보자. 먼저 넘파이를 사용해 임의로 데이터를 생성해준다. 또한 타깃데이터인 y값에 노이즈를 추가한다.

| In [1]: | ```
import numpy as np

# 임의의 샘플데이터 생성하기
np.random.seed(0)
X = np.sort(5 * np.random.rand(400, 1), axis=0)
T = np.linspace(0, 5, 500)[:, np.newaxis]
y = np.sin(X).ravel()

print(X[:10])
print(T[:10])
print(y[:10])
``` |
|---|---|
```

| Out [1]: | ```
[[0.02347738]
 [0.05713729]
 [0.05857042]
 [0.06618429]
 [0.08164251]
 [0.08214815]
 [0.09260897]
 [0.093949  ]
 [0.09596599]
 [0.10053773]]

[[0.        ]
 [0.01002004]
 [0.02004008]
 [0.03006012]
 [0.04008016]
 [0.0501002 ]
 [0.06012024]
 [0.07014028]
 [0.08016032]
 [0.09018036]]

[0.12221572 -0.37218521  0.45892201 -0.37916555 -0.28793668
 0.12789339  0.26577577  0.36106673 -0.01864595  0.56729386]
``` |
|---|---|

타깃데이터에 노이즈를 추가한다.

| In [2]: | ```
# 타깃데이터에 노이즈 추가하기
y[::1] += 1 * (0.5 - np.random.rand(400))
``` |
|---|---|
| Out [2]: | ```
[0.02347522 0.05710621 0.05853694 0.06613598 0.08155185 0.08205579
 0.09247665 0.09381086 0.09581876 0.10036845]
``` |

데이터를 7 : 3의 비율로 학습데이터와 평가데이터로 나누어 준다.

| In [3]: | ```
from sklearn.model_selection import train_test_split

train_x, test_x, train_y, test_y = train_test_split(X,y,train_size=0.7,
random_state=1)

print(train_x.shape, test_x.shape, train_y.shape, test_y.shape)
``` |
|---|---|
| Out [3]: | ```
(280, 1) (120, 1) (280,) (120,)
``` |
```

KNeighborRegressor을 이용해서 weights를 다르게 적용한 KNN 추정기를 생성한다. fit( ) 메서드를 사용해 데이터를 학습시킨다.

| In [4]: | ```python
from sklearn.neighbors import KNeighborsRegressor

knn_uni = KNeighborsRegressor(n_neighbors=20, weights='uniform')
knn_dis = KNeighborsRegressor(n_neighbors=20, weights='distance')

knn_uni.fit(train_x, train_y)
knn_dis.fit(train_x, train_y)
``` |
|---|---|
| Out [4]: | ```
KNeighborsRegressor(n_neighbors=20)
KNeighborsRegressor(n_neighbors=20, weights='distance')
``` |

predict 메서드로 평가데이터를 적용해 KNN 모델에서 예측한 값을 각각 uni_pred, dis_pred 값에 저장한다. 회귀 문제에서 사용되는 다양한 성능평가지표로 두 모델의 성능을 비교한다.

| In [5]: | ```python
uni_pred=knn_uni.predict(test_x)
dis_pred=knn_dis.predict(test_x)

from sklearn.metrics import mean_squared_error, mean_absolute_error, mean_squared_error
import pandas as pd
import numpy as np

preds = [uni_pred, dis_pred]
weights = ['uniform', 'distance']
evls = ['mse', 'rmse', 'mae']

results=pd.DataFrame(index=weights,columns=evls)

for pred, nm in zip(preds, weights):
    mse = mean_squared_error(test_y, pred)
    mae = mean_absolute_error(test_y, pred)
    rmse = np.sqrt(mse)

    results.loc[nm]['mse']=round(mse,2)
    results.loc[nm]['rmse']=round(rmse,2)
    results.loc[nm]['mae']=round(mae,2)

results
``` |
|---|---|
Out [5]:			mse	rmse	mae
uniform	0.1	0.31	0.27
distance	0.11	0.34	0.28	
```

두 모델의 차이를 직관적으로 비교해보기 위해 시각화를 수행한다. uniform을 사용한 모델과 distance를 사용한 모델 사이에 차이가 있음을 확인할 수 있다.

| In [6]: | ```python
import matplotlib.pyplot as plt

plt.figure(figsize=(8,5))

for i, weights in enumerate(["uniform", "distance"]):
    knn=KNeighborsRegressor(n_neighbors=20, weights=weights)

    y_ = knn.fit(X, y).predict(T)

    plt.subplot(2, 1, i + 1)
    plt.scatter(X, y, color="darkorange", label="data")
    plt.plot(T, y_, color="navy", label="prediction")
    plt.axis("tight")
    plt.legend()
    plt.title("KNeighborsRegressor (k = %i, weights = '%s')" % (20,
weights))

plt.tight_layout()
plt.show()
``` |
|---|---|
| Out [6]: | |
```

의사결정나무(Decision Tree)

1. 개 념

결정트리는 데이터를 분류하고 예측하는 결정에 이르기 위해 특정 기준에 따라 '예/아니오'로 답할 수 있는 질문을 이어나가면서 학습한다. 즉, 원본데이터에서 하나의 규칙을 만들 때마다 규칙노드를 만들고, 가지를 치면서 내려간다. 그러므로 결정트리를 통해 얻은 예측 결과는 분류 규칙이 명확하여 해석을 쉽게 할 수 있다. 입력변수와 목표변수에 연속형 데이터와 범주형 데이터를 모두 사용할 수 있다. 또한 선형성과 정규성 등의 가정이 필요하지 않아 전처리 과정에 모델의 성능이 큰 영향을 받지 않는다.

(1) 결정트리 생성하기

결정트리에서 학습의 의미는 '정답에 가장 빨리 도달하는 질문목록을 학습'하는 것이다. 결정트리는 데이터를 통해 각 마디에서 적절한 최적의 분리규칙(Splitting Rule)을 찾아 결정트리의 질문목록을 생성한다. 트리를 성장시키는 과정에서 적절한 정지규칙(Stopping Rule)을 만족하면 트리의 자식마디(노드) 생성을 중단한다. 분리규칙을 설정하는 분리기준(Splitting Criterion)은 목표변수가 이산형 데이터인지, 연속형 데이터인지에 따라 다르다.

① 이산형 목표변수

　㉠ 지도학습 문제 : 분류분석

　㉡ 기준값에 따른 분리기준

　　• 카이제곱 통계량 p값 : p값이 가장 작은 예측변수와 그 때의 최적분리에 의해서 자식마디를 형성

　　• 지니지수 : 지니지수를 감소시키는 예측변수와 그 때의 최적분리에 의해서 자식마디를 형성

　　• 엔트로피지수 : 엔트로피지수가 가장 작은 예측변수와 이때의 최적분리에 의해 자식마디를 형성

② 연속형 목표변수

　㉠ 지도학습 문제 : 회귀분석

　㉡ 기준값에 따른 분리기준

　　• 분산분석에서 F통계량 : p값이 가장 작은 예측변수와 그 때의 최적분리에 의해서 자식마디를 형성

　　• 분산의 감소량 : 분산의 감소량을 최대화하는 기준의 최적분리에 의해서 자식마디를 형성

(2) 결정트리 복잡도 제어하기

데이터를 학습할 때, 트리의 크기를 의사결정나무 모델의 복잡도라고 판단할 수 있다. 학습데이터를 분할하는 질문목록을 생성할 때 모든 데이터가 각각 분할되도록 가지를 치도록 하는 모델을 생성한다면, 이 모델은 해당 학습데이터에 대해 높은 예측력을 가질 것이다. 하지만 데이터의 특성이 학습데이터와 다른 평가데이터를 이 모델에 적용하면 예측력이 감소해 과적합 문제가 발생할 수 있다. 이러한 과적합 문제를 방지하기 위해 가지치기(Pruning)를 이용해서 트리의 성장을 제한한다. 가지치기의 방식에는 여러 가지가 있지만, 사이킷런에서 지원하는 방식은 사전가지치기(Pre-pruning)이다. 사전가지치기는 트리의 최대 깊이나 리프의 최대 개수를 제한하거나, 노드가 분할하기 위한 포인트의 최소 개수를 지정한다.

(3) 트리의 특성 중요도

결정트리는 트리가 어떻게 작동했는지 속성을 살펴볼 수 있다. 변수중요도(또는 특성중요도, Feature Importance)는 트리를 만드는 결정에 각각의 변수가 얼마나 중요했는지를 평가하는 것이다. 변수중요도는 0과 1 사이의 숫자로 표현된다. 변수중요도 0은 트리를 만드는 결정에 해당 변수가 전혀 사용되지 않았다는 뜻이며, 변수중요도 1은 트리를 만드는 결정에 해당 변수가 목푯값을 완벽하게 예측했다는 의미이다. 변수중요도의 총 합은 1이다. 다만, 선형 모델의 계수와는 달리, 변수중요도 값은 항상 양수이다. 또한 목푯값에 대해 어떤 클래스를 지지하는지는 알 수 없다.

(4) 의사결정나무의 장단점

장 점	• 모델을 쉽게 설명할 수 있고 시각화하기 편하다. • 데이터의 스케일에 영향을 받지 않아 데이터의 정규화나 표준화 등의 전처리를 요구하지 않는다.
단 점	• 가지치기 방식에도 불구하고 과대적합의 가능성이 높아 일반화 성능이 우수하지 않다.

이러한 단일 결정트리의 단점을 극복하기 위해 앙상블 기법이 제안되었다. 앙상블 기법은 제8절에서 설명한다.

2. scikit-learn의 tree.DecisionTreeClassifier

의사결정나무 방식으로 분류분석을 구현하는 DecisionTreeClassifier 함수에 대해 알아보자.

```
class sklearn.tree.DecisionTreeClassifier(*, criterion='gini', splitter='best', max_depth=None,
min_samples_split=2, min_samples_leaf=1, min_weight_fraction_leaf=0.0,
max_features=None, random_state=None, max_leaf_nodes=None,
min_impurity_decrease=0.0, class_weight=None, ccp_alpha=0.0)
```

(1) 매개변수

criterion	• 데이터 타입(기본값) : str(default="gini") • 설명 : "gini" 또는 "entropy"에서 고를 수 있다. 노드를 분할할 때 사용할 함수이다.
splitter	• 데이터 타입(기본값) : str(default='best') • 설명 : "best" 또는 "random"에서 고를 수 있다. "best"는 분할식이 가장 좋은 노드를 선택하는 방식이고, "random"은 임의적으로 노드를 선택하는 방식이다.
max_depth	• 데이터 타입(기본값) : int(default=None) • 설명 : 트리의 최대 깊이를 설정한다.
min_ samples_ split	• 데이터 타입(기본값) : float(default=2) • 설명 : 내부노드를 분할하는 데 필요한 최소 샘플 수를 설정한다.
min_ samples_leaf	• 데이터 타입(기본값) : float(default=1) • 설명 : 리프노드에 있어야 하는 최소 샘플 수를 설정한다.
max_ features	• 데이터 타입(기본값) : int 또는 str(default=None) • 설명 : 최상의 분할을 찾을 때 고려하는 변수의 개수를 설정한다. int값으로 개수를 설정하거나 "auto", "sqrt", "log2" 중에 하나에서 선택할 수 있다. "auto"는 원본데이터의 변수 개수이다. "sqrt"는 제곱근이며, "log2"는 로그이다. default=None은 원본데이터의 변수 개수를 max_feature로 설정한다.
random_ state	• 데이터 타입(기본값) : int(default=None) • 설명 : 추정량의 임의성을 제어한다.
max_leaf_ nodes	• 데이터 타입(기본값) : int(default=None) • 설명 : 결정트리의 최대 리프 노드 개수를 설정한다. default=None은 리프 노드의 개수를 제한하지 않는다.
min_ impurity_ decrease	• 데이터 타입(기본값) : float(default=0.0) • 설명 : 노드가 분할되는 조건을 설정한다. 해당 값보다 작거나 같은 수준으로 불순도가 감소할 경우, 노드를 분할한다.
ccp_alpha	• 데이터 타입(기본값) : float(default=0.0) • 설명 : pruning에 사용하는 파라미터이다. ccp-alpha는 최소 비용 - 복잡성 정리에 사용되는 복잡성 매개변수이다. ccp-alpha보다 작은 비용 - 복잡성을 가진 서브트리 중 가장 비용 - 복잡성이 큰 트리를 선택한다. default로 할 경우 pruning은 수행되지 않는다.

(2) 속 성

feature_ importances_	• 데이터 타입 : (n_features,) 형태의 array • 설명 : 변수중요도를 반환한다.

(3) 메서드

cost_
complexity_
pruning_
path
	• 기능 : 최소비용 – 복잡성 가지치기 방식의 가지치기 경로를 계산한다.
	• 인자 설명
	  – X : 샘플데이터. 2차원 array 형태로 입력
	  – y : 타깃데이터. (n_samples,) 또는 (n_samples, n_targets) 형태로 입력
	• 반환값 : 딕셔너리 형태의 ccp_path가 반환. ccp_alphas는 가지치기 동안의 서브트리에 대한 effective alpha값이며, impurities는 ccp_alpha값에 상응하는 서브트리 리프들의 불순도 합임

fit(X, y)	• 기능 : 모델을 학습시킨다.
	• 인자 설명
	  – X : 학습데이터. 2차원 array 형태로 입력
	  – y : 타깃데이터. (n_samples,) 또는 (n_samples, n_targets) 형태로 입력
	• 반환값 : 결정트리 분류기를 Object로 반환

predict(X)	• 기능 : 결정트리 분류 모델을 사용해 예측한다. • 인자 설명 X : 데이터 샘플 • 반환값 : 예측값을 array로 반환
predict_ proba(X)	• 기능 : 확률을 추정한다. • 인자 설명 X : 데이터 샘플 • 반환값 : 클래스에 대한 샘플데이터의 확률

score(X, y)	• 기능 : 예측의 평균 정확도(Accuracy)를 반환한다.
	• 인자 설명
	  – X : 테스트 샘플을 array로 입력
	  – y : X의 실제 값
	• 반환값 : 평균 정확도를 float으로 반환

(4) 코드 실습

UCI Machine Learning 저장소의 독일 신용데이터를 통해 결정트리 분류분석을 수행해보자. 데이터의 자세한 설명은 아카이브(archive.ics.uci.edu/ml/datasets/Statlog+(German+Credit+Data))에서 확인할 수 있다. 실습데이터는 ADP 교재의 깃허브에서 주피터노트북으로 직접 다운로드한다.

먼저 데이터를 업로드한다.

| In [1]: | ```
import pandas as pd
credit = pd.read_csv("https://raw.githubusercontent.com/ADPclass/ADP_book_ver01/main/data/credit_final.csv")
credit
``` |
|---|---|
```

	credit.rating	account.balance	credit.duration.months	previous.credit.payment.status	credit.purpose	credit.amount	savings	employment.duration	installm
0	1	1	18		3	2	1049	1	1
1	1	1	9		3	4	2799	1	2
2	1	2	12		2	4	841	2	3
3	1	1	12		3	4	2122	1	2
4	1	1	12		3	4	2171	1	2
...	...	...	...		...	...	...	...	...
995	0	1	24		2	3	1987	1	2
996	0	1	24		2	4	2303	1	4
997	0	3	21		3	4	12680	4	4
998	0	2	12		2	3	6468	4	1
999	0	1	30		2	2	6350	4	4

Out [1]:

1000 rows × 21 columns

설명변수 X와 종속변수 y를 분리한다. feature_columns에 설명변수를 리스트로 생성하여 credit 데이터에서 설명변수만을 X에 담는다. 종속변수인 credit.rating 변수는 y로 저장한다.

학습데이터와 평가데이터의 비율을 7 : 3으로 분리하여 train과 test를 분리한다. 이때 stratify를 통해 데이터가 타깃 클래스의 비율을 반영하도록 설정한다.

In [2]:
```python
feature_columns = list(credit.columns.difference(['credit.rating']))
X = credit[feature_columns]
y = credit['credit.rating']

from sklearn.model_selection import train_test_split
x_train, x_test, y_train, y_test = train_test_split(X, y, stratify =y,
        test_size =0.3, random_state =1)
print(x_train.shape)
print(x_test.shape)
print(y_train.shape)
print(y_test.shape)
```

Out [2]:
```
(700, 20)
(300, 20)
(700,)
(300,)
```

사이킷런의 DecisionTreeClassifier로 모델을 학습해보자.

In [3]:
```python
from sklearn.tree import DecisionTreeClassifier
clf=DecisionTreeClassifier(max_depth =5)
clf.fit(x_train, y_train)
```

Out [3]:
```
DecisionTreeClassifier(max_depth=5)
```

predict 메서드에 x_test를 입력해 테스트데이터에 대한 예측값을 pred에 저장한다. 결정트리의 혼동행렬을 출력한 뒤 분류분석의 다양한 성능평가지표를 출력하여 결정트리의 성능을 확인해보자.

| In [4]: | ```python
from sklearn.metrics import confusion_matrix, accuracy_score,
precision_score, recall_score, f1_score
pred=clf.predict(x_test)
test_cm=confusion_matrix(y_test, pred)
test_acc=accuracy_score(y_test, pred)
test_prc=precision_score(y_test, pred)
test_rcll=recall_score(y_test, pred)
test_f1=f1_score(y_test, pred)
print(test_cm)
print('정확도\t{}%'.format(round(test_acc *100,2)))
print('정밀도\t{}%'.format(round(test_prc *100,2)))
print('재현율\t{}%'.format(round(test_rcll *100,2)))
``` |
|---|---|
| Out [4]: | ```
[[ 28  62]
 [ 26 184]]

정확도    70.67%
정밀도    74.8%
재현율    87.62%
``` |

이번에는 classification_report를 통해 결정트리의 분석결과를 확인해보자.

| In [5]: | ```python
from sklearn.metrics import classification_report
report = classification_report(y_test, pred)
print(report)
``` |
|---|---|
Out [5]:	 |	precision	recall	f1-score	support
0	0.52	0.31	0.39	90
1	0.75	0.88	0.81	210
accuracy			0.71	300
macro avg	0.63	0.59	0.60	300
weighted avg	0.68	0.71	0.68	300	
```

예측결과를 ROC 곡선으로 시각한 뒤 ROC 곡선의 면적을 계산해보자.

| In [6]: | ```
import matplotlib.pyplot as plt
from sklearn.metrics import plot_roc_curve, roc_auc_score
plot_roc_curve(clf, x_test, y_test)
plt.show()
R_A_score = roc_auc_score(y_test, clf.predict_proba(x_test)[:, 1])
print("ROC_AUC_score : ", R_A_score)
``` |
|---|---|
| Out [6]: | 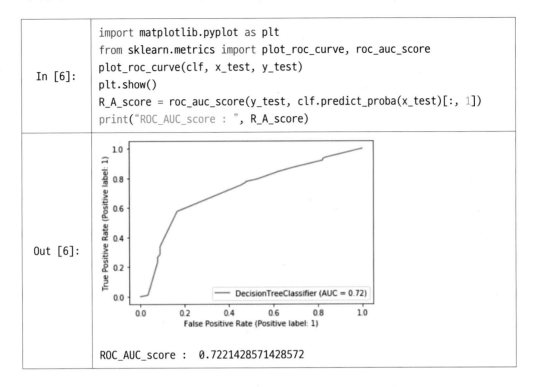
ROC_AUC_score :   0.7221428571428572 |

트리를 생성하는 데 있어 중요한 변수가 무엇인지 확인하기 위해 변수중요도를 확인해보자.

| In [7]: | ```
importances = clf.feature_importances_
column_nm = pd.DataFrame(X.columns)
feature_importances = pd.concat([column_nm,
                                 pd.DataFrame(importances)],
                                axis=1)
feature_importances.columns = ['feature_nm', 'importances']
print(feature_importances)
``` |
|---|---|

		feature_nm	importances
Out [7]:	0	account.balance	0.263282
	1	age	0.123669
	2	apartment.type	0.021665
	3	bank.credits	0.000000
	4	credit.amount	0.086741
	5	credit.duration.months	0.187908
	6	credit.purpose	0.059083
	7	current.assets	0.000000
	8	dependents	0.000000
	9	employment.duration	0.000000
	10	foreign.worker	0.000000
	11	guarantor	0.011790
	12	installment.rate	0.000000
	13	marital.status	0.013993
	14	occupation	0.000000
	15	other.credits	0.034003
	16	previous.credit.payment.status	0.123825
	17	residence.duration	0.020960
	18	savings	0.053080
	19	telephone	0.000000

결정트리의 분류 의사결정을 시각화해보자. Graphviz로 결정트리를 시각화할 수 있다.

In [8]:

```python
import numpy as np
feature_names = feature_columns
target_names = np.array(['0', '1'])

import pydot
import pydotplus
import graphviz
from sklearn.tree import export_graphviz
dt_dot_data = export_graphviz(clf, feature_names = feature_names,
                              class_names = target_names,
                              filled = True, rounded = True,
                              special_characters = True)
dt_graph=pydotplus.graph_from_dot_data(dt_dot_data)

from IPython.display import Image
Image(dt_graph.create_png())
```

Out [8]:	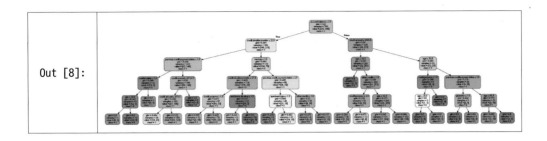

3. scikit-learn의 tree.DecisionTreeRegressor

의사결정나무 방식으로 회귀분석을 구현하는 DecisionTreeRegressor 함수에 대해 알아보자.

class sklearn.tree.DecisionTreeRegressor(*, criterion='squared_error', splitter='best', max_depth=None, min_samples_split=2, min_samples_leaf=1, min_weight_fraction_leaf=0.0, max_features=None, random_state=None, max_leaf_nodes=None, min_impurity_decrease=0.0, ccp_alpha=0.0)

(1) 매개변수

criterion	• 데이터 타입(기본값) : str(default="squared_error") • 설명 : 노드를 분할할 때 사용할 함수이다. "squared_error", "friedman_mse", "absolute_error", "poisson"에서 선택할 수 있다.
splitter	• 데이터 타입(기본값) : str(default='best') • 설명 : "best" 또는 "random"에서 고를 수 있다. "best"는 분할식이 가장 좋은 노드를 선택하는 방식이고, "random"은 임의적으로 노드를 선택하는 방식이다.
max_depth	• 데이터 타입(기본값) : int(default=None) • 설명 : 트리의 최대 깊이를 설정한다.
min_samples	• 데이터 타입(기본값) : float(default=2) • 설명 : 내부노드를 분할하는 데 필요한 최소 샘플 수를 설정한다.
min_samles_ leaf	• 데이터 타입(기본값) : float(default=1) • 설명 : 리프노드에 있어야 하는 최소 샘플 수를 설정한다.
max_ features	• 데이터 타입(기본값) : int 또는 str(default=None) • 설명 : 최상의 분할을 찾을 때 고려하는 변수의 개수를 설정한다. int값으로 개수를 설정하거나 "auto", "sqrt", "log2" 중에 하나에서 선택할 수 있다. "auto"는 원본데이터의 변수 개수이다. "sqrt"는 제곱근이며, "log2"는 로그이다. default=None은 원본데이터의 변수 개수를 max_feature로 설정한다.
random_ state	• 데이터 타입(기본값) : int(default=None) • 설명 : 추정량의 임의성을 제어한다.

max_leaf_ nodes	• 데이터 타입(기본값) : int(default=None) • 설명 : 결정트리의 최대 리프 노드 개수를 설정한다. default=None은 리프 노드의 개수를 제한하지 않는다.
min_ impurity_ decrease	• 데이터 타입(기본값) : float(default=0.0) • 설명 : 노드가 분할되는 조건을 설정한다. 해당 값보다 작거나 같은 수준으로 불순도가 감소할 경우, 노드를 분할한다.
ccp_alpha	• 데이터 타입(기본값) : float(default=0.0) • 설명 : pruning에 사용하는 파라미터이다. ccp-alpha는 최소 비용 – 복잡성 정리에 사용되는 복잡성 매개변수이다. ccp-alpha보다 작은 비용 – 복잡성을 가진 서브트리 중 가장 비용 – 복잡성이 큰 트리를 선택한다. default로 할 경우 pruning은 수행되지 않는다.

(2) 속 성

feature_ importances_	• 데이터 타입 : (n_features,) 형태의 array • 설명 : 변수중요도를 반환한다.

(3) 메서드

cost_ complexity_ pruning_ path(X, y)	• 기능 : 최소 비용 – 복잡성 가지치기 방식의 가지치기 경로를 계산한다. • 인자 설명 – X : 샘플데이터. 2차원 array 형태로 입력 – y : 타깃데이터. (n_samples,) 또는 (n_samples, n_targets) 형태로 입력 • 반환값 : 딕셔너리 형태의 ccp_path가 반환. ccp_alphas는 가지치기 동안의 서브트리에 대한 effective alpha값이며, impurities는 ccp_alpha값에 상응하는 서브트리 리프들의 불순도 합임
fit(X, y)	• 기능 : 모델을 학습시킨다. • 인자 설명 – X : 학습데이터. 2차원 array 형태로 입력 – y : 타깃데이터. (n_samples,) 또는 (n_samples, n_targets) 형태로 입력 • 반환값 : 결정트리 분류기를 Object로 반환
predict(X)	• 기능 : 결정트리 분류 모델을 사용해 예측한다. • 인자 설명 X : 데이터 샘플 • 반환값 : 예측값을 array로 반환
score(X, y)	• 기능 : 예측의 결정계수(R2)를 반환한다. • 인자 설명 – X : 테스트 샘플을 array로 입력 – y : X의 실제 값 • 반환값 : 결정계수를 float으로 반환

(4) 코드 실습

Numpy를 이용해 임의의 데이터를 생성해 결정트리로 회귀분석을 수행해보자. 임의의 데이터를 생성하고 노이즈를 추가한 뒤 산점도로 데이터의 형태를 확인해본다.

| In [1]: | ```python
import numpy as np
from sklearn.tree import DecisionTreeRegressor
import matplotlib.pyplot as plt

# 임의 데이터 생성하기
np.random.seed(0)
X = np.sort(5 * np.random.rand(400, 1), axis =0)
T = np.linspace(0, 5, 500)[:, np.newaxis]
y = np.sin(X).ravel()

# 노이즈 추가하기
y[::1] +=1 * (0.5 - np.random.rand(400))
plt.scatter(X, y, s =20, edgecolor ="black", c ="darkorange", label ="data")
``` |
| Out [1]: | |

결정트리 회귀분석 모델학습을 위해 학습데이터와 평가데이터를 7 : 3의 비율로 분할한다.

| In [2]: | ```python
from sklearn.model_selection import train_test_split
train_x, test_x, train_y, test_y = train_test_split(X,y,train_size =0.7, random_state =1)
print(train_x.shape, test_x.shape, train_y.shape, test_y.shape)
``` |
| Out [2]: | (280, 1) (120, 1) (280,) (120,) |

결정트리 회귀 모델을 생성해보자. max_depth의 깊이를 각각 2와 5로 설정한다.

In [3]:	`regr_1 = DecisionTreeRegressor(max_depth=2)` `regr_2 = DecisionTreeRegressor(max_depth=5)`
Out [3]:	`DecisionTreeRegressor(max_depth=2)` `DecisionTreeRegressor(max_depth=5)`

각각 모델을 이용한 예측값을 y_1, y_2에 저장한 뒤 회귀분석의 다양한 성능지표를 통해 결정트리의 성능을 평가해보자.

| In [4]: | ```python
from sklearn.metrics import mean_squared_error, mean_absolute_error,
mean_squared_error
import pandas as pd
import numpy as np
y_1 = regr_1.fit(train_x, train_y).predict(test_x)
y_2 = regr_2.fit(train_x, train_y).predict(test_x)
preds = [y_1, y_2]
weights = ["max depth = 2", "max depth = 5"]
evls = ['mse', 'rmse', 'mae']
results=pd.DataFrame(index = weights, columns = evls)
for pred, nm in zip(preds, weights):
    mse = mean_squared_error(test_y, pred)
    mae = mean_absolute_error(test_y, pred)
    rmse = np.sqrt(mse)

    results.loc[nm]['mse'] = round(mse,2)
    results.loc[nm]['rmse'] = round(rmse,2)
    results.loc[nm]['mae'] = round(mae,2)

results
``` |
| --- | --- |
| Out [4]: | <table><tr><td></td><td>mse</td><td>rmse</td><td>mae</td></tr><tr><td>max depth = 2</td><td>0.12</td><td>0.35</td><td>0.29</td></tr><tr><td>max depth = 5</td><td>0.12</td><td>0.35</td><td>0.3</td></tr></table> |

X_test 값을 생성하여 결정트리 예측결과를 시각화해보자. regr_1과 regr_2를 리스트에 담는다. 시각화 플롯의 legend로 사용할 텍스를 depths 리스트에 저장한다. 그래프의 색은 model_color 리스트에 저장한다.
```

| In [5]: | ```python
X_test = np.sort(5 * np.random.rand(40, 1), axis=0)

regrs=[regr_1, regr_2]
depths=["max depth = 2", "max depth = 5"]
model_color=["m", "c"]
fig, axes = plt.subplots(nrows =1, ncols =2, sharey =True, figsize =(13,
                  5))
for ix, regr in enumerate(regrs):
    pred = regr.fit(X,y).predict(X_test)
    r2 = regr.score(X_test, pred)
    mae=mean_absolute_error(X_test, pred)

    axes[ix].plot(X_test,
                 pred,
                 color=model_color[ix],
                 label="{}".format(depths[ix])
                 )
    axes[ix].scatter(X, y,
                    s=20,
                    edgecolor="gray",
                    c="darkorange",
                    label="data")
    axes[ix].legend(loc="upper right",
                 ncol=1,
                 fancybox=True,
                 shadow=True)
    axes[ix].set_title("R2 : {r},  MAE : {m}".format(r =round(r2,3),
                 m =round(mae, 3)))
fig.text(0.5, 0.04, "data", ha ="center", va ="center")
fig.text(0.06, 0.5, "target", ha ="center", va ="center", rotation ="vertical")
fig.suptitle("Decision Tree Regression", fontsize =14)
plt.show()
``` |
| Out [5]: | |
```

1. 개 념

앙상블은 단일 결정 트리의 단점을 극복하기 위해 여러 머신러닝 모델을 연결하여 더 강력한 모델을 만드는 방법이다. 즉, 주어진 자료로부터 여러 개의 예측모형들을 만든 후 예측모형들을 조합하여 하나의 최종 예측 모형을 만드는 것이다. 편향, 잡음 및 분산으로 인한 오류를 막고 과적합을 방지하기 위해 사용된다. 대표적인 앙상블 기법으로는 붓스트랩(Bootstrap), 배깅(Bagging), 부스팅(Boosting), 랜덤포레스트(Random Forest)가 있다.

2. 붓스트랩(Bootstrap)

붓스트랩은 랜덤 샘플링의 일종으로 가설 검증을 하거나 통계 계산을 하기 전에 단순임의복원추출법(중복허용)을 적용하여 여러 개의 동일한 크기의 표본 자료를 획득하는 방법이다. 주어진 데이터를 원래의 모집단을 대표하는 독립 표본으로 가정하고, 그 자료로부터 중복을 허용한 무작위 재추출을 하여 복수의 자료를 획득하고 각각에서 통계량을 계산한다.

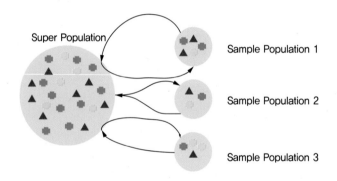

3. 배깅(Bagging, Bootstrap Aggregating)

(1) 개 념

주어진 자료를 모집단으로 간주하여 주어진 자료에서 여러 개의 붓스트랩 자료를 생성하고 각각의 붓스트랩 자료에 예측 모형을 만든 후 결합하여 최종 예측모형을 만드는 방식이다. 통계분류와 회귀분석에서 사용하는 머신러닝 알고리즘의 안정성과 정확도를 향상시키기 위해 고안된 일종의 앙상블 학습법의 알고리즘이다. 분산을 줄이고 정확도를 개선하여 모델의 안정성을 크게 높여 과적합을 방지한다. 배깅을 이용한 머신러닝은 '붓스트래핑(Bootstraping) – 모델링(Modeling) – 보팅(Voting)' 순서로 진행된다.

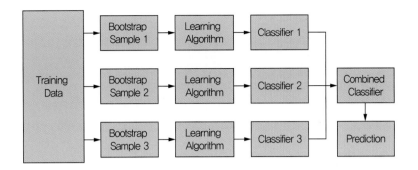

(2) 보팅(Voting)

① **개념** : 여러 개의 모형으로부터 산출된 결과 중 다수결에 의해 최종 결과를 산정하는 과정이다.

② **진행방법** : 최적 의사결정 트리 구축에서 가장 어려운 가지치기를 진행하지 않고 약한 학습자인 트리를 최대로 성장시킨 후 보팅을 진행한다.

(3) 배깅의 특징

① 주어진 자료보다 분산이 적은 앙상블 모델을 얻는 데 중점을 둔다.

② 각 붓스트랩에 대해 붓스트래핑 및 모델링 과정이 병렬적으로 수행된다.

(4) Out of Bag

① **개 념**

배깅에서 붓스트래핑을 수행하면 평균적으로 각 예측기에 훈련데이터의 63% 정도만 샘플링된다. 이때 선택되지 않은 나머지 37%를 Out of Bag 샘플이라고 한다. 단, 예측기마다 남겨진 37%의 데이터는 서로 다르다.

② **oob_score**

선택되지 않은 37%의 데이터로 모델의 성능평가를 수행하는 데 사용할 수 있다. 따라서 검증세트나 교차검증이 따로 필요하지 않다.

(5) scikit-learn의 ensemble.BaggingClassifier

배깅 방식으로 분류분석을 구현하는 BaggingClassifier 함수에 대해 알아보자.

class sklearn.ensemble.BaggingClassifier(base_estimator=None, n_estimators=10, *, max_samples=1.0, max_features=1.0, bootstrap=True, bootstrap_features=False, oob_score=False, warm_start=False, n_jobs=None, random_state=None, verbose=0)

① 매개변수

base_estimator	• 데이터 타입(기본값) : object(default=None) • 설명 : 배깅에서 수행할 분류기이다. None이면 DecisionTreeClassifier를 수행한다.
n_estimators	• 데이터 타입(기본값) : int(default=10) • 설명 : 앙상블의 분류기 모델 수를 설정한다.
max_samples	• 데이터 타입(기본값) : float(default=1.0) • 설명 : 각 기본 추정량을 훈련하기 위해 추출할 샘플의 수이다.
max_features	• 데이터 타입(기본값) : float(default=1.0) • 설명 : 각 기본 추정량을 훈련하기 위해 사용할 컬럼의 수이다.
bootstrap	• 데이터 타입(기본값) : bool(default=True) • 설명 : 샘플(행)을 복원추출할지 여부를 결정한다.
bootstrap_features	• 데이터 타입(기본값) : bool(default=True) • 설명 : feature(열)를 복원할지 여부를 결정한다.
oob_score	• 데이터 타입(기본값) : bool(default=False) • 설명 : 일반화 오류를 추정하기 위해 out-of-bag 샘플을 사용할지 여부를 결정한다.

② 속 성

oob_score_	• 데이터 타입 : float • 설명 : out-of-bag을 사용해 얻은 train 데이터세트의 점수이다. oob_score_를 얻기 위해서는, oob_score 매개변수가 True로 설정해야 한다.

③ 메서드

fit(X, y)	• 기능 : 모델을 학습시킨다.
	• 인자 설명
	  – X : 학습데이터. 2차원 array 형태로 입력
	  – y : 타깃데이터. (n_samples,) 또는 (n_samples, n_targets) 형태로 입력
	• 반환값 : 배깅 추정기를 Object로 반환

predict(X)	• 기능 : 배깅을 사용해 예측한다. • 인자 설명 　X : 데이터 샘플 • 반환값 : 예측값을 array로 반환
predict_ proba(X)	• 기능 : 확률을 추정한다. • 인자 설명 　X : 데이터 샘플 • 반환값 : 클래스에 대한 샘플데이터의 확률
score(X, y)	• 기능 : 예측의 평균 정확도(Accuracy)를 반환한다. • 인자 설명 　－ X : 테스트 샘플을 array로 입력 　－ y : X의 실제 값 • 반환값 : 평균 정확도를 float으로 반환

④ 코드 실습

위스콘신 유방암 진단 데이터세트를 사용해 종양을 예측하는 분류분석을 수행해보자. ADP 교재의 깃허브에서 데이터세트를 다운받을 수 있다.

| In [1]: | ```
import pandas as pd
breast = pd.read_csv("https://raw.githubusercontent.com/ADPclass/
ADP_book_ver01/main/data/breast-cancer.csv")
``` |
|---|---|
| Out [1]: | |

	id	diagnosis	radius_mean	texture_mean	perimeter_mean	area_mean	smoothness_mean	compactness_mean	concavity_mean	concave points_mean	...
0	842302	M	17.99	10.38	122.80	1001.0	0.11840	0.27760	0.30010	0.14710	...
1	842517	M	20.57	17.77	132.90	1326.0	0.08474	0.07864	0.08690	0.07017	...
2	84300903	M	19.69	21.25	130.00	1203.0	0.10960	0.15990	0.19740	0.12790	...
3	84348301	M	11.42	20.38	77.58	386.1	0.14250	0.28390	0.24140	0.10520	...
4	84358402	M	20.29	14.34	135.10	1297.0	0.10030	0.13280	0.19800	0.10430	...
...	...	...	...	...	...	...	...	...	...	...	...
564	926424	M	21.56	22.39	142.00	1479.0	0.11100	0.11590	0.24390	0.13890	...
565	926682	M	20.13	28.25	131.20	1261.0	0.09780	0.10340	0.14400	0.09791	...
566	926954	M	16.60	28.08	108.30	858.1	0.08455	0.10230	0.09251	0.05302	...
567	927241	M	20.60	29.33	140.10	1265.0	0.11780	0.27700	0.35140	0.15200	...
568	92751	B	7.76	24.54	47.92	181.0	0.05263	0.04362	0.00000	0.00000	...

데이터에서 diagnosis 변수가 타깃데이터이다. M은 악성을 의미하며 전체 데이터의 37%를 차지하고 있다. B는 양성을 의미하며 전체 데이터의 63%를 차지하고 있다.

| In [2]: | ```
import seaborn as sns
import matplotlib.pyplot as plt
plt.figure()
sns.countplot(x='diagnosis', data=breast)
``` |
|---|---|

Out [2]:	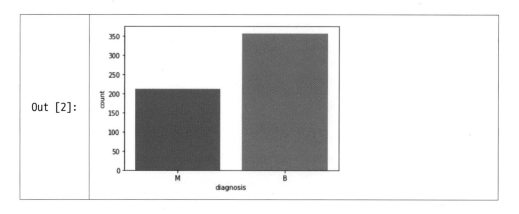

분석을 위해 breast 데이터세트 중 설명변수를 area_mean, texture_mean로 설정하고 타깃변수를 diagnosis로 설정한다. 설명변수와 종속변수 사이의 관계를 살펴보기 위해 산점도를 그려보자.

In [3]:	`sns.relplot(x='area_mean', y="texture_mean", hue='diagnosis', data=breast)`
Out [3]:	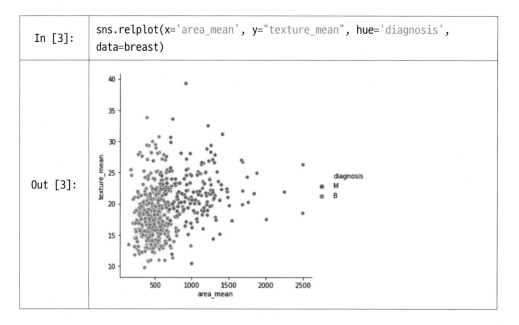

범주형 종속변수를 이산형으로 변환하기 위해 np.where을 사용해 diagnosis 변수에서 M이면 1로, M이 아니면 0으로 바꾸어준다. 개인식별 ID와 종속변수를 제외한 변수를 설명변수 X로 지정한다. X와 y는 학습데이터와 평가데이터를 7 : 3의 비율로 분할한다. stratify를 통해 타깃변수의 클래스 비율을 반영해 데이터를 분할한다.

```
In [4]:    import numpy as np
           from sklearn.model_selection import train_test_split
           breast["diagnosis"] = np.where(breast["diagnosis"]=="M", 1, 0)
           features = ["area_mean", "area_worst"]
           X = breast[features]
           y = breast["diagnosis"]
           x_train, x_test, y_train, y_test = train_test_split(X, y, test_size =0.3,
                   stratify =y, random_state =1)
           print(x_train.shape, x_test.shape)
           print(y_train.shape, y_test.shape)
```

```
Out [4]:    (398, 2) (171, 2)
            (398,) (171,)
```

BaggingClassifier를 사용해 분류기를 생성하여 예측을 수행해보자.

```
In [5]:    from sklearn.tree import DecisionTreeClassifier
           from sklearn.ensemble import BaggingClassifier
           clf = BaggingClassifier(base_estimator =DecisionTreeClassifier())
           pred = clf.fit(x_train, y_train).predict(x_test)
           print("Accuracy Score : ", clf.score(x_test, y_test))
```

```
Out [5]:    Accuracy Score :  0.9122807017543859
```

혼동행렬을 반환해 예측결과를 보다 자세하게 확인해보자.

```
In [6]:    from sklearn.metrics import confusion_matrix
           pd.DataFrame(confusion_matrix(y_test, pred),
                   index=['True[0]', 'True[1]'],
                   columns=['Pred[0]','Pred[1]'])
```

Out [6]:

	Pred[0]	Pred[1]
True[0]	102	5
True[1]	9	55

ROC 곡선을 그리고 AUC 값을 계산하여 분류 예측 결과를 시각화해보자.

```
In [7]:    import matplotlib.pyplot as plt
           from sklearn.metrics import plot_roc_curve, roc_auc_score
           plot_roc_curve(clf, x_test, y_test)
           plt.show()
```

Out [7]:	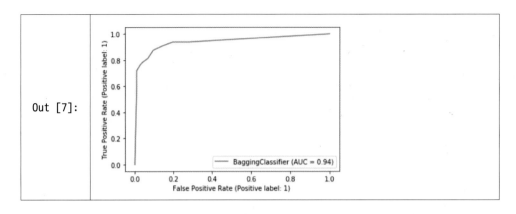

oob_score를 사용해 모델을 평가해보자. BaggingClassifier 함수에서 oob_score 매개변수를 True로 설정하면 이 기능을 사용할 수 있다. oob_score를 사용할 경우 검증세트나 교차검증을 하지 않아도 된다는 장점이 있다.

In [8]:	``` clf_oob=BaggingClassifier(base_estimator =DecisionTreeClassifier(), oob_score=True) oob=clf_oob.fit(X, y).oob_score_ print(oob) ```
Out [8]:	0.9103690685413005

(6) scikit-learn의 ensemble.BaggingRegressor

배깅 방식으로 회귀분석을 구현하는 BaggingRegressor 함수에 대해 알아보자.

```
class sklearn.ensemble.BaggingRegressor(base_estimator=None, n_estimators=10, *,
max_samples=1.0, max_features=1.0, bootstrap=True, bootstrap_features=False,
oob_score=False, warm_start=False, n_jobs=None, random_state=None, verbose=0)
```

① 매개변수

base_ estimator	• 데이터 타입(기본값) : object(default=None) • 설명 : 배깅에서 수행할 분류기이다. None이면 DecisionTreeRegressor를 수행한다.
n_estimators	• 데이터 타입(기본값) : int(default=10) • 설명 : 앙상블의 모델 수를 설정한다.
max_ samples	• 데이터 타입(기본값) : float(default=1.0) • 설명 : 각 기본 추정량을 훈련하기 위해 추출할 샘플의 수이다.
max_ features	• 데이터 타입(기본값) : float(default=1.0) • 설명 : 각 기본 추정량을 훈련하기 위해 사용할 컬럼의 수이다.

bootstrap	• 데이터 타입(기본값) : bool(default=True) • 설명 : 샘플(행)을 복원추출할지 여부를 결정한다.
bootstrap_ features	• 데이터 타입(기본값) : bool(default=True) • 설명 : feature(열)를 복원할지 여부를 결정한다.
oob_score	• 데이터 타입(기본값) : bool(default=False) • 설명 : 일반화 오류를 추정하기 위해 out-of-bag 샘플을 사용할지 여부를 결정한다.

② 속 성

oob_score_	• 데이터 타입 : float • 설명 : out-of-bag을 사용해 얻은 train 데이터세트의 점수이다. oob_score_를 얻기 위해서 는, oob_score 매개변수를 True로 설정해야 한다.

③ 메서드

fit(X, y)	• 기능 : 모델을 학습시킨다. • 인자 설명 　- X : 학습데이터. 2차원 array 형태로 입력 　- y : 타깃데이터. (n_samples,) 또는 (n_samples, n_targets) 형태로 입력 • 반환값 : 배깅 추정기를 Object로 반환
predict(X)	• 기능 : 배깅을 사용해 예측한다. • 인자 설명 　X : 데이터 샘플 • 반환값 : 예측값을 array로 반환
score(X, y)	• 기능 : 결정계수(R2)를 반환한다. • 인자 설명 　- X : 테스트 샘플을 array로 입력 　- y : X의 실제 값 • 반환값 : 결정계수를 float으로 반환

④ 코드 실습

캐글의 자동차 데이터세트를 사용해 자동차의 가격을 예측해보자. ADP 교재의 깃허브에서 데이터
세트를 다운받을 수 있다.

In [1]:	``` import pandas as pd car = pd.read_csv("https://raw.githubusercontent.com/ADPclass/ADP_ book_ver01/main/data/CarPrice_Assignment.csv") car.info() ```

```
Out [1]:    RangeIndex: 205 entries, 0 to 204
            Data columns (total 26 columns):
             #   Column            Non-Null Count  Dtype
            ---  ------            --------------  -----
             0   car_ID            205 non-null    int64
             1   symboling         205 non-null    int64
             2   CarName           205 non-null    object
             3   fueltype          205 non-null    object
             4   aspiration        205 non-null    object
             5   doornumber        205 non-null    object
             6   carbody           205 non-null    object
             7   drivewheel        205 non-null    object
             8   enginelocation    205 non-null    object
             9   wheelbase         205 non-null    float64
            10   carlength         205 non-null    float64
            11   carwidth          205 non-null    float64
            12   carheight         205 non-null    float64
            13   curbweight        205 non-null    int64
            14   enginetype        205 non-null    object
            15   cylindernumber    205 non-null    object
            16   enginesize        205 non-null    int64
            17   fuelsystem        205 non-null    object
            18   boreratio         205 non-null    float64
            19   stroke            205 non-null    float64
            20   compressionratio  205 non-null    float64
            21   horsepower        205 non-null    int64
            22   peakrpm           205 non-null    int64
            23   citympg           205 non-null    int64
            24   highwaympg        205 non-null    int64
            25   price             205 non-null    float64
            dtypes: float64(8), int64(8), object(10)
            memory usage: 41.8+ KB
```

car 데이터에는 범주형 변수와 연속형 변수가 모두 존재한다. 이번 분석에서는 연속형 변수들을 종속변수로 설정하고, price를 타깃 변수로 설정한다.

```
In [2]:   car_num = car.select_dtypes(['number'])
          features = list(car_num.columns.difference(['car_ID', 'symboling',
                  'price']))
          X=car_num[features]
          y=car_num['price']
          print(X.shape, y.shape)
```

```
Out [2]:  (205, 13) (205,)
```

배깅을 이용해 회귀분석 모델을 생성하고 oob_score의 기능을 활용해 모델을 평가해보자. 머신러닝 결과 평균 정확도가 89%임을 확인할 수 있다.

| In [3]: | ```
from sklearn.ensemble import BaggingRegressor
from sklearn.tree import DecisionTreeRegressor
reg = BaggingRegressor(base_estimator =DecisionTreeRegressor(),
                                  oob_score=True)
reg=reg.fit(X, y)
reg.oob_score_
``` |
|---|---|
| Out [3]: | 0.8930074931699324 |

4. 부스팅(Boosting)

(1) 개 념

부스팅은 예측력이 약한 모형들을 결합해 강한 예측모형을 만드는 방법이다. 붓스트랩을 병렬로 수행하여 각 모델을 독립적으로 구축하는 배깅과 달리, 부스팅은 순차방식으로 학습을 진행한다.

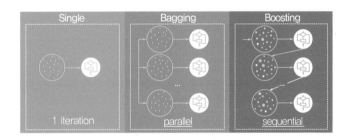

훈련 단계에서 알고리즘은 데이터 샘플에 가중치를 할당하므로 분류결과가 좋지 않은 데이터는 높은 가중치를, 분류결과가 좋은 데이터는 낮은 가중치를 할당받는다. 높은 가중치를 받은 데이터 샘플은 다음 붓스트래핑에서 추출될 확률이 높아진다. 따라서 배깅에 비해 모델의 장점을 최적화하고 train 데이터에 대해 오류가 적은 결합모델을 생성할 수 있다는 장점이 있다. 다만, train 데이터에 과적합할 위험이 있다.

(2) scikit-learn의 ensemble.AdaBoostClassifier

부스트 방식으로 분류분석을 구현하는 AdaBoostClassifier 함수에 대해 알아보자.

```
class sklearn.ensemble.AdaBoostClassifier(base_estimator=None, *, n_estimators=50,
learning_rate=1.0, algorithm='SAMME.R', random_state=None)
```
```

① 매개변수

base_ estimator	• 데이터 타입(기본값) : object(default=None) • 설명 : 부스팅에서 수행하는 분류기이다. None이면 DecisionTreeClassifier를 수행한다.
n_estimators	• 데이터 타입(기본값) : int(default=50) • 설명 : 부스팅이 종료되는 최대 추정기 수이다.
learning_rate	• 데이터 타입(기본값) : float(default=1.0) • 설명 : 각 부스팅의 반복 시 분류기에 적용되는 가중치이다. 학습률이 높을수록 각 분류기의 기여도가 높아진다.
random_ state	• 데이터 타입(기본값) : int(default=None) • 설명 : 각 부스팅의 base_estimator에서 random seed를 제어한다.

② 속 성

feature_ importances_	• 데이터 타입 : (n_features,) 형태의 array • 설명 : 불순도를 기반으로 하는 변수중요도를 출력한다.

③ 메서드

fit(X, y)	• 기능 : 모델을 학습시킨다.
	• 인자 설명
	  − X : 학습데이터. 2차원 array 형태로 입력
	  − y : 타깃데이터. (n_samples,) 또는 (n_samples, n_targets) 형태로 입력
	• 반환값 : 추정기를 Object로 반환

predict(X)	• 기능 : 부스팅을 사용해 예측한다. • 인자 설명 X : 데이터 샘플 • 반환값 : 예측값을 array로 반환
predict_ proba(X)	• 기능 : 확률을 추정한다. • 인자 설명 X : 데이터 샘플 • 반환값 : 클래스에 대한 샘플데이터의 확률

score(X, y)	• 기능 : 예측의 평균 정확도(Accuracy)를 반환한다.
	• 인자 설명
	  − X : 테스트 샘플을 array로 입력
	  − y : X의 실제 값
	• 반환값 : 평균 정확도를 float으로 반환

④ 코드 실습

배깅에서 수행한 유방암 데이터로 부스팅을 수행해보자. 먼저 데이터를 불러온다. diagnosis 변수를 이산형 변수로 변환한다. area_mean과 texture_mean을 설명변수 X로 설정하고, diagnosis 변수를 타깃변수 y로 지정한다. 또한 학습데이터와 평가데이터를 7 : 3의 비율로 분할한다. 이때 타깃변수의 클래스 비율이 반영되도록 stratify를 사용한다.

| In [1]: | ```python
import pandas as pd
breast = pd.read_csv("https://raw.githubusercontent.com/ADPclass/
ADP_book_ver01/main/data/breast-cancer.csv")

import numpy as np
from sklearn.model_selection import train_test_split
breast["diagnosis"] = np.where(breast["diagnosis"]=="M", 1, 0)
features = ["area_mean", "texture_mean"]
X = breast[features]
y = breast["diagnosis"]
x_train, x_test, y_train, y_test = train_test_split(X, y, test_size =0.3,
        stratify =y, random_state =1)
print(x_train.shape, x_test.shape)
print(y_train.shape, y_test.shape)
``` |
|---|---|
| Out [1]: | ```
(398, 2) (171, 2)
(398,) (171,)
``` |

AdaBoostClassifier로 모델을 생성한 뒤, fit 메서드로 데이터를 학습하고 predict 메서드로 x_text 데이터에 대한 예측값을 pred에 저장한다. score 메서드를 통해 평균 정확도를 확인할 수 있다.

| In [2]: | ```python
from sklearn.ensemble import AdaBoostClassifier
clf = AdaBoostClassifier(base_estimator =None)
pred=clf.fit(x_train, y_train).predict(x_test)
print("정확도 : ", clf.score(x_test, y_test))
``` |
|---|---|
| Out [2]: | 정확도 : 0.9122807017543859 |
```

분류분석의 다양한 성능지표로 부스팅 모델의 예측성능을 확인해보자.

| In [3]: | ```python
from sklearn.metrics import confusion_matrix, accuracy_score, precision_score, recall_score, f1_score
pred=clf.predict(x_test)
test_cm=confusion_matrix(y_test, pred)
test_acc=accuracy_score(y_test, pred)
test_prc=precision_score(y_test, pred)
test_rcll=recall_score(y_test, pred)
test_f1=f1_score(y_test, pred)
print(test_cm)
print('정확도\t{}%'.format(round(test_acc *100,2)))
print('정밀도\t{}%'.format(round(test_prc *100,2)))
print('재현율\t{}%'.format(round(test_rcll *100,2)))
``` |
|---|---|
| Out [3]: | ```
[[102    5]
 [ 10   54]]

정확도   91.23%
정밀도   91.53%
재현율   84.38%
``` |

ROC 커브를 시각화하여 AUC를 구해볼 수 있다.

| In [4]: | ```python
import matplotlib.pyplot as plt
from sklearn.metrics import plot_roc_curve, roc_auc_score
plot_roc_curve(clf, x_test, y_test)
plt.show()
``` |
|---|---|
| Out [4]: | 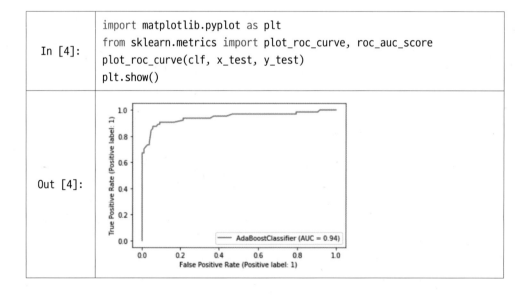 |
```

이번에는 변수중요도를 통해 예측에 사용된 변수들 중 타깃변수에 영향을 가장 많이 준 변수가 무엇인지 살펴보자. area_mean 변수의 중요도가 높은 것을 확인할 수 있다.

| In [5]: | ```python
importances = clf.feature_importances_
column_nm = pd.DataFrame(["area_mean", "texture_mean"])
feature_importances = pd.concat([column_nm,
                                 pd.DataFrame(importances)],
                                axis=1)
feature_importances.columns = ['feature_nm', 'importances']
print(feature_importances)
``` |
|---|---|
| Out [5]: | ```
    feature_nm  importances
0     area_mean         0.56
1  texture_mean         0.44
``` |

변수중요도는 막대그래프로 시각화할 수 있다.

| In [6]: | ```python
f = features
xtick_label_position = list(range(len(f)))
plt.xticks(xtick_label_position, f)
plt.bar([x for x in range(len(importances))], importances)
``` |
|---|---|
| Out [6]: | 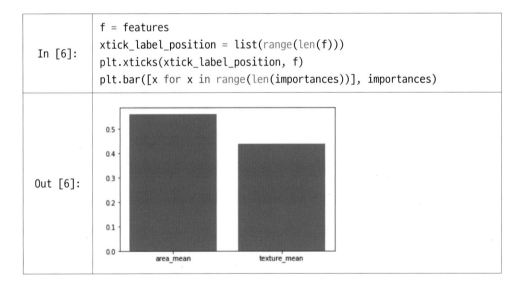 |

(3) scikit-learn의 ensemble.AdaBoostRegressor

부스트 방식으로 회귀분석을 구현하는 AdaBoostRegressor 함수에 대해 알아보자.

class sklearn.ensemble.AdaBoostRegressor(base_estimator=None, *, n_estimators=50, learning_rate=1.0, loss='linear', random_state=None)
```

① 매개변수

base_estimator	• 데이터 타입(기본값) : object(default=None) • 설명 : 부스팅에서 수행하는 추정기이다. None이면 DecisionTreeRegressor를 수행한다.
n_estimators	• 데이터 타입(기본값) : int(default=50) • 설명 : 부스팅이 종료되는 최대 추정기 수이다.
learning_rate	• 데이터 타입(기본값) : float(default=1.0) • 설명 : 각 부스팅의 반복 시 분류기에 적용되는 가중치이다. 학습률이 높을수록 각 분류기의 기여도가 높아진다.
loss	• 데이터 타입(기본값) : str(default='linear') • 설명 : 각각의 부스팅 반복 후 가중치를 업데이트할 때 사용하는 손실 함수를 설정한다. 'linear', 'square', 'exponential' 중 선택할 수 있다.
random_state	• 데이터 타입(기본값) : int(default=None) • 설명 : 각 부스팅의 base_estimator에서 random seed를 제어한다.

② 속성

feature_importances_	• 데이터 타입 : (n_features,) 형태의 array • 설명 : 불순도를 기반으로 하는 변수중요도를 출력한다.

③ 메서드

fit(X, y)	• 기능 : 모델을 학습시킨다. • 인자 설명 　- X : 학습데이터. 2차원 array 형태로 입력 　- y : 타깃데이터. (n_samples,) 또는 (n_samples, n_targets) 형태로 입력 • 반환값 : 추정기를 Object로 반환
predict(X)	• 기능 : 부스팅을 사용해 예측한다. • 인자 설명 　X : 데이터 샘플 • 반환값 : 예측값을 array로 반환
score(X, y)	• 기능 : 예측의 결정계수(R2)를 반환한다. • 인자 설명 　- X : 테스트 샘플을 array로 입력 　- y : X의 실제 값 • 반환값 : 결정계수를 float으로 반환

④ 코드 실습

배깅에서 사용한 자동차 가격 데이터로 부스팅을 수행해보자. 데이터를 불러온 뒤 연속형 데이터로만 구성된 변수를 car_num에 저장한다. price를 타깃데이터로 설정하여 X와 y를 지정한다. train_test_split을 이용해 학습데이터와 평가데이터의 비율이 7 : 3이 되도록 분할한다.

| In [1]: | ```
car = pd.read_csv("https://raw.githubusercontent.com/ADPclass/ADP_
book_ver01/main/data/CarPrice_Assignment.csv")
car_num = car.select_dtypes(['number'])
features = list(car_num.columns.difference(['car_ID', 'symboling',
'price']))
X=car_num[features]
y=car_num['price']
from sklearn.model_selection import train_test_split
x_train, x_test, y_train, y_test = train_test_split(X, y, test_size =0.3,
        random_state =1)
print(x_train.shape)
print(x_test.shape)
print(y_train.shape)
print(y_test.shape)
``` |
|---|---|
| Out [1]: | ```
(143, 13)
(62, 13)
(143,)
(62,)
``` |

AdaBoostRegressor를 이용해 회귀분석을 수행해보자. fit 메서드로 데이터를 학습한 뒤 predict 메서드로 x_test에 대한 예측값을 pred에 저장한다. 다양한 회귀분석 성능지표로 모델의 예측력을 확인해보자.

| In [2]: | ```
from sklearn.ensemble import AdaBoostRegressor
reg = AdaBoostRegressor(base_estimator =None)
pred = reg.fit(x_train, y_train).predict(x_test)
from sklearn.metrics import mean_squared_error, mean_absolute_error,
mean_squared_error
mse = mean_squared_error(y_test, pred)
mae = mean_absolute_error(y_test, pred)
rmse = np.sqrt(mse)
acc = reg.score(x_test, y_test)
print('MSE\t{}'.format(round(mse,3)))
print('MAE\t{}'.format(round(mae,3)))
print('RMSE\t{}'.format(round(rmse,3)))
print('ACC\t{}%'.format(round(acc *100,3)))
``` |
|---|---|
| Out [2]: | ```
MSE    5667952.249
MAE    1768.018
RMSE   2380.746
ACC    90.611%
``` |

이번에는 변수중요도를 통해 예측에 사용된 변수들 중 타깃변수에 영향을 가장 많이 준 변수가 무엇인지 살펴보자. enginesize 변수가 타깃변수 예측에 가장 영향을 주었다고 해석할 수 있다.

| In [3]: | ```python
importances = reg.feature_importances_
column_nm = pd.DataFrame(features)
feature_importances = pd.concat([column_nm,
                                 pd.DataFrame(importances)],
                                axis=1)
feature_importances.columns = ['feature_nm', 'importances']
print(feature_importances)
``` |
|---|---|
| Out [3]: | ```
        feature_nm  importances
0         boreratio     0.027183
1         carheight     0.004699
2         carlength     0.011040
3          carwidth     0.062520
4           citympg     0.008243
5   compressionratio    0.008740
6         curbweight     0.076796
7         enginesize     0.623066
8         highwaympg    0.055774
9         horsepower    0.071196
10          peakrpm     0.004732
11           stroke     0.012469
12         wheelbase    0.033542
``` |

변수중요도는 막대그래프로 시각화할 수 있다.

| In [4]: | ```python
n_features = x_train.shape[1]
importances = reg.feature_importances_
column_nm = features

plt.barh(range(n_features), importances, align ='center')
plt.yticks(np.arange(n_features), column_nm)
plt.xlabel("feature importances")
plt.ylabel("feature")
plt.ylim(-1, n_features)
plt.show()
``` |
|---|---|
| Out [4]: | |
```

5. 랜덤포레스트(Random Forest)

(1) 개념

랜덤포레스트는 배깅과 부스팅보다 더 많은 무작위성을 주어 약한 학습기들을 생성한 후 이를 선형결합하여 최종 학습기를 만드는 방법이다. 수천 개의 변수를 변수 제거 없이 모델링하므로 정확도 측면에서 좋은 성과를 보이는 기법 중 하나이다. 이론적인 설명이나 최종 결과에 대한 해석이 어렵다는 단점이 있지만, 예측력이 매우 높은 것으로 알려져 있다. 입력변수가 많은 경우 배깅 및 부스팅과 비슷하거나 더 좋은 예측력을 보인다.

(2) scikit-learn의 ensemble.RandomForestClassifier

랜덤포레스트 방식으로 분류분석을 구현하는 RandomForestClassifier 함수에 대해 알아보자.

```
class sklearn.ensemble.RandomForestClassifier(n_estimators=100, *, criterion='gini',
max_depth=None, min_samples_split=2, min_samples_leaf=1,
min_weight_fraction_leaf=0.0, max_features='auto', max_leaf_nodes=None,
min_impurity_decrease=0.0, bootstrap=True, oob_score=False, n_jobs=None,
random_state=None, verbose=0, warm_start=False, class_weight=None,
ccp_alpha=0.0, max_samples=None)
```

① 매개변수

n_estimators	• 데이터 타입(기본값) : int(default=100) • 설명 : RandomForest에서 나무의 수이다.
critierion	• 데이터 타입(기본값) : str(default='gini') • 설명 : 분할 여부를 판단하는 방법을 설정한다. "gini", "entropy" 중 선택할 수 있다.
max_depth	• 데이터 타입(기본값) : int(default=None) • 설명 : 나무의 최대 깊이이다. None이면 모든 노드의 불순도가 0이거나 노드에 min_sample_split 미만의 샘플만 존재할 때까지 노드를 확장한다.
min_samples_split	• 데이터 타입(기본값) : float(default=2) • 설명 : 내부 노드를 분할하는 데 필요한 최소 샘플 수이다.
min_samples_leaf	• 데이터 타입(기본값) : float(default=0.0) • 설명 : 리프 노드에 있어야 하는 최소 샘플 수이다.
max_leaf_nodes	• 데이터 타입(기본값) : str(default='auto') • 설명 : 리프 노드의 최대 개수이다. None이면 리프 노드 수에 제한이 없다.
bootstrap	• 데이터 타입(기본값) : bool(default=True) • 설명 : 트리를 만들 때 붓스트랩 샘플이 사용되는지 여부이다. False이면 전체 데이터세트가 각 트리를 생성하는 데 사용된다.

oob_score	• 데이터 타입(기본값) : int(default=0) • 설명 : 정확도 측정을 위해 out-of-bag 샘플을 사용할지 여부를 설정한다.
random_ state	• 데이터 타입(기본값) : int(default=None) • 설명 : 추정량의 임의성을 제어한다.
ccp_alpha	• 데이터 타입(기본값) : float(default=0.0) • 설명 : pruning에 사용하는 파라미터이다. ccp-alpha는 최소 비용 – 복잡성 정리에 사용되는 복잡성 매개변수이다. ccp-alpha보다 작은 비용 – 복잡성을 가진 서브트리 중 가장 비용 – 복잡성이 큰 트리를 선택한다. default로 할 경우 pruning은 수행되지 않는다.
min_ impurity_ decrease	• 데이터 타입(기본값) : float(default=0.0) • 설명 : 노드가 분할되는 조건을 설정한다. 해당 값보다 작거나 같은 수준으로 불순도가 감소할 경우, 노드를 분할한다.

② 속 성

feature_ importances_	• 데이터 타입 : (n_features,) 형태의 array • 설명 : 변수중요도를 반환한다.
oob_score_	• 데이터 타입 : float • 설명 : out-of-bag을 사용해 얻은 train 데이터세트의 점수이다. oob_score_를 얻기 위해서는, oob_score 매개변수를 True로 설정해야 한다.

③ 메서드

fit(X, y)	• 기능 : 모델을 학습시킨다. • 인자 설명 　– X : 학습데이터. 2차원 array 형태로 입력 　– y : 타깃데이터. (n_samples,) 또는 (n_samples, n_targets) 형태로 입력 • 반환값 : 추정기를 Object로 반환
predict(X)	• 기능 : 랜덤포레스트를 사용해 예측한다. • 인자 설명 　X : 데이터 샘플 • 반환값 : 예측값을 array로 반환
predict_ proba(X)	• 기능 : 확률을 추정한다. • 인자 설명 　X : 데이터 샘플 • 반환값 : 클래스에 대한 샘플데이터의 확률
score(X, y)	• 기능 : 예측의 평균 정확도(Accuracy)를 반환한다. • 인자 설명 　– X : 테스트 샘플을 array로 입력 　– y : X의 실제 값 • 반환값 : 평균 정확도를 float으로 반환

④ 코드 실습

배깅에서 수행한 유방암 데이터로 부스팅을 수행해보자. 먼저 데이터를 불러온다. diagnosis 변수를 이산형 변수로 변환한다. area_mean과 texture_mean을 설명변수 X로 설정하고, diagnosis 변수를 타깃변수 y로 지정한다. 또한 학습데이터와 평가데이터를 7 : 3의 비율로 분할한다. 이때 타깃변수의 클래스 비율이 반영되도록 stratify를 사용한다.

| In [1]: | ```python
import pandas as pd
breast = pd.read_csv("https://raw.githubusercontent.com/ADPclass/
ADP_book_ver01/main/data/breast-cancer.csv")

import numpy as np
from sklearn.model_selection import train_test_split
breast["diagnosis"] = np.where(breast["diagnosis"]=="M", 1, 0)
features = ["area_mean", "texture_mean"]
X = breast[features]
y = breast["diagnosis"]
x_train, x_test, y_train, y_test = train_test_split(X, y, test_size =0.3,
        stratify =y, random_state =1)
print(x_train.shape, x_test.shape)
print(y_train.shape, y_test.shape)
``` |
|---|---|
| Out [1]: | (398, 2) (171, 2)
(398,) (171,) |

RandomForestClassifier로 모델을 생성한 뒤, fit 메서드로 데이터를 학습하고 predict 메서드로 x_text 데이터에 대한 예측값을 pred에 저장한다. score 메서드를 통해 평균 정확도를 확인할 수 있다.

| In [2]: | ```python
from sklearn.ensemble import RandomForestClassifier
clf = RandomForestClassifier(n_estimators =100, min_samples_split =5)
pred = clf.fit(x_train, y_train).predict(x_test)
print("정확도 : ", clf.score(x_test, y_test))
``` |
|---|---|
| Out [2]: | 정확도 : 0.8947368421052632 |

분류분석의 다양한 성능지표로 부스팅 모델의 예측성능을 확인해보자.

| In [3]: | ```
from sklearn.metrics import confusion_matrix, accuracy_score,
precision_score, recall_score, f1_score
pred=clf.predict(x_test)
test_cm=confusion_matrix(y_test, pred)
test_acc=accuracy_score(y_test, pred)
test_prc=precision_score(y_test, pred)
test_rcll=recall_score(y_test, pred)
test_f1=f1_score(y_test, pred)
print(test_cm)
print('정확도\t{}%'.format(round(test_acc *100,2)))
print('정밀도\t{}%'.format(round(test_prc *100,2)))
print('재현율\t{}%'.format(round(test_rcll *100,2)))
``` |
|---|---|
| Out [3]: | ```
[[102    5]
 [ 11   53]]

정확도    90.64%
정밀도    91.38%
재현율    82.81%
``` |

ROC 커브를 시각화하여 AUC를 구해볼 수 있다.

| In [4]: | ```
import matplotlib.pyplot as plt
from sklearn.metrics import plot_roc_curve, roc_auc_score
plot_roc_curve(clf, x_test, y_test)
plt.show()
``` |
|---|---|
| Out [4]: | 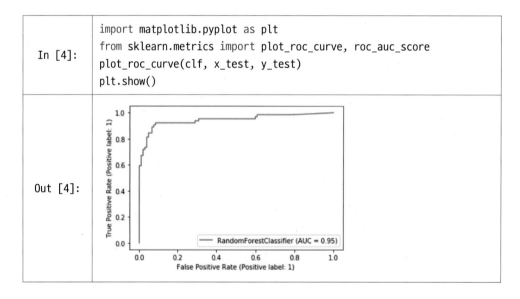 |
```

이번에는 변수중요도를 통해 예측에 사용된 변수들 중 타깃변수에 영향을 가장 많이 준 변수가 무엇인지 살펴보자. area_mean 변수의 중요도가 높은 것을 확인할 수 있다.

| In [5]: | ```python
importances = clf.feature_importances_
column_nm = pd.DataFrame(["area_mean", "texture_mean"])
feature_importances = pd.concat([column_nm,
                                 pd.DataFrame(importances)],
                                axis=1)
feature_importances.columns = ['feature_nm', 'importances']
print(feature_importances)
``` |
|---|---|
| Out [5]: | ```
   feature_nm  importances
0    area_mean     0.703961
1  texture_mean    0.296039
``` |

변수중요도는 막대그래프로 시각화할 수 있다.

| In [6]: | ```python
f = features
xtick_label_position = list(range(len(f)))
plt.xticks(xtick_label_position, f)
plt.bar([x for x in range(len(importances))], importances)
``` |
|---|---|
| Out [6]: | 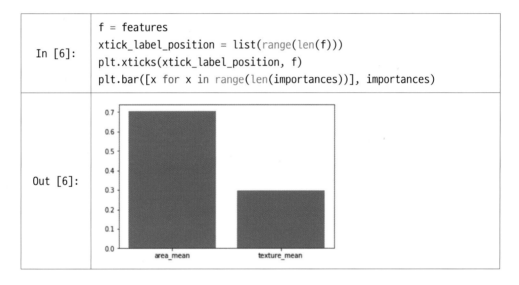 |

(3) scikit-learn의 ensemble.RandomForestRegressor

랜덤포레스트 방식으로 회귀분석을 구현하는 RandomForestRegressor 함수에 대해 알아보자.

```
class sklearn.ensemble.RandomForestRegressor(n_estimators=100, *,
criterion='squared_error', max_depth=None, min_samples_split=2,
min_samples_leaf=1, min_weight_fraction_leaf=0.0, max_features='auto',
max_leaf_nodes=None, min_impurity_decrease=0.0, bootstrap=True,
oob_score=False, n_jobs=None, random_state=None, verbose=0, warm_start=False,
ccp_alpha=0.0, max_samples=None)[source]
```
```

① 매개변수

n_estimators	• 데이터 타입(기본값) : int(default=100) • 설명 : RandomForest에서 나무의 수이다.
critierion	• 데이터 타입(기본값) : str(default='squared_error') • 설명 : 분할 여부를 판단하는 방법을 설정한다. "squared_error", "absolute_error", "poisson" 중 선택할 수 있다.
max_depth	• 데이터 타입(기본값) : int(default=None) • 설명 : 나무의 최대 깊이이다. None이면 모든 노드의 불순도가 0이거나 노드에 min_sample_split 미만의 샘플만 존재할 때까지 노드를 확장한다.
min_ samples_ split	• 데이터 타입(기본값) : float(default=2) • 설명 : 내부 노드를 분할하는 데 필요한 최소 샘플 수이다.
min_ samples_leaf	• 데이터 타입(기본값) : float(default=0.0) • 설명 : 리프 노드에 있어야 하는 최소 샘플 수이다.
max_ features	• 데이터 타입(기본값) : int 또는 str(default=None) • 설명 : 최상의 분할을 찾을 때 고려하는 변수의 개수를 설정한다. int값으로 개수를 설정하거나 "auto", "sqrt", "log2" 중에 하나에서 선택할 수 있다. "auto"는 원본데이터의 변수 개수이다. "sqrt"는 제곱근이며, "log2"는 로그이다. default=None은 원본데이터의 변수 개수를 max_feature로 설정한다.
max_leaf_ nodes	• 데이터 타입(기본값) : str(default='auto') • 설명 : 리프 노드의 최대 개수이다. None이면 리프 노드 수에 제한이 없다.
bootstrap	• 데이터 타입(기본값) : bool(default=True) • 설명 : 트리를 만들 때 붓스트랩 샘플이 사용되는지 여부이다. False이면 전체 데이터세트가 각 트리를 생성하는 데 사용된다.
oob_score	• 데이터 타입(기본값) : int(default=0) • 설명 : 정확도 측정을 위해 out-of-bag 샘플을 사용할지 여부를 설정한다.
random_ state	• 데이터 타입(기본값) : int(default=None) • 설명 : 추정량의 임의성을 제어한다.
ccp_alpha	• 데이터 타입(기본값) : float(default=0.0) • 설명 : pruning에 사용하는 파라미터이다. ccp-alpha는 최소 비용 – 복잡성 정리에 사용되는 복잡성 매개변수이다. ccp-alpha보다 작은 비용 – 복잡성을 가진 서브트리 중 가장 비용 – 복잡성이 큰 트리를 선택한다. default로 할 경우 pruning은 수행되지 않는다.
min_ impurity_ decrease	• 데이터 타입(기본값) : float(default=0.0) • 설명 : 노드가 분할되는 조건을 설정한다. 해당 값보다 작거나 같은 수준으로 불순도가 감소할 경우, 노드를 분할한다.

② 속 성

feature_ importances	• 데이터 타입 : (n_features,) 형태의 array • 설명 : 변수중요도를 반환한다.

③ 메서드

fit(X, y)	• 기능 : 모델을 학습시킨다. • 인자 설명 　− X : 학습데이터. 2차원 array 형태로 입력 　− y : 타깃데이터. (n_samples,) 또는 (n_samples, n_targets) 형태로 입력 • 반환값 : 추정기를 Object로 반환
predict(X)	• 기능 : 랜덤포레스트 모델을 사용해 예측한다. • 인자 설명 　X : 데이터 샘플 • 반환값 : 예측값을 array로 반환
score(X, y)	• 기능 : 예측의 결정계수(R2)를 반환한다. • 인자 설명 　− X : 테스트 샘플을 array로 입력 　− y : X의 실제 값 • 반환값 : 결정계수를 float으로 반환

④ 코드 실습

배깅에서 사용한 자동차 가격 데이터로 부스팅을 수행해보자. 데이터를 불러온 뒤 연속형 데이터로만 구성된 변수를 car_num에 저장한다. price를 타깃데이터로 설정하여 X와 y를 지정한다. train_test_split을 이용해 학습데이터와 평가데이터의 비율이 7 : 3이 되도록 분할한다.

| In [1]: | ```python
car = pd.read_csv("https://raw.githubusercontent.com/ADPclass/ADP_
book_ver01/main/data/CarPrice_Assignment.csv")
car_num = car.select_dtypes(['number'])
features = list(car_num.columns.difference(['car_ID', 'symboling',
'price']))
X=car_num[features]
y=car_num['price']
from sklearn.model_selection import train_test_split
x_train, x_test, y_train, y_test = train_test_split(X, y, test_size =0.3,
        random_state =1)
print(x_train.shape)
print(x_test.shape)
print(y_train.shape)
print(y_test.shape)
``` |
|---|---|
```

Out [1]:	(143, 13) (62, 13) (143,) (62,)

RandomForestRegressor를 이용해 회귀분석을 수행해보자. fit 메서드로 데이터를 학습한 뒤 predict 메서드로 x_test에 대한 예측값을 pred에 저장한다. 다양한 회귀분석 성능지표로 모델의 예측력을 확인해보자.

In [2]:	``` from sklearn.ensemble import RandomForestRegressor reg = RandomForestRegressor() pred=reg.fit(x_train, y_train).predict(x_test) from sklearn.metrics import mean_squared_error, mean_absolute_error, mean_squared_error mse = mean_squared_error(y_test, pred) mae = mean_absolute_error(y_test, pred) rmse = np.sqrt(mse) acc = reg.score(x_test, y_test) print('MSE\t{}'.format(round(mse,3))) print('MAE\t{}'.format(round(mae,3))) print('RMSE\t{}'.format(round(rmse,3))) print('ACC\t{}%'.format(round(acc *100,3))) ```
Out [2]:	MSE 4439118.336 MAE 1379.194 RMSE 2106.922 ACC 92.647%

이번에는 변수중요도를 통해 예측에 사용된 변수들 중 타깃변수에 영향을 가장 많이 준 변수가 무엇인지 살펴보자. enginesize 변수가 타깃변수 예측에 가장 영향을 주었다고 해석할 수 있다.

In [3]:	```
	importances = reg.feature_importances_
	column_nm = pd.DataFrame(features)
	feature_importances = pd.concat([column_nm,
	                                 pd.DataFrame(importances)],
	                                axis=1)
	feature_importances.columns = ['feature_nm', 'importances']
	print(feature_importances)
	``

		feature_nm	importances
Out [3]:	0	boreratio	0.004250
	1	carheight	0.004299
	2	carlength	0.006157
	3	carwidth	0.023073
	4	citympg	0.006725
	5	compressionratio	0.003581
	6	curbweight	0.168672
	7	enginesize	0.665277
	8	highwaympg	0.071620
	9	horsepower	0.017320
	10	peakrpm	0.007463
	11	stroke	0.004076
	12	wheelbase	0.017487

변수중요도는 막대그래프로 시각화할 수 있다.

| In [4]: | ```python
n_features = x_train.shape[1]
importances = reg.feature_importances_
column_nm = features

plt.barh(range(n_features), importances, align ='center')
plt.yticks(np.arange(n_features), column_nm)
plt.xlabel("feature importances")
plt.ylabel("feature")
plt.ylim(-1, n_features)
plt.show()
``` |
|---|---|
| Out [4]: | 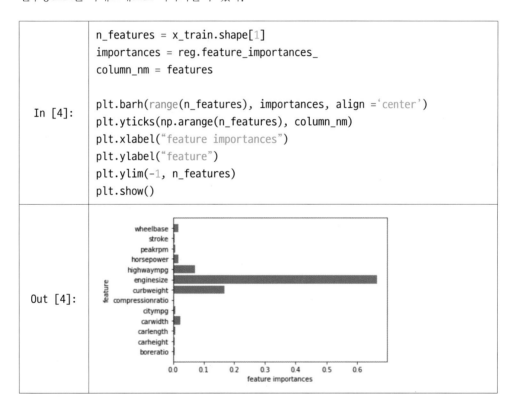 |
```

제9절 나이브베이즈(Naive Bayes) 분류

1. 개 념

나이브베이즈는 데이터가 각 클래스에 속할 특징 확률을 계산하는 조건부 확률 기반의 분류 방법이다. 나이브(Naive)는 번역하면 '단순한'이라는 의미이다. 나이브베이즈 분류 기법이 예측한 특징을 상호 독립적이라는 가정하에 확률 계산을 단순화하고 모든 변수가 동등하다는 특징에서 비롯되었다. 베이즈는 베이지안 통계를 기반으로 입력특징이 클래스 전체의 확률 분포 대비 특정 클래스에 속할 확률을 정리하였다는 점에서 비롯되었다. 따라서 나이브베이즈 개념을 이해하기 위해서는 베이즈 정리가 무엇인지 알아야 한다.

(1) 베이즈 정리(Bayes' Theorem)

① 개 념

베이즈 정리는 나이브베이즈 알고리즘의 기본이 되는 개념으로서, 두 확률 변수의 사전 확률과 사후 확률 사이의 관계를 나타내는 정리이다. 사건 A, B가 있을 때, 사건 B가 일어난 것을 전제로 한 사건 A의 조건부 확률을 구하는 것이다. 하지만 현재 가지고 있는 정보는 사건 A가 일어난 것을 전제로 한 사건 B의 조건부 확률과 A의 확률, B의 확률뿐이다. 이때, 원래 구하고자 했던 것을 다음과 같이 구할 수 있다는 것이 베이즈 정리이다.

② 베이즈 정리

㉠ 표본공간 S는 서로소인 A_1, A_2, ⋯, A_n의 합집합

㉡ B는 S 위에서 정의된 사건, $P(A) \neq 0$

③ $P(A_k|B)$ 식

$$
\begin{aligned}
&P(A_k|B) \\
&= \frac{P(A_k \cap B)}{P(B)} \\
&= \frac{P(A_k \cap B)}{P(A_1 \cap B) + P(A_2 \cap B) + \cdots + P(A_n \cap B)} \\
&= \frac{P(B|A_k)P(A_k)}{P(B|A_1)P(A_1) + P(B|A_2)P(A_2) + \cdots + P(B|A_n)P(A_n)} \\
&\qquad (\text{단, } k\text{가 } k = 1, 2, 3, \cdots, n)
\end{aligned}
$$

㉠ $P(A|B)$: 사후확률(Pposterior), 사건 B가 발생했을 때 사건 A가 발생할 확률

㉡ $P(B|A)$: 우도(Likelihood), 사건 A가 발생했을 때 사건 B가 발생할 확률

ⓒ $P(A \cap B)$: 사건 A와 B가 동시에 발생할 확률

ⓔ $P(A)$: 사전확률(Prior), 사건 A가 발생할 확률

ⓜ $P(B)$: 관찰값(Evidence), 사건 B가 발생할 확률

④ 베이즈 정리 예시

베이즈 정리에 대한 대표사례인 "자동차 사고로 인한 확률 게임"을 살펴보자.

> 자동차 사고로 사망한 사람의 40%는 안전띠를 매지 않았다고 한다. 그렇다면 60%는 안전띠를 매고 죽었다는 의미인데 안전띠가 더 위험한 것인가?

위의 예시를 통해 조건부확률의 함정을 발견할 수 있다. 해당 통계가 자동차 사고로 사망한 사람 중에서 안전띠를 맨 사람의 비율이 60%라는 것이 '안전띠를 맸을 때 자동차 사고로 사망할 확률이 더 높다'는 식으로 오해하는 것이다. 두 조건부확률 P(A|B)와 P(B|A)가 서로 다르기 때문에 이러한 오류가 발생한다.

이러한 오류는 쉽게 반박될 수 있다. 오류를 반박하려면, '전체 운전자 중에서 안전띠를 맨 사람의 비율'이 필요하다. 전체 운전자의 95%가 안전띠를 매고 5%는 안전띠를 매지 않았다고 가정해보자. 또한 전체 운전자 1만 명 중 1명 꼴로 자동차 사고로 사망한다고 가정하자. 운전자가 안전띠를 매는 사건을 A라 하고 운전자가 자동차 사고로 사망하는 사건을 B라고 하면, 위의 예시는 P(A|B)=0.6P(A|B)=0.6임을 의미하는 것이다. 또한 두 개의 가정으로부터 P(A)=0.95, P(B)=0.000임을 알 수 있다.

안전띠를 맸을 때 자동차 사고로 사망할 확률을 계산해보면 다음과 같다(약 16,000명 당 1명 꼴).

$$P(B|A) = \frac{P(A \cap B)}{P(A)} = \frac{P(A|B)P(B)}{P(A)} = \frac{0.6 \times 0.0001}{0.95} = 0.000063$$

안전띠를 매지 않았을 때 자동차 사고로 사망할 확률은 다음과 같다(1,250명당 1명 꼴).

$$P(B|A^C) = \frac{P(A^C \cap B)}{P(A^C)} = \frac{P(A^C|B)P(B)}{P(A^C)} = \frac{0.4 \times 0.0001}{0.05} = 0.0008$$

계산에 의해 자동차 사고로 사망할 확률은 안전띠를 매지 않은 경우가 안전띠를 맸을 때보다 10배 이상 큰 것을 확인할 수 있다.

(2) 나이브베이즈 분류

① 개 념

나이브베이즈 분류는 하나의 속성값을 기준으로 다른 속성이 독립적이라 전제했을 때 해당 속성값이 클래스 분류에 미치는 영향을 측정한다. 속성값에 대해 다른 속성이 독립적이라는 가정은 클래스 조건 독립성(Class Conditional Independence)이라 한다. n개의 특징에 대한 결합 조건부 분포는 특징들의 분포를 곱한 것으로 표현할 수 있다.

예를 들어 메일함으로 전송되는 전체 메일 중 10%가 스팸이고, 전체 메일 중 4%가 복권이라는 단어를 갖고 있다고 가정해보자. 특정 메일이 스팸메일일 확률을 P(스팸)으로 정의하면, P(스팸)=0.1이다. 또한 '복권'이라는 단어가 들어간 메시지가 있을 확률을 P(복권)으로 정의하면, P(복권)=0.04이다. 이때, 메일에 '복권'과 '스팸'이 모두 있을 확률은 $P(스팸 \cap 복권)$으로 표현할 수 있다. 각각 P(복권)과 P(스팸)은 독립적이므로 결합 조건부인 $P(스팸 \cap 복권)$ = P(스팸)*P(복권) = 0.1*0.04=0.004이다. 즉, 전체 메일 중 0.4%가 '복권'이라는 단어를 가진 스팸메일이라는 의미이다.

② 나이브베이즈 분류 작동 원리

스팸메일 탐지 방법을 예시로 나이브베이즈 분류의 작동 원리를 알아보자. 예를 들어 메일에 복권과 같은 단어가 섞여 있다면 스팸일 가능성이 더 높아진다고 알려져 있다. 나이브베이즈의 목표는 사후확률을 계산하는 것이다. 즉, 메시지에서 복권이라는 단어가 발견됐을 때 그 메시지가 스팸일 확률을 구하는 것이다.

샘플데이터가 스팸에 속하는 사건의 확률은 관측값의 특징에 대한 지식이 없이 클래스가 어떻게 분포되어있는지 사전확률로 나타낸다. 사전확률은 사전에 결정되었거나, 학습 샘플데이터를 이용해 학습시킬 수 있다. 스팸메일 사례에서 사전확률은 '전체 메일에서 스팸이 차지하는 비율'이고 이는 이미 알고 있는 정보이다. 학습 샘플데이터를 통해 복권이라는 단어가 포함된 메일의 비율도 알 수 있다. 이를 주변우도라고 한다. P(스팸)과 P(복권)은 서로 독립이라는 가정하에 우도를 구할 수 있다. 세 가지 단서에 베이즈 정리를 적용하면 메시지에서 복권이라는 단어가 발견되었을 때 그 메시지가 스팸일 확률을 알 수 있다. 이때, 사후확률이 50% 이상이라면 스팸일 가능성이 더 높다는 의미이다.

③ 라플라스 스무딩

라플라스 스무딩은 나이브베이즈 분류를 보정하는 기법이다. 특징의 출현 횟수의 초깃값을 보정한다. 발견되지 않은 특징의 출현 빈도 초깃값을 1로 설정하고 초깃값을 1부터 시작하는 것이다. 이는 특히 다중 분류 모델에서 특징이 없는 값으로 인해 0을 곱해 발생하는 문제를 극복하게 한다.

예를 들어, 나이브베이즈 분류 모델로 스팸메일 필터를 가동시키는 회사가 있다고 가정하자. 학습 데이터에 없었던 단어가 실제 상황에서 나타나게 되면 확률이 0이 되어 스팸 분류가 어려워지는 문제가 발생한다. 스무딩은 이러한 문제를 극복하고자 학습데이터에 없던 데이터가 등장해도 빈도수에 1을 더해서 확률이 0이 되는 현상을 막는다.

④ 나이브베이즈 분류의 장단점

장 점	• 간단하고 빠르다. • 노이즈와 결측치에 강하다. • 예측을 위한 추정확률을 쉽게 얻을 수 있다.
단 점	• 모든 특징이 동등하게 중요하며 독립이라고 가정하기 때문에, 가정이 잘못된 경우들이 종종 있다. • 가정된 확률이 예측된 클래스보다 덜 신뢰할 만하다.

⑤ 나이브베이즈 분류를 선택할 수 있는 경우

데이터가 많다면 전통적 추정법을 사용하지만, 아래 두 경우에는 나이브베이즈 분류 기법을 사용하는 것을 추천한다.

㉠ 데이터가 많지 않을 때

과거의 빈도를 보여주는 데이터가 많지 않거나 자주 일어나지 않는 사건이어서 빈도주의적 추론의 사용이 마땅치 않을 때 나이브베이즈 분류를 추천한다. 이때는 빈도가 적기 때문에 전통적 추정의 신뢰도가 크게 떨어지기 때문이다.

㉡ 추정의 목적이 미래 예측일 때

베이지안 접근은 하나의 추정치를 고집하는 것이 아니라 계속해서 값을 수정하면서 좀더 현실적인 추정치를 찾아나가는 기법이다. 따라서 예측의 목적에 잘 맞는다.

⑥ scikit-learn의 나이브베이즈 분류기

scikit-learn에 구현된 나이브베이즈 분류기는 BernoulliNB, MultinomialNB, GaussianNB이다. BernoulliNB는 이진데이터에 적용할 수 있고, MultinomialNB는 카운트데이터에 적용한다. GaussianNB는 연속적인 데이터에 적용할 수 있다. GussianNB와 달리 BernoulliNB와 MultinomialNB는 이산형 데이터에 사용한다.

㉠ BernoulliNB

• 데이터 출현 여부에 따라 1 또는 0으로 구분될 때 사용한다.
• 예를 들어, 주사위를 4번 던져 1이 1번, 3이 2번, 4가 1번 나왔다고 가정하자. 1부터 6까지 숫자가 등장했을 때는 1, 그렇지 않으면 0으로 하여 주사위를 던진 결과를 [1, 0, 1, 1, 0, 0]으로 표현할 수 있다.
  예 스팸메일 분류

㉡ MultinomialNB

• 데이터의 출현 횟수에 따라 값을 달리한 데이터에 사용한다.
• 예를 들어, 주사위를 4번 던져 1이 1번, 3이 2번, 4가 1번 나왔다고 가정하자. 1부터 6까지 숫자의 등장횟수로 주사위를 던진 결과를 나타낸다면, [1, 0, 2, 1, 0, 0]으로 나타낼 수 있다.
  예 영화 감상평을 토대로 긍정적/부정적 리뷰 분류

ⓒ GaussianNB
- 연속적인 성질이 있는 특징이 있는 데이터를 분류하는 데 사용한다.
- 특징들의 값이 정규분포(가우시안 분포)라는 가정하에 조건부 확률을 계산한다.

2. scikit-learn의 GaussianNB

가우시안 나이브베이즈 분류분석을 구현하는 GaussianNB 함수에 대해 알아보자.

> class sklearn.naive_bayes.GaussianNB(*, priors=None, var_smoothing=1e−09)

(1) 매개변수

priors	• 데이터 타입(기본값) : (n_classes,) 형태의 array(default=None) • 설명 : 클래스의 사전확률이다.
var_ smoothing	• 데이터 타입(기본값) : float(default=1e−9) • 설명 : 계산 안정성을 위해 분산계산에 추가되는 모든 변수의 분산 중 가장 큰 비율이다.

(2) 메서드

fit(X, y)	• 기능 : 모델을 학습시킨다.
	• 인자 설명
	  − X : 학습데이터. 2차원 array 형태로 입력
	  − y : 타깃데이터. (n_samples,) 또는 (n_samples, n_targets) 형태로 입력
	• 반환값 : 추정기를 Object로 반환

predict(X)	• 기능 : 베이지안 모델을 사용해 예측한다. • 인자 설명 X : 데이터 샘플 • 반환값 : 예측값을 array로 반환
predict_ proba(X)	• 기능 : 확률을 추정한다. • 인자 설명 X : 데이터 샘플 • 반환값 : 클래스에 대한 샘플데이터의 확률

score(X, y)	• 기능 : 예측의 평균 정확도(Accuracy)를 반환한다.
	• 인자 설명
	  − X : 테스트 샘플을 array로 입력
	  − y : X의 실제 값
	• 반환값 : 평균 정확도를 float으로 반환

(3) 코드 실습

캐글의 Sloan Digital Sky Survey DR14 데이터세트를 사용해 우주 관측결과에 따라 물체가 은하인지 별인지 분류하는 예측을 수행해보자. ADP 교재의 깃허브에서 데이터세트를 다운받을 수 있다.

| In [1]: | ```python
import pandas as pd
sky = pd.read_csv("https://raw.githubusercontent.com/ADPclass/ADP_
book_ver01/main/data/Skyserver.csv")
sky.info()
``` |
|---|---|
| Out [1]: | ```
<class 'pandas.core.frame.DataFrame'>
RangeIndex: 10000 entries, 0 to 9999
Data columns (total 18 columns):
 #   Column     Non-Null Count  Dtype
---  ------     --------------  -----
 0   objid      10000 non-null  float64
 1   ra         10000 non-null  float64
 2   dec        10000 non-null  float64
 3   u          10000 non-null  float64
 4   g          10000 non-null  float64
 5   r          10000 non-null  float64
 6   i          10000 non-null  float64
 7   z          10000 non-null  float64
 8   run        10000 non-null  int64
 9   rerun      10000 non-null  int64
 10  camcol     10000 non-null  int64
 11  field      10000 non-null  int64
 12  specobjid  10000 non-null  float64
 13  class      10000 non-null  object
 14  redshift   10000 non-null  float64
 15  plate      10000 non-null  int64
 16  mjd        10000 non-null  int64
 17  fiberid    10000 non-null  int64
dtypes: float64(10), int64(7), object(1)
memory usage: 1.4+ MB
``` |

class 변수는 범주형 데이터이다. 해당 변수에 어떤 값들이 있는지 확인해보자.

In [2]:	`sky['class'].unique()`
Out [2]:	`array(['STAR', 'GALAXY', 'QSO'], dtype=object)`

class 변수를 타깃데이터로 설정한 뒤, 임의의 종속변수 세 가지를 불러와 산점도를 그려보자. 변수가 각 클래스에 따라 어떤 분포를 그리고 있는지 짐작할 수 있다.

In [3]:	`import seaborn as sns` `sns.pairplot(hue='class', data =sky[['z', 'run', 'i', 'class']])`
Out [3]:	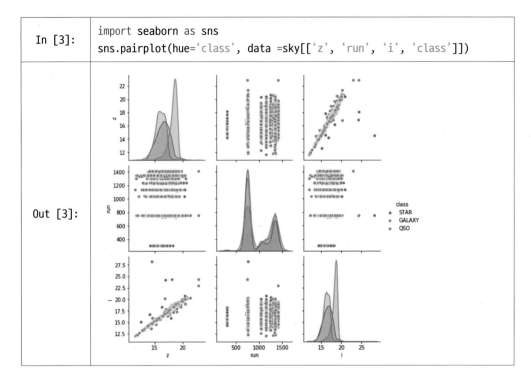

class 변수를 타깃변수 y로 설정하고 나머지 변수들을 설명변수 X로 지정한다. train_test_split을 이용해 학습데이터와 평가데이터를 7 : 3의 비율로 나누어 준다.

In [4]:	`import numpy as np`
	`features = list(sky.columns)`
	`features.remove('class')`
	`X = sky[features]`
	`y = sky['class']`
	
	`from sklearn.model_selection import train_test_split`
	`x_train, x_test, y_train, y_test = train_test_split(X, y, test_size =0.3,`
	`        random_state =1, stratify =y)`
	`print(x_train.shape, y_train.shape)`
	`print(x_test.shape, y_test.shape)`

Out [4]:	`(7000, 17) (7000,)` `(3000, 17) (3000,)`

GaussianNB로 가우시안 나이브베이즈 분류모델을 생성한다. fit 메서드로 데이터를 학습한 뒤 predict 메서드로 x_test에 대한 예측값을 pred에 저장한다. score메서드로 데이터의 평균 정확도를 확인할 수 있다.

| In [5]: | ```python
from sklearn.naive_bayes import GaussianNB
gnb = GaussianNB()
pred = gnb.fit(x_train, y_train).predict(x_test)
print("Accuracy Score : ", gnb.score(x_test, y_test))
``` |
|---|---|
| Out [5]: | Accuracy Score : 0.799 |

predict_proba를 통해 인덱스 0, 13, 68에 해당하는 데이터의 추정확률을 확인할 수 있다.

| In [6]: | ```python
gnb.predict_proba(x_test)[[0, 13, 68]]
``` |
|---|---|
| Out [6]: | ```
array([[8.26737014e-01, 4.43137039e-02, 1.28949282e-01],
       [5.39851854e-05, 9.64092748e-02, 9.03536740e-01],
       [8.32868012e-01, 4.48282737e-02, 1.22303715e-01]])
``` |

predict로 인덱스 0, 13, 68에 해당하는 데이터의 예측값을 확인할 수 있다.

| In [7]: | ```python
gnb.predict(x_test)[[0, 13, 68]]
``` |
|---|---|
| Out [7]: | array(['GALAXY', 'STAR', 'GALAXY'], dtype='<U6') |

classification_report로 가우시안 나이브베이즈 분류기의 예측성능을 확인해보자.

| In [8]: | ```python
from sklearn.metrics import classification_report
pred=gnb.predict(x_test)
print(classification_report(y_test, pred))
``` |
|---|---|
| Out [8]: | ```
              precision    recall  f1-score   support

      GALAXY       0.74      0.97      0.84      1499
         QSO       0.00      0.00      0.00       255
        STAR       0.91      0.75      0.83      1246

    accuracy                           0.80      3000
   macro avg       0.55      0.58      0.56      3000
weighted avg       0.75      0.80      0.76      3000
``` |

3. scikit-learn의 BernoulliNB

베르누이 나이브베이즈 분류분석을 구현하는 BernoulliNB 함수에 대해 알아보자.

> class sklearn.naive_bayes.BernoulliNB(*, alpha=1.0, fit_prior=True, class_prior=None)

(1) 매개변수

alpha	• 데이터 타입(기본값) : float(default=1.0) • 설명 : 스무딩 매개변수이다. 스무딩이 없는 경우 0을 입력한다.
fit_prior	• 데이터 타입(기본값) : bool(default=True) • 설명 : 클래스의 사전 확률을 학습하는지 여부를 결정한다. False이면 균일한 사전 확률이 적용된다.
class_prior	• 데이터 타입(기본값) : (n_classes,) 형태의 array(default=None) • 설명 : 클래스의 사전 확률이다.

(2) 메서드

fit(X, y)	• 기능 : 모델을 학습시킨다. • 인자 설명 − X : 학습데이터. 2차원 array 형태로 입력 − y : 타깃데이터. (n_samples,) 또는 (n_samples, n_targets) 형태로 입력 • 반환값 : 추정기를 Object로 반환
predict(X)	• 기능 : 베이지안 모델을 사용해 예측한다. • 인자 설명 X : 데이터 샘플 • 반환값 : 예측값을 array로 반환
predict_proba(X)	• 기능 : 확률을 추정한다. • 인자 설명 X : 데이터 샘플 • 반환값 : 클래스에 대한 샘플데이터의 확률
score(X, y)	• 기능 : 예측의 평균 정확도(Accuracy)를 반환한다. • 인자 설명 − X : 테스트 샘플을 array로 입력 − y : X의 실제 값 • 반환값 : 평균 정확도를 float으로 반환

(3) 코드 실습

UCI Machine Learning 저장소의 SMS 스팸 메시지 데이터를 통해 스팸메일을 분류해보자. 데이터의 자세한 설명은 아카이브(archive.ics.uci.edu/ml/datasets/SMS+Spam+Collection)에서 확인할수 있다. 실습 데이터는 ADP 교재의 깃허브에서 주피터노트북으로 직접 다운로드한다.

In [1]:	`import pandas as pd`
	`spam = pd.read_csv("https://raw.githubusercontent.com/ADPclass/ADP_`
	`book_ver01/main/data/spam.csv", encoding ='utf-8')`
	`spam.info()`

Out [1]:	``` <class 'pandas.core.frame.DataFrame'> RangeIndex: 5572 entries, 0 to 5571 Data columns (total 5 columns): # Column Non-Null Count Dtype --- ------ -------------- ----- 0 v1 5572 non-null object 1 v2 5572 non-null object 2 Unnamed: 2 50 non-null object 3 Unnamed: 3 12 non-null object 4 Unnamed: 4 6 non-null object dtypes: object(5) memory usage: 217.8+ KB ```

인덱스 2~4 컬럼은 결측치가 전체의 50%를 넘어가므로 제거한다.

In [2]:	`spam.isna().sum()`
Out [2]:	``` v1 0 v2 0 Unnamed: 2 5522 Unnamed: 3 5560 Unnamed: 4 5566 dtype: int64 ```

spam 데이터에 인덱스 2~4 컬럼을 제거하고 v1과 v2 변수만 남겨둔다.

In [3]:	`spam=spam[['v1', 'v2']]` `spam`

	v1	v2
0	ham	Go until jurong point, crazy.. Available only ...
1	ham	Ok lar... Joking wif u oni...
2	spam	Free entry in 2 a wkly comp to win FA Cup fina...
3	ham	U dun say so early hor... U c already then say...
4	ham	Nah I don't think he goes to usf, he lives aro...
...	...	...
5567	spam	This is the 2nd time we have tried 2 contact u...
5568	ham	Will ? b going to esplanade fr home?
5569	ham	Pity, * was in mood for that. So...any other s...
5570	ham	The guy did some bitching but I acted like i'd...
5571	ham	Rofl. Its true to its name

v1 변수는 해당 메일이 스팸인지 아닌지 여부에 관한 데이터이다. unique로 해당 변수에 어떤 값들이 존재하는지 살펴본다.

In [4]:	`spam['v1'].unique()`
Out [4]:	`array(['ham', 'spam'], dtype=object)`

v1값이 spam이면 1, 그렇지 않으면 0이 되도록 처리한다.

| In [5]: | ```
import numpy as np
spam['label'] = np.where(spam['v1']=='spam', 1, 0)
spam
``` |
|---|---|

Out [5]:

	v1	v2	label
0	ham	Go until jurong point, crazy.. Available only ...	0
1	ham	Ok lar... Joking wif u oni...	0
2	spam	Free entry in 2 a wkly comp to win FA Cup fina...	1
3	ham	U dun say so early hor... U c already then say...	0
4	ham	Nah I don't think he goes to usf, he lives aro...	0
...	...	...	...
5567	spam	This is the 2nd time we have tried 2 contact u...	1
5568	ham	Will ? b going to esplanade fr home?	0
5569	ham	Pity, * was in mood for that. So...any other s...	0
5570	ham	The guy did some bitching but I acted like i'd...	0
5571	ham	Rofl. Its true to its name	0
```

분석을 위해 v2 데이터를 설명변수 X에 저장하고, label은 타깃변수 y에 저장한다. train_test_split
으로 학습데이터와 평가데이터의 비율을 7 : 3으로 나누어준다. 이때 타깃변수의 클래스 비율이 반영
되도록 strafity를 사용한다.

In [6]:	``` X = spam['v2'] y = spam['label'] from sklearn.model_selection import train_test_split x_train, x_test, y_train, y_test = train_test_split(X, y, test_size =0.3, random_state =1, stratify =y) print(x_train.shape, y_train.shape) print(x_test.shape, y_test.shape) ```
Out [6]:	``` (3900,) (3900,) (1672,) (1672,) ```

베르누이 나이브베이즈 분류기는 이산형 데이터만을 입력데이터로 취하는 머신러닝 기법이다. 그러므
로 데이터를 1과 0으로 구성된 데이터가 되도록 전처리해야 한다. sklearn의 CountVectorizer를 사
용하여 이를 쉽게 구현할 수 있다. CountVectorizer는 입력된 데이터에 출현된 모든 단어의 개수만큼
의 크기를 가진 벡터를 만들어 이메일을 고정된 벡터로 표현한다. binary=True로 설정하여 이메일마
다 단어가 한 번 이상 등장하면 1, 그렇지 않으면 0이 되도록 한다. x_traincv에 변환된 입력데이터를
담은 뒤 shape을 사용해 형태를 살펴보자.

In [7]:	``` from sklearn.feature_extraction.text import CountVectorizer cv = CountVectorizer(binary =True) x_traincv = cv.fit_transform(x_train) x_traincv.shape ```
Out [7]:	(3900, 7175)

아래의 결과처럼 x_traincv가 벡터로 표현된 것을 확인할 수 있다.

In [8]:	``` encoded_input = x_traincv.toarray() encoded_input ```

Out [8]:	```
	array([[0, 0, 0, ..., 0, 0, 0],
	       [0, 0, 0, ..., 0, 0, 0],
	       [0, 0, 0, ..., 0, 0, 0],
	       ...,
	       [0, 0, 0, ..., 0, 0, 0],
	       [0, 0, 0, ..., 0, 0, 0],
	       [0, 0, 0, ..., 0, 0, 0]], dtype=int64)
	``

벡터로 인코딩된 이메일 제목에 어떤 단어들이 포함되어 있는지 확인하려면 inverse_transform을 사용하면 된다.

In [9]:	`print(cv.inverse_transform(encoded_input[[0]]))`
Out [9]:	['couple', 'down', 'give', 'me', 'minutes', 'my', 'sure', 'to', 'track', 'wallet', 'yeah']

벡터의 인덱스가 각각 어떤 단어를 뜻하는지 확인하려면 get_feature_names를 사용하면 된다.

In [10]:	`print(cv.get_feature_names()[1000 :1010 ], end ='')`
Out [10]:	['at', 'ate', 'athletic', 'athome', 'atlanta', 'atlast', 'atm', 'attach', 'attached', 'attack']

사이킷런에서 BernoulliNB를 호출하여 분류기를 생성한다. fit 메서드를 활용해 입력데이터인 x_traincv, y_train으로 모델을 학습한다.

| In [11]: | ```from sklearn.naive_bayes import BernoulliNB
bnb = BernoulliNB()
bnb.fit(x_traincv, y_train)``` |
|---|---|
| Out [11]: | `BernoulliNB()` |

모델의 평가를 위해 x_test 데이터를 transform 메서드에 입력해 베르누이 나이브베이즈 분류 모델의 입력데이터로 변환한다. predict 메서드를 활용해 모델에 x_testcv를 입력하고 예측값을 pred에 저장한다. accuracy_score로 실젯값인 y_test와 예측값인 pred를 입력해 모델의 성능을 확인할 수 있다.

| In [12]: | ```x_testcv = cv.transform(x_test)
pred = bnb.predict(x_testcv)

from sklearn.metrics import accuracy_score
acc = accuracy_score(y_test, pred)
print("Accuracy Score : ", acc)``` |
|---|---|
| Out [12]: | Accuracy Score : 0.9754784688995215 |

혼동행렬을 출력하여 분류성능을 보다 자세하게 확인할 수 있다.

| In [13]: | ```from sklearn.metrics import classification_report
print(classification_report(y_test, pred))``` |
|---|---|

		precision	recall	f1-score	support
Out [13]:	0	0.97	1.00	0.99	1448
	1	0.99	0.82	0.90	224
	accuracy			0.98	1672
	macro avg	0.98	0.91	0.94	1672
	weighted avg	0.98	0.98	0.97	1672

4. scikit-learn의 MultinomialNB

다항식 모델을 위한 나이브베이즈 분류분석을 구현하는 MultinomialNB 함수에 대해 알아보자.

class sklearn.naive_bayes.MultinomialNB(*, alpha=1.0, fit_prior=True, class_prior=None)

(1) 매개변수

alpha	• 데이터 타입(기본값) : float(default=1.0) • 설명 : 스무딩 매개변수이다. 스무딩이 없는 경우 0을 입력한다.
fit_prior	• 데이터 타입(기본값) : bool(default=True) • 설명 : 클래스의 사전 확률을 학습하는지 여부를 결정한다. False이면 균일한 사전 확률이 적용된다.
class_prior	• 데이터 타입(기본값) : (n_classes,) 형태의 array(default=None) • 설명 : 클래스의 사전 확률이다.

(2) 메서드

fit(X, y)	• 기능 : 모델을 학습시킨다. • 인자 설명 – X : 학습데이터. 2차원 array 형태로 입력 – y : 타깃데이터. (n_samples,) 또는 (n_samples, n_targets) 형태로 입력 • 반환값 : 추정기를 Object로 반환
predict(X)	• 기능 : 베이지안 모델을 사용해 예측한다. • 인자 설명 X : 데이터 샘플 • 반환값 : 예측값을 array로 반환

predict_ proba(X)	• 기능 : 확률을 추정한다. • 인자 설명 X : 데이터 샘플 • 반환값 : 클래스에 대한 샘플데이터의 확률

score(X, y)	• 기능 : 예측의 평균 정확도(Accuracy)를 반환한다.
	• 인자 설명
	  − X : 테스트 샘플을 array로 입력
	  − y : X의 실제 값
	• 반환값 : 평균 정확도를 float으로 반환

(3) 코드 실습

영화 리뷰 데이터를 통해 영화에 대한 긍정적/부정적 평가를 분류해보자. 영화 리뷰 데이터의 review 와 label 변수는 사람들의 감상평과 영화에 대한 평가를 각각 나타낸다. label이 1이면 긍정적 평가를, label이 0이면 부정적 평가를 나타낸다. 데이터는 ADP 교재의 깃허브에서 다운받을 수 있다.

In [1]:	```python
	import pandas as pd
	import warnings
	warnings.filterwarnings('ignore')
	df = pd.read_csv('https://raw.githubusercontent.com/ADPclass/ADP_book_ver01/main/data/MovieReviews.csv')
	df.head()
	``

Out [1]:	**review** **label** **0** One of the other reviewers has mentioned that ... 1 **1** A wonderful little production. \<br /\>\<br /\>The... 1 **2** I thought this was a wonderful way to spend ti... 1 **3** Basically there's a family where a little boy ... 0 **4** Petter Mattei's "Love in the Time of Money" is... 1

train_test_split을 활용하여 train과 test 데이터로 나눈 뒤, .shape으로 데이터의 형태를 확인한다.

In [2]:	```python
	from sklearn.model_selection import train_test_split
	X = df['review']
	y = df['label']
	x_train, x_test, y_train, y_test = train_test_split(X, y, test_size
	        =0.3, random_state =1, stratify =y)
	print(x_train.shape, y_train.shape)
	print(x_test.shape, y_test.shape)
	``

Out [2]:	(6969,) (6969,) (2987,) (2987,)

멀티노미얼 나이브베이즈 분류기는 이산형 데이터만을 입력데이터로 취하는 머신러닝 기법이다. 그러므로 데이터를 1과 0으로 구성된 데이터가 되도록 전처리해야 한다. sklearn의 CountVectorizer를 사용하여 이를 쉽게 구현할 수 있다. CountVectorizer는 입력된 데이터에 출현된 모든 단어의 개수만큼의 크기를 가진 벡터를 만들어 이메일을 고정된 벡터로 표현한다. binary=False로 설정하여 이메일마다 단어가 한 번 이상 등장하면 개수를 세어주도록 한다. x_traincv에 변환된 입력데이터를 담은 뒤 shape을 사용해 형태를 살펴보자.

| In [5]: | ```
from sklearn.feature_extraction.text import CountVectorizer
cv = CountVectorizer(binary=False)
x_traincv = cv.fit_transform(x_train)
x_traincv.shape
``` |
|---|---|
| Out [5]: | (6969, 45101) |

inverse_transform을 사용하여 벡터로 인코딩된 영화리뷰에 어떤 단어들이 포함되어 있는지 확인할 수 있다.

| In [6]: | ```
print (cv.inverse_transform(x_traincv)[0])
``` |
|---|---|
| Out [6]: | ['in' 'the' '2nd' 'of' 'his' 'historical' 'martial' 'arts' 'films' 'chiba' 'portrays' 'real' 'life' 'sensei' 'mas' 'oyama' 'film' 'even' 'recreates' 'incredible' 'feat' 'killing' 'raging' 'bull' 'with' 'bare' 'hands' 'did' 'this' 'over' '50' 'times' 'dynamic' 'fight' 'choreography' 'featuring' 'authentic' 'kyokushinkai' 'techniques' 'ironically' 'is' 'one' 'rare' 'sonny' 'which' 'he' 'doesn' 'tear' 'out' 'or' 'rip' 'off' 'body' 'parts' 'opponents' 'must' 'see' 'for' 'fans' 'definitely' 'top'] |

get_feature_names를 사용해 벡터의 인덱스가 각각 어떤 단어를 뜻하는지 확인할 수 있다.

| In [7]: | ```
print (cv.get_feature_names()[1000:1010])
``` |
|---|---|
| Out [7]: | ['adjusted', 'adjuster', 'adjusting', 'adjustment', 'adjustments', 'adjusts', 'adjutant', 'adkins', 'adler', 'administer'] |

사이킷런에서 MultinomialNB를 호출하여 분류기를 생성한다. fit 메서드를 활용해 입력데이터인 x_traincv, y_train으로 모델을 학습한다.

| In [8]: | ```
from sklearn.naive_bayes import MultinomialNB
mnb = MultinomialNB()
mnb.fit(x_traincv, y_train)
``` |
|---|---|
| Out [8]: | MultinomialNB() |

모델의 평가를 위해 x_test 데이터를 transform 메서드에 입력해 베르누이 나이브 베이즈 분류 모델의 입력 데이터로 변환한다. predict 메서드를 활용해 모델에 x_testcv를 입력하고 예측값을 pred에 저장한다. accuracy_score로 실제값인 y_test와 예측값인 pred를 입력해 모델의 성능을 확인할 수 있다.

In [9]:	```from sklearn.metrics import accuracy_score, classification_report x_testcv = cv.transform(x_test) pred = mnb.predict(x_testcv) acc = accuracy_score(y_test, pred) print("Accuracy Score : ", acc)```
Out [9]:	Accuracy Score : 0.8239035821894878

혼동행렬을 출력하여 분류성능을 보다 자세하게 확인할 수 있다.

In [10]:	```from sklearn.metrics import classification_report``` ```print(classification_report(y_test, pred))```
Out [10]:	<pre> precision recall f1-score support

           0   0.81   0.85   0.83   1489
           1   0.84   0.80   0.82   1498

    accuracy   0.82   2987
   macro avg   0.83   0.82   0.82   2987
weighted avg   0.83   0.82   0.82   2987</pre> |

제7장

통계분석

교육은 우리 자신의 무지를 점차 발견해 가는 과정이다.

– 윌 듀란트 –

제**7**장 통계분석

제7장에서는 ADP 시험에서 50점을 차지하는 통계분석 파트에 대해서 다룬다. 통계분석은 파이썬을 사용하여 데이터를 가공하고 분석기법을 사용하는 것도 중요하지만 결과를 해석하는 것이 더 중요하다.

데이터 분석가는 적재적소에 알맞은 알고리즘을 적용시켜 분석을 진행해야 한다. 그러므로 데이터에 알맞게 통계기법을 선택하는 것은 매우 중요한 일이다. 최근 출제되는 통계분석 문제는 통계기법을 명시해주고 사용하라는 문제보다 데이터와 상황을 제시하고 데이터와 상황에 알맞은 통계기법을 사용하여 해석하라는 문제들이 출제되고 있다. 아래 있는 제22회 기출문제를 살펴보자.

> data : 금속 성분 함유량 변수 1개로 구성된 1열 데이터
> 1. 제품에 금속 재질 함유량의 분산이 1.3을 넘으면 불량이라고 보고 제조사별로 차이가 난다고 제보를 받는다. 분산에 대해 검정을 수행하시오.
> 1.1 연구가설과 귀무가설을 작성하시오.
> 1.2 양측 검정을 진행하시오.
> 1.3 검정통계량을 구하고 가설을 채택하시오.

제21회 시험에서는 이원분산분석을 수행하라고 출제되었지만, 제22회에서는 위와 같이 분산에 대해 검정을 수행하라고만 제시되었다. 금속 함유량 데이터의 특성과 분산에 맞는 분석을 해야 하는 것이다. 이처럼 최근 ADP 시험은 데이터에 맞게 올바른 통계기법을 선택할 수 있는지를 물어보고 있다. 그러므로 제7장에서는 주요 통계기법을 언제, 어떠한 데이터에서 사용해야 하는지를 주로 설명한다.

통계적 방법론을 설명하기에 앞서 통계분석을 사용하기 위해 필수적으로 알아야 하는 여러 용어들과 통계분석의 전체흐름을 먼저 소개한다.

1. 통 계

(1) 개념 설명

통계란 특정집단을 대상으로 수행한 조사나 실험을 통해 나온 결과에 대한 요약된 형태의 표현이다. 통계분석에 사용되는 데이터는 조사 또는 실험을 통해 확보되며, 조사대상에 따라 조사는 총조사와 표본조사로 구분된다.

(2) 통계 용어 설명

① 총조사란 대상 집단 모두를 조사하는 방법이며, 특별한 경우를 제외하고는 사용되지 않는다. 그러므로 통계분석에서는 대부분의 데이터를 표본이라고 가정한다.

② 표본조사란 조사하고자 하는 대상의 일부만을 조사하는 방법이며, 표본을 추출하는 방식은 분석 결과에 큰 영향을 준다.
  ㉠ 모집단 : 연구자가 알고싶어 하는 대상 혹은 집단 전체
  ㉡ 모수(Parameter) : 표본 관측에 의해 구하고자 하는 모집단에 대한 정보
  ㉢ 표본(Sample) : 연구자가 측정 또는 관찰한 결과들의 집합

2. 전체 흐름

통계분석의 전체 프로세스는 제5장에서 설명한 머신러닝 프로세스와 매우 유사하다. 통계분석의 목적도 머신러닝과 마찬가지로 데이터를 보고 어떠한 insight를 찾거나 어떠한 가설을 증명하는 데 있기 때문이다.

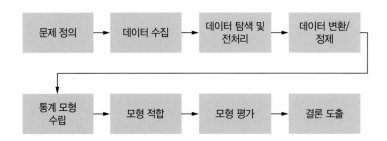

3. 가설검정

(1) 가설검정이란 일반적으로 모집단의 모수를 추정하는 과정에서 이루어진다. 예를 들어, 하나의 표본평균을 가지고 모집단의 평균을 추정하거나, 두 개의 표본집단을 가지고 두 모집단의 평균을 비교하는 과정에서 이루어진다.

(2) 일반적으로 새롭게 주장하고자 하는 가설을 대립가설(H1)이라고 한다. 새로운 주장이 타당하지 않았을 때, 현재 믿어지고 있는 가설로 돌아가게 되는데 이를 귀무가설(H0)이라 한다.

① 양측검정

> 귀무가설(H0) : $\mu = 200$, 대립가설(H1) : $\mu \neq 200$

② 단측검정

> 귀무가설(H0) : $\mu > 200$, 대립가설(H1) : $\mu \leq 200$

(3) 가설이 채택되는 과정

귀무가설과 대립가설을 채택하는 기준은 무엇일까? 우리는 귀무가설을 기각하는 기준을 유의수준(a)이라고 하며 이 유의수준은 분석가와 산업에 따라 정해진다(보통은 0.05). 대립가설이 유의하지 않으나 우연히 채택될 확률인 p-value 값이 이 유의수준보다 작다면, 귀무가설을 기각한다. 그리고 이와 같이 귀무가설을 기각할 때, 이 대립가설은 유의하다고 한다.

(4) 기각역과 임곗값(Critical Value)

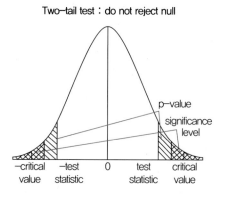

위 그래프와 같이, Critical Value는 유의수준과 가설 분포에 따라 달라진다.

우리가 어떠한 검정을 하면, 검정에 따른 분포를 사용하게 되고, 그 분포의 통계치를 구하게 된다(T, F, X^2 등). 양측 검정 중 양수의 값을 가지는 우측 검정만 본다면 가설검정에서 구한 통계치, test statistic이 critical-value보다 높을 시 이 귀무가설은 기각되며, 새로운 대립가설이 채택된다.

제1절에서 설명한 기본적인 통계적 이론 외에도 많은 이론과 개념이 필요하지만 각 모델별로 필요한 이론은 뒤에서 간략히 다루도록 한다.

1. t-test의 개념

t-test는 검정통계량이 귀무가설 하에서 t-분포를 따르는 통계적 가설 검정 방법이다. 어느 특정 집단의 평균의 값을 추정하거나 차이를 검정할 때 사용할 수 있다. 종속변수는 평균값을 가질 수 있는 연속형 변수여야 하고, 독립변수는 성별, 종교, 부서와 같은 범주형 변수여야 한다.

다음과 같은 예제를 통해 통계적 검정의 개념을 이해해보자.

> A의 집단과 B 집단에서 표본을 추출하고 몸무게의 평균 차이를 비교하였을 때, 2kg의 차이가 났다. 이 때 두 집단의 몸무게 차이가 유의하다고 말할 수 있을까?

통계적 분석에서는 2kg의 차이가 나타났더라도, 분산에 따라 이 차이는 유의할 수도, 유의하지 않을 수도 있다. 이와 같이 통계적 분석 개념에는 분산을 이용한다. 분산을 사용하여 이 차이를 통계적으로 표현한 것이 바로 t 검정통계량이다.

표본이 1개일 때의 t 통계량 계산 방법은 아래와 같다.

$$t = \frac{\overline{x} - \mu}{s/\sqrt{n}}$$

표본이 2개일 때의 t 통계량 계산 방법은 아래와 같다.

$$t = \frac{\overline{X}_1 - \overline{X}_2}{\sqrt{\left[\frac{(N_1-1)S_1 + (N_2-1)S_2}{N_1+N_2-2}\right] \times \left[\frac{N_1+N_2}{N_1 \times N_2}\right]}}$$

이와 같이 분석 환경이 달라짐에 따라 t-test는 계산 공식이 달라진다. t-test에는 대표적으로 3가지의 분석 방법이 있다. 3가지의 t-test 방법을 살펴보자.

수식을 완전히 이해하면 좋겠지만, ADP 시험에서 수식을 사용할 일은 없다. 이 수식으로 계산되는 파이썬의 분석 패키지를 이해하고 사용하면 된다.

2. 일표본 T-검정(One Sample t-test)

(1) 개 념

① 단일모집단에서 관심이 있는 연속형 변수의 평균값을 특정 기준값과 비교한다.

② 가정 : 모집단의 구성요소들이 정규분포를 이룬다는 가정이다.

    ㉠ 종속변수는 연속형이어야 한다.

    ㉡ 검증하고자 하는 기준값이 있어야 한다.

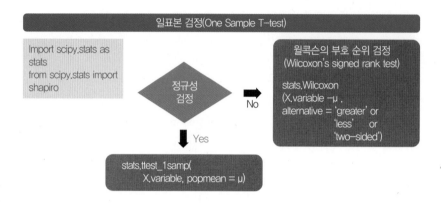

(2) 단 계

① 가설수립

귀무가설(H0)	모평균의 값은 **이다.
대립가설(H1)	모평균의 값은 **이 아니다.

② 유의수준(a) 설정 : 기본적으로 0.05

③ 검정통계량의 값 및 p-value(유의확률) 계산

④ 귀무가설의 기각여부 판단 및 해석

(3) 파이썬을 활용한 일표본 t-test

① Shapiro test 함수 설명

```
scipy.stats.shapiro(x)
```

귀무가설	정규성을 가진다.
대립가설	정규성을 가지지 않는다.

이제 파이썬을 활용하여 일표본 t-test를 진행해보자. cats 데이터에서 고양이들의 평균몸무게가 2.6kg인지 아닌지 통계적 검정을 수행하고, 결과를 해석해보자(양측검정, 유의수준 = 0.05).

In [1]:	`import pandas as pd`
	`cats=pd.read_csv("https://raw.githubusercontent.com/ADPclass/ADP_`
	`book_ver01/main/data/cats.csv")`
	`cats`

Out [1]:	<table><tr><td></td><td>Sex</td><td>Bwt</td><td>Hwt</td></tr><tr><td>0</td><td>F</td><td>2.0</td><td>7.0</td></tr><tr><td>1</td><td>F</td><td>2.0</td><td>7.4</td></tr><tr><td>2</td><td>F</td><td>2.0</td><td>9.5</td></tr><tr><td>3</td><td>F</td><td>2.1</td><td>7.2</td></tr><tr><td>4</td><td>F</td><td>2.1</td><td>7.3</td></tr><tr><td>...</td><td>...</td><td>...</td><td>...</td></tr><tr><td>139</td><td>M</td><td>3.7</td><td>11.0</td></tr><tr><td>140</td><td>M</td><td>3.8</td><td>14.8</td></tr><tr><td>141</td><td>M</td><td>3.8</td><td>16.8</td></tr><tr><td>142</td><td>M</td><td>3.9</td><td>14.4</td></tr><tr><td>143</td><td>M</td><td>3.9</td><td>20.5</td></tr></table>

Bwt 컬럼은 고양이의 몸무게를 의미하고, Hwt는 고양이의 길이를 의미한다. cats의 데이터의 정보를 info로 확인해준다.

In [2]:	`cats.info()`

Out [2]:	`<class 'pandas.core.frame.DataFrame'>`
	`RangeIndex: 144 entries, 0 to 143`
	`Data columns (total 3 columns):`
	`#   Column  Non-Null Count  Dtype`
	`---  ------  --------------  -----`
	`0   Sex     144 non-null    object`
	`1   Bwt     144 non-null    float64`
	`2   Hwt     144 non-null    float64`
	`dtypes: float64(2), object(1)`
	`memory usage: 3.5+ KB`

고양이의 몸무게가 2.6kg인지를 검정하므로 mu변수에 2.6을 할당한다. 그리고 고양이의 몸무게만 추출하여 shapiro test를 통해 데이터의 정규성을 검정한다.

In [3]:	`import scipy.stats as stats`
	`from scipy.stats import shapiro`
	`mu =2.6`
	`shapiro(cats['Bwt'])`

Out [3]:	ShapiroResult(statistic=0.9518786668777466, pvalue=6.730248423991725e-05)

㉠ 첫번째 값(검정통계치) : 0.95187

㉡ 두번째 값(p-value) : 6.730e-05

유의수준보다 작으므로 '데이터가 정규분포를 따른다'는 귀무가설을 기각한다. 즉, cats 데이터의 Bwt 변수는 정규분포를 따르지 않는다. 데이터가 정규분포를 따르지 않으므로 wilcoxon test로 t-test를 진행한다. 만약, 정규분포를 따른다면 stats.ttest_1samp(cats.Bwt, popmean=mu)를 사용하면 된다.

In [4]:	stats.wilcoxon(cats.Bwt - mu, alternative='two-sided')
Out [4]:	WilcoxonResult(statistic=3573.0, pvalue=0.02524520294814093)

시각화로 데이터 분포를 확인한다.

| In [5]: | ```python
import matplotlib.pyplot as plt
cats_Bwt_cnt = pd.value_counts(cats['Bwt'].values, sort=False)
width =0.4
plt.bar(cats_Bwt_cnt.index, cats_Bwt_cnt.values,width)
plt.title('Bwt')
plt.ylabel('Count')
``` |
|---|---|
| Out [5]: | 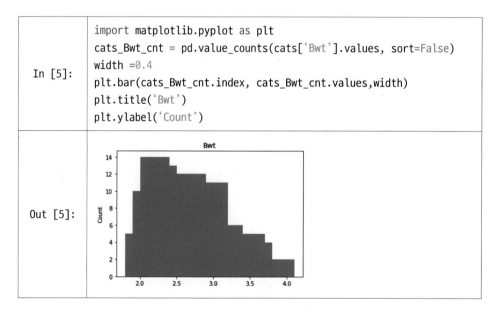 |

시각화한 고양이 몸무게의 그래프를 보더라도, 해당 데이터는 정규성을 띄지 않음을 알 수 있으며, Wilcoxon test 결과 p-value는 유의수준 0.05보다 작으므로 "고양이의 몸무게가 2.6kg"이라는 귀무가설을 기각할 수 있다. 즉, 유의수준 0.05하에 "고양이의 평균 몸무게는 2.6kg"이라고 할 수 없다.
```

3. 대응표본 T-검정(Paired Sample t-test)

(1) 개념

① 단일모집단에 대해 어떠한 처리를 가했을 때, 처리 전후에 따른 평균의 차이를 비교할 때 사용한다.

② 표본 내에 개체들에 대해 두 번의 측정을 한다(같은 집단이므로 등분산성 만족).

③ 모집단의 관측값이 정규성을 만족해야 한다는 가정이 있다.

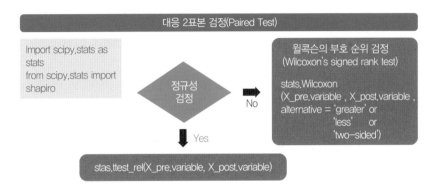

(2) 단계

① 가설수립

귀무가설(H0)	두 모평균 사이의 차이는 없다.
대립가설(H1)	두 모평균 사이의 차이는 있다.

② 유의수준(a) 설정 : 기본적으로 0.05

③ 검정통계량 및 p-value 계산

④ 귀무가설의 기각여부 판단 및 해석

(3) 파이썬을 활용한 대응표본 t-test

10명의 환자 대상 수면영양제 복용 전과 후의 수면시간을 측정하였다. 영양제의 효과가 있는지를 판단해보자(표본이 정규성을 만족한다는 가정하에 검정 수행, 만족하지 않으면 Wilcoxon-test 진행, 유의수준 = 0.05).

| In [1]: | ```python
# 데이터 불러오기 및 확인
import pandas as pd
data = {'before':[7,3,4,5,2,1,6,6,5,4],
        'after':[8,4,5,6,2,3,6,8,6,5]}
data = pd.DataFrame(data)
data
``` |
|---|---|
| Out [1]: | |

	before	after
0	7	8
1	3	4
2	4	5
3	5	6
4	2	2
5	1	3
6	6	6
7	6	8
8	5	6
9	4	5

해당 데이터를 검정하기 위한 가설을 수립한다.

귀무가설(H0)	수면제 복용 전과 후의 수면시간 차이는 없다.
대립가설(H1)	수면제 복용 전과 후의 수면시간 차이는 있다.

가설을 수립하고 대응표본 t-test를 진행해보자.

In [2]:	`stats.ttest_rel(data['after'],data['before'],alternative='greater')`
Out [2]:	Ttest_relResult(statistic=4.743416490252569, pvalue=0.0005269356285082765)

검정결과 p-value 값은 유의수준 0.05보다 작으므로 귀무가설을 기각한다.

In [3]:	`data.mean()`
Out [3]:	before 4.3 after 5.3 dtype: float64

p-value 값이 유의수준보다 작으므로 '수면영양제를 복용하기 전과 후의 평균 수면시간의 차이는 통계적으로 유의하며, 영양제를 복용한 후 수면시간이 늘었다'는 결론을 낼 수 있다.
```

4. 독립표본 t-test(Independent Sample t-test)

(1) 개 념

① 두 개의 독립된 모집단의 평균을 비교할 때 사용한다.

② 그러므로 모집단, 모수, 표본이 모두 두 개씩 존재한다(등분산성 가정을 해주어야 함).

③ 가 정

　㉠ 두 모집단은 정규성을 만족해야 한다.

　㉡ 두 모집단의 분산이 서로 같아야 한다(등분산성 가정).

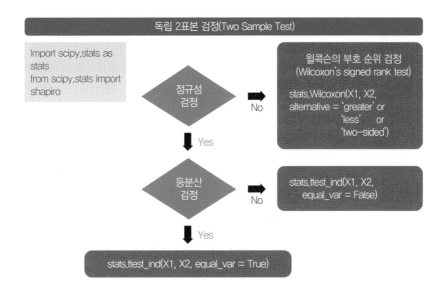

(2) 단 계

① 가설수립

귀무가설(H0)	두 모평균 사이의 차이는 없다.
대립가설(H1)	두 모평균 사이의 차이는 있다.

② 유의수준(a) 설정 : 기본적으로 0.05

③ 정규성, 등분산성 가설검정

④ 검정통계량의 값 및 p-value(유의확률) 계산

⑤ 귀무가설의 기각여부 판단 및 해석

(3) 파이썬을 활용한 독립표본 t-test

위에서 사용한 cats 데이터를 가지고 정규성을 따른다는 가정하에 수컷인 고양이와 암컷인 고양이의 몸무게 차이를 비교하라.

귀무가설(H0)	수컷과 암컷 고양이의 몸무게 차이는 없다.
대립가설(H1)	수컷과 암컷 고양이의 몸무게 차이는 있다.

정규성을 만족한다는 가정하에 cats데이터에서 등분산성 검정(levene-test)을 진행한다. 등분산 검정에 들어가는 값은 Series 값으로 데이터의 길이는 같아야 한다.

In [1]:	```python import pandas as pd cats=pd.read_csv("https://raw.githubusercontent.com/ADPclass/ADP_book_ver01/main/data/cats.csv") female = cats.loc[cats.Sex =='F', 'Bwt'] male = cats.loc[cats.Sex =='M', 'Bwt'] stats.levene(female, male)```
Out [1]:	LeveneResult(statistic=19.43101190877999, pvalue=2.0435285255189404e-05)

검정통계량의 값 및 p-value(유의확률)를 계산해보자. 성별에 따른 몸무게가 등분산성을 만족하지 않으므로 equal_var=False로 독립 t-test를 진행한다.

In [2]:	```python stats.ttest_ind(female, male, equal_var=False)```
Out [2]:	Ttest_indResult(statistic=-8.70948849909559, pvalue=8.831034455859356e-15)

검정결과 p-value는 유의수준 0.05보다 작으므로 귀무가설을 기각한다. 즉, 수컷과 암컷 고양이의 몸무게 차이는 존재한다고 할 수 있다.

In [3]:	```python print(female.mean()) print(male.mean())```
Out [3]:	2.359574468085107 2.8999999999999995

검정결과와 평균값을 확인하였지만, 이를 시각화하여 데이터의 분포가 어떠한 차이가 있는지 명확하게 파악해볼 수 있다.

| In [4]: | ```python
female_Bwt_cnt = pd.value_counts(female.values, sort=False)
male_Bwt_cnt = pd.value_counts(male.values, sort=False)
fig, axs = plt.subplots(1, 2, figsize=(20,5))
fig.suptitle('Bar plot')
width = 0.4
axs[0].bar(female_Bwt_cnt.index, female_Bwt_cnt.values)
axs[0].set_title('female_Bwt')
axs[0].set_ylabel('Count')
axs[1].bar(male_Bwt_cnt.index, male_Bwt_cnt.values)
axs[1].set_title('male_Bwt')
axs[1].set_ylabel('Count')
plt.show()
``` |
| Out [4]: | |
```

1. 검정의 목적

T-검정이 두 집단 간의 평균 차이를 비교하는 통계분석 방법이라면 분산분석은 두 개 이상의 다수 집단 간 평균을 비교하는 통계분석 방법이다. 종속변수는 연속형이어야 하며, 독립변수는 범주형 변수여야 한다. 분산분석은 개수에 따라 일원배치, 이원배치, 다원배치 분산분석으로 나누어진다.

2. 분산분석의 개념

분산분석은 두 개 이상의 집단에서 그룹 평균 간 차이를 그룹 내 변동에 비교하여 살펴보는 통계분석 방법이다. 집단 내에 분산(차이)보다 다른 집단과의 분산(차이)이 더 크다면 유의하다고 할 수 있다는 개념을 갖고 있다. 즉, 분산분석은 두 개 이상 집단들의 평균이 같은지를 통계적으로 검증하는 방법이다.

분산분석의 분류는 아래와 같다.

구 분	명 칭	독립변수 개수	종속변수 개수
단일변량 분산분석	일원배치 분산분석	1개	1개
	이원배치 분산분석	2개	
	다원배치 분산분석	3개 이상	
다변량 분산분석	MANOVA	1개 이상	2개 이상

3. 일원배치 분산분석(One-way ANOVA)

(1) 개 념

① 반응값에 대한 하나의 범주형 변수의 영향을 알아보기 위해 사용되는 검증 방법이다.
② 모집단의 수에는 제한이 없으며, 각 표본의 수는 같지 않아도 된다.
③ F 검정 통계량을 이용한다.

요 인	제곱합	자유도	평균제곱	F-value	p
집단 간	SSB	집단 수 −1	집단 간 제곱합 / 자유도	집단 간 평균제곱 / 집단 내 평균제곱	−
집단 내	SSW	자료 수 − 집단 수	집단 내 제곱합 / 자유도		−
합 계	TSS	자료 수 −1	−		−

가설검정에 사용되는 F 검정 통계량의 값을 살펴보면 평균의 차이의 계산이 아니라 분산의 비율값이다. 즉, 분산분석에서 집단 내 분산보다 집단 간 분산이 크다면 F값은 커지고 귀무가설을 기각할 확률이 높아진다. 즉, k개의 집단의 차이가 있다고 할 확률이 높아진다고 할 수 있다.

(2) 가 정

① 집단의 측정치는 서로 독립적이며, 정규분포를 따른다.
② 집단 측정치의 분산은 같다(등분산 가정).

(3) 가 설

① 귀무가설(H0) : k개의 집단 간 모평균에는 차이가 없다. 즉, 같다고 할 수 있다.
② 대립가설(H1) : k개의 집단 간 모평균이 모두 같다고 할 수 없다.

(4) 사후검정

사후검정이란 분산분석의 결과 귀무가설이 기각되어 적어도 한 집단에서 평균의 차이가 있음이 통계적으로 증명되었을 경우(p-value < 0.05), 어떤 집단들에 대해서 평균의 차이가 존재하는지를 알아보기 위해 실시하는 분석이다. 사후분석의 종류로는 던칸의 MRT, vltudml LSD, 튜키의 HSD방법 등이 있다.

(5) 단 계

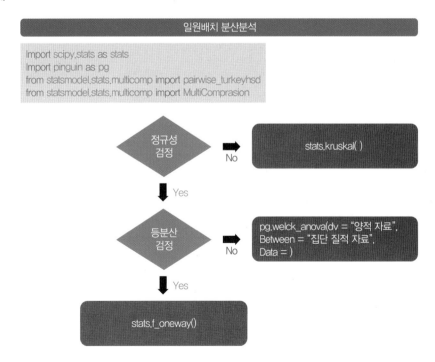

① 가설 수립

② 정규성 검정

③ 등분산 검정

④ f-oneway 검정

⑤ 사후검정

(6) 파이썬을 활용한 분산분석

Python에 내장되어 있는 iris 데이터를 이용하여 종(Species)별로 꽃받침의 폭(Sepal.Width)의 평균이 같은지 혹은 차이가 있는지를 확인하기 위해 일원배치 분산분석을 수행해보자.

가설을 수립하기 위해 데이터를 살펴보자.

| In [1]: | ```
import scipy.stats as stats
import pandas as pd
Iris_data = pd.read_csv("https://raw.githubusercontent.com/ADPclass/
ADP_book_ver01/main/data/iris.csv")
Iris_data.head(100)
``` |
|---|---|
| Out [1]: | <table><thead><tr><th></th><th>sepal length</th><th>sepal width</th><th>petal length</th><th>petal width</th><th>target</th></tr></thead><tbody><tr><td>0</td><td>5.1</td><td>3.5</td><td>1.4</td><td>0.2</td><td>Iris-setosa</td></tr><tr><td>1</td><td>4.9</td><td>3.0</td><td>1.4</td><td>0.2</td><td>Iris-setosa</td></tr><tr><td>2</td><td>4.7</td><td>3.2</td><td>1.3</td><td>0.2</td><td>Iris-setosa</td></tr><tr><td>3</td><td>4.6</td><td>3.1</td><td>1.5</td><td>0.2</td><td>Iris-setosa</td></tr><tr><td>4</td><td>5.0</td><td>3.6</td><td>1.4</td><td>0.2</td><td>Iris-setosa</td></tr><tr><td>...</td><td>...</td><td>...</td><td>...</td><td>...</td><td>...</td></tr><tr><td>95</td><td>5.7</td><td>3.0</td><td>4.2</td><td>1.2</td><td>Iris-versicolor</td></tr><tr><td>96</td><td>5.7</td><td>2.9</td><td>4.2</td><td>1.3</td><td>Iris-versicolor</td></tr><tr><td>97</td><td>6.2</td><td>2.9</td><td>4.3</td><td>1.3</td><td>Iris-versicolor</td></tr><tr><td>98</td><td>5.1</td><td>2.5</td><td>3.0</td><td>1.1</td><td>Iris-versicolor</td></tr><tr><td>99</td><td>5.7</td><td>2.8</td><td>4.1</td><td>1.3</td><td>Iris-versicolor</td></tr></tbody></table> |

iris 데이터에는 4개의 수치형 변수와 1개의 명목형 변수로 이루어져 있다. target이 가지고 있는 변수가 몇 개인지를 파악해보자.

In [2]:	`Iris_data["target"].unique()`
Out [2]:	`array(['Iris-setosa', 'Iris-versicolor', 'Iris-virginica'], dtype=object)`
```

target은 3개의 변수를 가지고 있다. 각 몇 개씩 분포되어 있는지 확인해보자.

In [3]:	`Iris_data.target.value_counts()`
Out [3]:	Iris-virginica 50 Iris-setosa 50 Iris-versicolor 50 Name: target, dtype: int64

target 데이터는 각 50개씩 고르게 분포되어 있음을 확인하였다. 분산분석을 하기 위해 target별로 변수에 할당하여 분산분석을 진행해보자.

In [4]:	`target_list = Iris_data["target"].unique()`
	`setosa = Iris_data[Iris_data["target"]==target_list[0]]["sepal width"]`
	`versicolor = Iris_data[Iris_data["target"]==target_list[1]]["sepal width"]`
	`virginica = Iris_data[Iris_data["target"]==target_list[2]]["sepal width"]`
	`print(target_list)`

Out [4]:	`array(['Iris-setosa', 'Iris-versicolor', 'Iris-virginica'], dtype=object)`

target을 시각화해보고 target의 분포를 확인해보자.

| In [5]: | ```import seaborn as sns
import matplotlib.pyplot as plt
# Scatter plot by Groups
sns.scatterplot(x='target',
               y='sepal width',
               hue='target', # different colors by group
               style='target', # different shapes by group
               s=100, # marker size
               data=Iris_data)
plt.show()``` |
|---|---|
| Out [5]: | 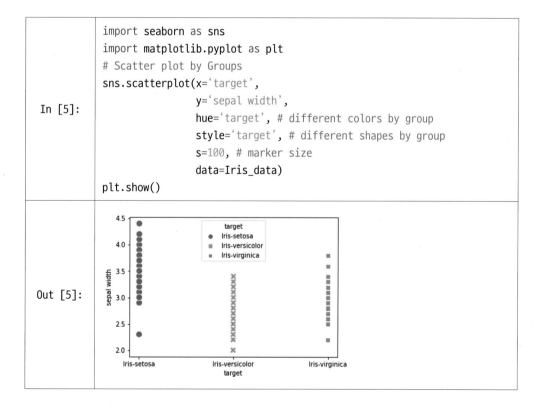 |

시각화하여 보았을 때, 3종류의 Sepal.Width의 평균은 차이가 있어 보인다. 통계적으로 차이가 있는 지를 검정해보자. 검정을 수행하기에 앞서 설정할 수 있는 가설은 아래와 같다.

① **귀무가설(H0)** : 세 가지 종에 대해 Sepal.Width의 평균은 모두 같다.

② **대립가설(H1)** : 적어도 하나의 종에 대한 Sepal.Width의 평균값에는 차이가 있다.

이제 귀무가설과 대립가설을 세웠으니, 분산분석의 flow에 따라 검정을 진행한다. 우선, 각 변수가 정 규성을 띄는지 확인해보자.

In [6]:	```print(stats.shapiro(setosa))```
	```print(stats.shapiro(versicolor))```
	```print(stats.shapiro(virginica))```

Out [6]:	```ShapiroResult(statistic=0.968691885471344, pvalue=0.20465604960918427)```
	```ShapiroResult(statistic=0.97413307428359, pvalue=0.33798879384994507)```
	```ShapiroResult(statistic=0.9673910140991211, pvalue=0.1809043288230896)```

shapiro test 결과 3개의 표본 모두 p-value>0.05이므로 정규성을 만족한다. 따라서 등분산 검정을 시행한다(하나의 표본이라도 정규성을 만족하지 않다면 kruskal을 고려해봐야 함).

In [7]	```stats.levene(setosa,versicolor,virginica)```
Out [7]:	```LeveneResult(statistic=0.6475222363405327, pvalue=0.5248269975064537)```

p-value가 유의수준(0.05)보다 크기 때문에 귀무가설을 채택하여 세 집단 간 분산이 같다고 할 수 있 으므로 ANOVA 검정을 시행한다.

In [8]:	```stats.f_oneway(setosa,versicolor,virginica)```
Out [8]:	```F_onewayResult(statistic=47.36446140299382,``` ```pvalue=1.3279165184572242e-16)```

검정결과 p-value는 유의수준 0.05보다 작으므로 귀무가설을 기각한다. 즉, 세 가지 종의 꽃받침 폭 의 평균은 차이가 있다고 할 수 있다.

그렇다면, 세 가지 종들 중 특히 어떠한 종들 간에 꽃받침의 폭에 차이가 있는지를 파악하기 위해 사후검정을 수행해보자.

| In [9]: | ```from statsmodels.stats.multicomp import pairwise_tukeyhsd
from statsmodels.stats.multicomp import MultiComparison
mc = MultiComparison(data= Iris_data["sepal width"], groups=Iris_data["target"])
tuekeyhsd = mc.tukeyhsd(alpha=0.05)
fig = tuekeyhsd.plot_simultaneous()``` |
|---|---|
| Out [9]: | |

Multiple Comparisons Between All Pairs (Tukey)

In [10]:	```tuekeyhsd.summary()```
Out [10]:	Multiple Comparison of Means - Tukey HSD, FWER=0.05

group1	group2	meandiff	p-adj	lower	upper	reject
Iris-setosa	Iris-versicolor	-0.648	0.001	-0.8092	-0.4868	True
Iris-setosa	Iris-virginica	-0.444	0.001	-0.6052	-0.2828	True
Iris-versicolor	Iris-virginica	0.204	0.0089	0.0428	0.3652	True

사후분석에서는 귀무가설을 "집단들 사이의 평균은 같다"로 두고 대립가설을 "집단들 사이의 평균은 같지 않다"로 둔다. 그리고 모든 집단 수준에 대하여 두 집단씩 짝을 지어 각각 다중비교를 수행한다. 예제의 사후분석 결과를 살펴보면 Iris-setosa, Iris-versicolor Iris-virginica의 세 가지 비교에 대해서 모두 수정된 p-value 값(p adj)이 0.05보다 작으므로, 각각의 비교에 대한 귀무가설을 모두 기각한다. 즉, 모든 종들에 대해서 꽃받침 폭의 평균값은 통계적으로 유의한 차이가 있다는 것을 알 수 있다.

또한 diff는 차이(오른쪽 집단 – 왼쪽 집단)값을 나타내는데 setosa – versicolor에 대한 diff 값은 음수이므로, versicolor일 때보다 setosa일 때 꽃받침의 폭이 통계적으로 유의하게 큰 값을 가진다고 해석할 수 있다.

만약 정규성을 만족하지 못했을 경우에는 아래와 같이 kruskal 검정을 진행하면 된다.

In [11]:	`stats.kruskal(setosa,versicolor,virginica)`
Out [11]:	`KruskalResult(statistic=62.49463010053111,` `pvalue=2.6882119006774528e-14)`

만약 등분산성을 만족하지 못했을 경우 welch_anova 분석을 시행하면 된다.

welch_anova(data=None, dv=None, between=None) One–way Welch ANOVA

In [12]:	``` # pip install pingouin # conda install pingouin import pingouin as pg pg.welch_anova(data = Iris_data, dv = 'sepal width', between = 'target') ```
Out [12]:	<table><tr><th></th><th>Source</th><th>ddof1</th><th>ddof2</th><th>F</th><th>p-unc</th><th>np2</th></tr><tr><td>0</td><td>target</td><td>2</td><td>97.369597</td><td>43.303381</td><td>3.519723e-14</td><td>0.391881</td></tr></table>

4. 이원배치 분산분석(Two-way ANOVA)

(1) 개 념

① 분산분석에서 하나의 종속변수(연속형)에 대한 두 개의 독립변수(범주형) A, B의 영향을 알아보기 위해 사용되는 검증 방법이다. 예를 들어 성별과 학년에 따른 시험점수의 차이에 대해 통계적으로 검정하기 위해 이원배치 분산분석을 사용할 수 있다.

② 두 독립변수 A, B사이에 상관관계가 있는지를 살펴보는 교호작용(두 독립변수의 범주들의 조합으로 인해 반응변수에 미치는 특별한 영향)에 대한 검증이 반드시 진행되어야 한다.

③ F 검정 통계량을 이용한다.

요 인	제곱합	자유도	평균제곱	F-value
요인 A	SS_A	$I-1$		$F_A = \dfrac{MS_A}{MSE}$
요인 B	SS_B	$J-1$	제곱합/자유도	$F_B = \dfrac{MS_B}{MSE}$
상호작용	$SS_{A \times B}$	$(I-1)(J-1)$		$F_{AB} = \dfrac{MS_{AB}}{MSE}$
오 차	SSE	$IJ(n-1)$	$MSE = \dfrac{SSE}{IJ(n-1)}$	-
전 체	SST	$IJn-1$	-	-

㉠ SST(Sum of Sqares Total) : 총 제곱합
㉡ SSA : 요인 A 수준 평균값들 사이의 제곱합
㉢ SSB : 요인 B 수준 평균값들 사이의 제곱합
㉣ SSE(Sum of Squares Error) : 오차 제곱합 or SSW(Sum of Square Within factor) : 집단 내 변화량
㉤ I : 요인 A의 수준의 수
㉥ J : 요인 B의 수준의 수

(2) 가 정

① 집단의 측정치는 서로 독립적이며, 정규분포를 따른다.
② 집단 측정치의 분산은 같다(등분산 가정).

(3) 가 설

이원배치 분산분석의 가설은 총 6가지이다.

구 분	내 용
귀무가설1(H0)	a와 b변수의 상호작용 효과(교호작용, interaction)가 없다.
귀무가설2(H0)	a변수에 따른 종속변수의 값에는 차이가 없다.
귀무가설3(H0)	b변수에 따른 종속변수의 값에는 차이가 없다.
대립가설1(H1)	a와 b변수의 상호작용 효과(교호작용, interaction)가 있다.
대립가설2(H1)	a변수에 따른 종속변수의 값에는 차이가 있다.
대립가설3(H1)	b변수에 따른 종속변수의 값에는 차이가 있다.

Python으로 양방향 ANOVA를 수행하는 방법은 다음과 같다.

```
formula = y~ C(X1) + C(X2) + C(X1):C(X2)'
model = ols(formula, data).fit()
aov_table = anova_lm(model, typ=2)
```

(4) 사후검정

사후검정이란 분산분석의 결과 귀무가설이 기각되어 적어도 한 집단에서 평균의 차이가 있음이 통계적으로 증명되었을 경우, 어떤 집단들에 대해서 평균의 차이가 존재하는지를 알아보기 위해 실시하는 분석이다. 사후분석의 종류로는 던칸의 MRT, vltudml LSD, 튜키의 HSD방법 등이 있다.

(5) 단 계

이원배치 분산분석의 경우도 일원배치 분산분석과 분석 단계는 같다. 다만 독립변수(범주형)의 level이 2개라는 점에서 가설의 차이가 있으므로 검정과 해석에 집중해야 한다.

(6) 파이썬을 활용한 이원배치 분산분석

Python에 내장된 mtcars 데이터는 32개의 차종에 대한 다양한 특성과 단위 연료당 주행거리를 담고 있다. am 변수는 변속기 종류이며, cyl 변수는 실린더 개수를 의미한다. 데이터를 분석에 적절한 형태로 처리한 후, 변속기 종류(am 변수)와 실린더 개수(cyl)에 따라 주행거리(mpg 변수) 평균에 유의미한 차이가 존재하는지 이원배치 분산분석을 수행하고, 그 결과를 해석해보자(정규성, 등분산성을 만족한다는 가정).

우선, 가설을 수립하기 위해 데이터를 살펴보자.

In [1]:	# 데이터 불러오기 import pandas as pd mtcars = pd.read_csv("https://raw.githubusercontent.com/ADPclass/ADP_book_ver01/main/data/mtcars.csv") mtcars.head()
Out [1]:	

	Unnamed: 0	mpg	cyl	disp	hp	drat	wt	qsec	vs	am	gear	carb
0	Mazda RX4	21.0	6	160.0	110	3.90	2.620	16.46	0	1	4	4
1	Mazda RX4 Wag	21.0	6	160.0	110	3.90	2.875	17.02	0	1	4	4
2	Datsun 710	22.8	4	108.0	93	3.85	2.320	18.61	1	1	4	1
3	Hornet 4 Drive	21.4	6	258.0	110	3.08	3.215	19.44	1	0	3	1
4	Hornet Sportabout	18.7	8	360.0	175	3.15	3.440	17.02	0	0	3	2

In [2]:	## cyl, am, mpg 변수들로만 구성된 분석용 데이터세트 생성 mtcars = mtcars[["mpg","am","cyl"]] mtcars.info()

```
Out [2]:
<class 'pandas.core.frame.DataFrame'>
RangeIndex: 32 entries, 0 to 31
Data columns (total 3 columns):
 #   Column  Non-Null Count  Dtype
---  ------  --------------  -----
 0   mpg     32 non-null     float64
 1   am      32 non-null     int64
 2   cyl     32 non-null     int64
dtypes: float64(1), int64(2)
memory usage: 896.0 bytes
```

종속변수 mpg는 연속형이며, 독립변수로 설정할 am과 cyl 변수는 int64(수치형) 자료형이지만, 의미상 범주형 변수임을 확인하였다.

교호작용 검정	귀무가설	변속기 종류와 실린더 개수 간에는 상호작용 효과가 없다.
	대립가설	변속기 종류와 실린더 개수 간에는 상호작용 효과가 있다.
주효과 검정 1	귀무가설	실린더 개수에 따른 주행거리의 차이는 존재하지 않는다.
	대립가설	실린더 개수에 따른 주행거리의 차이는 존재한다.
주효과 검정 2	귀무가설	변속기 종류에 따른 주행거리의 차이는 존재하지 않는다.
	대립가설	변속기 종류에 따른 주행거리의 차이는 존재한다.

| In [3]: | ```
## 분산분석 수행
from statsmodels.formula.api import ols
from statsmodels.stats.anova import anova_lm
formula = 'mpg ~ C(cyl) + C(am) + C(cyl):C(am)'
model = ols(formula, mtcars).fit()
aov_table = anova_lm(model, typ=2)
aov_table
``` |
|---|---|

Out [3]:						

	sum_sq	df	F	PR(>F)
C(cyl)	456.400921	2.0	24.819011	9.354735e-07
C(am)	36.766919	1.0	3.998759	5.608373e-02
C(cyl):C(am)	25.436511	2.0	1.383233	2.686140e-01
Residual	239.059167	26.0	NaN	NaN

① cyl 변수와 am 변수 간의 상호작용 효과에 대한 검정결과, p-value는 0.2686으로 0.05보다 크므로 귀무가설을 기각하지 않는다. 따라서 실린더 개수와 변속기 종류 간에는 교호작용이 존재하지 않는다는 것을 알 수 있다. 교호작용이 존재하지 않을 때, 아래와 같은 주효과 검정이 의미를 갖는다.

② cyl 변수에 대한 p-value는 0.05보다 작으므로, 주효과 검정에서 귀무가설을 기각한다. 따라서 실린더 개수에 따라 주행거리 간 유의미한 차이는 존재한다고 해석할 수 있다.

③ am 변수에 대한 p-value는 0.0561로 0.05보다 크므로, 주효과 검정에서 '변속기 종류에 따른 주행거리 평균간 차이는 존재하지 않는다'는 귀무가설을 기각하지 않는다.

교호작용 효과는 그래프를 보고 해석하는 것이 더욱 직관적이고 해석하기에 용이하다.

| In [4]: | ```
from statsmodels.graphics.factorplots import interaction_plot
import matplotlib.pyplot as plt
## 독립변수 cyl,am와 종속변수 mpg을 Series로 변경
cyl = mtcars["cyl"]
am = mtcars["am"]
mpg = mtcars["mpg"]
fig, ax = plt.subplots(figsize=(6, 6))
fig = interaction_plot(cyl,am, mpg,
                       colors=['red', 'blue'], markers=['D', '^'],
                       ms=10, ax=ax)
``` |
|---|---|

Out [4]:

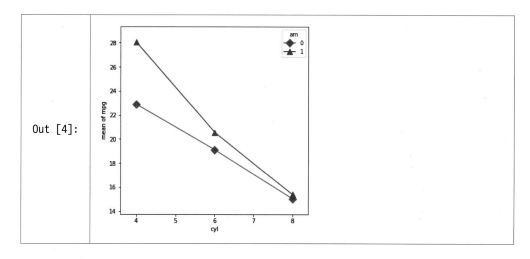

Out [3]의 표에서 C(cyl) : C(am) 결과로 p-value가 유의수준보다 낮아 am 변수와 clm 변수 간 교호작용이 존재하지 않음을 확인하였다. 이 방법이 가장 확실한 방법이지만, 일반적으로 상호작용 그래프에서 두 선이 서로 교차하고 있을 시에는 x축에 있는 독립변수와 그래프에서 시각화된 독립변수 간에는 상호작용이 존재한다고 해석할 수 있다.

Tip

nteraction_plot의 매개변수는 x1, x2, y의 순으로 작성해주어야 한다.

1. 검정의 목적

앞서 배운 t-test와 ANOVA분석은 종속변수가 연속형 변수였지만, 카이제곱 검정은 설명변수가 범주형 변수인 경우에 사용하는 통계 기법이다. 카이제곱 검정은 데이터에서 각 범주에 따른 결과변수의 분포를 설명하거나, 범주형 변수가 두 개 이상인 경우 두 변수가 상관이 있는지를 검정하는 것이 목적이다.

2. 교차분석의 개념

교차분석은 교차표를 통해 각 셀의 관찰빈도와 기대빈도 간의 차이를 검정하는 기법이다.

① 관찰빈도 : 자료로부터 얻은 빈도분포
② 기대빈도 : 두 변수가 독립일 때 이론적으로 기대할 수 있는 빈도분포

구 분	환자군	대조군	전 체
과체중	25	15	40(40%)
정상체중	10	50	60(60%)
전 체	35(35%)	65(65%)	100(100%)

위 표에서 환자군이면서 과체중인 사람의 관찰빈도는 25명이지만 기대빈도는 35*0.4 = 14명이다. 교차분석은 이러한 관찰빈도와 기대빈도의 차이가 유의한 차이가 있는지를 카이제곱 통계량을 이용하여 검정하는 통계적 방법이다.

> **Tip**
>
> 각 범주의 기대빈도는 5 이상이어야 한다.

3. 카이제곱 검정

카이제곱 검정은 검정의 목적에 따라 사용되는 3가지의 검정이 있다.

(1) 적합성 검정

적합성 검정은 각 범주에 따른 데이터의 빈도분포가 이론적으로 기대하는 분포를 따르는지를 검정하는 방법이다.

예 주사위를 굴렸을 때, 각 주사위의 값이 1/6의 확률이 맞는지를 검정

① 파이썬 패키지 설명

scipy.stats.chisquare(f_obs, f_exp =None, ddof =0, axis =0)

f_obs	• 데이터 타입(기본값) : array_like • 설명 : 관찰빈도로 pd.value_counts( ) 결과 값을 입력한다.
f_exp	• 데이터 타입 : array_like(default = 가능성이 동일하다고 가정) • 설명 : 각 카테고리의 기대 빈도이다.
ddof	• 데이터 타입 : int(defaut = 0) • 설명 : p-value에 대한 자유도를 조정할 수 있다. • 자유도 : k − 1 − ddof이다. ※ k : 관찰된 범주의 수. 주사위의 수가 1~6이라면 k는 6. 카이제곱 검정에서는 k-1이 자유도로 사용된다.

② 파이썬을 활용한 적합성 검정

titanic데이터에서 sex 변수에 대한 분할표를 생성하고 아래의 가설에 대한 적합도 검정을 수행해 보자.

㉠ 귀무가설 : 타이타닉호의 생존자 중 남자의 비율이 50%, 여자의 비율이 50%이다.

㉡ 대립가설 : 타이타닉호의 생존자 중 남자의 비율이 50%, 여자의 비율이 50%라고 할 수 없다.

| In [1]: | ```python
import pandas as pd
# 데이터 불러오기
df = pd.read_csv("https://raw.githubusercontent.com/ADPclass/ADP_book_ver01/main/data/titanic.csv")
# titanic 데이터의 구조 확인
df.info()
``` |
|---|---|
| Out [1]: | ```
<class 'pandas.core.frame.DataFrame'>
RangeIndex: 891 entries, 0 to 890
Data columns (total 11 columns):
 #   Column       Non-Null Count  Dtype
---  ------       --------------  -----
 0   survived     891 non-null    int64
 1   pclass       891 non-null    int64
 2   sex          891 non-null    object
 3   age          714 non-null    float64
 4   sibsp        891 non-null    int64
 5   parch        891 non-null    int64
 6   fare         891 non-null    float64
 7   embarked     889 non-null    object
 8   class        891 non-null    object
 9   adult_male   891 non-null    bool
 10  embark_town  889 non-null    object
dtypes: bool(1), float64(2), int64(4), object(4)
memory usage: 70.6+ KB
``` |

sex 변수 확인결과 결측치가 없으며, 명목형 변수임을 확인하였다.

In [2]:	`df_t = df[df['survived']==1]`
	`table= df_t[['sex']].value_counts()`
	`table`

Out [2]:	`sex`
	`female    233`
	`male      109`
	`dtype: int64`

교차분석을 하기 위해 명목형 변수 sex 변수에 대한 도수분포표를 생성하여 범주별 관찰빈도를 확인하고 적합도 검정을 실행한다.

In [3]:	`# 유의수준 0.05로 적합도 검정 수행`
	`from scipy.stats import chisquare`
	`chi = chisquare(table, f_exp=[171,171])`
	`print('<적합도 검정>\n',chi)`

Out [3]:	`<적합도 검정>`
	` Power_divergenceResult(statistic=44.95906432748538,`
	`pvalue=2.0119672574477235e-11)`

카이제곱 통계량은 약 44.96, p-value 값은 설정한 유의수준 0.05보다 작으므로 귀무가설을 기각한다. 즉, 유의수준 0.05하에 타이타닉호에 탄 남자와 여자의 비율은 50 : 50이라고 할 수 없다.

(2) 독립성 검정

독립성 검정은 모집단이 두 개의 변수 A, B에 의해 범주화되었을 때, 이 두 변수들 사이의 관계가 독립인지 아닌지를 검정하는 방법이다.

예 환자의 비만유무와 대사성 질환의 유무가 주어졌을 때, 비만에 따른 질환 비율에 차이가 존재하는지 검정

① 파이썬 패키지 설명

scipy.stats.chi2_contingency((observed, correction=True, lambda_=None))

observed	• 데이터 타입(기본값) : array_like • 설명 : 관찰빈도로 pd.crosstab 결과 값을 입력한다.

독립성 검정의 결과는 4개의 값이 return된다.

chi2	카이제곱 통계량 값
p	p-value
dof	자유도
expected	테이블의 합계를 기반으로 한 기대빈도

② 파이썬을 활용한 독립성 검정

titanic데이터에서 좌석등급(class)과 생존 여부(survived)가 서로 독립인지 검정해보자.

㉠ 귀무가설 : class 변수와 survived 변수는 독립이다.

㉡ 대립가설 : class 변수와 survived 변수는 독립이 아니다.

In [1]:	```
	# 데이터 불러오기
	df = pd.read_csv("https://raw.githubusercontent.com/ADPclass/ADP_
	book_ver01/main/data/titanic.csv")
	table = pd.crosstab(df['class'], df['survived'])
	table
	``

Out [1]:	```
	survived 0 1
	  class
	  First 80 136
	  Second 97 87
	  Third 372 119
	``

독립성 검정을 하기 위해 크로스탭을 사용하여 교차표를 생성한다.

In [2]:	``` # 카이제곱 검정을 통한 독립성 검정 수행 from scipy.stats import chi2_contingency chi, p, df, expect = chi2_contingency(table) print('Statistic:', chi) print('p-value:', p) print('df:', df) print('expect: \n', expect) ```
Out [2]:	``` Statistic: 102.88898875696056 p-value: 4.549251711298793e-23 df: 2 expect: [[133.09090909 82.90909091] [113.37373737 70.62626263] [302.53535354 188.46464646]] ```

독립성 검정 결과 p-value가 유의수준 0.05보다 작으므로 귀무가설을 기각한다. 즉, 좌석 등급과 생존은 유의수준 0.05하에서 독립이 아니라고 할 수 있다.

(3) 동질성 검정

동질성 검정은 모집단이 임의의 변수에 따라 R개의 속성으로 범주화되었을 때, R개의 부분 모집단에서 추출한 표본이 C개의 범주화된 집단의 분포가 서로 동일한지를 검정한다. 독립성 검정과 계산법과 검정 방법은 같으므로 동질성 검정에서는 아래와 같이 귀무가설을 세운다는 것만 알고 넘어간다.

① **귀무가설** : class의 분포는 survived에 관계없이 동일하다.

② **대립가설** : class의 분포는 survived에 관계없이 동일하지 않다.

선형 회귀분석

제5절에서는 전통적 통계분석 방법인 선형 회귀분석의 개념과 파이썬을 활용한 통계분석 기법에 대해서 배운다. 이미 머신러닝에서 선형 회귀와 다항 회귀를 학습하였으므로, 자세한 설명은 생략한다. 제5절에서는 전통적 통계기법을 사용한 회귀분석이 머신러닝보다 설명력이 좋은지를 비교해보는 것이 좋다. 머신러닝은 예측의 성공 확률을 높이는 데에 목적이 있다면, 전통적 통계분석 방법은 정해진 분포나 가정을 통해 실패 확률을 줄이고, 원인을 찾는 데에 목적이 있다.

우선, 회귀분석을 언제 사용하는지를 아래의 표를 통해 알아보자.

구 분		독립변수	
		범주형	연속형
종속변수	범주형	교차분석	로지스틱 회귀분석(분류분석)
	연속형	t-test, ANOVA	회귀분석

ADP 문제를 풀 때에 가장 먼저 확인해야 하는 것은 데이터의 타입이다. 데이터에 타입에 따라서 분석기법이 달라지며, 종속변수와 독립변수가 모두 연속형일때에는 주로 회귀분석을 사용한다.

1. 회귀분석 개념

회귀분석은 하나 혹은 그 이상의 원인이 종속변수에 미치는 영향을 추적하여 식으로 표현하는 통계기법이다. 머신러닝과 다르게 식으로 표현하므로 해석력을 높일 수 있다. 또한 변수들 사이의 상관관계를 밝히고 모형을 적합하여 관심 있는 변수를 예측하거나 추론하기 위해 사용하는 분석 방법이다. 독립변수의 개수가 하나인 경우 단순 선형 회귀분석이라 하며, 독립변수의 개수가 두 개 이상이면 다중 선형 회귀분석으로 분석한다.

이 책이 이론서라면 회귀분석에 대해서 몇 십페이지 이상을 설명해야 하겠지만, 시험을 위한 수험서이므로 이론보다는 파이썬 예제와 해석에 집중하였다.

2. 단순 선형 회귀분석의 평가

전통적 회귀분석에서는 머신러닝의 회귀분석과 마찬가지로 잔차의 합이 최소가 되는 최소제곱법을 사용한다. 즉, 하나의 선이 전체 데이터를 얼마나 설명할 수 있는가가 회귀분석의 평가지표가 된다. 주로 사용되는 평가지표는 R^2와 RMSE이다.

R^2을 완전히 이해하려면 SST, SSE, SSR, MSE에 대해서 먼저 이해해야 한다.

하지만 앞서 말하였듯이 이는 컴퓨터 프로그래밍이 모두 계산해주므로 우리는 계산식보다는 R^2을 어떻게 해석해야 하는지에 더 집중해야 한다.

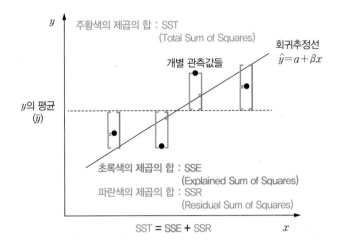

위 그림에 대해 간략히 설명하자면 SST는 총변동을 의미하고, SSE는 설명된 변동, SSR은 설명되지 않은 변동을 의미한다. 아래의 R^2의 수식을 살펴보자.

$$R^2 = 1 - \frac{SSR}{SST}$$

이 수식이 의미하는 바는 총 변동 중에 설명된 변동의 비율이다. 즉 R^2는 회귀 추정선이 전체 데이터를 얼마나 설명하고 있는가를 의미하며 이 값이 높다면, 우리가 구한 회귀 추정 직선으로 새로운 값을 예측하거나 추정하여도 믿을 만하다는 것을 의미한다.

여태까지 설명한 수식을 기억할 필요는 없다. 다만, R^2이 가지고 있는 의미는 기억해야 한다.

RMSE(Root Mean Squre Error)는 평균 제곱근 오차이다.

$$RMSE = \sqrt{\sum_{i=1}^{n} \frac{(\widehat{y_i} - y_i)^2}{n-2}}$$

예측값에서 실제 관측값을 뺀 값의 제곱의 합을 표본의 수로 나눈 것이며, 이 개념은 분산분석에서의 SSE와 같다. 이 SSE를 자유도(n−2)로 나눈 값이 MSE이고 이에 루트를 취한 값이 RMSE이다. 이 개념 또한 수식보다는 선형 모델이 예측한 값과 실제 관측값의 차이를 의미한다는 개념이 중요하다. 모델의 성능을 테스트해봤을 때, 이 값이 작다면 예측을 잘했다고 할 수 있다.

3. 다중 선형 회귀분석 평가

다중 선형 회귀분석은 독립변수가 2개 이상일 때 사용한다. 단순 선형 회귀분석과 다르게 독립변수의 개수가 늘어나면 모델의 R^2이 증가하게 된다. 그러므로 모델의 성능이 독립변수의 수에 따라 증가하게 되는 것에 대한 패널티를 적용시킨 $AdjustedR^2 = 1 - \dfrac{SSR \div (n-k-1)}{SST \div (n-1)}$ 을 사용한다.

> **Tip**
>
> 빅데이터분석에서는 n이 커진다면 1, 2값의 차이는 큰 의미가 없어 자유도로 나누지 않고 n으로 나눈다. sklearn.metrics에 있는 mean_squared_error도 n으로 나눈 값이다.

4. 회귀분석 검토사항

회귀분석은 아래의 4가지 흐름에 따라 모델을 검토해야 한다.

(1) 모형이 데이터를 잘 적합하고 있는가?

모형의 잔차가 특정 패턴을 이루고 있지 않아야 한다.

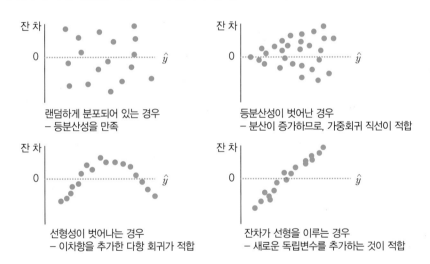

랜덤하게 분포되어 있는 경우
– 등분산성을 만족

등분산성이 벗어난 경우
– 분산이 증가하므로, 가중회귀 직선이 적합

선형성이 벗어나는 경우
– 이차항을 추가한 다항 회귀가 적합

잔차가 선형을 이루는 경우
– 새로운 독립변수를 추가하는 것이 적합

(2) 회귀 모형이 통계적으로 유의한가?

선형 회귀 모형의 통계량은 F통계량을 사용한다. F통계량의 p-value가 유의수준(a)보다 작으면 회귀식이 통계적으로 유의하다고 볼 수 있다. 이때의 귀무가설과 대립가설은 아래와 같다.

① **귀무가설** : 회귀 모형은 유의하지 않다.

② **대립가설** : 회귀 모형은 유의하다.

(3) 모형은 데이터를 얼마나 설명할 수 있는가?

R^2을 확인한다. R^2은 비율이기에 0~1의 값을 가지며, 추정된 회귀식이 전체 데이터에서 설명할 수 있는 데이터의 비율을 의미한다.

(4) 모형 내의 회귀계수는 유의한가?

회귀계수에 대해서는 각 독립변수를 검정해야 한다. 회귀계수에 대한 통계량은 t 값이며, p-value가 0.05보다 작으면 회귀계수가 통계적으로 유의하다고 할 수 있다.

(5) 파이썬 패키지 설명

statsmodels.formula.api.ols(formula, data, subset=None, drop_cols=None, *args, **kwargs)

formula	• 데이터 타입(기본값) : str • 설명 : 모델을 지정하는 공식을 작성해야 한다. 예 'price ~ bedrooms + bathrooms + sqft_living + sqft_lot'
data	• 데이터 타입 : array_like • 설명 : 모델이 적용되는 데이터이다.
drop_cols	• 데이터 타입 : array_like • 설명 : 데이터에서 삭제할 컬럼이다. 범주형 데이터를 삭제할 때 사용할 수 있다.

ols의 return 값은 formula(공식)대로 data가 학습된 모델이다. 이 모델을 사용하여 통계분석을 진행할 수 있다.

model.summary()	모델적합 결과를 요약하여 제시한다.
model.params	변수들의 회귀계수이다.
model.predict()	새로운 데이터에 대한 예측 값이다.

(6) 파이썬을 활용한 단순 선형 회귀분석

kc_house_data 데이터의 sqft_living(주거공간의 평방 피트)을 독립변수, price를 종속변수로 설정하여 단순 선형 회귀분석을 실시한 후, 추정된 회귀 모형에 대해 해석하라.

| In [1]: | ```
import pandas as pd
import numpy as np
house = pd.read_csv("https://raw.githubusercontent.com/ADPclass/ADP_
book_ver01/main/data/kc_house_data.csv")
house = house[["price","sqft_living"]]
## 독립변수와 종속변수의 선형 가정
house.corr()
``` |
|---|---|
| Out [1]: | |

	price	sqft_living
price	1.000000	0.702035
sqft_living	0.702035	1.000000

선형 회귀분석을 하기 위해 pandas의 corr 함수를 통해 독립변수와 종속변수의 상관관계가 약 0.7로 양의 상관성이 있음을 확인하였다. 회귀계수와 상관계수가 어떠한 차이가 있는지 알아보자.

| In [2]: | ```
from statsmodels.formula.api import ols
import matplotlib.pyplot as plt
# 변수 할당
y = house['price']
X = house[['sqft_living']]
# 단순 선형 회귀 모형 적합
lr = ols('price ~ sqft_living', data=house).fit()
y_pred = lr.predict(X)
# 시각화
plt.scatter(X, y) ## 원 데이터 산포도
plt.plot(X, y_pred, color='red') ## 회귀직선 추가
plt.xlabel('sqft_living', fontsize=10)
plt.ylabel('price', fontsize=10)
plt.title('Linear Regression Result')
plt.show()
``` |
|---|---|
| Out [2]: | 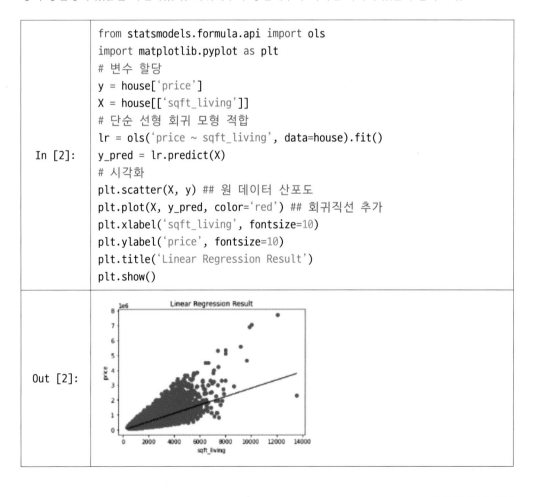 |

① 모형이 데이터를 잘 적합하고 있는가?

회귀분석을 진행하기 위해 독립변수 X는 데이터프레임의 형식으로, 종속변수 y는 시리즈 값으로 변수에 할당하고 단순 선형 회귀분석을 진행하였다. return되는 model의 회귀선을 y_pred에 할당하고 원본 데이터와 회귀선을 시각화하여 데이터의 분포를 보고 회귀선이 적합한지를 판단하는 것이 좋다.

회귀 모형 시각화 결과 직관적으로도 직선이 모든 데이터를 잘 설명하지는 못하고 있는 것으로 보인다. 오차 또한 (0,0)에서 멀어질수록 분산이 커지는 특정한 패턴을 이루고 있으므로 단순 회귀분석으로는 데이터를 충분히 설명할 수 없는 것으로 보인다.

In [3]:	lr.summary()
Out [3]:	OLS Regression Results

Dep. Variable:	price	R-squared:	0.493
Model:	OLS	Adj. R-squared:	0.493
Method:	Least Squares	F-statistic:	2.100e+04
Date:	Mon, 18 Apr 2022	Prob (F-statistic):	0.00
Time:	23:53:51	Log-Likelihood:	-3.0027e+05
No. Observations:	21613	AIC:	6.005e+05
Df Residuals:	21611	BIC:	6.006e+05
Df Model:	1		
Covariance Type:	nonrobust		

	coef	std err	t	P>|t|	[0.025	0.975]
Intercept	-4.358e+04	4402.690	-9.899	0.000	-5.22e+04	-3.5e+04
sqft_living	280.6236	1.936	144.920	0.000	276.828	284.419

Omnibus:	14832.490	Durbin-Watson:	1.983
Prob(Omnibus):	0.000	Jarque-Bera (JB):	546444.713
Skew:	2.824	Prob(JB):	0.00
Kurtosis:	26.977	Cond. No.	5.63e+03

회귀 모델의 summary( ) 함수를 통해 ②~④까지의 회귀분석 검토를 진행할 수 있다.

② 회귀 모형이 통계적으로 유의한가?

　㉠ 귀무가설 : 회귀 모형은 유의하지 않다.

　㉡ 대립가설 : 회귀 모형은 유의하다.

해당 모델의 F통계량과 p-value를 확인할 수 있다. p-value는 0으로 회귀 모형이 유의하지 않다는 귀무가설을 기각한다. 즉, 유의수준 0.05하에서 이 통계모델은 유의하다고 할 수 있다.

③ 모형은 데이터를 얼마나 설명할 수 있는가?

R^2은 0.493으로 이 모형이 전체 데이터의 49.3%를 설명한다고 할 수 있다. ①에서 확인하였듯이 모델의 성능이 좋지 않음을 알 수 있다. 통계 모델이 유의하다고 하여, 모델의 성능이 좋은 것은 아니다. 하지만 R^2이 0.493이라고 해서 모델을 사용하지 못하는 것은 아니다. 산업에 따라 예측의 정확도가 49%인 것이 엄청난 모델일 수도 있다. 이러한 인사이트를 잘 판단하고 사용하는 것이 빅데이터 전문가가 갖추어야 할 능력이다.

④ 모형 내의 회귀계수는 유의한가?

intercept는 모형의 상수 값이므로 우리의 관심사가 아니다. 변수인 sqft_living(주거공간의 면적)의 회귀계수가 유의한지가 중요하다. p-value는 0.05보다 작으므로 유의한 변수로 볼 수 있다.

결론적으로 ①~④의 모델 검토를 통해 전체 데이터의 49.3%의 설명력을 갖는 회귀식을 구할 수 있다.

만일, 회귀 모델과 계수가 유의하지 않다면 이와 같은 회귀식을 구하는 것은 의미가 없다.

$$Price = sqft\_living * 280.6236 + -43580.743094$$

5. 다중 회귀분석 유의사항

(1) 다중공선성

단순 선형 회귀분석과 다중 선형 회귀분석의 차이점은 독립변수의 수이다. 독립변수의 수가 두 개 이상일 경우에는 필수적으로 다중공선성의 문제를 해결해야 한다. 다중공선성이란 회귀분석에서 독립변수들 간에 강한 상관관계가 나타나는 문제를 말한다. 다중공선성의 문제가 존재하면 정확한 회귀계수 추정이 어렵다. 또한 회귀분석에서는 독립변수의 수가 증가할수록 모델의 정확도가 올라가는 문제가 생기기 때문에 다중공선성이 존재한다면, 하나의 변수를 제거해주거나 해당 변수에 패널티를 주어 모델에 미치는 영향력을 줄여야 한다(패널티를 줄이는 방법은 Ridge, Lasso회귀분석 부분에서 다룬다). 다중공선성을 검사하고 진단하는 방법은 아래와 같다.

① 독립변수들 간의 상관계수를 구하여 상관성을 직접 파악하고 상관성이 0.9 이상이라면 다중공선성이 있다고 판단한다.

② 다중공선성이 의심되는 두 독립변수의 회귀분석으로 허용 오차를 구했을 때, 0.1 이하이면 다중공선성 문제가 심각하다고 할 수 있다. 허용오차란 $1-R^2$이다.

③ VIF(variance inflation factor)의 값이 10 이상이라면 다중공선성이 존재할 것으로 예상한다.

$$VIF = \frac{1}{(1-R^2)}$$

④ 위 ②, ③의 방법은 두 독립변수의 회귀계수 값인 R^2에 의해 결정된다는 것을 수식을 통해 알 수 있다. R^2은 단순 선형 회귀분석에서 살펴봤듯이 하나의 독립변수에 미치는 다른 독립변수의 영향도를 나타낸다. 독립변수가 2개인 경우에는 한 번의 계산이 필요하겠지만 독립변수의 개수가 많아질수록 계산의 양은 $_nC_2$로 많아진다. 하지만 파이썬을 통해 VIF 값을 구하는 것은 어렵지 않다.

(2) 변수선택법

앞서 다중공선성이 존재하는 경우 하나의 변수를 삭제하거나 패널티를 주어 해결함을 설명했다. 하지만 다중 선형 회귀분석에서는 이 외에도 변수를 제거해야 하는 경우가 생긴다.

모형 내 설명변수의 수가 증가할수록 모델에 영향을 미치는 데이터를 관리하는 데에는 많은 비용과 노력이 요구된다. 따라서 상황에 따라 종속변수에 영향을 미치는 유의미한 독립변수만을 선택하여 최적의 회귀방정식을 도출하는 과정이 필요하다. 변수를 선택할 때에는 모델의 유의성 판단의 근거로 삼았던 F- 통계량이나 AIC와 같은 기준값을 근거로 변수를 제거 혹은 선택한다.

Tip

$$AIC = -2\ln(L) + 2k$$

- 2ln(L)은 모형의 적합도를 의미하며, k는 모형의 추정된 파라미터의 개수이다.
- 2ln(L)에서 L은 Likelihood function을 의미하며, AIC 값이 낮다는 것은 즉 모형의 적합도가 높은 것을 의미한다.
- 2k는 모형의 추정된 파라미터의 개수를 의미하며, 해당 모형에 패널티를 주기 위해 사용한다.

변수선택법에는 아래와 같은 3가지 방법이 있다.

구 분	내 용
전진선택법	단순 선형 회귀분석에서 하나의 변수씩 추가해가며 모델의 정확도를 높이는 방법
후진제거법	모든 변수를 추가하고 유의하지 않은 변수들을 제거해가며 모델의 성능을 높이는 방법
단계적 선택법	변수를 추가 제거하며 모델의 성능을 높이는 방법

위 3가지 방법 중 단계적 선택법이 가장 복잡하지만, 정확도는 가장 높다. 복잡한 계산을 파이썬을 통해 빠르게 계산할 수 있으므로 단계적 선택법을 사용한다.

6. 다중 선형 회귀분석 실습

본 실습에서는 파이썬을 활용하여 다중 선형 회귀분석에서 다중공선성을 제거하고 최적의 모델을 찾기 위해 변수선택법을 진행한다.

In [1]:	```python
	import pandas as pd
	# 데이터 불러오기
	Cars = pd.read_csv("https://raw.githubusercontent.com/ADPclass/ADP_book_ver01/main/data/Cars93.csv")
	Cars.info()```

Out [1]:	``` <class 'pandas.core.frame.DataFrame'> RangeIndex: 93 entries, 0 to 92 Data columns (total 27 columns): # Column Non-Null Count Dtype --- ------ -------------- ----- 0 Manufacturer 93 non-null object 1 Model 93 non-null object 2 Type 93 non-null object 3 Min.Price 93 non-null float64 4 Price 93 non-null float64 5 Max.Price 93 non-null float64 6 MPG.city 93 non-null int64 7 MPG.highway 93 non-null int64 8 AirBags 93 non-null object 9 DriveTrain 93 non-null object 10 Cylinders 93 non-null object 11 EngineSize 93 non-null float64 12 Horsepower 93 non-null int64 13 RPM 93 non-null int64 14 Rev.per.mile 93 non-null int64 15 Man.trans.avail 93 non-null object 16 Fuel.tank.capacity 93 non-null float64 17 Passengers 93 non-null int64 18 Length 93 non-null int64 19 Wheelbase 93 non-null int64 20 Width 93 non-null int64 21 Turn.circle 93 non-null int64 22 Rear.seat.room 91 non-null float64 23 Luggage.room 93 non-null int64 24 Weight 93 non-null int64 25 Origin 93 non-null object 26 Make 93 non-null object dtypes: float64(6), int64(12), object(9) memory usage: 19.7+ KB```

Cars데이터에는 많은 변수가 존재하지만, 실습을 위해 종속변수를 Price로 놓고 독립변수로 EngineSize(엔진크기), RPM(출력), Weight(무게), Length(전장), MPG.city(도심연비), MPG.highway(고속연비)를 놓고 가격에 영향을 주는 변수를 찾기 위한 회귀분석을 진행한다.

| In [2]: | ```
import numpy as np
import statsmodels.api as sm
import statsmodels.formula.api as smf
# ols 모델의 formula을 정의할 때, 일부 특수문자는 쓸 수 없기에, 컬럼 특수문자 제거
Cars.columns = Cars.columns.str.replace(".","")
model = smf.ols(formula ="Price ~ EngineSize + RPM + Weight+ Length + MPGcity + MPGhighway", data = Cars)
result = model.fit()
result.summary()
``` |
|---|---|

Out [2]:

OLS Regression Results

Dep. Variable:	Price	R-squared:	0.572
Model:	OLS	Adj. R-squared:	0.542
Method:	Least Squares	F-statistic:	19.14
Date:	Mon, 18 Apr 2022	Prob (F-statistic):	4.88e-14
Time:	23:54:52	Log-Likelihood:	-302.94
No. Observations:	93	AIC:	619.9
Df Residuals:	86	BIC:	637.6
Df Model:	6		
Covariance Type:	nonrobust		

	coef	std err	t	P>|t|	[0.025	0.975]
Intercept	-32.2157	17.812	-1.809	0.074	-67.625	3.193
EngineSize	4.4732	1.410	3.172	0.002	1.670	7.276
RPM	0.0071	0.001	5.138	0.000	0.004	0.010
Weight	0.0056	0.003	1.634	0.106	-0.001	0.012
Length	-0.0464	0.094	-0.496	0.621	-0.232	0.139
MPGcity	-0.3478	0.448	-0.776	0.440	-1.239	0.544
MPGhighway	0.0582	0.460	0.126	0.900	-0.856	0.973

Omnibus:	62.984	Durbin-Watson:	1.446
Prob(Omnibus):	0.000	Jarque-Bera (JB):	383.289
Skew:	2.074	Prob(JB):	5.89e-84
Kurtosis:	12.039	Cond. No.	1.61e+05

고려사항을 고려하지 않고 다중 선형 회귀분석을 진행하였을 때, 모델은 유의하나, 모델의 $Adj.R^2$은 0.542로 낮은 수치를 나타낸다. 6개의 변수를 모두 사용하였을 때, Price데이터의 54.2%만을 설명할 수 있다는 의미이다. 이를 개선하기 위해 앞서 설명하였던 다중공선성 제거와 변수선택법으로 모델의 성능을 높여보자.
```

우선, 아래와 같이 다중공선성을 파악하기 위해 간단하게 상관관계를 살펴볼 수 있다.

In [3]:	Cars[['EngineSize','RPM', 'Weight','Length','MPGcity','MPGhighway']].corr()
Out [3]:	<table><thead><tr><th></th><th>EngineSize</th><th>RPM</th><th>Weight</th><th>Length</th><th>MPGcity</th><th>MPGhighway</th></tr></thead><tbody><tr><td>EngineSize</td><td>1.000000</td><td>-0.547898</td><td>0.845075</td><td>0.780283</td><td>-0.710003</td><td>-0.626795</td></tr><tr><td>RPM</td><td>-0.547898</td><td>1.000000</td><td>-0.427931</td><td>-0.441249</td><td>0.363045</td><td>0.313469</td></tr><tr><td>Weight</td><td>0.845075</td><td>-0.427931</td><td>1.000000</td><td>0.806274</td><td>-0.843139</td><td>-0.810658</td></tr><tr><td>Length</td><td>0.780283</td><td>-0.441249</td><td>0.806274</td><td>1.000000</td><td>-0.666239</td><td>-0.542897</td></tr><tr><td>MPGcity</td><td>-0.710003</td><td>0.363045</td><td>-0.843139</td><td>-0.666239</td><td>1.000000</td><td>0.943936</td></tr><tr><td>MPGhighway</td><td>-0.626795</td><td>0.313469</td><td>-0.810658</td><td>-0.542897</td><td>0.943936</td><td>1.000000</td></tr></tbody></table>

독립변수의 피어슨 상관관계 중 MPGcity와 MPGhighway는 0.9 이상의 상관성을 보이므로 다중공선성이 존재함을 알 수 있다. 하지만 상관계수로 다중공선성 변수를 제거하기에는 둘 중 어떠한 변수를 제거할지가 애매하다.

아래의 코드를 통해 VIF 값을 구해보자.

In [4]:	<pre>from patsy import dmatrices
	from statsmodels.stats.outliers_influence import variance_inflation_factor
	# 독립변수와 종속변수를 데이터프레임으로 나누어 저장하는 함수
	y,X = dmatrices("Price ~ EngineSize + RPM + Weight+ Length + MPGcity +
	            MPGhighway",
	            data = Cars,return_type ="dataframe")
	# 독립변수끼리의 VIF 값을 계산하여 데이터프레임으로 만드는 과정
	vif_list = []
	for i in range(1,len(X.columns)):
	    vif_list.append([variance_inflation_factor(X.values,i), X.columns[i]])
	pd.DataFrame(vif_list,columns=['vif','variable'])</pre>

Out [4]:	<table><thead><tr><th></th><th>vif</th><th>variable</th></tr></thead><tbody><tr><td>0</td><td>4.605118</td><td>EngineSize</td></tr><tr><td>1</td><td>1.446859</td><td>RPM</td></tr><tr><td>2</td><td>8.685973</td><td>Weight</td></tr><tr><td>3</td><td>4.013002</td><td>Length</td></tr><tr><td>4</td><td>13.668288</td><td>MPGcity</td></tr><tr><td>5</td><td>12.943133</td><td>MPGhighway</td></tr></tbody></table>

VIF 값을 통해 다중공선성을 확인한 결과 MPGcity의 변수를 제거해야 함을 알 수 있다. MPGcity의 변수를 제거하고 다시 다중 선형 회귀분석을 진행해보자.

| In [5]: | ```python
model = smf.ols(formula ="Price ~ EngineSize + RPM + Weight  +
MPGhighway", data = Cars)
result = model.fit()
result.summary()
``` |
|---|---|
| Out [5]: | OLS Regression Results |

OLS Regression Results

Dep. Variable:	Price	R-squared:	0.568
Model:	OLS	Adj. R-squared:	0.549
Method:	Least Squares	F-statistic:	28.98
Date:	Mon, 18 Apr 2022	Prob (F-statistic):	2.26e-15
Time:	23:55:35	Log-Likelihood:	-303.29
No. Observations:	93	AIC:	616.6
Df Residuals:	88	BIC:	629.3
Df Model:	4		
Covariance Type:	nonrobust		

	coef	std err	t	P>|t|	[0.025	0.975]
Intercept	-37.7063	14.846	-2.540	0.013	-67.210	-8.203
EngineSize	4.5884	1.343	3.418	0.001	1.920	7.256
RPM	0.0071	0.001	5.232	0.000	0.004	0.010
Weight	0.0049	0.003	1.690	0.095	-0.001	0.011
MPGhighway	-0.2646	0.221	-1.200	0.234	-0.703	0.174

Omnibus:	62.072	Durbin-Watson:	1.398
Prob(Omnibus):	0.000	Jarque-Bera (JB):	368.013
Skew:	2.047	Prob(JB):	1.22e-80
Kurtosis:	11.843	Cond. No.	1.35e+05

분석결과 앞서 분석했던 모델보다 $Adj.R^2$과 AIC의 큰 변화는 없는 것을 알 수 있다. 다중공선성의 제거는 모델의 성능향상보다는 무분별한 변수 선택으로 데이터의 관리가 어려워지는 현상을 막는 것에 의의가 있다. 또한 MPGcity를 제거했을 때, MPGhighway의 p-value 값을 보면 현저히 낮아진 것을 볼 수 있다. 이처럼 유의한 변수임에도 다중공선성이 존재하는 경우 유의하지 않은 변수처럼 여겨질 수 있으므로 다중공선성은 꼭 해결해야 할 과제이다.
```

그렇다면, 이제는 독립변수 중 유의한 변수를 고르고, 모델의 성능을 최적화시키는 변수선택법을 진행해보자. 변수선택법을 하기 위해 여러 번의 계산 반복이 필요하므로 아래와 같은 코드를 미리 객체화시켜 놓고 사용하는 것이 좋다.

In [6]:

```python
import time
import itertools
def processSubset(X,y, feature_set):
            model = sm.OLS(y,X[list(feature_set)]) # Modeling
            regr = model.fit() # 모델 학습
            AIC = regr.aic # 모델의 AIC
            return {"model":regr, "AIC":AIC}
# 전진선택법
def forward(X, y, predictors):
    # 데이터 변수들이 미리 정의된 predictors에 있는지 없는지 확인 및 분류
    remaining_predictors = [p for p in X.columns.difference(['Intercept'])
if p not in predictors]
    results = []
    for p in remaining_predictors:
        results.append(processSubset(X=X, y= y,
        feature_set=predictors+[p]+['Intercept']))

    # 데이터프레임으로 변환
    models = pd.DataFrame(results)
    # AIC가 가장 낮은 것을 선택
    best_model = models.loc[models['AIC'].argmin()] # index
    print("Processed ", models.shape[0], "models on", len(predictors)+1,
    "predictors in")
    print('Selected predictors:',best_model['model'].model.exog_names,
    'AIC:',best_model[0] )
    return best_model

# 후진소거법
def backward(X,y,predictors):
    tic = time.time()
    results = []

    # 데이터 변수들이 미리 정의된 predictors 조합 확인
    for combo in itertools.combinations(predictors, len(predictors) -1):
        results.append(processSubset(X=X, y= y,
        feature_set = list(combo)+['Intercept']))
    models = pd.DataFrame(results)
```

```python
        # 가장 낮은 AIC를 가진 모델을 선택
        best_model = models.loc[models['AIC'].argmin()]
        toc = time.time()

        print("Processed ", models.shape[0], "models on",
              len(predictors) -1, "predictors in", (toc - tic))
        print('Selected predictors:',best_model['model'].model.exog_names,
              'AIC:',best_model[0] )

        return best_model

# 단계적 선택법
def Stepwise_model(X,y):
    Stepmodels = pd.DataFrame(columns=["AIC", "model"])
    tic = time.time()
    predictors = []
    Smodel_before = processSubset(X,y,predictors+['Intercept'])['AIC']

    for i in range(1, len(X.columns.difference(['Intercept'])) +1):
        Forward_result = forward(X=X, y=y, predictors=predictors)
        print('forward')
        Stepmodels.loc[i] = Forward_result
        predictors = Stepmodels.loc[i]["model"].model.exog_names
        predictors = [k for k in predictors if k !='Intercept']
        Backward_result = backward(X=X, y=y, predictors=predictors)

        if Backward_result['AIC']< Forward_result['AIC']:
            Stepmodels.loc[i] = Backward_result
            predictors = Stepmodels.loc[i]["model"].model.exog_names
            Smodel_before = Stepmodels.loc[i]["AIC"]
            predictors = [k for k in predictors if k !='Intercept']
            print('backward')

        if Stepmodels.loc[i]['AIC']> Smodel_before:
            break
        else:
            Smodel_before = Stepmodels.loc[i]["AIC"]
    toc = time.time()
    print("Total elapsed time:", (toc - tic), "seconds.")

    return (Stepmodels['model'][len(Stepmodels['model'])])
```

In [7]:	Stepwise_best_model = Stepwise_model(X=X, y=y)
Out [7]:	Processed 6 models on 1 predictors in Selected predictors: ['Weight', 'Intercept'] AIC: <statsmodels.regression.linear_model.RegressionResultsWrapper object at 0x000002216DBDD588> forward Processed 1 models on 0 predictors in 0.0019998550415039062 Selected predictors: ['Intercept'] AIC: <statsmodels.regression.linear_model.RegressionResultsWrapper object at 0x000002216D032D08> Processed 5 models on 2 predictors in Selected predictors: ['Weight', 'RPM', 'Intercept'] AIC: <statsmodels.regression.linear_model.RegressionResultsWrapper object at 0x000002216A4A8108> forward Processed 2 models on 1 predictors in 0.005578517913818359 Selected predictors: ['Weight', 'Intercept'] AIC: <statsmodels.regression.linear_model.RegressionResultsWrapper object at 0x000002216A469C88> Processed 4 models on 3 predictors in Selected predictors: ['Weight', 'RPM', 'EngineSize', 'Intercept'] AIC: <statsmodels.regression.linear_model.RegressionResultsWrapper object at 0x000002216DBF1A48> forward Processed 3 models on 2 predictors in 0.008724451065063477 Selected predictors: ['Weight', 'RPM', 'Intercept'] AIC: <statsmodels.regression.linear_model.RegressionResultsWrapper object at 0x000002216DB9B3C8> Processed 3 models on 4 predictors in Selected predictors: ['Weight', 'RPM', 'EngineSize', 'MPGcity', 'Intercept'] AIC: <statsmodels.regression.linear_model.RegressionResultsWrapper object at 0x000002216DBF89C8> forward Processed 4 models on 3 predictors in 0.008935213088989258 Selected predictors: ['Weight', 'RPM', 'EngineSize', 'Intercept'] AIC: <statsmodels.regression.linear_model.RegressionResultsWrapper object at 0x00000221681E32C8> backward Processed 3 models on 4 predictors in Selected predictors: ['Weight', 'RPM', 'EngineSize', 'MPGcity', 'Intercept'] AIC: <statsmodels.regression.linear_model.RegressionResultsWrapper object at 0x000002216DBEB3C8> forward Processed 4 models on 3 predictors in 0.008000373840332031

```
Selected predictors: ['Weight', 'RPM', 'EngineSize', 'Intercept'] AIC:
<statsmodels.regression.linear_model.RegressionResultsWrapper object at
0x000002216DBEBE48>
backward
Processed  3 models on 4 predictors in
Selected predictors: ['Weight', 'RPM', 'EngineSize', 'MPGcity', 'Intercept'] AIC:
<statsmodels.regression.linear_model.RegressionResultsWrapper object at
0x000002216A494AC8>
forward
Processed  4 models on 3 predictors in 0.009079694747924805
Selected predictors: ['Weight', 'RPM', 'EngineSize', 'Intercept'] AIC:
<statsmodels.regression.linear_model.RegressionResultsWrapper object at
0x000002216DBEBFC8>
backward
Total elapsed time: 0.12125182151794434 seconds.
```

저자는 파이썬이 R보다 복잡하고 코드를 짜기 어려운 유일한 부분이 바로 변수선택법이라 생각한다.
위의 코드를 전부 이해한다면 좋겠지만, 이해하지 못한다고 하여도 위의 코드를 쓰는 데에는 문제가
되지 않는다. 변수선택법을 통해 변수 추가 혹은 삭제가 되므로 AIC 값은 변하게 된다. AIC 값이 낮
을수록 데이터에 적합한 모형을 잘 추정하였다고 판단하여 최종적으로 AIC가 낮은 모델을 선택한다.

Tip

실무의 의사결정 과정에서는 AIC 값보다 분석가의 판단으로 어떠한 모델을 쓸지를 결정해야 한다.
"p-value가 유의수준보다 높은 MPGhighway의 변수가 차량의 가격을 예측하는 모델에 들어가는 것이 맞
을까?"와 같은 고민을 하며 회귀계수를 주의 깊게 판단해야 한다. 위 회귀계수로 "연비가 낮을수록 차량가
격이 높아진다"는 가설을 세울 수 있다. 이 가설이 의미가 있다면, p-value가 높다하더라도 MPGhighway
가 포함된 모델을 선택할 수 있는 것이다. p-value가 AIC가 분석에서 중요한 값은 맞지만, 무조건적으로
제거해야 할 대상은 아닐 수 있다는 것을 말하는 것이다.

최종 회귀 모델을 선택하였다면, 회귀식을 세우고 모델이 Price데이터를 얼마나 설명할 수 있는지와
각 회귀계수가 Price에 미치는 영향을 설명해야 한다.

(1) 최종 모델 해석

In [8]:	Stepwise_best_model.summary()
Out [8]:	

OLS Regression Results

Dep. Variable:	Price	R-squared:	0.561
Model:	OLS	Adj. R-squared:	0.547
Method:	Least Squares	F-statistic:	37.98
Date:	Tue, 19 Apr 2022	Prob (F-statistic):	6.75e-16
Time:	00:22:19	Log-Likelihood:	-304.05
No. Observations:	93	AIC:	616.1
Df Residuals:	89	BIC:	626.2
Df Model:	3		
Covariance Type:	nonrobust		

	coef	std err	t	P>|t|	[0.025	0.975]
Weight	0.0073	0.002	3.372	0.001	0.003	0.012
RPM	0.0071	0.001	5.208	0.000	0.004	0.010
EngineSize	4.3054	1.325	3.249	0.002	1.673	6.938
Intercept	-51.7933	9.106	-5.688	0.000	-69.887	-33.699

Omnibus:	62.441	Durbin-Watson:	1.406
Prob(Omnibus):	0.000	Jarque-Bera (JB):	361.880
Skew:	2.076	Prob(JB):	2.62e-79
Kurtosis:	11.726	Cond. No.	8.27e+04

① 모델 설명

단계적 선택법을 통해 최종적으로 Weight, RPM, EnginSize가 포함된 다중 선형 회귀 모델을 채택하였다. 이 모델은 $Adj.R^2$ 값이 0.547로 모델이 전체 데이터의 54.7%를 설명할 수 있다. 설명력이 높은 모델은 아니므로 추가적인 변수를 찾아 데이터를 보완해야 할 필요성이 있다. 해당 모델이 의미하는 바는 아래와 같다.

② 회귀식

$$y = 0.0073Weight + 0.0071RPM + 4.3054EngineSize - 51.7933$$

③ 회귀계수 설명

모델 자체의 성능이 좋지 않으므로 회귀계수의 값이 정확하다고 말할 수 없지만 회귀식에서 차량의 가격에 가장 큰 영향을 주는 변수는 EngineSize라고 할 수 있다. 차량의 가격은 EngineSize에 따라 바뀐다고 해도 될 만큼 다른 변수에 비해 회귀계수가 월등히 높다. 반면 Weight, RPM은 유의한 변수이지만, 회귀계수는 너무 작아 거의 영향력이 없다고 할 수 있다.

군집분석은 각 객체의 유사성을 측정하여 유사성이 높은 대상집단을 분류하는 통계적 기법이다. 해당 기법은 컴퓨터의 발전이 있기 전에는 계산의 양이 다소 많아 활발하지 않았지만, 최근 활발히 연구되는 분야이다.

군집분석은 객체 간의 상이성을 규명하고 군집의 특징을 파악하는 데에 목적이 있었다면, 요인분석은 이와 유사하지만, 데이터의 유사한 변수를 묶어 다중공선성을 줄이는 데에 목적이 있다. 집단이 나누어져있는 다양한 자료를 통해 새로운 데이터를 기존의 집단에 할당하는 방법을 사용하며 요인분석과 군집분석을 혼동하질 않길 바란다.

군집에 속한 객체들의 유사성과 서로 다른 군집에 속한 객체 간의 상이성을 규명하는 분석이며, 종속변수(반응변수)가 필요가 없기에 비지도학습으로 분류된다. 전통적 통계분석에서는 군집의 특징을 파악하기 위한 방법으로 많이 사용되었지만, 머신러닝 분야에서는 이상값의 탐지 등에도 사용되고 있다.

군집분석은 분석 방법에 따라 계층적 군집분석과 비계층적 군집분석으로 나누어진다.

1. 계층적 군집분석

(1) 개념 설명

계층적 군집분석은 n개의 군집으로 시작해 점차 군집의 개수를 줄여나가는 방법이다. 군집의 거리를 계산하는 방법에 따라 사용하는 연결법이 달라지며 모든 연결법은 거리행렬을 통해 가까운 거리의 객체들 관계를 규명하고 데이터분석가는 이 결과를 가지고 군집의 개수를 선택한다.

(2) 종 류

구 분	내 용
최단 연결법	• 거리행렬에서 거리가 가장 가까운 데이터를 묶어서 군집을 형성한다.
최장 연결법	• 데이터와의 거리를 계산할 때 최장거리를 거리로 계산한다.
평균 연결법	• 데이터와의 거리를 계산할 때 평균을 거리로 계산한다.
중심 연결법	• 두 군집의 거리를 두 군집의 중심 간 거리로 계산한다.

와드 연결법	• 와드 연결법은 각 데이터의 거리보다는 군집 내 편차들의 제곱합에 근거를 두고 군집화 시키는 방법이다. • 데이터의 크기가 너무 크지 않다면 주로 와드 연결법을 사용한다. 군집 내 편차는 작고 군집 간 편차는 크게 군집화를 시키는 것이 정보의 손실(SSE)을 최소화시킬 수 있다. 이러한 와드 연결법은 상대적으로 계산량이 많은 단점이 있지만 군집 크기를 비슷하게 만들며 해석력이 좋다는 장점이 있다.

파이썬에서는 거리행렬을 계산하여 군집을 할당하기 위해 scipy.cluster.hierarchy에 있는 linkage 함수를 사용하여 이를 시각화하고 군집의 개수를 설정하기 위해 dendrogram 함수를 사용한다.

(3) 계층적 군집분석 파이썬 함수 설명

① linkage

```
linkage(y, method='single', metric='euclidean')
```

주요 변수는 다음과 같다.

y	• 데이터 타입(기본값) : ndarray • 설명 : 보통 데이터프레임 값을 넣으면 된다. NaNs, infs 값이 있으면 안 된다.
method	• 데이터 타입 : str • 설명 : linkage의 연결법이다. 　− single : 최단 연결법 　− complete : 최장 연결법 　− average : 평균 연결법 　− centroid : 중심 연결법 　− ward : 와드 연결법
metric	• 데이터 타입 : str or function • 설명 : 연결법에 사용되는 거리 계산 방법을 설정해야 한다. 　− euclidean : 유클리디언 거리 　− seuclidean : 표준화 거리 　− mahalanobis : 마할라노비스 거리 　− chebyshev : 체비셰프 거리 　− cityblock : 맨해튼 거리 　− canberra : 캔버라 거리 　− minkowski : 민코우스키 거리 　− jaccard : 자카드 거리 　− cosine : 코사인 유사도

② dendrogram 함수 설명

> dendrogram(Z, orientation='top', labels=None, color_threshold=None, get_leaves=True)

주요 변수는 다음과 같다.

Z	• 데이터 타입(기본값) : linkage matrix • 설명 : linkage의 결과 값이다.

orientation	• 데이터 타입 : str
	• 설명 : 덴드로그램 시각화 방향이다.
	  − top : 플롯이 위에서 아래방향
	  − bottom : 플롯이 아래에서 윗방향
	  − left : 플롯이 오른쪽에서 왼쪽방향
	  − right : 플롯이 왼쪽에서 오른쪽방향

③ fcluster 함수 설명

> fcluster(Z, t, criterion='distance')

주요 변수는 다음과 같다.

Z	• 데이터 타입(기본값) : linkage matrix • 설명 : linkage의 결과 값이다.
t	• 데이터 타입 : int • 설명 : flat clusters 형성할 때 적용하는 임곗값이다. 덴드로그램의 color_threshold랑 일치하게 설정하면 그 값에 따른 군집결과의 확인이 가능하다.
criterion	• inconsistent : 군집의 값이 t보다 작거나 같으면 모든 하위 항목이 동일한 군집에 속하게 된다. 클러스터가 이 기준을 충족하지 않으면 모든 노드가 자체 클러스터에 할당된다(기본). • distance : 각 군집의 관측 값이 t보다 작은 거리를 가지도록 평면 군집을 형성한다(하나로 묶이는 것을 막음).

(4) 계층적 군집분석 실습

USArrests 데이터의 정보로 거리를 구하고 최단, 최장, 와드 연결법을 실시해보아라.

> 이 데이터세트에는 1973년에 미국 50개 주 각각에서 폭행, 살인 및 강간으로 체포된 인구 100,000명당 통계가 포함되어 있다. 또한 도시 지역에 거주하는 인구 비율도 제공된다.
>
> 4개의 변수에 대한 50개의 관측값이 있는 데이터프레임
> - Murder : 살인 체포(100,000명당)
> - Assault : 폭행 체포(100,000명당)
> - UrbanPop : 도시 인구 비율
> - Rape : 강간 체포(100,000명당)

In [1]:	``` import pandas as pd import numpy as np from scipy.cluster.hierarchy import dendrogram, linkage, fcluster from matplotlib import pyplot as plt US = pd.read_csv("https://raw.githubusercontent.com/ADPclass/ADP_book_ver01/main/data/USArrests.csv") US.columns = ['State', 'Murder', 'Assault', 'UrbanPop', 'Rape'] labelList=US.State.tolist() US.head() ```
Out [1]:	

	State	Murder	Assault	UrbanPop	Rape
0	Alabama	13.2	236	58	21.2
1	Alaska	10.0	263	48	44.5
2	Arizona	8.1	294	80	31.0
3	Arkansas	8.8	190	50	19.5
4	California	9.0	276	91	40.6

| In [2]: | ```python
# 최단 연결법
single = linkage(US.iloc[:, 1::], metric='euclidean', method='single')

# 덴드로그램 그리기
plt.figure(figsize=(10, 7))
dendrogram(single,
            orientation='top',
            labels=labelList,
            distance_sort='descending',
            color_threshold=25,    # 군집의 수를 설정하는 Height 값 설정
            show_leaf_counts=True)

plt.axhline(y=25, color='r', linewidth=1)  # Height 값에 따라 선을 그
어 적절한 군집 수 설정
plt.show()
``` |
| Out [2]: | 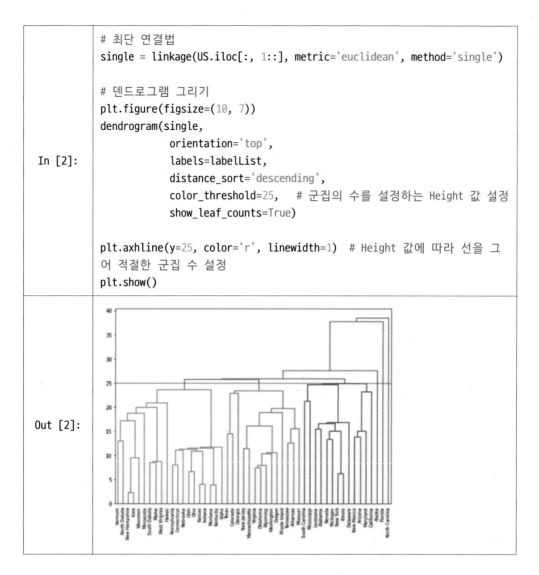 |

최단 연결법 실습에서는 linkage의 매개변수 중 metric은 euclidean으로 지정하였다. 덴드로그램을 그려보면 t 값의 기준을 25로 군집화를 시켰을 때 6개의 군집이 생김을 예상할 수 있다. 왼쪽 3개의 군집은 갖고 있는 객체의 수가 비슷하지만 오른쪽 3개의 군집은 1개의 객체만을 가지고 있음을 볼 수 있다.
```

최단 연결법은 군집이 가지고 있는 객체의 수가 비슷하지 않아, 군집을 해석하기에 어려울 수 있다. 이러한 문제점을 보완하기 위해, 주로 와드 연결법을 사용한다.

In [3]:	```python
	# 와드 연결법
	ward = linkage(US.iloc[:, 1::], metric='euclidean', method='ward')
	# 덴드로그램 그리기
	plt.figure(figsize=(10, 7))
	dendrogram(ward,
	            orientation='top',
	            labels=labelList,
	            distance_sort='descending',
	            color_threshold=250,
	            show_leaf_counts=True)
	plt.axhline(y=250, color='r', linewidth=1) # Height 값에 따라 선을 그어 적절한 군집 수 설정
	plt.show()```

Out [3]:	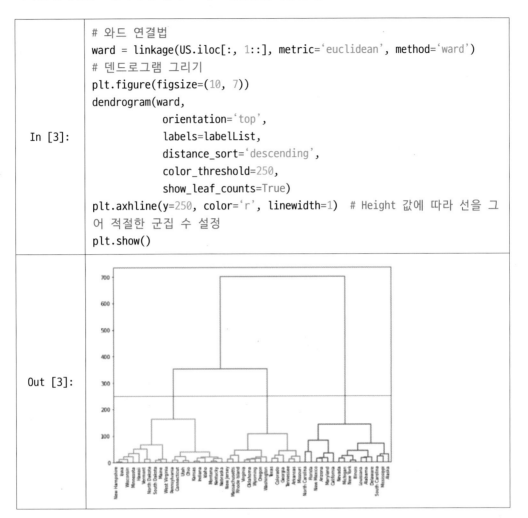

와드 연결법에서도 최단 연결법과 마찬가지로 euclidean 거리공식을 사용하여 군집분석하였다. t 값을 250으로 놓았을 때, 3개의 군집으로 적절히 나누어지는 것을 알 수 있으며, 각 군집의 수가 비슷함을 볼 수 있다. 이와 같이 와드 연결법은 분석가가 덴드로그램을 통해 군집을 해석하기가 쉽다는 장점이 있다.

제7장

와드 연결법을 통해 적절한 t 값을 확인하였으면 fcluster 함수를 통해 t 값을 적용시켜 각 객체들이 가진 군집번호를 데이터화시킬 수 있다.

| In [4]: | ```# state마다 어떤 군집에 설정되었는지 확인
assignments = fcluster(ward, 250, 'distance')
assignments``` |
|---|---|
| Out [4]: | ```array([1, 1, 1, 2, 1, 2, 3, 1, 1, 2, 3, 3, 1, 3, 3, 3, 3, 1, 3, 1, 2, 1,
       3, 1, 2, 3, 3, 1, 3, 2, 1, 1, 1, 3, 3, 2, 2, 3, 2, 1, 3, 2, 2, 3,
       3, 2, 2, 3, 3, 2], dtype=int32)``` |

fcluster의 결과 값은 array형태이므로 이를 새로운 'cluster' 변수에 할당시킨 후 그룹으로 묶어 각 군집의 특징을 파악해보자.

| In [5]: | ```US['cluster'] = assignments
US.groupby('cluster').mean()``` |
|---|---|
| Out [5]: | |

	Murder	Assault	UrbanPop	Rape
cluster				
1	11.812500	272.562500	68.312500	28.375000
2	8.214286	173.285714	70.642857	22.842857
3	4.270000	87.550000	59.750000	14.390000

3개 군집의 특징을 위와 같이 파악할 수 있다. 1번 집단의 경우 2, 3번 집단보다 살인, 폭행, 강간이 많으므로 상대적으로 치안이 좋지 않은 도시의 집단이라고 할 수 있다. 반대로 3번 집단은 치안이 좋은 지역이라고 판단할 수 있다.

2. 비계층적 군집분석

앞서 계층적 군집분석에서는 분석가가 순차적으로 군집화되는 덴드로그램을 보고 적절한 군집의 수를 직접 판단하였다. 하지만 비계층적 군집분석은 순차적으로 군집화되는 것이 아닌, 랜덤하게 군집을 묶어가는 알고리즘이 사용된다. 거리를 계산하는 방법으로 군집화를 시키지만 사용되는 알고리즘에 따라 군집분석의 명칭이 달라진다. 비계층적 군집분석의 대표적인 모델인 K-means, DBSCAN, 혼합분포 군집분석에 대해서 알아보자.

(1) K-means

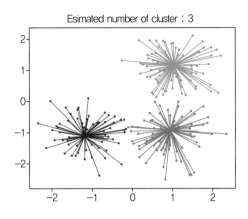

Esimated number of cluster : 3

① 개 념

K-means는 속성의 개수가 적은 단순한 데이터에 많이 활용되는 알고리즘이다. 주어진 데이터를 K개의 클러스터로 군집화하며 각 클러스터와 거리 차이의 분산을 최소화하는 방식으로 작동한다.

② 표준 알고리즘

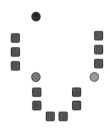

⊙ 초깃값 설정

비계층적 군집분석에서는 k의 정보를 미리 알려주어야 한다. 예를 들어, k 값을 3으로 설정할 경우 임의의 3개의 데이터를 각 클러스터의 중심점으로 설정한다.

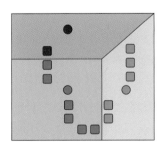

ⓛ 클러스터 설정

각 데이터로부터 각 클러스터들의 중심점까지의 유클리드 거리를 계산해, 해당 데이터에서 가장 가까운 클러스터를 찾아 데이터를 배당한다.

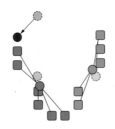

ⓒ 클러스터 중심 재조정

mu_i를 각 클러스터에 있는 데이터들의 무게중심 값으로 재설정한다.

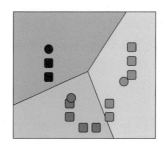

ⓛ~ⓒ을 반복하다 알고리즘의 중심 변화가 작을 때, 알고리즘은 반복을 중지한다.

③ 특 징

㉠ 알고리즘이 쉽고 간결하다.

㉡ 변수가 많을 경우 군집화의 정확도가 떨어진다. 이때에는 차원 축소(PCA)를 고려해야 한다.

㉢ 군집의 수 K를 스스로 판단하여 알고리즘에 적용시켜야 한다.

④ **최적의 군집 개수를 판단하는 방법**

㉠ 콜린스키 하라바츠 스코어 방법

• 모든 클러스터에 대한 클러스터 간 분산과 클러스터 내 분산의 합의 비율이다.

• 점수가 높을수록 성능이 좋다.

㉡ 엘보우 방법

• 클러스터 내 오차제곱합(SSE)을 클러스터 개수마다 비교하는 방법이다.

• 반복문을 통해 클러스터 개수(K)를 늘려가면서 계산한 SSE 값을 비교한다.

• 어느 순간 SSE가 급격히 줄어드는 부분, 기울기가 소실되는 구간을 elbow로 판단하고 그 순간을 최적의 클러스터 개수로 판단한다.

⑤ 파이썬을 활용한 K-means 알고리즘

iris 데이터에는 종속변수 target 값이 있지만 target 값을 활용하지 않고 군집분석을 했을 때 실제 target 값대로 나누어지는지를 확인해보자.

| In [1]: | ```
# 필요한 모듈
import pandas as pd
from sklearn.cluster import KMeans
# 데이터 로드
iris = pd.read_csv("https://raw.githubusercontent.com/ADPclass/ADP_
book_ver01/main/data/iris.csv")
X = iris.drop('target', axis=1)
X
``` |
|---|---|
| Out [1]: | |

	sepal length	sepal width	petal length	petal width
0	5.1	3.5	1.4	0.2
1	4.9	3.0	1.4	0.2
2	4.7	3.2	1.3	0.2
3	4.6	3.1	1.5	0.2
4	5.0	3.6	1.4	0.2
...	...	...	...	...
145	6.7	3.0	5.2	2.3
146	6.3	2.5	5.0	1.9
147	6.5	3.0	5.2	2.0
148	6.2	3.4	5.4	2.3
149	5.9	3.0	5.1	1.8

K-means 군집분석을 위해 초기 K의 값을 지정해주어야 하지만 K의 적절한 값을 모르는 상황이기에 반복문을 사용하여 하라바츠 스코어와 엘보우기법을 이용하여 적절한 K의 값을 탐색한다.

| In [2]: | ```
# 클러스터별 콜린스키 하라바츠 결과 비교
from sklearn.metrics import calinski_harabasz_score
for k in range(2, 10):
    kmeans_model = KMeans(n_clusters=k, random_state=1).fit(X)
    labels = kmeans_model.labels_
    print(calinski_harabasz_score(X, labels))
``` |
|---|---|
| Out [2]: | ```
513.3038433517568
560.3999242466402
529.1207190840455
494.0943819140986
474.51742958716295
448.8714494416451
436.61302488142496
414.5303174051382
``` |
```

콜린스키 하라바츠 스코어 결과 k 값이 3일 때 가장 높은 값을 가지는 것을 확인하였다. 예제에서는 K가 3이 적정함을 알 수 있지만 콜린스키 하라바츠 스코어만을 가지고 K의 값을 확정짓기 어려운 데이터가 있을 수 있다. 그럴 때에는 분산에 대한 검정뿐 아니라 SSE의 증감을 보는 엘보우 기법을 사용하여 적정한 K의 값을 추가로 확인해주는 것이 좋다.

| In [3]: | ```python
import matplotlib.pyplot as plt
def elbow(X):
    sse=[]
    for i in range(1, 11):
        km=KMeans(n_clusters=i, random_state=1)
        km.fit(X)
        sse.append(km.inertia_)

    plt.plot(range(1, 11), sse, marker='o')
    plt.xlabel('The Number of Clusters')
    plt.ylabel('SSE')
    plt.show()
    print(sse)

elbow(X)
``` |
|---|---|
| Out [3]: |

[680.8243999999996, 152.36870647733915, 78.94084142614601, 57.34540931571815, 46.535582051282034, 38.95701115711987, 34.32652991452991, 30.227724598930493, 27.766706937799047, 26.07225182334007] |
```

엘보우 메서드를 함수로 만들어 시각화하였다. k의 값이 2에서 3으로 갈 때에 기울기 소실이 발생하므로, 해당 데이터에서는 2~3개의 군집이 적절함을 알 수 있다. k의 값을 3으로 지정하여 최종 군집분석을 진행해보자.

```python
# 최적의 k로  K-Means 군집화 실행
km = KMeans(n_clusters=3, random_state=1)
km.fit(X)
# 할당된 군집을 iris 데이터에 추가
new_labels = km.labels_
iris['cluster'] = new_labels

iris.groupby(['cluster']).mean()
```

In [4]:

Out [4]:

cluster	sepal length	sepal width	petal length	petal width
0	5.901613	2.748387	4.393548	1.433871
1	5.006000	3.418000	1.464000	0.244000
2	6.850000	3.073684	5.742105	2.071053

군집분석 결과 군집별로 각 특성의 차이가 있는 것이 한눈에 보인다. 이를 제대로 검정하기 위해서는 ANOVA분석을 진행하는 것이 좋다. 하지만 본 데이터를 시각화하여 분포도를 그려보는 것이 해석하기에 더욱 편리하다. 군집화된 데이터를 시각화하여보자.

In [5]:

```python
# k-means 시각화
# 군집결과 시각화
import seaborn as sns
import matplotlib.pyplot as plt
sns.pairplot(iris,A
             diag_kind='kde',
             hue="cluster",
             corner=True,
             palette='bright')
plt.show()
```

Out [5]:

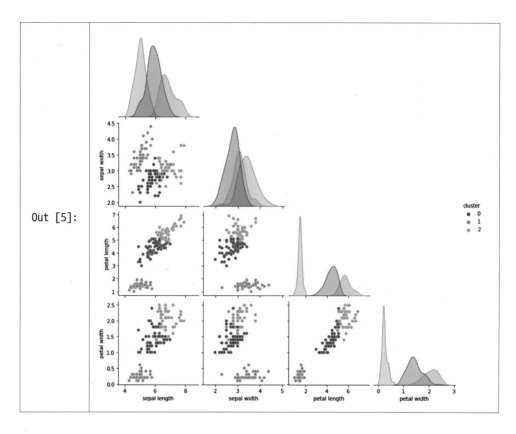

해당 군집분석 결과를 seaborn의 pairplot 함수를 사용하여 시각화하였다. 변수의 특징별로 3개의 군집으로 잘 나뉘었음을 알 수 있다. 특히 1번 군집은 0, 2번 군집보다 어떠한 변수에서도 잘 분리되는 특징을 가진다. 기본적으로 종속변수가 없는 데이터를 군집분석을 하지만 우리는 종속변수를 알고 있는 상태에서 군집분석을 하였으므로 해당 원본의 데이터는 어떻게 분리되어 있었는지 알아보자.

In [6]:

```
# 원본 데이터 iris target 시각화
import seaborn as sns
import matplotlib.pyplot as plt
sns.pairplot(iris.drop(columns=['cluster']),
             diag_kind='kde',
             hue="target",
             corner=True,
             palette='bright')
plt.show()
```

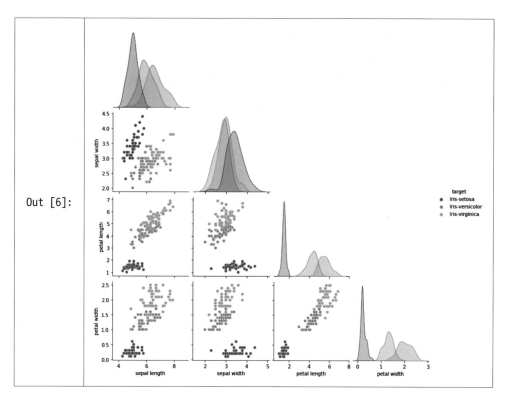

Out [6]:

결과를 보면, 데이터의 특성만을 가지고 분류한 것과 실제 꽃의 종류로 분류한 것이 큰 차이가 없음을 알 수 있다. 다시 한번 말하지만, 마지막 원본 데이터를 확인하는 과정은 비지도학습인 군집분석에서는 진행할 수 없는 과정임을 기억하자.

(2) 혼합분포 군집분석

혼합분포 군집분석은 모형을 기반으로 한 군집분석 방법이다. 데이터가 k개의 모수적 모형의 가중합으로 표현되는 모집단 모형으로부터 나왔다는 가정하에 군집분석을 진행한다. k개의 각 모형은 군집이며, 각 데이터는 추정된 k개의 모형 중 어느 모형으로부터 나왔을 확률이 높은지에 따라 군집의 분류가 만들어진다. 이 과정에서 공분산 행렬, Likehood의 개념들이 들어가지만 앞서 말하였듯이 수험서에 모든 이론적인 내용을 담을 수 없으므로 알고리즘을 간략히 설명하고 파이썬을 활용하는 방법과 해석에 집중하도록 한다.

① 사용 이유

혼합분포 군집분석은 실생활의 데이터를 적용시키기 위해 발전된 모델이다. K-means는 원형으로 군집화된 데이터에 적합하며, 밀도기반 클러스터링 방법인 DBSCAN의 경우는 실생활에서 거의 보기 힘든 반달형태의 데이터를 잘 군집화시킨다. 하지만 실생활의 데이터는 원형이나 반달형태의 특이한 형태보다는 대부분 정규분포의 형태를 지닌다. 그러므로 실생활의 데이터분석에서는 분포기반의 군집분석이 적합한 경우가 많다.

② 장단점

장점	• K-means보다 통계적으로 엄밀한 결과를 얻을 수 있다(확률 분포를 도입). • 군집을 몇 개의 모수로 표현할 수 있고, 서로 다른 크기나 모양의 군집을 찾을 수 있다.
단점	• 군집의 크기가 너무 작으면 추정의 정도가 떨어진다. • 데이터가 커지면 EM 알고리즘 적용 시 시간/계산비용이 증가한다. • 이상치에 민감하기 때문에 사전에 전처리가 필요하다. • 유형들의 분포가 정규분포와 차이가 크면 결과가 좋지 못하다.

③ 사용 알고리즘 : EM(Expectation-Maximization)

각 자료에 대해 Z의 조건부분포로부터 조건부 기댓값을 구할 수 있다.

㉠ Z의 조건부분포 : 어느 집단에 속할지에 대한 확률분포

관측변수 X와 잠재변수 Z를 포함하는(X, Z)에 대한 로그-가능도 함수에 Z 대신 상수값인 Z의 조건부 기댓값을 대입하면, 로그-가능도 함수를 최대로 하는 모수를 쉽게 찾을 수 있다.

㉡ 이 추정과정을 "최대가능도추정"이라고 한다.

- EM 알고리즘의 4단계 정리
  - 초깃값 설정 : 필요한 모수에 대해 초깃값을 선정한다.
  - E : 잠재변수 Z의 기대치를 계산한다(X가 특정 군집에 속할 확률을 계산).
  - M : 잠재변수 Z의 기대치를 이용해 파라미터를 추정한다(계산된 확률을 통해 모수를 재추정).
  - 반복 정지 : 수렴조건이 만족될 때까지 E와 M을 반복한다.
  ※ 수렴조건 = 최대가능도(likelihood)가 최대인가?

④ 파이썬을 활용한 혼합분포 군집분석

```
class sklearn.mixture.GaussianMixture(n_components=1, *, covariance_type='full',
tol=0.001, reg_covar=1e-06, max_iter=100, n_init=1, init_params='kmeans',
weights_init=None, means_init=None, precisions_init=None, random_state=None,
warm_start=False, verbose=0, verbose_interval=10)
```

㉠ 주요 매개변수

n_components	• 데이터타입 : int, default=1 • 설명 : 예상 군집의 수를 설정한다.
max_iter	• 데이터타입 : int, default=100 • 설명 : 수행할 EM 반복 횟수이다.

앞서 K-means에서 사용하였던 iris데이터를 가지고 혼합분포 군집분석을 해보자. 혼합분포 군집분석에서는 정규분포 기반 군집분석이므로 sklearn의 StandardScaler 함수를 사용해 데이터를 스케일링하여 모델에 학습시킨다.

| In [1]: | ```python
# 필요한 모듈
import pandas pd
import numpy as np
import sklearn
from sklearn.preprocessing import StandardScaler
from sklearn.mixture import GaussianMixture

# 데이터 업로드
iris = pd.read_csv("https://raw.githubusercontent.com/ADPclass/
ADP_book_ver01/main/data/iris.csv")
df = iris.drop('target', axis=1)

# 데이터 스케일링
scaler = StandardScaler()
df_scaled = scaler.fit_transform(df)

# 가우시안 혼합모델 구축
gmm = GaussianMixture(n_components=3)
gmm.fit(df_scaled)
gmm_labels = gmm.predict(df_scaled)
gmm_labels
``` |
| Out [1]: | ```
array([1, 1, 1, 1, 1, 1, 1, 1, 1, 1, 1, 1, 1, 1, 1, 1, 1, 1, 1, 1, 1,
       1, 1, 1, 1, 1, 1, 1, 1, 1, 1, 1, 1, 1, 1, 1, 1, 1, 1, 1, 1, 1,
       1, 1, 1, 1, 1, 1, 2, 2, 2, 2, 2, 2, 2, 2, 2, 2, 2, 2, 2, 2, 2,
       2, 2, 0, 2, 0, 2, 0, 2, 2, 2, 2, 0, 2, 2, 2, 2, 2, 0, 2, 2, 2, 2,
       2, 2, 2, 2, 2, 2, 2, 2, 2, 2, 0, 0, 0, 0, 0, 0, 0, 0, 0,
       0, 0, 0, 0, 0, 0, 0, 0, 0, 0, 0, 0, 0, 0, 0, 0, 0, 0, 0, 0,
       0, 0, 0, 0, 0, 0, 0, 0, 0, 0, 0, 0, 0, 0, 0, 0, 0, 0], dtype=int64)
``` |

혼합분포 군집분석을 통해 gmm_labels 변수에 예상되는 군집을 할당하였다. 이를 cluster 변수에 할당하고 통계량을 확인해보자.

| In [2]: | ```python
df['gmm_cluster'] = gmm_labels
# 군집의 변수별 통계량 확인
clusters = [0, 1, 2]
df.groupby('gmm_cluster').mean()
``` |
| Out [2]: | <table><tr><th>gmm_cluster</th><th>sepal length</th><th>sepal width</th><th>petal length</th><th>petal width</th></tr><tr><td>0</td><td>6.554545</td><td>2.950909</td><td>5.489091</td><td>1.989091</td></tr><tr><td>1</td><td>5.006000</td><td>3.418000</td><td>1.464000</td><td>0.244000</td></tr><tr><td>2</td><td>5.904444</td><td>2.775556</td><td>4.193333</td><td>1.293333</td></tr></table> |
```

앞서 말했다시피, 수치로도 설명이 가능하지만 K-means와 마찬가지로 시각화하여 군집화 결과를 확인해보자.

In [3]:	```
	# 군집결과 시각화
	import seaborn as sns
	import matplotlib.pyplot as plt
	sns.pairplot(df,
	            diag_kind='kde',
	            hue="gmm_cluster",
	            corner =True,
	            palette='bright')
	plt.show()
	``

Out [3]:	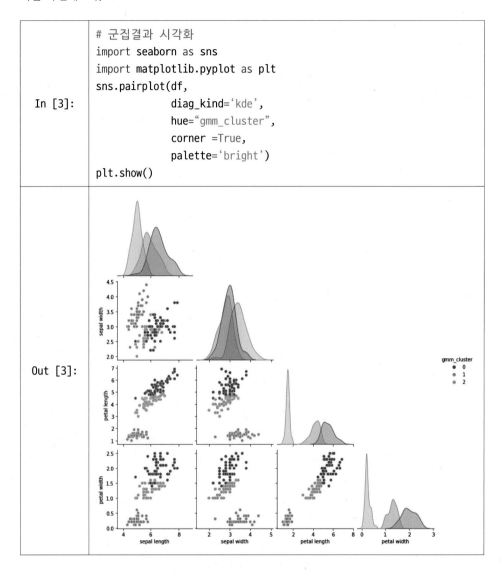

혼합분포군집결과 iris데이터가 3개의 그룹으로 잘 나뉘는 것을 볼 수 있다. 앞서 K-means에서 0번 군집과 2번 군집에 대해서는 GMM알고리즘이 더 잘 나눈 것처럼 확인된다. 여기서도 볼 수 있듯이 K-means는 원형, GMM은 타원 형태의 데이터를 잘 군집화시키는 것으로 확인된다.

꽃의 종류는 sepal length, sepal witdth의 변수보다는 petal width와 petal length로 구별된다고 할 수 있다. 0번 군집은 petal width와 petal length가 높은 꽃의 종류이며, 1번 군집은 petal width와 petal length가 낮은 꽃의 종류이다.

연관분석은 사건의 연관규칙을 찾는 방법이다. 보통 A 후에 B라는 사건을 시행할 확률을 구하는데 이는 소비자의 구매 패턴 분석에 자주 사용된다. 연관분석이 장바구니분석이라고 불리는 이유도 이와 같이 소비자의 행동패턴을 사건의 연관규칙으로 분석하기 때문이다. 최근, 유튜브, 넷플릭스 등의 플랫폼들도 이러한 알고리즘을 기반으로 콘텐츠를 추천해주고 있다. 제7절에서는 연관분석에서 사용되는 기본적인 개념인 지지도, 신뢰도, 향상도에 대해서 다룬 후 파이썬을 활용한 연관규칙을 찾는 방법에 대해서 알아본다.

1. Run-Test

(1) 개 념

Run-test는 연관규칙을 찾기 전, 연속적인 binary 관측 값들이 임의적으로 나타난 값인지 임의적이 아닌지(연관이 있는지)를 먼저 검정하는 검정기법이다.

Run-test 가설은 다음과 같다.

귀무가설	연속적인 관측값이 임의적이다.
대립가설	연속적인 관측값이 임의적이 아니다(즉, 연관이 있다).

(2) 파이썬 패키지 설명

① runstest_1samp 함수

```
runstest_1samp(x, cutoff='mean', correction=True)
```

② 매개변수

x	• 데이터 타입(기본값) : array_like • 설명 : 2개의 관측값으로 이루어진 binary data를 배열형식으로 받아야 하며, 관측 값은 정수형이어야 한다.
cutoff	• {'mean', 'median'} or number • 설명 : cutoff는 data를 큰 값과 작은 값으로 나누기 위한 기준이다.
correction	• 50 미만의 샘플사이즈일 경우 데이터에 각 사건이 일어날 확률을 정의하기 어려우므로, 해당 확률을 0.5로 수정한다. • 기본 : True

③ return 값

z-stat	해당 테스트는 정규분포를 사용하므로 z-statistic 값을 사용한다.
p-value	유의수준보다 작을 경우 귀무가설을 기각한다.

(3) 파이썬을 활용한 연관규칙 검정 실습

> 상품 a와 b가 있을 때 다음과 같은 구매 패턴이 있다고 한다.
> ['b','b','b','b','b','b','a','a','a','a','a','b','b','a','a','a','a','b','b','b']
> 두 상품의 구매패턴이 연관성이 있는지 검정하라.

| In [1]: | ```python
import pandas as pd
data = ['a','a','b','b','a','a','a','a','b','b','b','b','b','a','a','b','b','a','b','b']
test_df = pd.DataFrame(data,columns=["product"])
test_df.head()
``` |
|---|---|
Out [1]:	product
	0 a
	1 a
	2 b
	3 b
	4 a

| In [2]: | ```python
from statsmodels.sandbox.stats.runs import runstest_1samp

# Run-test를 위한 데이터 변환
test_df.loc[test_df['product']=='a','product'] =1
test_df.loc[test_df['product']=='b','product'] =0

# Perform Runs test
# run-test의 귀무가설 : 연속적인 관측값이 임의적이다.
# run-test의 대립가설 : 연속적인 관측값이 임의적이 아니다.
runstest_1samp(test_df['product'], cutoff=0.5, correction=True)
``` |
|---|---|
| Out [2]: | (-1.1144881152070183, 0.26506984027306035) |

유의수준 5%하에서 p-value 값이 0.05보다 크므로 귀무가설을 기각할 수 없다. 귀무가설대로 해당 데이터의 연속적인 관측값은 임의적이다. 즉, 상품 a와 b의 구매에는 연관이 없다.

2. 연관규칙분석(Association Analysis)

연관규칙분석은 효율적인 상품의 진열이나 패키지 상품개발, 교차판매 전략, 기획상품의 결정 등 실제 고객의 데이터를 분석하는 데 많이 사용되고 있는 알고리즘이다.

(1) 개 념

기업의 데이터베이스에서 상품 구매, 서비스 등 일련의 거래 또는 사건들 간의 규칙을 발견하기 위해 사용되며 서로 다른 두 아이템 집합이 얼마나 빈번하게 발생하였는지를 관찰한다.

세부적으로는 장바구니분석과 서열분석이 있다.

① **장바구니분석** : 장바구니에 무엇이 같이 들어갈 것인지를 분석한다.

② **서열분석** : A를 산 다음에 B를 살 것이다.

(2) 연관규칙분석에 사용되는 척도

연관규칙분석을 사용하고 이해하려면 아래의 척도는 꼭 알아야 한다.

① **지지도(Support)** : 전체 거래 중 항목 A와 항목 B를 동시에 포함하는 거래의 비율로 정의
   = A와 B가 동시에 포함된 거래수 / 전체 거래수

② **신뢰도(Confidence)** : 항목 A를 포함한 거래 중에서 항목 A와 항목 B가 같이 포함될 확률로 연관성의 정도 파악 가능
   = A, B가 동시에 포함된 거래수 / A를 포함하는 거래수

③ **향상도(Lift)** : A가 구매되지 않았을 때 품목 B의 구매확률에 비해 A가 구매되었을 때 품목 B의 구매확률의 증가비. 연관규칙 A → B는 품목 A와 품목 B의 구매가 서로 관련이 없는 경우에는 향상도가 1이 됨
   = A와 B가 동시에 포함된 거래수 / A를 포함하는 거래수 * B를 포함하는 거래수

(3) Apriori 알고리즘

가능한 모든 경우의 수를 탐색하여 지지도, 신뢰도, 향상도가 높은 규칙들을 찾아내는 방식이 가장 이상적이지만 아이템 수가 증가할수록 계산에 소요되는 시간이 기하급수적으로 증가하는 문제가 있다.

① **아이템이 n개일 때 탐색해야 할 모든 경우의 수 : n*(n-1)**
   이 때문에 빈발집합(Frequent Item Sets)만을 고려해서 연관 규칙을 생성하는 Apriori algorithm 이 제안되었다. 최소지지도보다 큰 지지도 값을 갖는 품목의 집합을 빈발항목집단(frequent item set)이라고 한다.

② **계산 방법**
   Apriori 알고리즘은 모든 품목집합에 대한 지지도를 전부 계산하는 것이 아니라, 최소 지지도 이상의 빈발항목집합을 찾은 후 그것들에 대해서만 연관규칙을 계산한다.

③ Apriori 알고리즘의 장단점

장 점	1세대 알고리즘으로 구현과 이해가 쉬움
단 점	지지도가 낮은 후보 집합을 생성 시 아이템의 개수가 많아지면 계산 복잡도가 증가함

(4) 파이썬을 활용한 연관규칙분석

① mlxtend의 apriori 함수 설명

One-hot 형식의 DataFrame에서 빈번항목집합을 출력하는 함수

```
from mlxtend.frequent_patterns import apriori
```

df	값이 0/1 또는 True / False인 pandas DataFrame
min_support	최소 지지도(default = 0.5)
use_colnames	True이면 열 인덱스 대신 반환된 DataFrame의 열 이름을 사용(deault = False)
max_len	생성된 항목 세트의 최대 길이로 None인 경우 가능한 모든 항목 세트 길이를 평가 (default = None)
low_memory	메모리 리소스가 제한된 경우에 사용할 수 있으나 속도가 기존의 3~6배 느림(default = False)

② mlxtend의 association_rules 함수 설명

'score(점수)', 'confidence(신뢰도)' 및 'Lift(상승도)'를 포함하는 연관 규칙의 DataFrame을 생성하는 함수

```
from mlxtend.frequent_patterns import association_rules
association_rules(df, metric='confidence', min_threshold=0.8, support_only=False)
```

df	값이 0/1 또는 True / False인 pandas DataFrame
metric	{'support', 'confidence', 'lift'} support_only = True 인 경우 자동으로 'support'로 설정됨
min_threshold	metric에 지정된 rule의 최솟값(default: 0.8)
support_only	support만 계산하고 다른 메트릭 열을 NaN으로 출력

③ 파이썬을 활용한 연관규칙분석 실습

파이썬에서 연관규칙분석을 사용하기 위해서는 TransactionEncoder를 통해 데이터세트를 트랜잭션 형태로 변경해야 한다.

| In [1]: | ```python
import pandas as pd
from mlxtend.preprocessing import TransactionEncoder
dataset = [['Apple', 'Beer', 'Rice', 'Chicken'],
           ['Apple', 'Beer', 'Rice'],
           ['Apple', 'Beer'],
           ['Apple', 'Bananas'],
           ['Milk', 'Beer', 'Rice', 'Chicken'],
           ['Milk', 'Beer', 'Rice'],
           ['Milk', 'Beer'],
           ['Apple', 'Bananas']]
te = TransactionEncoder()
te_ary = te.fit_transform(dataset)
print(te.columns_)
te_ary
``` |
|---|---|
| Out [1]: | ```
['Apple', 'Bananas', 'Beer', 'Chicken', 'Milk', 'Rice']


array([[ True, False,  True,  True, False,  True],
       [ True, False,  True, False, False,  True],
       [ True, False,  True, False, False, False],
       [ True,  True, False, False, False, False],
       [False, False,  True,  True,  True,  True],
       [False, False,  True, False,  True,  True],
       [False, False,  True, False,  True, False],
       [ True,  True, False, False, False, False]])
``` |

트랜잭션 함수는 원본 데이터의 unique 값을 컬럼으로 지정하고 이를 True(구매) 혹은 False(비구매)로 변환하는 함수이다.

이를 다시 데이터프레임으로 바꾸어 관리하고 연관규칙분석을 실행해보자.

In [2]:	`df = pd.DataFrame(te_ary,columns = te.columns_)` `df`
Out [2]:			Apple	Bananas	Beer	Chicken	Milk	Rice
---	---	---	---	---	---	---
0	True	False	True	True	False	True
1	True	False	True	False	False	True
2	True	False	True	False	False	False
3	True	True	False	False	False	False
4	False	False	True	True	True	True
5	False	False	True	False	True	True
6	False	False	True	False	True	False
7	True	True	False	False	False	False	

최소 지지도가 0.6 이상인 품목만 추출해보자.

In [3]:	`# 지지도 60% 이상인 품목만 추출`
	`from mlxtend.frequent_patterns import apriori`
	`apriori(df, min_support=0.6, use_colnames=True)`

Out [3]:			support	itemsets
---	---	---
0	0.625	(Apple)
1	0.750	(Beer)	

최소지지도가 0.3 이상인 규칙만 추출하고 규칙의 길이를 파악하고 싶을 때에는 아래와 같이 lambda를 사용하여 길이를 추출할 수 있다.

In [4]:	`# 규칙의 길이를 추출하는 방법`
	`frequent_itemsets = apriori(df, min_support=0.3, use_colnames=True)`
	`frequent_itemsets['length'] = frequent_itemsets['itemsets'].`
	`apply(lambda x: len(x))`
	`frequent_itemsets`

Out [4]:			support	itemsets	length
---	---	---	---
0	0.625	(Apple)	1
1	0.750	(Beer)	1
2	0.375	(Milk)	1
3	0.500	(Rice)	1
4	0.375	(Apple, Beer)	2
5	0.375	(Milk, Beer)	2
6	0.500	(Beer, Rice)	2	

이제 groceries 데이터세트로 연관규칙분석을 실행해보자. groceries 데이터는 문자열로 구매내역이 저장되어 있는 데이터이므로 트랜잭션 형태로 만들어 주기 위해 전처리가 필요하다.

In [1]:	`df= pd.read_csv(`"`https://raw.githubusercontent.com/ADPclass/ADP_`
	`book_ver01/main/data/groceries.csv`"`,)`
	`df`

Out [1]:	**citrus fruit,semi-finished bread,margarine,ready soups** 0　　　　　　　　　　　tropical fruit,yogurt,coffee 1　　　　　　　　　　　　　　　whole milk 2　　　　　pip fruit,yogurt,cream cheese,meat spreads 3　　　other vegetables,whole milk,condensed milk,lon... 4　　　whole milk,butter,yogurt,rice,abrasive cleaner ...　　　　　　　　　　　　　　　　　... 9829　　sausage,chicken,beef,hamburger meat,citrus fru... 9830　　　　　　　　　　　　cooking chocolate 9831　　chicken,citrus fruit,other vegetables,butter,y... 9832　　semi-finished bread,bottled water,soda,bottled... 9833　　chicken,tropical fruit,other vegetables,vinega... 9834 rows × 1 columns

comma로 구매목록이 구분되어 있기 때문에 해당 문자열을 comma 값으로 구분시켜야 한다.

In [2]:	`df_split = df.iloc[:,0].str.split(`'`,`'`,expand=True)` `df_split.values`

Out [2]:	`array([['tropical fruit', 'yogurt', 'coffee', ..., None, None, None],`
	`        ['whole milk', None, None, ..., None, None, None],`
	`        ['pip fruit', 'yogurt', 'cream cheese', ..., None, None, None],`
	`        ...,`
	`        ['chicken', 'citrus fruit', 'other vegetables', ..., None, None,`
	`        None],`
	`        ['semi-finished bread', 'bottled water', 'soda', ..., None, None,`
	`        None],`
	`        ['chicken', 'tropical fruit', 'other vegetables', ..., None, None,`
	`        None]], dtype=object)`

하지만 value 값에 None 값이 있으므로 None을 지우고 트랜잭션 형태로 바꿔줄 수 있게 데이터를 변환시켜보자.

| In [3]: | ```
df_split_ary = df_split.values
groceries = []
for i in range(len(df_split_ary)) :
    temp = list(filter(None,df_split_ary[i]))
    groceries.append(temp)

groceries
``` |
|---|---|
| Out [3]: | ```
[['tropical fruit', 'yogurt', 'coffee'],
 ['whole milk'],
 ['pip fruit', 'yogurt', 'cream cheese', 'meat spreads'],
      ...,
 ['onions', 'domestic eggs', 'soda', 'hygiene articles'],
 ...]
``` |

이제 트랜잭션 형태로 들어갈 수 있는 전처리가 되었으므로 트랜잭션 형태의 데이터프레임으로 만들어야 한다.

| In [4]: | ```
from mlxtend.preprocessing import TransactionEncoder
import pandas as pd
te = TransactionEncoder()
groceries_tr = te.fit(groceries).transform(groceries)
groceries_tr = pd.DataFrame(groceries_tr, columns=te.columns_)
groceries_tr
``` |
|---|---|
| Out [4]: | (표 참조) |

	Instant food products	UHT-milk	abrasive cleaner	artif. sweetener	baby cosmetics	baby food	bags	baking powder	bathroom cleaner	beef	.
0	False	False	False	False	False	False	False	False	False	False	.
1	False	False	False	False	False	False	False	False	False	False	.
2	False	False	False	False	False	False	False	False	False	False	.
3	False	False	False	False	False	False	False	False	False	False	.
4	False	False	True	False	False	False	False	False	False	False	.
...	...	...	...	...	...	...	...	...	...	...	.
9829	False	False	False	False	False	False	False	False	False	True	.
9830	False	False	False	False	False	False	False	False	False	False	.
9831	False	False	False	False	False	False	False	False	False	False	.
9832	False	False	False	False	False	False	False	False	False	False	.
9833	False	False	False	False	False	False	False	False	False	False	.

9834 rows × 169 columns
```

트랜잭션 형태의 데이터를 만들었다면 연관규칙분석을 할 수 있는 준비는 끝났다. 지지도가 5% 이상인 빈번항목집합을 탐색해보자.

In [5]:	```from mlxtend.frequent_patterns import apriori # 지지도가 5% 이상인 빈번항목집합 탐색 groceries_ap = apriori(groceries_tr, min_support=0.01, use_colnames=True) groceries_ap```

```
from mlxtend.frequent_patterns import apriori
# 지지도가 5% 이상인 빈번항목집합 탐색

groceries_ap = apriori(groceries_tr, min_support=0.01,
 use_colnames=True)
groceries_ap
```

Out [5]:

	support	itemsets
0	0.033455	(UHT-milk)
1	0.017694	(baking powder)
2	0.052471	(beef)
3	0.033252	(berries)
4	0.026032	(beverages)
...	...	...
328	0.011999	(whole milk, root vegetables, tropical fruit)
329	0.014541	(whole milk, root vegetables, yogurt)
330	0.010474	(soda, whole milk, yogurt)
331	0.015152	(whole milk, tropical fruit, yogurt)
332	0.010881	(whipped/sour cream, whole milk, yogurt)

333 rows × 2 columns

이렇게 지지도와 아이템을 찾는 방법도 있지만 association_rules 함수를 사용하면 한눈에 많은 규칙을 파악할 수 있다.

In [6]:

```
from mlxtend.frequent_patterns import association_rules
# 신뢰도가 0.3 이상인 빈번항목집합 탐색
association_rules(groceries_ap, metric="confidence", min_threshold=0.3)
```

Out [6]:

	antecedents	consequents	antecedent support	consequent support	support	confidence	lift	leverage	conviction
0	(beef)	(other vegetables)	0.052471	0.193512	0.019727	0.375969	1.942869	0.009574	1.292384
1	(beef)	(root vegetables)	0.052471	0.109010	0.017389	0.331395	3.040058	0.011669	1.332612
2	(beef)	(whole milk)	0.052471	0.255542	0.021253	0.405039	1.585018	0.007844	1.251271
3	(berries)	(other vegetables)	0.033252	0.193512	0.010270	0.308869	1.596118	0.003836	1.166909
4	(berries)	(whole milk)	0.033252	0.255542	0.011796	0.354740	1.388187	0.003299	1.153733
...	...	...	...	...	...	...	...	...	...
120	(soda, yogurt)	(whole milk)	0.027354	0.255542	0.010474	0.382900	1.498382	0.003484	1.206381
121	(whole milk, tropical fruit)	(yogurt)	0.042302	0.139516	0.015152	0.358173	2.567255	0.009250	1.340679
122	(tropical fruit, yogurt)	(whole milk)	0.029286	0.255542	0.015152	0.517361	2.024564	0.007668	1.542474
123	(whipped/sour cream, whole milk)	(yogurt)	0.032235	0.139516	0.010881	0.337539	2.419361	0.006383	1.298921
124	(whipped/sour cream, yogurt)	(whole milk)	0.020744	0.255542	0.010881	0.524510	2.052539	0.005580	1.565664

하나의 규칙만을 가지고 검색하는 것이 아니라 규칙의 길이가 2 이상, 신뢰도가 0.4 이상, 향상도가 3 이상인 규칙만 추출해보자.

| In [7]: | ```python
rules = association_rules(groceries_ap, metric="lift", min_threshold=1)
# 규칙의 길이 컬럼 생성
rules["antecedent_len"] = rules["antecedents"].apply(lambda x: len(x))
rules[ (rules['antecedent_len'] >=2) &
       (rules['confidence'] >=0.4) &
       (rules['lift'] >=3) ]
``` |
|---|---|

Out [7]:

	antecedents	consequents	antecedent support	consequent support	support	confidence	lift	leverage	conviction	antecedent_len
418	(root vegetables, citrus fruit)	(other vegetables)	0.017694	0.193512	0.010372	0.586207	3.029300	0.006948	1.949012	2
491	(root vegetables, tropical fruit)	(other vegetables)	0.021049	0.193512	0.012304	0.584541	3.020692	0.008231	1.941197	2

이와 같이 장바구니 데이터에서 여러 연관규칙을 설정하여 원하는 규칙을 찾아낼 수 있으며, 이 규칙을 통해 효율적인 상품의 진열이나 패키지 상품개발, 교차판매 전략 등을 세워 판매 증진에 사용할 수 있다.
```

제8절 | 시계열분석

시계열분석은 ADP에서 자주 출제되는 분야이다. 최근에는 시계열분석뿐만이 아니라, 시계열분석에 군집분석을 합쳐서 내는 혼합형 문제까지도 나오는 추세이다. 단순한 문제가 출제된다면 모델 사용법만을 알아도 되겠지만 최근 ADP 시험에서는 해당 분석의 과정과 의의를 이해하고 있는지를 물어보고 있기에 시계열분석에서 대표적으로 사용할 수 있는 ARIMA 모형을 자세히 살펴보고자 한다.

시계열분석이란 시간의 흐름에 따라 기록된 데이터를 바탕으로 미래의 변화에 대한 추세를 분석하는 방법이다. 시간의 흐름을 주로 고려하고 분석한다는 점에서 일반 데이터분석과는 차이가 있다. 시간을 고려하기 때문에 우리는 시간에 따라 데이터의 추세가 어떠한지 시간 외에 어떠한 외부요인이 데이터에 영향을 미치는지를 나누어 생각할 수 있어야 한다. 이렇게 나누어 생각하는 것이 분석의 첫 과정이며 우리는 시계열 분해를 통해 시간의 요인과 외부 요인으로 나누어 분석할 수 있다.

1. 시계열 분해

시계열 분해는 시계열 자료를 추세(Trend), 계절성(Seasonality), 잔차(Residual)로 분해하는 기법이다. 시간의 요인은 추세, 계절성이며 외부요인은 잔차(불규칙요인)가 있다. 시계열 분해의 과정을 살펴보자.

(1) 모형 판단

시계열 데이터를 보고 시계열의 주기적 반복/계절성이 있는지에 따라 Additive 모형과 Multiplicative 모형 중 어떤 모형이 더 적합할지 판단한다. 추세와 계절성이 별개로 존재한다면 Additive 모형을 선택하고, 추세에 따라 계절성이 있다면 Multiplicative 모형을 적용한다.

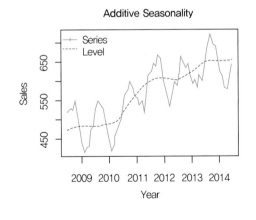

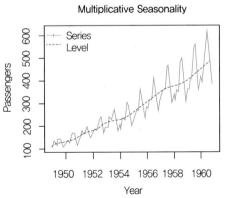

(2) 파이썬을 활용한 시계열 분해

In [1]:	```python
	import pandas as pd
	import warnings
	data = pd.read_csv("https://raw.githubusercontent.com/ADPclass/ADP_
	book_ver01/main/data/arima_data.csv", names = ['day', 'price'])
	data.head()
	``
Out [1]:	

	day	price
0	2013-01-01	3794
1	2013-02-01	3863
2	2013-03-01	5190
3	2013-04-01	5783
4	2013-05-01	6298

In [2]:	`data.info()`
Out [2]:	``` <class 'pandas.core.frame.DataFrame'> RangeIndex: 60 entries, 0 to 59 Data columns (total 2 columns): # Column Non-Null Count Dtype --- ------ -------------- ----- 0 day 60 non-null object 1 price 60 non-null int64 dtypes: int64(1), object(1) memory usage: 1.1+ KB ```

원본 데이터를 확인했을 때, day의 값이 object 문자열이므로 시계열분석을 하기 위해서는 datetime 형식으로 변환해야 한다.

In [3]:	```python
	data['day'] = pd.to_datetime(data['day'], format="%Y-%m-%d")
	data.set_index('day', inplace=True)
	data.head(3)
	``
Out [3]:	

day	price
2013-01-01	3794
2013-02-01	3863
2013-03-01	5190

위와 같이 datetime이 index로 그리고 분석할 시계열 데이터의 값을 단일 column으로 만들어야 한다.

| In [4]: | `import matplotlib.pyplot as plt`
`plt.plot(data.index,data['price'])` |
| Out [4]: | 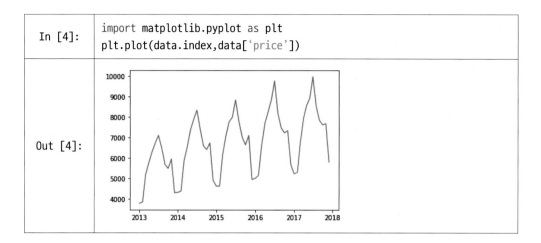 |

원본 데이터를 시각화해서 보면, 추세에 따라 계절성이 존재하는 것을 볼 수 있다. 시간이 지날수록 변동이 커지므로 Multiplicative를 적용하여 시계열 분해를 할 수 있다.

| In [5]: | `from statsmodels.tsa.seasonal import seasonal_decompose`

`ts = data`
`result = seasonal_decompose(ts, model='multiplicative')`
`plt.rcParams['figure.figsize'] = [12, 8]`
`result.plot()`
`plt.show()` |
| Out [5]: | 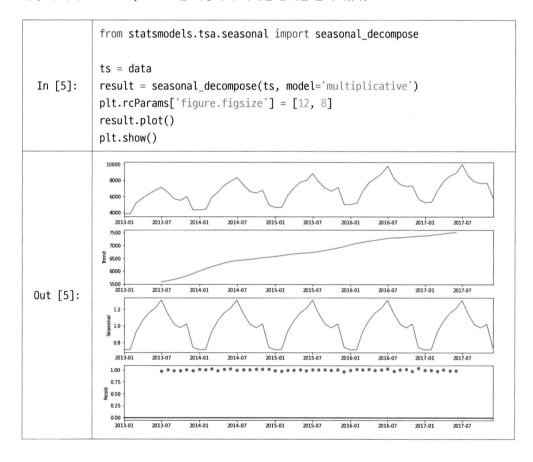 |

seasonal_decompose 함수를 불러오고 시계열 분해를 해주었다. 결과 값을 보면 해당 데이터는 Trend와 Seasonal이 명확히 존재하며, 불규칙요인은 거의 없음을 알 수 있다. 이제 시간에 따른 데이터를 확인했다면 시간에 따른 미래의 값을 예측하거나 현상을 분석하는 방법에 대해 알아보자.

2. 정상성 변환

시계열분석을 하는 방법은 여러 가지이지만, ARIMA 모델을 ADP 시험에서 사용하는 것을 추천한다. ARIMA 모델은 성능뿐 아니라 해석력이 좋기 때문에 ADP와 같은 서술형 시험에서 사용하기에 적합하다.

ARIMA는 AR(Auto-Regressive) 모형과 MA(Moving Average) 모형을 합한 모형이다. 그렇기에 AR 모형과 MA 모형을 전부 이해하고 있어야 ARIMA 모형을 이해할 수 있다. AR·MA 모형을 설명하기에 앞서, 시계열분석에서 중요한 개념인 정상성(Stationary)을 먼저 알아보자.

(1) 개 념

정상성이란 평균, 분산이 시간에 따라 일정한 성질을 가지고 있다는 것이다. 즉, 시계열 데이터의 특성이 시간의 흐름에 따라 변하지 않는 상태를 의미한다. 예를 들어 앞서 우리가 보았던 시계열 분해에서 추세(Trend)나 계절성(Seasonal)이 있는 시계열은 정상 시계열이 아닌 것이다. 비정상 시계열의 경우 ARIMA 모형을 적용시킬 수 없으므로 비정상 시계열을 정상 시계열로 변환해주어야 한다. 변환의 방법은 대표적으로 로그 변환과 차분이 있다. 비정상 시계열의 변환과정을 살펴보자.

(2) 로그변환

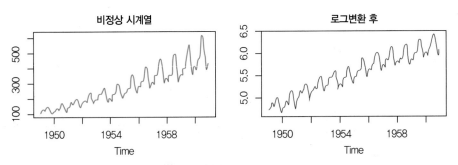

로그변환은 위와 같이 분산(변동폭)이 일정하지 않은 경우에 사용한다.

(3) 차 분

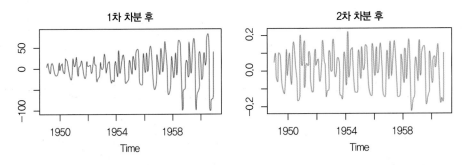

로그변환 후 추세, 계절성이 존재하는 경우 추세와 계절성을 없애기 위해 차분을 사용한다.

(4) 파이썬을 활용한 데이터 전처리

정상성을 검정하기 위해서는 Augmented Dickey-Fuller Test를 해야 한다.

① Augmented Dickey-Fuller Test 가설

귀무가설(H0)	데이터가 정상성(Stationary)을 갖지 않는다.
대립가설(H1)	데이터가 정상성(Stationary)을 갖는다.

사용하는 패키지는 statsmodels.tsa.stattools에 있는 adfuller 함수이다.

② adfuller 함수

adfuller(x, maxlag, regression, autolag)

③ 주요 매개변수

x	• 데이터 타입(기본값) : array_like • 설명 : 2개의 관측값으로 이루어진 binary data를 배열형식으로 받아야 하며, 관측 값은 정수형이어야 한다.
regression	• {'nc' : 추세 없음, 'c' : 상수항만 사용, 'ct' : 상수항&1차 추세, 'ctt' : 상수항&2차 추세} • 설명 : 테스트의 버전이다. 데이터에 아무런 추세가 보이지 않을 경우 nc를 선택하거나 c를 선택할 수 있다. 하지만 데이터에 명확한 추세가 보인다면 ct나 ctt를 이용하면 된다.

④ return 값

t-statistic	해당 테스트는 t-statistic 값을 사용한다.
p-value	유의수준보다 작을 경우 귀무가설을 기각한다.

이제 앞선 예제에 이어 데이터를 train과 test로 분리한 뒤 해당 원본 데이터가 정상성을 갖고 있는지를 검정해보자.

| In [6]: | ```python
from statsmodels.tsa.stattools import adfuller

# Train, Test 데이터 구분
training = data[:"2016-12-01"]
test = data.drop(training.index)


adf = adfuller(training, regression='ct')
print('ADF Statistic: {}'.format(adf[0]))
print('p-value : {}'.format(adf[1]))
``` |
|---|---|
```

Out [6]:	ADF Statistic: -1.9997199341327796 p-value : 0.6015863303794179

우상향 트렌드를 보인 데이터이므로 ct 값을 적용하여 regression검정 결과 p-value가 설정한 유의수준 0.05보다 높았다. 그러므로 해당 데이터는 정상성을 갖지 않다고 할 수 있다. 비정상시계열을 정상시계열로 변환시키기 위해서는 1차 차분 혹은 로그변환을 해야 한다.

In [7]:	`from statsmodels.graphics.tsaplots import plot_acf, plot_pacf`
	
	`diff_data = training.diff(1)`
	`diff_data = diff_data.dropna()`
	`diff_data.plot()`

Out [7]:	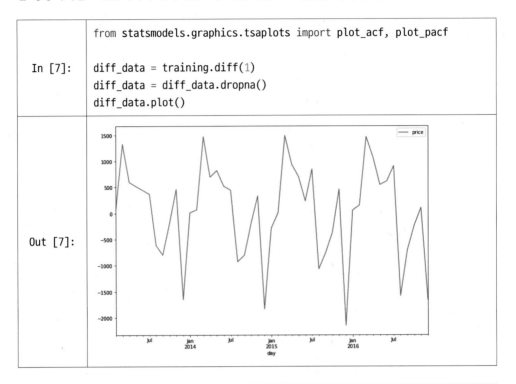

In [8]:	`adf = adfuller(diff_data)`
	`print('ADF Statistic: {}'.format(adf[0]))`
	`print('p-value : {}'.format(adf[1]))`

Out [8]:	ADF Statistic: -12.094547576926441 p-value : 2.085160639960858e-22

adfuller의 regression defualt 값은 "c"이다. 1차 차분한 그래프가 트렌드를 보이지 않기에 매개변수는 "c" 값을 적용하여 검정해야 한다. 검정 결과 p-value는 0.05보다 작으므로 귀무가설을 기각할 수 있다. 1차 차분으로 정상시계열로 변환하였다면 이제 AR과 MA 모형에 대해 알아보자.

3. AR 모형과 MA 모형

ARIMA 모형의 가정인 정상성에 대해서 알았다면, AR 모형과 MA 모형의 특징을 알아보자.

(1) AR(Auto Regressive)

① 개 념

AR 모형은 자기회귀과정이란 뜻으로 현 시점의 데이터를 이전의 데이터들의 상관성으로 나타내는 모형이다. 즉, 과거의 값이 현재의 값에 얼마나 영향을 미쳤는지를 파악하는 것이다. 만약 과거의 값이 현재의 값에 영향을 미치지 않는다면 해당 모형의 성능은 낮아진다. 이때, 최적의 성능을 가지는 모델을 만들 수 있는 과거의 값을 찾게 되는데, 이 값을 p라고 하며 AR(p) 모형이라 한다.

② PACF(Partial Auto Correlation Function)

PACF는 편자기상관 함수이다. PACF는 ACF와는 다르게 시차가 다른 두 시계열 데이터 간의 순수한 상호 연관성을 나타낸다. 그러므로 PACF 값이 0에 수렴할 때의 p값을 AR 모형의 p값으로 설정한다.

③ 파이썬을 활용한 AR 모형의 p 값 찾기

In [9]:	```python
	plot_pacf(diff_data) # AR(p)의 값 확인 가능
	
	plt.show()
	``

Out [9]:	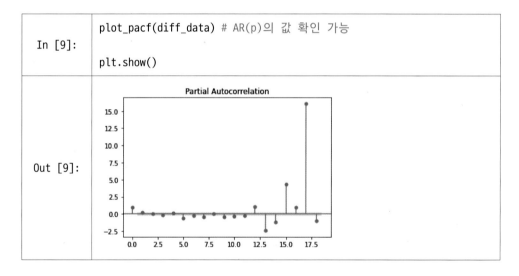

PACF 값을 확인해 보았을 때, 시차 2 이후에 0에 수렴하는 것을 알 수 있다. 그러므로 AR 모형에서 최적의 p 값은 2로 설정할 수 있다.

(2) MA(Moving Average)

① 개념

MA 모형은 과거의 예측 오차들의 가중이동평균으로 현재 시점의 데이터를 표현하는 모형이다. 즉, 과거의 예측 오차를 이용하여 미래를 예측하는 모형이라고도 할 수 있다. 과거의 예측 오차들의 따라서 가중이동평균은 달라진다. 그렇기에 MA 모형은 최적의 모형이 되는 구간을 구하는 것이 중요하다. MA 모형이 최적이 되게끔 하는 변수 값이 q이며 이 모형을 MA(q) 모형이라 한다.

② ACF(Auto Correlation Function)

ACF는 자기상관 함수로 이 값은 시차에 따른 자기상관성을 의미한다. ACF 값을 시차에 따른 그래프로 시각화를 해보면, 최적의 q값을 찾을 수 있다. 비정상 시계열일 경우에는 ACF 값은 느리게 0에 접근하며, 양수의 값을 가질 수도 있다. 하지만 정상시계열일 경우에는 ACF 값이 빠르게 0으로 수렴하며, 0으로 수렴할 때에 시차를 q로 설정한다.

③ 파이썬을 활용한 MA 모형의 q 값 찾기

| In [10]: | ```from statsmodels.graphics.tsaplots import plot_acf, plot_pacf
import matplotlib.pyplot as plt

plot_acf(diff_data) # MA(q)의 값 확인 가능``` |
|---|---|
| Out [10]: | 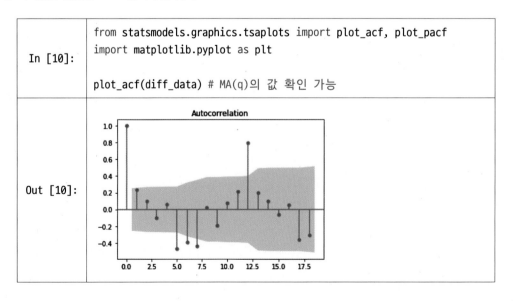 |

ACF 값을 확인해 보았을 때, 시차 2 이후에 0에 수렴하는 것을 알 수 있다. 그러므로 MA 모형에서 최적의 q 값은 2로 설정할 수 있다.

Tip

비정상 시계열의 경우 추세나 계절성을 갖고 있기 때문에 가장 최근의 값이 상관성이 높을 것이고 과거의 값은 상대적으로 상관성이 낮을 것이다. 그렇기에 비정상 시계열일 경우에는 ACF 함수가 느리게 0에 가까워진다.

4. ARIMA(Auto-Regressive Intergrated Moving Average)

(1) 개 념

ARIMA는 우선 비정상적 시계열 자료에 대해 분석하는 모형이다. 앞서 설명한 변환 중 차분을 사용하여 비정상 시계열을 정상 시계열로 만든다. 그리고 정상 시계열의 경우 AR 모형과 MA 모형이 상호 변환이 가능하기에 이 두 모형을 결합하여 과거의 시점의 데이터로 현재 혹은 미래의 시점의 데이터를 예측하는 모형이다. ARIMA 모형의 파라미터로는 p, d, q를 사용한다. 이때 d는 정상성을 가지게 될 때까지 사용되는 차분의 횟수이다. ARIMA 모형은 시계열 자료 외에 다른 자료가 없을 때, 그 변동 상태를 확인할 수 있다는 장점을 갖고 있으며 어떠한 시계열에도 적용이 가능한 모델이라는 장점이 있다.

(2) ARIMA 파이썬 실습

ARIMA 모형에서 사용할 파라미터인 p, d, q 값은 앞서 설명하였다. p는 AR모형(PACF)으로, d는 차분의 횟수, q는 MA모형(ACF)으로 최적화할 수 있다. 이 방법 외에도 모델의 AIC 값을 비교하며 최적의 모델을 찾는 방법도 있으나, ARIMA에서는 위와 같은 방법을 사용하고 설명하는 것이 일반적이다.

ARIMA 모델의 주요 매개변수들을 알아보자.

① ARIMA 함수 호출

```
from statsmodels.tsa.arima.model import ARIMA
```

② 주요 매개변수

endog or exog	• 데이터 타입(기본값) : 데이터프레임 • 설명 : 인덱스를 가지고 1개의 관측값으로 이루어진 데이터를 입력한다.
order	• 데이터 타입 : (p, d, q) • 설명 : p, d, q 는 AR, diff, MA 모형의 값으로 설정한다.
trend	• 앞서 정상성 검정할 때 사용했던 regression 매개변수와 동일하다.

③ 파이썬 실습

앞서 사용하였던 데이터의 p, d, q (2, 1, 2) 값을 ARIMA에 적용시켜 모델을 예측해보자.

| In [11]: | ```from statsmodels.tsa.arima.model import ARIMA

model = ARIMA(training, order=(2,1,2))
res = model.fit()
res.summary()``` |
|---|---|
| Out [11]: | SARIMAX Results |

SARIMAX Results

Dep. Variable:	price	No. Observations:	48
Model:	ARIMA(2, 1, 2)	Log Likelihood	-375.875
Date:	Mon, 10 Apr 2023	AIC	761.750
Time:	21:40:58	BIC	771.001
Sample:	01-01-2013	HQIC	765.231
	- 12-01-2016		
Covariance Type:	opg		

	coef	std err	z	P>|z|	[0.025	0.975]
ar.L1	-1.3167	0.190	-6.933	0.000	-1.689	-0.944
ar.L2	-0.3190	0.191	-1.673	0.094	-0.693	0.055
ma.L1	1.9700	0.243	8.109	0.000	1.494	2.446
ma.L2	0.9949	0.242	4.119	0.000	0.522	1.468
sigma2	4.457e+05	1.13e-06	3.93e+11	0.000	4.46e+05	4.46e+05

Ljung-Box (L1) (Q):	0.11	Jarque-Bera (JB):	0.38
Prob(Q):	0.74	Prob(JB):	0.83
Heteroskedasticity (H):	1.49	Skew:	-0.21
Prob(H) (two-sided):	0.44	Kurtosis:	2.89

변환이 되지 않은 training 세트를 (2, 1, 2)로 학습시킨 결과 회귀분석에서 보았던 결과가 나타난다. 이 중 주의 깊게 살펴봐야하는 부분은 AIC와 AR, MA모델의 p-value이다. AIC는 다른 모델과 비교할 때 사용할 수 있으며 AIC가 작을수록 모델의 성능이 좋다고 할 수 있다.

둘째로, Out [11] 결과 중, 분석에 사용된 변수의 계수인 coef에서 ar, ma가 p-value 0.05 이하라면, AR 모형과 MA 모형을 사용할 수 있다는 것이다.

이때 ar, ma 뒤에 있는 L1, L2는 모델에서 사용하는 시차의 개념이다. 만약 p가 5라면 ar.L1~L5 변수가 모델에서 사용된다.

| In [12]: | ```
plt.plot(res.predict())
plt.plot(training)
``` |
|---|---|
| Out [12]: | 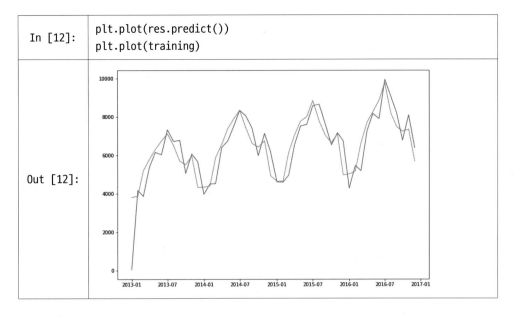 |

해당 모델의 학습의 정도를 보기 위해, 학습된 모델인 res에서 학습시킨 데이터를 예측해보았다. 이는 training데이터를 학습시키고 확인하였을 때, 그래프의 모양이 거의 일치하므로 과소적합은 의심되지 않는다.

이제 학습된 모델을 가지고 2017년의 데이터를 예측해보자. ARIMA에서 예측할 때에는 predict( ) 함수보다는 forecast( ) 함수를 주로 사용한다. 예측할 만큼의 길이를 steps에 할당해주기 때문이다. alpha 값은 유의수준이며 0.05로 주로 사용한다. 이는 신뢰구간 95%로 예측한다는 의미가 있다.

| In [13]: | ```
forecast_data = res.forecast(steps=len(test), alpha=0.05)
# 학습데이터세트로부터 test 데이터 길이만큼 예측

pred_y = forecast_data
pred_y
``` |
|---|---|
| Out [13]: | ```
2017-01-01    3500.915626
2017-02-01    3910.131864
2017-03-01    4357.010473
2017-04-01    4673.053776
2017-05-01    5430.367271
2017-06-01    6044.800250
2017-07-01    6492.699324
2017-08-01    6056.091072
2017-09-01    6089.366976
2017-10-01    5931.514393
2017-11-01    5700.788280
2017-12-01    5498.650091
Freq: MS, dtype: float64
``` |
```

예측한 2017년의 데이터의 값은 시계열을 인덱스로 가진 Series 값이다. test데이터의 원본과 인덱스를 맞춰주는 것이 시각화를 해서 판단하기에 유용하다.

In [14]:	`test_y = test  # 실제 데이터` `test_y`
Out [14]:	**day** 2017-01-01 5236 2017-02-01 5299 2017-03-01 6744 2017-04-01 7927 2017-05-01 8561 2017-06-01 8930 2017-07-01 9960 2017-08-01 8548 2017-09-01 7843 2017-10-01 7620 2017-11-01 7676 2017-12-01 5809

위와 같이 test 데이터의 인덱스와 predict 데이터의 인덱스가 같음을 확인하였다면 이를 시각화하여 추세를 잘 예측하였는지 판단해보자.

In [15]:	`plt.plot(pred_y, color="gold", label='Predict')  # 모델이 예상한 가격 그래프`
	`plt.plot(test_y, color="green", label='test')  # 실제 가격 그래프`
	`plt.legend()`
	`plt.show()`

Out [15]:	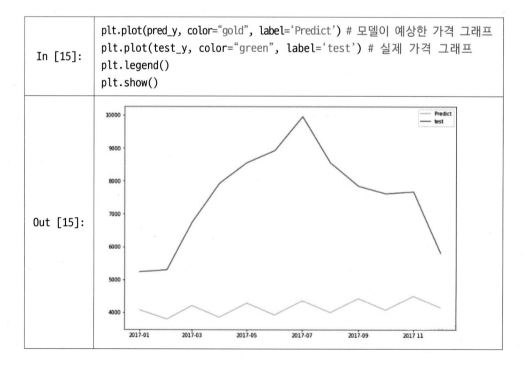

그래프를 보면 예측하지 못했음을 알 수 있다. 하지만, R^2 값과 RMSE 값을 확인해보아야 한다.

| In [16]: | ```from sklearn.metrics import mean_squared_error
from sklearn.metrics import r2_score

print("r2_score : ", r2_score(test_y, pred_y))
RMSE = mean_squared_error(test_y, pred_y)**0.5
print("RMSE : ", RMSE)``` |
|---|---|
| Out [16]: | ```r2_score : -5.615778286393547
RMSE :   3642.446338871415``` |

R^2 값이 음수가 나온다는 것은 해당 모델의 정확도가 매우 낮다는 것이다. 이는, ARIMA의 경우 긴 값을 예측할 때, 표본평균으로 회귀하려는 경향 때문에 R^2 값이 작게 나오는 것으로 판단된다. 예제에 사용한 데이터와 같이 계절성이 있는 경우, 계절성지수가 추가된 SARIMA 모델을 사용하는 것이 좋다.

5. SARIMA

(1) 개념

SARIMA는 데이터가 지닌 계절성(주기에 따라 유사한 양상으로 변화하는 모양)까지 고려한 ARIMA 모델이다.

(2) SARIMA 파이썬 실습

SARIMA에서 먼저 확인해야 할 것은 계절성이 몇 개의 데이터 단위로 나타나는지다. seasonal_order에는 4개의 매개변수가 주어져야 하는데 s 값을 먼저 찾아주는 것이 좋다. 이는 시각화로 판단하는 것이 빠르며, 예제 데이터에서는 1년 단위로 계절성이 존재하는 것으로 보인다. 그러므로 s 값은 12로 설정해야 한다. 그 후 order * seasonal_order의 파라미터를 최적화를 시켜주어야 하는데 seasonal_order의 (P, D, Q)는 머신러닝에서 배웠던 AIC 값을 비교하며 최적의 값을 찾는 Grid search로 찾을 수 있다. 이렇게 시계열 Grid_search를 지원해주는 패키지인 auto_arima가 있으나 ADP 시험장에는 설치가 되어있지 않다. 하지만 제21회부터 패키지 설치가 가능하므로 해당 패키지를 설치하여 사용하는 것을 추천한다.

① auto_arima 설치방법

실행창에서 명령프롬포트를 열고 아래의 명령어를 입력하면 된다.

```
pip install pmdarima
```

느낌표를 코드 앞에 붙여주면 주피터노트북에서도 설치할 수 있다.

```
!pip install pmdarima
```

② auto_arima 함수 호출

```
from pmdarima import auto_arima
```

③ 주요 매개변수

Y	• 데이터 타입(기본값) : 데이터프레임 • 설명 : DateIndex를 가지고 1개의 관측값으로 이루어진 데이터를 입력한다.
information_ criterion	• ('aic', 'aicc', 'bic', 'hqic', 'oob') • 설명 : 주로 aic를 사용하며, 최상의 모델을 찾기 위한 모델의 평가지표를 의미한다.
m	• 데이터 타입 : int 정수형 • 설명 : 계절적 차분을 위한 m은 분기별일 경우 4, 월별 데이터인 경우 12, 계절성이 없는 경우 1을 이용한다.
seasonal	• bool • 설명 : 계절성이 존재하면 True, 아니면 False이다.
start_p	• 최적의 AR(p)모형을 찾을 때 사용하는 p의 시작값
max_p	• 최적의 AR(p)모형을 찾을 때 사용하는 p의 최댓값
start_q	• 최적의 MA(q)모형을 찾을 때 사용하는 q의 시작값
max_q	• 최적의 MA(q)모형을 찾을 때 사용하는 q의 최댓값
start_P	• 최적의 모델을 찾기 위한 자동 회귀 차수 P의 시작값
max_P	• 최적의 모델을 찾기 위한 자동 회귀 차수 P의 최댓값
start_Q	• 최적의 모델을 찾기 위한 이동 평균 차수 Q의 시작값
max_Q	• 최적의 모델을 찾기 위한 이동 평균 차수 Q의 최댓값

Tip

계절에 대한 매개변수를 SARIMA 모델에서는 s, auto_arima에서는 m으로 사용한다.

④ auto_arima를 이용한 SARIMA

앞선 예제에 이어 SARIMA를 적용시켜보자. 매개변수 중 trace는 결괏값에 학습정보를 표현하기
위해 True로 사용하였다.

In [17]:	```
	from pmdarima import auto_arima
	
	auto_model = auto_arima(training, start_p=0, d=1, start_q=0,
	                        max_p=3, max_q=3,
	                        start_P=0, start_Q=0,
	                        max_P=3, max_Q=3, m=12,
	                        seasonal=True, information_criterion='aic',
	                        trace=True)
	``

Out [17]:	``` Performing stepwise search to minimize aic ARIMA(0,1,0)(0,1,0)[12] : AIC=481.846, Time=0.01 sec ARIMA(1,1,0)(1,1,0)[12] : AIC=482.652, Time=0.06 sec ARIMA(0,1,1)(0,1,1)[12] : AIC=482.466, Time=0.08 sec ARIMA(0,1,0)(1,1,0)[12] : AIC=483.637, Time=0.05 sec ARIMA(0,1,0)(0,1,1)[12] : AIC=483.669, Time=0.03 sec ARIMA(0,1,0)(1,1,1)[12] : AIC=inf, Time=0.26 sec ARIMA(1,1,0)(0,1,0)[12] : AIC=481.031, Time=0.03 sec ARIMA(1,1,0)(0,1,1)[12] : AIC=482.740, Time=0.09 sec ARIMA(1,1,0)(1,1,1)[12] : AIC=inf, Time=0.33 sec ARIMA(2,1,0)(0,1,0)[12] : AIC=482.616, Time=0.05 sec ARIMA(1,1,1)(0,1,0)[12] : AIC=482.682, Time=0.08 sec ARIMA(0,1,1)(0,1,0)[12] : AIC=480.687, Time=0.03 sec ARIMA(0,1,1)(1,1,0)[12] : AIC=482.403, Time=0.08 sec ARIMA(0,1,1)(1,1,1)[12] : AIC=inf, Time=0.30 sec ARIMA(0,1,2)(0,1,0)[12] : AIC=482.683, Time=0.05 sec ARIMA(1,1,2)(0,1,0)[12] : AIC=inf, Time=0.09 sec ARIMA(0,1,1)(0,1,0)[12] intercept : AIC=482.687, Time=0.06 sec Best model: ARIMA(0,1,1)(0,1,0)[12] Total fit time: 1.687 seconds ```

auto_arima 결과 p=1, d=0, q=0, P=0, D=1, Q=0, m=12인 모델이 최적의 모델로 나왔다. arima에서 2, 1, 2의 모델과는 완전히 다른 p, d, q 값을 가짐을 알 수 있다. 이는 계절성이 추가되면서 완전히 다른 학습이 되었다는 의미이기도 하다. 이제 summary( ) 함수로 해당 모델에 대해 살펴보자.

In [18]:	auto_model.summary()

Out [18]:

SARIMAX Results

Dep. Variable:	y	No. Observations:	48
Model:	SARIMAX(0, 1, 1)x(0, 1, [], 12)	Log Likelihood	-238.344
Date:	Tue, 19 Apr 2022	AIC	480.687
Time:	00:40:00	BIC	483.798
Sample:	0	HQIC	481.761
	- 48		
Covariance Type:	opg		

	coef	std err	z	P>|z|	[0.025	0.975]
ma.L1	-0.3185	0.177	-1.801	0.072	-0.665	0.028
sigma2	4.803e+04	1.64e+04	2.924	0.003	1.58e+04	8.02e+04

Ljung-Box (Q):	23.53	Jarque-Bera (JB):	1.15
Prob(Q):	0.91	Prob(JB):	0.56
Heteroskedasticity (H):	1.56	Skew:	-0.14
Prob(H) (two-sided):	0.45	Kurtosis:	2.16

AIC가 480인 모델이 최적의 모델로 선택되었음을 알 수 있으며 p-value가 0.05보다 작은 MA(1) 변수와 m=12, D=1, Q=1이 적용된 모델임을 확인할 수 있다.

최종적으로 이 SARIMA 모델을 가지고 2017년 값을 다시 예측해보자. auto_arima에는 forecast( ) 함수가 없으며 predict( )로 예측해야 한다.

| In [19]: | ```
# 학습데이터세트로부터 test 데이터 길이만큼 예측
auto_pred_y= pd.DataFrame(auto_model.predict(n_periods=len(test)),
                          index=test.index)
auto_pred_y.columns = ['predicted_price']
auto_pred_y
``` |
|---|---|
```

		predicted_price
	day	
	2017-01-01	5609.43698
	2017-02-01	5761.43698
	2017-03-01	7225.43698
	2017-04-01	8298.43698
	2017-05-01	8841.43698
Out [19]:	**2017-06-01**	9452.43698
	2017-07-01	10359.43698
	2017-08-01	8777.43698
	2017-09-01	8068.43698
	2017-10-01	7832.43698
	2017-11-01	7935.43698
	2017-12-01	6279.43698

test데이터의 길이만큼을 예측하였으며 test데이터와 차이가 있는지 시각화하여 살펴보자.

| In [20]: | ```python
plt.figure(figsize=(10,6))
plt.plot(training, label="Train") # Train 데이터
plt.plot(auto_pred_y, label="Prediction") # 모델이 예상한 그래프
plt.plot(test, label="Test") # 실제 가격 그래프
plt.legend(loc='upper left')
plt.show()
``` |
|---|---|
| Out [20]: | 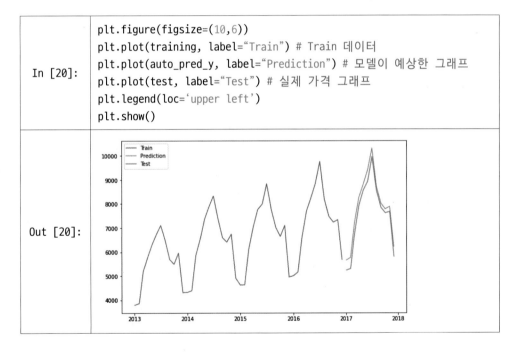 |
```

시각화 결과만 보더라도 계절성이 존재하는 경우, ARIMA 모델보다 SARIMA 모델이 훨씬 정확도가 높음을 알 수 있다. 평가지표인 R^2 값과 RMSE 값을 확인해보자.

| In [21]: | ```python
from sklearn.metrics import mean_squared_error
from sklearn.metrics import r2_score

print("r2_score : ", r2_score(test_y, auto_pred_y))
RMSE = mean_squared_error(test_y, auto_pred_y)**0.5
print("RMSE : ", RMSE)
``` |
|---|---|
| Out [21]: | ```
r2_score :  0.9305467058376857
RMSE :  373.20642840321074
``` |

SARIMA 모델은 93%의 정확도를 가지고 예측하였으며, 평균오차는 373원으로 매우 높은 정확도를 보였다. 즉, 이 데이터는 시간의 추세와 계절성만을 가지고 예측할 수 있다는 의미이다. 그러므로 이 데이터(가격)는 시간의 영향을 많이 받는다고 할 수 있다.

정리하자면, 시계열분석에서 추세를 판단하는 데에는 ARIMA 모델이 정확도가 높을 수 있으나, 계절성이 존재하는 경우에는 SARIMA 모델을 사용하는 것이 좋다. SARIMA 모델에서는 어떠한 매개변수를 데이터분석가가 적용시키느냐에 따라 정확도가 달라진다.

Tip

✅ **주식 가격도 시계열 예측으로 분석할 수 있을까?**

분석할 수 없는 것은 아니다. 하지만 하나의 관측치(주식가격)가 여러 개의 불규칙요인에 의해 움직이는 경우, 하나의 관측치를 시간과 다양한 변수의 영향을 분석하는 기법인 회귀분석이 적합하다. 하지만 전기 사용량과 같이 시간이 주요 원인이라면 SARIMA 모델을 사용하는 것이 좋다.

최신
기출동형
모의고사

교육은 우리 자신의 무지를 점차 발견해 가는 과정이다.

– 윌 듀란트 –

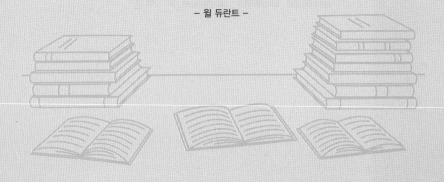

  끝까지 책임진다! 시대에듀!

QR코드를 통해 도서 출간 이후 발견된 오류나 개정법령, 변경된 시험 정보, 최신기출문제, 도서 업데이트 자료 등이 있는지 확인해 보세요! **시대에듀 합격 스마트 앱**을 통해서도 알려 드리고 있으니 구글 플레이나 앱 스토어 에서 다운받아 사용하세요. 또한, 파본 도서인 경우에는 구입하신 곳에서 교환해 드립니다.

모의고사는 실제 시험과 시간 및 환경을 동일하게 조성하여 문제를 풀어보는 것을 추천한다.

처음 시험장에 가면 주변의 코드소리가 빠르게 들릴 수 있다. 어떤 상황에서도 침착함을 유지하고 자신만의 페이스로 문제를 풀어야 한다. 모의고사 답안에 문제를 풀어야 할 권장 시간을 적어 놓았다. 만약 시간 내에 풀지 못한다면, 속도를 높일 수 있도록 연습해야 한다.

본격적으로 문제를 풀기에 앞서 문제를 자세히 읽고 10분 동안 전략을 세우고 각 문항을 해결하는 데 필요한 시간을 계획한다.

■ 머신러닝 (50점)

> 데이터 : 학생 성적에 관한 소규모 데이터

(1) 시각화 포함 탐색적 자료분석을 시행하시오(EDA).

(2) 결측치를 식별·예측하는 두 가지 방법을 쓰고, 이를 선택한 이유를 설명하시오.

(3) 범주형 변수 인코딩이 필요한 경우를 식별하고, 변환을 적용하시오. 이를 선택한 이유를 설명하시오.

(4) 데이터 분할 방법을 2가지 쓰고 적절한 데이터 분할을 적용하시오. 이를 선택한 이유를 설명하시오.

(5) svm, xgboost, randomforest 3개의 알고리즘 공통점을 쓰고 학생성적 예측 분석에 적합한 알고리즘인지 설명하시오.

(6) 세 가지 모델 모두 모델링해보고 가장 적합한 알고리즘을 선택하시오. 이를 선택한 이유와 모델의 한계점, 보완 가능한 부분을 설명하고, 현업에서 주의할 점 등에 대해 기술하시오.

(1) 시각화 포함 탐색적 자료분석을 시행하시오(EDA). [20분]

In [1]:	```import pandas as pd```
	 ```import numpy as np```
	 ```df = pd.read_csv("https://raw.githubusercontent.com/ADPclass/ADP_book_```
	 ```ver01/main/data/student_data.csv")```
	 ```df```

Out [1]:	(표)

	school	sex	paid	activities	famrel	freetime	goout	Dalc	Walc	health	absences	grade	G1	G2
0	GP	F	no	no	4.0	3.0	4.0	1.0	1.0	3.0	6.0	6	5	6
1	GP	F	no	no	5.0	3.0	3.0	1.0	1.0	3.0	4.0	5	5	5
2	GP	F	yes	no	4.0	3.0	2.0	2.0	3.0	3.0	10.0	8	7	8
3	GP	F	yes	yes	3.0	2.0	2.0	1.0	1.0	5.0	2.0	15	15	14
4	GP	F	yes	no	4.0	3.0	2.0	1.0	2.0	5.0	4.0	9	6	10
...	...	...	...	...	...	...	...	...	...	...	...	...	...	...
390	MS	M	yes	no	5.0	5.0	4.0	4.0	5.0	4.0	11.0	9	9	9
391	MS	M	no	no	2.0	4.0	5.0	3.0	4.0	2.0	3.0	15	14	16
392	MS	M	no	no	5.0	5.0	3.0	3.0	3.0	3.0	3.0	8	10	8
393	MS	M	no	no	4.0	4.0	1.0	3.0	4.0	5.0	0.0	11	11	12
394	MS	M	no	no	3.0	2.0	3.0	3.0	3.0	5.0	5.0	9	8	9

395 rows × 14 columns

In [2]:	```import matplotlib.pyplot as plt```
	
	 ```plt.bar(df['grade'].value_counts().index, df['grade'].value_counts().values)```

Out [2]:	학생 성적 평균 : 10.660759493670886 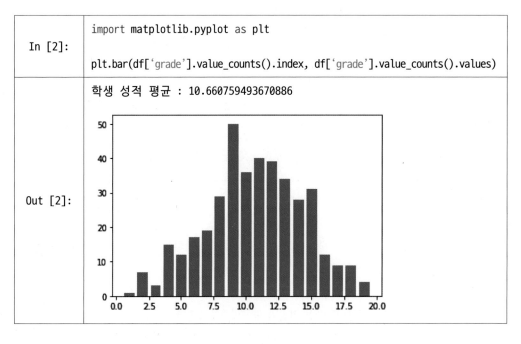

| In [3]: | ```
import scipy.stats as stats
stats.shapiro(df["grade"])
``` |
|---|---|
| Out [3]: | ShapiroResult(statistic=0.9871256351470947, pvalue=0.0014306077500805259) |

종속변수 학생 성적에 대한 분포를 확인한 결과 평균 근처에 관측치가 많아 정규분포 형태로 보이나, Shapirotest 결과 p-value의 값이 0.05 이하로 정규분포를 따른다고 할 수는 없다. 하지만 종속변수의 값이 종 모양을 갖추고 있고 다양한 관측치가 존재하므로, 다중 classification보다는 회귀분석으로 예측하는 것이 좋다고 판단된다.

| In [4]: | ```
import seaborn as sns

df_cor = df.corr(method='pearson')
sns.heatmap(df_cor,
            xticklabels = df_cor.columns,
            yticklabels = df_cor.columns,
            cmap='RdBu_r',
            annot=True,
            linewidth=3)
``` |
|---|---|
| Out [4]: | 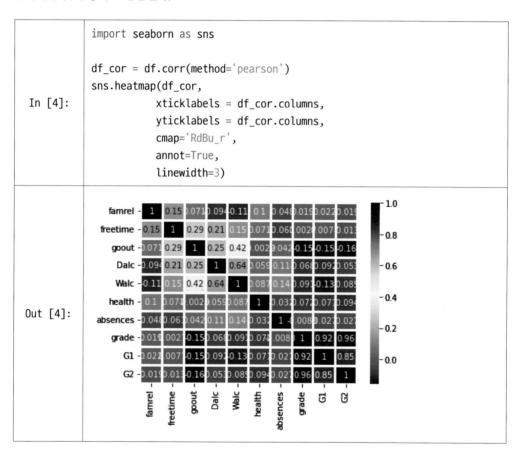 |

범주형 변수를 시각화해보자.

| In [5]: | ```python
fig, axs = plt.subplots(2,2)
axs[0][0].bar(df['school'].value_counts().index,
df['school'].value_counts().values)
axs[0][1].bar(df['sex'].value_counts().index,
df['sex'].value_counts().values)
axs[1][0].bar(df['paid'].value_counts().index,
df['paid'].value_counts().values)
axs[1][1].bar(df['activities'].value_counts().index,
df['activities'].value_counts().values)
``` |
|---|---|
| Out [5]: | 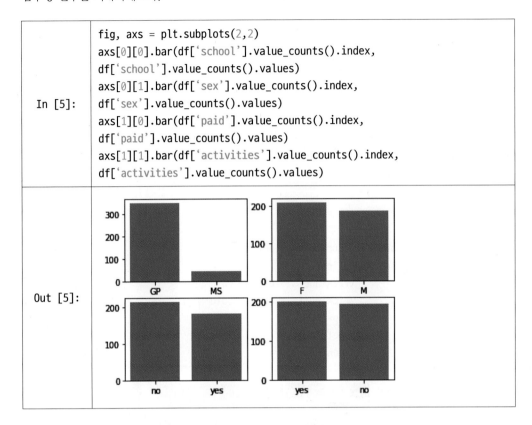 |

변수 해석은 다음과 같이 6가지로 할 수 있다.

① 결측치 존재 여부

전체 데이터에서 famrel, goout, Dalc, Walc, absences의 변수에서 결측치가 존재한다. 결측치의 개수는 전체의 1%가 채 되지 않는 19개이다. 결측치가 존재하는 변수들은 float64형태로 평균으로 대체하거나 KNN을 사용할 수 있을 것으로 보인다.

② 데이터 타입 설명

종속변수는 int형, 독립변수는 object와 float형태로 구성되어 있다. object타입은 인코딩을 통하여 변환해줄 필요가 있어 보인다.

③ 종속변수와 독립변수의 상관관계 설명

종속변수 grade와의 상관계수를 확인해 보았을 때, 수치형 변수에서는 큰 상관성이 없었다. 파생변수를 활용할 필요가 있어 보인다.
```

④ 독립변수 상관관계 설명

독립변수끼리의 상관관계를 확인해본 결과 다중공선성을 걱정할 만큼(0.9 이상) 독립변수끼리의 상관성이 큰 변수는 보이지 않았다. 하지만 G1과 G2의 관계는 서로 높으므로 주의할 필요가 있다.

⑤ 유의할 점

독립변수 중 school의 경우 비대칭성이 있으므로 주의하여야 한다.

(2) 결측치를 식별·예측하는 두 가지 방법을 쓰고, 이를 선택한 이유를 설명하시오. [15분]

In [6]:	df[df.isna().any(axis=1)]														
		school	sex	paid	activities	famrel	freetime	goout	Dalc	Walc	health	absences	grade	G1	G2
	9	GP	M	yes	yes	5.0	5.0	NaN	1.0	1.0	5.0	0.0	15	14	15
	14	GP	M	no	no	NaN	5.0	2.0	1.0	1.0	3.0	0.0	15	14	16
	15	GP	F	no	no	4.0	4.0	4.0	1.0	2.0	2.0	NaN	14	14	14
	25	GP	F	yes	no	1.0	2.0	2.0	1.0	NaN	5.0	14.0	8	6	9
	39	GP	F	yes	yes	4.0	3.0	1.0	1.0	1.0	NaN	8.0	13	14	13
	40	GP	F	no	yes	3.0	3.0	NaN	1.0	2.0	3.0	25.0	9	7	10
	49	GP	F	no	yes	4.0	4.0	4.0	1.0	1.0	NaN	2.0	7	7	7
	61	GP	F	no	yes	5.0	5.0	5.0	NaN	5.0	5.0	6.0	10	10	8
Out [6]:	71	GP	M	no	no	3.0	3.0	3.0	NaN	1.0	3.0	0.0	10	10	10
	82	GP	F	yes	no	4.0	4.0	4.0	1.0	1.0	5.0	NaN	6	7	6
	89	GP	M	no	no	4.0	1.0	3.0	NaN	5.0	5.0	18.0	7	8	6
	98	GP	F	no	yes	5.0	3.0	4.0	1.0	2.0	NaN	6.0	13	11	14
	111	GP	F	no	yes	4.0	NaN	2.0	NaN	1.0	2.0	0.0	9	7	10
	123	GP	M	no	yes	3.0	4.0	4.0	1.0	NaN	5.0	18.0	13	14	11
	124	GP	F	yes	no	5.0	NaN	4.0	1.0	1.0	5.0	0.0	8	8	7
	142	GP	F	yes	yes	4.0	2.0	2.0	1.0	1.0	NaN	2.0	10	9	11
	201	GP	F	yes	yes	4.0	4.0	NaN	1.0	3.0	4.0	6.0	9	8	10
	225	GP	F	no	yes	5.0	3.0	3.0	1.0	1.0	4.0	NaN	8	9	8

① 단순 대치법 : 수치형 변수라면, 각 컬럼의 평균이나 중앙값을 사용하여 결측치를 보관할 수 있으며, 명목형, 범주형 변수라면 최빈값을 사용하여 대치할 수 있다.

② KNN을 이용한 결측치 대체 : 보간법 중 결측치가 없는 컬럼들의 최근접 이웃 알고리즘을 통해 결측치가 있는 변수 대체를 할 수 있다.

단, KNN을 이용할 때에는 거리 계산이 가능한 수치형 변수만 사용 가능하다.

해당 데이터에서는 한 행이 전부 결측치인 경우는 존재하지 않으므로 삭제보다는 대체하는 것이 좋다. 수치형 변수만 결측치가 있으므로 KNN 기법을 사용하여 대체하겠다.

| In [7]: | ```python
from sklearn.impute import KNNImputer

# 결측치가 있는 수치형 데이터만을 추출
KNN_data = df.drop(columns=['school','sex','paid','activities'])

# 모델링
imputer = KNNImputer()
df_filled = imputer.fit_transform(KNN_data)
df_filled = pd.DataFrame(df_filled, columns=KNN_data.columns)
df[KNN_data.columns] = df_filled

# 결측치 확인
df.isna().sum()
``` |
| Out [7]: | ```
school        0
sex           0
paid          0
activities    0
famrel        0
freetime      0
goout         0
Dalc          0
Walc          0
health        0
absences      0
grade         0
G1            0
G2            0
dtype: int64
``` |

KNN 기법을 통해 모든 결측치를 대체하였다.

(3) 범주형 변수 인코딩이 필요한 경우를 식별하고, 변환을 적용하시오. 이를 선택한 이유를 설명하시오.

[15분]

① 이산형 변수 : school, sex, paid, activities가 존재, 이산형 변수이므로 boolean 타입으로 변경하여 KNN을 이용한 결측치 처리와 머신러닝에서 변수를 사용가능하도록 변환하였다.

② 나머지 변수들은 수치나 순위형 변수로 판단되므로 원핫인코딩을 하지 않았다.

In [8]:	```df = pd.get_dummies(data = df, columns=['school', 'sex', 'paid', 'activities'],drop_first=True)```
	
	```df.info()```

Out [8]:	```<class 'pandas.core.frame.DataFrame'>```
	```RangeIndex: 395 entries, 0 to 394```
	```Data columns (total 14 columns):```
	``` # Column Non-Null Count Dtype```
	```--- ------ -------------- -----```
	``` 0 famrel 395 non-null float64```
	``` 1 freetime 395 non-null float64```
	``` 2 goout 395 non-null float64```
	``` 3 Dalc 395 non-null float64```
	``` 4 Walc 395 non-null float64```
	``` 5 health 395 non-null float64```
	``` 6 absences 395 non-null float64```
	``` 7 grade 395 non-null float64```
	``` 8 G1 395 non-null float64```
	``` 9 G2 395 non-null float64```
	``` 10 school_MS 395 non-null uint8```
	``` 11 sex_M 395 non-null uint8```
	``` 12 paid_yes 395 non-null uint8```
	``` 13 activities_yes 395 non-null uint8```
	```dtypes: float64(10), uint8(4)```
	```memory usage: 32.5 KB```

(4) 데이터 분할 방법을 2가지 쓰고 적절한 데이터 분할을 적용하시오. 이를 선택한 이유를 설명하시오.

[15분]

① 랜덤 분할

train test 데이터세트를 나누어서 학습된 데이터를 검증할 수 있으며, 분할 시에 무작위로 사용자가 지정하여 비율로 분할한다. 전체 분석 데이터 중 머신러닝 모델을 학습시키기 위한 학습용 데이터와 테스트용 데이터를 나누어서 적용시키는 이유는 모델 결과가 다른 데이터에도 적용 가능한지, 일반화가 가능한지를 검증하기 위함이다.

② 층화 추출 기법

종속변수가 범주형 변수인 경우에는 종속변수의 클래스의 비율을 기준으로 학습용 데이터와 테스트용 데이터의 비율이 동일하게 분할한다. 즉, 클래스의 편향을 막을 수 있다.

해당 데이터는 종속변수가 연속형이므로, 회귀분석을 사용한다. 그러므로 층화추출기법을 사용한 분할이 아닌 랜덤 샘플링을 통한 분할을 사용하여, 7 : 3 비율로 분할하였다.

| In [9]: | ```from sklearn.model_selection import train_test_split

X = df.drop('grade', axis=1)
y = df['grade']

X_train, X_test, y_train, y_test = train_test_split(X,y, test_size=0.3,
        random_state=2022)
print(X_train.shape)
print(X_test.shape)
print(y_train.shape)
print(y_test.shape)``` |
|---|---|
| Out [9]: | ```(276, 13)
(119, 13)
(276,)
(119,)``` |

(5) svm, xgboost, randomforest 3개의 알고리즘 공통점을 쓰고 학생성적 예측 분석에 적합한 알고리즘인지 설명하시오. [15분]

3개 알고리즘의 공통점은 다음과 같다.

① 회귀분석과 분류분석을 모두 할 수 있는 분석알고리즘이다.
② 모두 범주형 변수를 독립변수로 사용할 수 없어 변환을 해주어야 한다.
③ 과대적합 과소적합을 피하기 위한 매개변수의 설정이 필요하다.
④ 회귀분석에서 다중공선성의 문제를 해결할 수 있다.

해당 데이터에서는 종속변수의 값이 연속형이므로 회귀분석이 적합하다. 회귀분석에서 다중공선성의 문제를 해결하는 것이 중요한데 svm은 커널트릭을 통해, xgboost와 randomforest는 트리모델을 통해 다중공선성을 해결할 수 있다. 그러므로 회귀분석을 지원하는 위 3가지의 알고리즘은 연속형 변수를 예측하기에 적합하다.

(6) 세 가지 모델 모두 모델링해보고 가장 적합한 알고리즘을 선택하시오. 이를 선택한 이유와 모델의 한계점, 보완 가능한 부분을 설명하고, 현업에서 주의할 점 등에 대해 기술하시오.　　　　[30분]

```
from sklearn.svm import SVR
from sklearn.ensemble import RandomForestRegressor
from xgboost import XGBRegressor
from sklearn.metrics import mean_squared_error
from sklearn.preprocessing import StandardScaler
from sklearn.svm import SVC

scaler = StandardScaler()
X_train_scaled = pd.DataFrame(scaler.fit_transform(X_train),
columns=X_train.columns)
X_test_scaled = pd.DataFrame(scaler.transform(X_test),
columns=X_test.columns)


## SVM

from sklearn.model_selection import GridSearchCV
param_grid = [
    {'C': [0.1, 1,10,100],'gamma': [0.001, 0.01, 0.1, 1, 10]}
]
grid_svm = GridSearchCV(SVR(), param_grid =param_grid, cv =5)
grid_svm.fit(X_train_scaled, y_train)
result = pd.DataFrame(grid_svm.cv_results_['params'])
result['mean_test_score'] = grid_svm.cv_results_['mean_test_score']
result.sort_values(by='mean_test_score', ascending=False)
```

In [10]:

	C	gamma	mean_test_score
15	100.0	0.001	0.960941
11	10.0	0.010	0.957198
16	100.0	0.010	0.947652
10	10.0	0.001	0.941800
6	1.0	0.010	0.921494
12	10.0	0.100	0.861286
17	100.0	0.100	0.857767
7	1.0	0.100	0.785883
5	1.0	0.001	0.303419
2	0.1	0.100	0.283644
1	0.1	0.010	0.233715
13	10.0	1.000	0.078217
18	100.0	1.000	0.078217
0	0.1	0.001	0.008230
8	1.0	1.000	0.005492
3	0.1	1.000	-0.022791
4	0.1	10.000	-0.026719
9	1.0	10.000	-0.030357
14	10.0	10.000	-0.031753
19	100.0	10.000	-0.031753

Out [10]:

In [11]:

```python
svr = SVR(C=100, gamma=0.001)
svr.fit(X_train_scaled, y_train)

print("R2 : ", svr.score(X_test_scaled, y_test))
print("RMSE :",
np.sqrt(mean_squared_error(y_test,svr.predict(X_test_scaled))))
```

Out [11]:

```
R2 :   0.9574163452579304
RMSE : 0.7753004545895887
```

| In [12]: | ```python
rf_grid = [
    {'max_depth': [2,4,6,8,10], 'min_samples_split': [2, 4, 6, 8, 10]}
]
rf = GridSearchCV(RandomForestRegressor(n_estimators=100), param_grid
=rf_grid, cv=5)
rf.fit(X_train, y_train)

print(rf.best_params_)
print("R2 : ", rf.score(X_test, y_test))
print("RMSE : ", np.sqrt(mean_squared_error(y_test,rf.predict(X_test))))
``` |
|---|---|
| Out [12]: | R2 :   0.9562384664765621
RMSE : 0.7859498562062266 |

| In [13]: | ```python
xgb_grid = [
    {'max_depth': [2,4,6,8,10]}
]
xgb = GridSearchCV(XGBRegressor(n_estimators=1000), param_grid
=xgb_grid, cv=5)
xgb.fit(X_train, y_train)
xgb.score(X_test, y_test)

print("R2 : ", xgb.score(X_test, y_test))
print("RMSE : ", np.sqrt(mean_squared_error(y_test,xgb.predict(X_test))))
``` |
|---|---|
| Out [13]: | R2 :   0.9634128657337436
RMSE : 0.7186422885021934 |

svm의 경우 디테일하게 매개변수를 찾아 모델을 적용시켰다. 결과 모델의 정확도가 높았으므로 Randomforest와 XGBoost는 비교적 간단하게 그리드서치를 통하여 매개변수를 적용시켰다. 그 결과 XGBoost의 모델 정확도가 가장 높았다.

In [14]:	`from xgboost import plot_importance`
	
	`plot_importance(xgb)`

Out [14]:	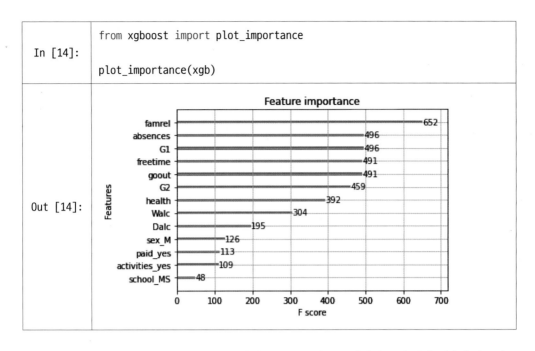

XGBoost 모델이 가장 정확도가 높고 RMSE값이 낮으므로 예측 분석력이 좋아 가장 적합한 알고리즘으로 선택하였다. XGBoost 분석결과 가족친밀도인 farmrel 변수가 최종 성적에 영향을 많이 주는 것으로 보였다.

G1, G2가 grade와의 상관성이 매우 높은 변수이므로 좋은 결과가 나오지만, 해당 변수를 제외하고 분석하였을 때에는 정확도가 매우 낮게 나온다. 현업에서는 정확도만을 보고 변수를 선택하는 것을 주의해야 한다.

해당 모델의 주 변수로 G1, G2를 사용할 수는 있지만 이 또한 성적이기 때문에 분석을 통해 성적에 영향을 미치는 변수를 찾기에는 어려워 보인다. 머신러닝은 어떠한 독립변수를 선택하느냐에 따라 결과 해석이 완전히 달라질 수 있다. 만약 학생의 성적에 영향을 미치는 변수를 찾고 싶다면 성적과 밀접 관련이 있는 추가적인 변수를 추가해야 한다. 그러면 모델의 정확성뿐만이 아니라 의미 있는 분석이 될 것이라 생각한다.

■ 통계분석 (50점)

1. 회귀분석

> 연속형 독립변수 1개, 종속변수 1개로 구성된 보스턴 집값 데이터세트

(1) 데이터를 8 : 2로 분할하고 선형 회귀를 적용하시오. 결정계수와 rmse를 구하시오.

(2) 데이터를 8 : 2로 분할하고 릿지 회귀를 적용하시오. alpha 값을 0부터 1까지 0.1단위로 모두 탐색해서 결정계수가 가장 높을 때의 알파를 찾고, 해당 알파로 다시 모델을 학습해서 결정계수와 rmse를 계산하시오.

(3) 데이터를 8 : 2로 분할하고 라쏘 회귀를 적용하시오. alpha 값을 0부터 1까지 0.1단위로 모두 탐색해서 결정계수가 가장 높을 때의 알파를 찾고, 해당 알파로 다시 모델을 학습해서 결정계수와 rmse를 계산하시오.

2. 다항 회귀분석 시각화

단순 선형 회귀를 다항 회귀로 3차까지 적용시켜 계수를 구하고 3차항을 적용한 모델의 스캐터 플롯과 기울기 선을 그리시오.

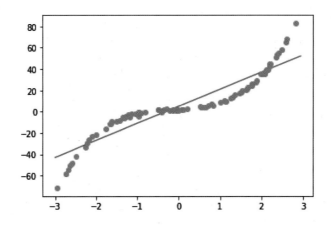

3. ANOVA분석

변수 3개(하나는 범주형 변수/나머지 두 개는 수치형 연속변수)의 이원분산분석을 수행하고 통계표를 작성하시오.

1. 회귀분석 [50분]

(1) 데이터를 8 : 2로 분할하고 선형 회귀를 적용하시오. 결정계수와 rmse를 구하시오.

| In [1]: | ```python
import pandas as pd
import numpy as np
import mglearn

# 데이터 불러오기
X,y = mglearn.datasets.load_extended_boston()


# 훈련, 테스트 세트 분리
from sklearn.model_selection import train_test_split
X_train, X_test, y_train, y_test =
        train_test_split(X,y,test_size=0.2,random_state=0)

from sklearn.model_selection import GridSearchCV
from sklearn.linear_model import LinearRegression
from sklearn.linear_model import Ridge
from sklearn.linear_model import Lasso
from sklearn.metrics import mean_squared_error

lr = LinearRegression()
lr.fit(X_train,y_train)

## R2
print("선형 회귀 결정계수 : ", lr.score(X_test,y_test))
print("선형 회귀 RMSE : ", np.sqrt(mean_squared_error(y_test,
lr.predict(X_test))))
``` |
|---|---|
| Out [1]: | 선형 회귀 결정계수 : 0.6158858584078475
선형 회귀 RMSE : 5.592657237078841 |

sklearn의 LinearRegression을 통해 선형 회귀 모델을 만들고 20% test데이터세트로 모델을 검증하였다.

모델의 정확도는 약 61.5%이며, RMSE 값은 약 5.6이었다. 이는 모델이 예측할 때 실제 값과의 차이가 약 5.6 정도 난다는 의미이다.
```

(2) 데이터를 8 : 2로 분할하고 릿지 회귀를 적용하시오. alpha 값을 0부터 1까지 0.1단위로 모두 탐색해서 결정계수가 가장 높을 때의 알파를 찾고, 해당 알파로 다시 모델을 학습해서 결정계수와 rmse를 계산하시오.

| In [2]: | ```python
alpha = np.arange(0,1.1,0.1)

ridge = Ridge(normalize=True)
param_grid = {'alpha':alpha}
ridge_model = GridSearchCV(ridge, param_grid)
ridge_model.fit(X_train,y_train)

print(ridge_model.best_params_)
print("릿지 회귀 결정계수 : ", ridge_model.score(X_test,y_test))
print("릿지 회귀 RMSE : ", np.sqrt(mean_squared_error(y_test,
ridge_model.predict(X_test))))
``` |
|---|---|
| Out [2]: | 'alpha': 0.1
릿지 회귀 결정계수 : 0.7356090234954484
릿지 회귀 RMSE : 4.639929365714193 |

릿지 회귀에서는, GridSearchCV 함수를 활용하여 alpha를 0부터 1까지 적용시켜 최적의 모델을 찾아냈다. 최적의 모델을 갖는 alpha 값은 0.1이었다. alpha값을 조정하여 모델의 학습 정도를 조절할 수 있으며 평가지표로는 R2와 RMSE가 사용된다. alpha=1의 모델로 test 데이터를 예측하여 검증해 본 결과 R2는 약 0.735, RMSE는 약 4.6으로 나타났다.
```

(3) 데이터를 8 : 2로 분할하고 라쏘 회귀를 적용하시오. alpha 값을 0부터 1까지 0.1단위로 모두 탐색해서 결정계수가 가장 높을 때의 알파를 찾고, 해당 알파로 다시 모델을 학습해서 결정계수와 rmse를 계산하시오.

| In [3]: | ```
lasso = Lasso(normalize=True)
param_grid = {'alpha':alpha}
lasso_model = GridSearchCV(lasso, param_grid)
lasso_model.fit(X_train,y_train)
print(lasso_model.best_params_)
print("라쏘 회귀 결정계수 : ", lasso_model.best_estimator_.score(X_test,y_test))
print("라쏘 회귀 RMSE : ", np.sqrt(mean_squared_error(y_test,
lasso_model.best_estimator_.predict(X_test))))
``` |
|---|---|
| Out [3]: | ```
{'alpha': 0.0}
라쏘 회귀 결정계수 :  0.6901880385280015
라쏘 회귀 RMSE :  5.022698918447145
``` |

라쏘 회귀에서도 GridSearchCV 함수를 활용하여 alpha를 0부터 1까지 적용시켜 최적의 모델을 찾아냈다. 최적의 모델을 갖는 alpha 값은 0이었다. alpha=0의 모델로 test 데이터를 예측하여 검증해본 결과 R2는 약 0.69, RMSE는 약 5.0으로 나타났다. 해당 데이터에서는 Ridge 회귀의 예측력이 더 좋은 것을 알 수 있었다.

> **Tip**
>
> 2번 통계분석에서는 RMSE만을 구하는 것이 문제였지만 시간이 있다면 풀이에 대해 서술하는 것을 추천한다. 하지만 위와 같은 문제에서 해석에 많은 시간을 쓸 필요는 없다.

2. 다항 회귀분석 시각화

아래와 같은 단순 선형 회귀를 다항 회귀로 3차까지 적용시켜 계수를 구하고 3차항을 적용한 모델의 스캐터 플롯과 기울기 선을 그리시오.   [30분]

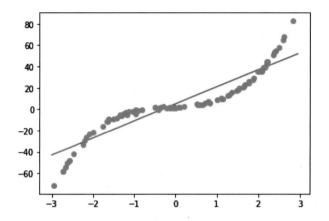

데이터를 불러온다.

| In [1]: | ```python
import pandas as pd
import numpy as np

m =100
X =6 * np.random.rand(m,1) -3
y =3 * X**3  + X**2 +2*X +2 + np.random.randn(m,1)  # 노이즈 포함
line = np.linspace(-3,3,100, endpoint=False).reshape(-1,1)
``` |
```

| In [2]: | ```python
import pandas as pd
import numpy as np
import matplotlib.pyplot as plt
from sklearn.preprocessing import PolynomialFeatures

## x**3 까지 3차항을 적용시켜야 함
poly = PolynomialFeatures(degree=3, include_bias=False)
poly.fit(X)
X_poly = poly.transform(X)
line_poly = poly.transform(line)
reg = LinearRegression().fit(X_poly, y)

plt.plot(line, reg.predict(line_poly), c='r', linewidth=3)
plt.plot(X,y,'o',c ='g', alpha=0.5)
``` |
| --- | --- |
| Out [2]: | 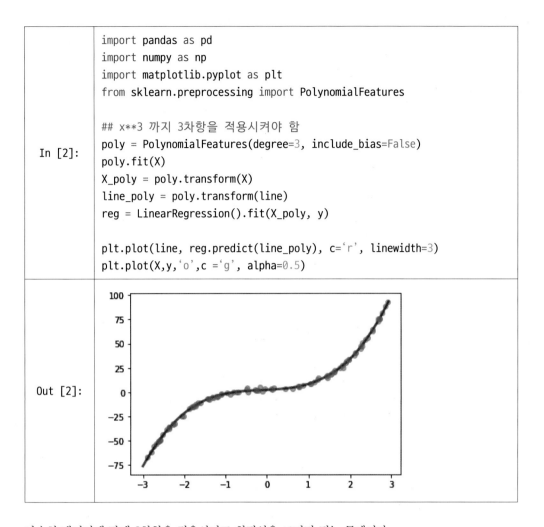 |

단순히 데이터에 맞게 3차항을 적용시키고 회귀선을 그리면 되는 문제이다.
```

3. ANOVA분석

변수 3개(하나는 연속형 변수/나머지 두 개는 범주형 연속변수)의 이원분산분석을 수행하고 통계표를 작성하시오. [20분]

In [1]:	```python
	import pandas as pd
	import numpy as np
	
	avocado = pd.read_csv("https://raw.githubusercontent.com/ADPclass/ADP_book_ver01/main/data/avocado.csv")
	avocado = avocado[["AveragePrice","type","region"]]
	avocado = avocado[(avocado['region']=='Orlando') ¦
	(avocado['region']=='Boston')¦
	(avocado['region']=='Chicago')].reset_index(drop=True)
	avocado
	``

Out [1]:	<table><tr><td></td><td>AveragePrice</td><td>type</td><td>region</td></tr><tr><td>0</td><td>1.13</td><td>conventional</td><td>Boston</td></tr><tr><td>1</td><td>1.07</td><td>conventional</td><td>Boston</td></tr><tr><td>2</td><td>1.01</td><td>conventional</td><td>Boston</td></tr><tr><td>3</td><td>1.02</td><td>conventional</td><td>Boston</td></tr><tr><td>4</td><td>1.19</td><td>conventional</td><td>Boston</td></tr><tr><td>...</td><td>...</td><td>...</td><td>...</td></tr><tr><td>1009</td><td>1.36</td><td>organic</td><td>Orlando</td></tr><tr><td>1010</td><td>1.67</td><td>organic</td><td>Orlando</td></tr><tr><td>1011</td><td>1.53</td><td>organic</td><td>Orlando</td></tr><tr><td>1012</td><td>1.55</td><td>organic</td><td>Orlando</td></tr><tr><td>1013</td><td>1.56</td><td>organic</td><td>Orlando</td></tr></table>1014 rows × 3 columns

분산분석은 종속변수(반응변수)에 대해 두 개의 범주형 변수 A, B의 영향을 알아보기 위해 사용되는 검증 방법이다. 가설은 아래와 같이 세울 수 있다.

① 상호작용효과 검정에 대한 가설

귀무가설(H0)	region과 avocado type 간에는 상호작용 효과가 없다.
대립가설(H1)	region과 avocado type 간에는 상호작용 효과가 있다.

② 주효과 검정에 대한 가설

귀무가설(H0)	region 종류에 따른 AveragePrice 차이는 존재하지 않는다.
대립가설(H1)	region 종류에 따른 AveragePrice 차이는 존재한다.
귀무가설(H0)	type 종류에 따른 AveragePrice 차이는 존재하지 않는다.
대립가설(H1)	type 종류에 따른 AveragePrice 차이는 존재한다.

| In [2]: | ```
## 독립변수 type,region 종속변수 AveragePrice를 Series로 변경
AveragePrice = avocado["AveragePrice"]
avocado_type = avocado["type"]
region = avocado["region"]

## 분산분석 수행
from statsmodels.formula.api import ols
from statsmodels.stats.anova import anova_lm
formula = 'AveragePrice ~C(avocado_type)*C(region)'
model = ols(formula, avocado).fit()
aov_table = anova_lm(model, typ=2)
aov_table
``` |
|---|---|
| Out [2]: | <table><tr><td></td><td>sum_sq</td><td>df</td><td>F</td><td>PR(>F)</td></tr><tr><td>C(avocado_type)</td><td>56.111007</td><td>1.0</td><td>828.218296</td><td>1.989417e-133</td></tr><tr><td>C(region)</td><td>0.432136</td><td>2.0</td><td>3.189242</td><td>4.161918e-02</td></tr><tr><td>C(avocado_type):C(region)</td><td>1.878817</td><td>2.0</td><td>13.866003</td><td>1.146622e-06</td></tr><tr><td>Residual</td><td>68.291047</td><td>1008.0</td><td>NaN</td><td>NaN</td></tr></table> |

상호작용에 대한 검정 결과는 C(avocado_type):C(region) 행의 p-value 값을 보고 판단할 수 있다. 유의수준 0.05하에서 귀무가설을 기각할 수 있으며 유의수준 0.05하에서 상호작용 효과가 있다고 할 수 있다.

또한, 주효과 검정도 모두 유의수준 0.05하에서 유의하므로 각 변수의 종류에 따른 AverageProce의 차이가 있다고 할 수 있다.

더 직관적으로 판단하기 위해 그래프로 해당 모델을 표현하였다.
```

| In [3]: | ```
from statsmodels.graphics.factorplots import interaction_plot
import matplotlib.pyplot as plt
fig, ax = plt.subplots(figsize=(6, 6))
fig = interaction_plot(avocado_type, region,
AveragePrice,colors=['red', 'blue', 'black'], markers=['D', '^', 'o'],
ms=10, ax=ax)
``` |
|---|---|
| Out [3]: | 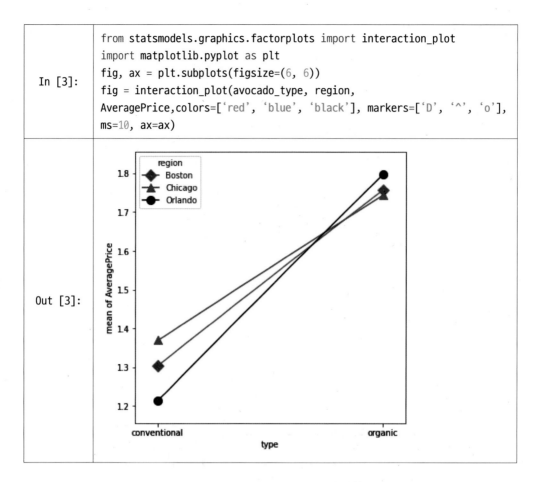 |

통계표에서 보았던 상호작용 효과와 각 변수별 차이가 확실히 나타남을 알 수 있다. 특히 orlando에서는 다른 지역보다 conventional 대비 organic의 선호도가 높음을 알 수 있다.
```

제2회 기출동형 모의고사

■ 머신러닝 (50점)

데이터 : 당뇨병 유무와 신체검사 데이터

컬럼 설명

Pregnancies	Glucose	BloodPressure	SkinThickness
임신 횟수	포도당	혈 압	피부두께

Insulin	BMI	DiabetesPedigreeFunction	Age	Outcome
2시간 혈청 인슐린	BMI	당뇨병 혈통기능	나 이	당뇨병 유무

1. 데이터 탐색

(1) 시각화 포함 탐색적 자료분석을 시행하시오(EDA).

(2) 이상치를 식별하고 처리하시오.

(3) 앞선 두 단계에서 발견한 향후 분석 시에 고려해야 할 사항을 작성하시오.

2. 클래스 불균형 처리

(1) 업 샘플링 과정을 설명하고 결과를 작성하시오.

(2) 언더 샘플링 과정을 설명하고 결과를 작성하시오.

(3) 둘 중 하나를 선택하고 선택한 이유를 서술하시오.

3. 모델링

(1) 최소 3개 이상의 알고리즘을 제시하고 정확도 측면의 모델 1개와 속도 측면의 모델 1개를 선정하시오.

(2) 모델을 비교하고 결과를 설명하시오.

(3) 속도 개선을 위한 차원 축소 방법을 설명하고 수행하시오. 그리고 예측 성능과 속도를 비교하고 결과를 작성하시오.

▶ 정답 및 해설

1. 데이터 탐색 [30분]

(1) 시각화 포함 탐색적 자료분석을 시행하시오(EDA).

| In [1]: | ```python
import pandas as pd
import numpy as np
import matplotlib.pyplot as plt
import seaborn as sns
import warnings
warnings.filterwarnings('ignore')

df1 = pd.read_csv("https://raw.githubusercontent.com/ADPclass/ADP_
book_ver01/main/data/diabetes_for_test.csv")
df1
``` |
|---|---|

Out [1]:	

	Pregnancies	Glucose	BloodPressure	SkinThickness	Insulin	BMI	DiabetesPedigreeFunction	Age	Outcome
0	6	148	72	35	0	33.6	0.627	50	1
1	1	85	66	29	0	26.6	0.351	31	0
2	8	183	64	0	0	23.3	0.672	32	1
3	1	89	66	23	94	28.1	0.167	21	0
4	0	137	40	35	168	43.1	2.288	33	1
...	...	...	...	...	...	...	...	...	...
763	10	101	76	48	180	32.9	0.171	63	0
764	2	122	70	27	0	36.8	0.340	27	0
765	5	121	72	23	112	26.2	0.245	30	0
766	1	126	60	0	0	30.1	0.349	47	1
767	1	93	70	31	0	30.4	0.315	23	0

768 rows × 9 columns

우선, 당뇨 데이터를 분석하기 위해서는 당뇨병 유무에 따른 독립변수의 분포를 살펴볼 필요가 있다. 따라서 당뇨병 유무로 그룹화하였으며 아래와 같이 그룹별 평균데이터를 만들었다.

| In [2]: | ```python
diabetes = df1.groupby('Outcome').mean()
diabetes
``` |
|---|---|

Out [2]:	

Outcome	Pregnancies	Glucose	BloodPressure	SkinThickness	Insulin	BMI	DiabetesPedigreeFunction	Age
0	3.298000	109.980000	68.184000	19.664000	68.792000	30.304200	0.429734	36.934000
1	4.865672	141.257463	70.824627	22.164179	100.335821	35.142537	0.550500	37.067164

당뇨병의 그룹별로 8번의 시각화를 해주어도 되지만, 보기 쉽게끔 하기 위해 for문으로 작성하였다. 최대한 초보자도 이해하기 쉽도록 2중 for문을 사용하지 않고 서브플롯을 그려보았다.

만약 이런 서브플롯의 시각화가 어렵다면 시험장에서는 8번의 시각화를 해주어도 무방하다.

| In [3]: | ```python
fig, axes = plt.subplots(2, 4, figsize=(20, 14))

for i in range(4) :
    sns.barplot(diabetes.index,diabetes.iloc[:,i], ax = axes[0][i] )
    axes[0][i].set_title(diabetes.columns[i])

for i in range(4) :
    sns.barplot(diabetes.index,diabetes.iloc[:,i+4], ax = axes[1][i])
    axes[1][i].set_title(diabetes.columns[i+4])

plt.suptitle("EDA")
``` |
|---|---|
| Out [3]: | 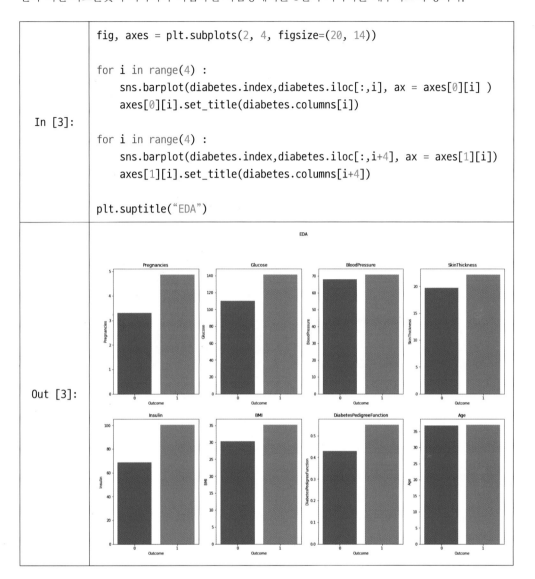 |

EDA를 해석하면 다음과 같다.

① 당뇨병이 있는 사람은 없는 사람보다 Pregnancies의 평균 수치가 높다.

② 당뇨병이 있는 사람은 없는 사람보다 Glucose의 평균 수치가 높다.

③ 당뇨병이 있는 사람은 없는 사람보다 Insulin의 평균 수치가 높다.

④ 당뇨병이 있는 사람은 없는 사람보다 BMI의 평균 수치가 높다.

종속변수에 따른 독립변수의 분포를 시각화하여 보았다면, 각 변수들의 상관관계를 시각화하여 다중공선성의 문제가 있는 변수가 있지는 않은지 파악할 수 있다.
```

| In [4]: | ```python
import seaborn as sns

df_cor = df1.drop(columns=["Outcome"]).corr(method='pearson')
sns.heatmap(df_cor,
            xticklabels = df_cor.columns,
            yticklabels = df_cor.columns,
            cmap='RdBu_r',
            annot=True,
            linewidth=3)
``` |
| Out [4]: | 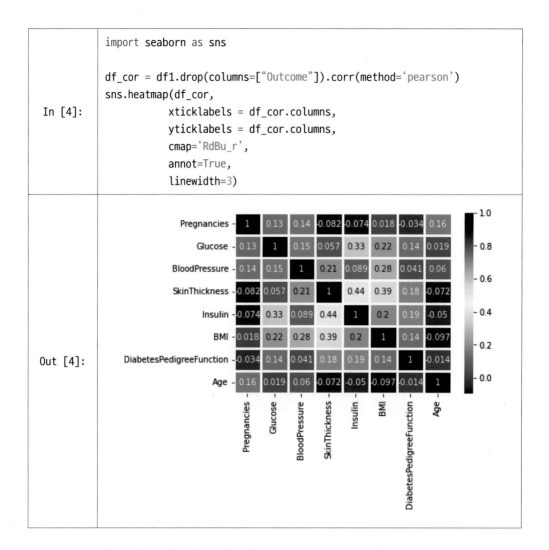 |

Outcome을 제외한 변수들 간의 상관성을 보았을 때, 0.9 이상의 상관관계를 가지는 변수는 없었다. 그러므로 모든 변수를 사용하여 모델링해도 될 것으로 판단된다.
```

(2) 이상치를 식별하고 처리하시오.

In [5]:	`df1.describe()`

		Pregnancies	Glucose	BloodPressure	SkinThickness	Insulin	BMI	DiabetesPedigreeFunction	Age	Outcome
Out [5]:	count	768.000000	768.000000	768.000000	768.000000	768.000000	768.000000	768.000000	768.000000	768.000000
	mean	3.845052	120.894531	69.105469	20.536458	79.799479	31.992578	0.471876	36.980469	0.348958
	std	3.369578	31.972618	19.355807	15.952218	115.244002	7.884160	0.331329	61.404453	0.476951
	min	0.000000	0.000000	0.000000	0.000000	0.000000	0.000000	0.078000	21.000000	0.000000
	25%	1.000000	99.000000	62.000000	0.000000	0.000000	27.300000	0.243750	24.000000	0.000000
	50%	3.000000	117.000000	72.000000	23.000000	30.500000	32.000000	0.372500	29.000000	0.000000
	75%	6.000000	140.250000	80.000000	32.000000	127.250000	36.600000	0.626250	41.000000	1.000000
	max	17.000000	199.000000	122.000000	99.000000	846.000000	67.100000	2.420000	999.000000	1.000000

우선 describe로 변수들을 살펴보았을 때, 각 변수들의 결측치는 없는 것을 확인하였다. 이상치를 판단하기 위해서는 mean, min, max값을 확인하는 것이 좋다. 평균과 min, 평균과 max 값이 std에 비해 한참 차이가 난다면, 이상치가 있을 가능성이 높다. 이러한 이상치를 정확히 판단하기 위해서는 아래와 같이 boxplot으로 시각화하여 보는 것이 정확하다. boxplot을 한 번에 그려주기 위해서는 melt를 이용해 데이터를 재구조화해주어야 한다.

In [6]:	`X = df1.drop(columns=['Outcome'])`
	`df_v1 = pd.melt(X, var_name='col', value_name='value')`
	`df_v1`

		col	value
Out [6]:	0	Pregnancies	6.0
	1	Pregnancies	1.0
	2	Pregnancies	8.0
	3	Pregnancies	1.0
	4	Pregnancies	0.0
	...	...	...
	6139	Age	63.0
	6140	Age	27.0
	6141	Age	30.0
	6142	Age	47.0
	6143	Age	23.0

6144 rows × 2 columns

| In [7]: | ```python
plt.figure(figsize = (15, 7))
sns.boxplot(x = 'col', y = 'value', data = df_v1)
plt.xticks(range(8), X.columns)
plt.show()
``` |
|---|---|
| Out [7]: | 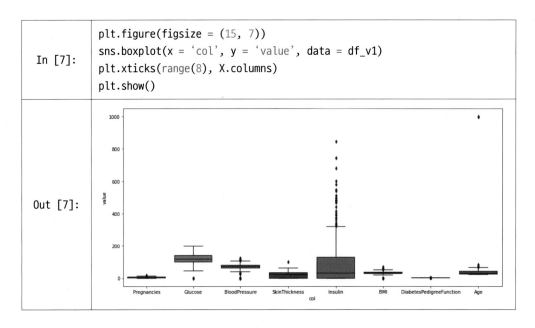 |

boxplot으로 시각화해준 결과 Age의 경우 중앙값과 멀리 떨어진 이상치가 눈에 띄었다. Insulin의 경우 이상치들이 있지만, 이상치들이 연속적으로 이어져 있어 실제로 이상치를 가진 사람이 있을 수 있으므로 현업의 의견이 필요할 것으로 판단되며 우선 눈에 보이는 Age의 이상치만을 처리하도록 하겠다.

Tip

Age 컬럼과 같이 눈에 띄는 이상치(999)가 있을 때에는 중앙값 혹은 평균값으로 이상치를 대체해줄 수 있다. 결측치 대체와 마찬가지로 이상치가 존재하는 경우 이상치를 제1회 모의고사 풀이와 같이 KNN으로 대체해주어도 된다.
```

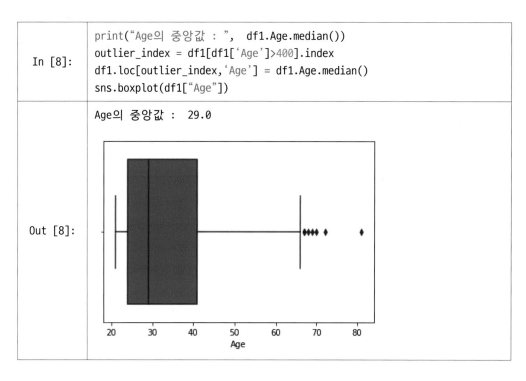

		Pregnancies	Glucose	BloodPressure	SkinThickness	Insulin	BMI	DiabetesPedigreeFunction	Age	Outcome
	count	768.000000	768.000000	768.000000	768.000000	768.000000	768.000000	768.000000	768.000000	768.000000
	mean	3.845052	121.656250	72.386719	20.536458	79.799479	31.992578	0.471876	33.191406	0.348958
	std	3.369578	30.438286	12.096642	15.952218	115.244002	7.884160	0.331329	11.683509	0.476951
Out [9]:	min	0.000000	44.000000	24.000000	0.000000	0.000000	0.000000	0.078000	21.000000	0.000000
	25%	1.000000	99.750000	64.000000	0.000000	0.000000	27.300000	0.243750	24.000000	0.000000
	50%	3.000000	117.000000	72.000000	23.000000	30.500000	32.000000	0.372500	29.000000	0.000000
	75%	6.000000	140.250000	80.000000	32.000000	127.250000	36.600000	0.626250	41.000000	1.000000
	max	17.000000	199.000000	122.000000	99.000000	846.000000	67.100000	2.420000	81.000000	1.000000

(3) 앞선 두 단계에서 발견한 향후 분석 시에 고려해야 할 사항을 작성하시오.

위 describe( ) 함수를 보게 되면, 최솟값과 최댓값의 차이가 많이 나는 컬럼이 존재한다. 따라서 선형 모델 사용 시 scale을 적용할 필요가 있어 보인다.

2. 클래스 불균형 처리   [20분]

(1) 업 샘플링 과정을 설명하고 결과를 작성하시오.

오버 샘플링 기법은 비중이 데이터를 추가로 생성해 수를 늘려 데이터 불균형을 극복하는 방식으로, 소수 레이블을 가진 데이터세트를 다수 레이블을 가진 데이터세트의 수만큼 증식시켜 학습에 충분한 데이터를 확보하는 기법이다. 언더 샘플링은 데이터 손실의 문제로 인해 예측 성능이 저하되는 단점이 있으므로, 일반적으로는 불균형한 데이터를 처리하는 방식으로 오버 샘플링을 사용한다.

① Random Oversampling

    ㉠ 소수 클래스에 속하는 데이터의 관측치를 복사하는 방식으로 데이터를 증식한다.

    ㉡ 데이터를 단순 복사하는 방식이므로 기존의 데이터와 동일한 복제 데이터를 생성한다.

    ㉢ Random Oversampling은 소수 클래스에 과적합이 발생할 가능성이 있다는 단점이 있지만, 사용방법이 간단하다는 장점이 있다.

② SMOTE

    ㉠ SMOTE는 적은 데이터세트에 있는 개별 데이터들의 k-최근접 이웃을 찾아, 해당 데이터와 k개 이웃들의 차이를 일정한 값으로 만들어 기존 데이터와 약간의 차이를 지닌 새로운 데이터를 생성하는 방식이다.

    ㉡ SMOTE는 Resampling 방식보다 처리 속도가 느리다는 단점이 있지만, 데이터를 단순히 동일하게 증식시키는 방식이 아니기 때문에, 과적합 문제를 예방할 수 있다는 장점이 있다.

In [10]:	## 데이터 불균형 확인 df1['Outcome'].value_counts()
Out [10]:	0 500 1 268 Name: Outcome, dtype: int64

| In [11]: | ```python
from imblearn.over_sampling import RandomOverSampler

X = df1.drop(['Outcome'], axis=1)
y = df1[['Outcome']]

ros = RandomOverSampler()
X_upsampling,y_upsampling = ros.fit_resample(X,y)

print('기존의 타깃 분포')
print(df1['Outcome'].value_counts()/len(df1))
print('-'*10)
print('upsampling의 타깃 분포')
print(y_upsampling['Outcome'].value_counts()/len(y_upsampling))
``` |
|---|---|
| Out [11]: | ```
기존의 타깃 분포
0    0.651042
1    0.348958
Name: Outcome, dtype: float64
----------
upsampling의 타깃 분포
0    0.5
1    0.5
Name: Outcome, dtype: float64
``` |

(2) 언더 샘플링 과정을 설명하고 결과를 작성하시오.

Undersampling은 다수 클래스를 감소시켜 소수 클래스 개수에 맞추는 방식으로, 대표적으로 random으로 다수의 클래스의 데이터를 선택하여 삭제하는 RandomUnderSampler, 서로 다른 클래스가 있을 때 서로 다른 클래스에 가장 가까운 데이터들이 토멕 링크로 묶여서 토멕 링크 중 다수 클래스의 데이터를 제거하는 Tomek link방식이 있다.

In [12]:	```python
	from imblearn.under_sampling import RandomUnderSampler
	
	rus = RandomOverSampler()
	X_undersampling,y_undersampling = rus.fit_resample(X,y)
	
	print('기존의 타깃 분포')
	print(df1['Outcome'].value_counts()/len(df1))
	print('-'*10)
	print('undersampling의 타깃 분포')
	print(y_undersampling['Outcome'].value_counts()/len(y_undersampling))
	``

Out [12]:	``` 기존의 타깃 분포 0 0.651042 1 0.348958 Name: Outcome, dtype: float64 ---------- undersampling의 타깃 분포 0 0.5 1 0.5 Name: Outcome, dtype: float64 ```

(3) 둘 중 하나를 선택하고 선택한 이유를 서술하시오.

해당 데이터에서는 Oversampling이 적합하다. 데이터가 총 768개로 당뇨병 환자를 대표하기에는 너무 적은 data이다. 심지어 환자의 수는 768명 중 268명뿐이다. Undersampling을 선택하게 되면 전체 데이터가 더 적어지기 때문에 오버피팅이 일어날 위험이 더 크므로 Oversampling을 선택하였다.

3. 모델링 [40분]

(1) 당뇨병 환자를 예측하는 최소 3개 이상의 알고리즘을 제시하고 정확도 측면의 모델 1개와 속도 측면의 모델 1개를 제시하시오.

| In [13]: | ```python
from sklearn.linear_model import LogisticRegression
from xgboost import XGBClassifier
import sklearn.svm as svm


log = LogisticRegression()
xgb = XGBClassifier(random_state=0)
svm_clf = svm.SVC(kernel='linear')
``` |

속도 측면에서 Logistic regression, 정확도 측면에서 svm, 기타로 xgboost를 제시한다.

(2) 모델을 비교하고 결과를 설명하시오.

해당 모델들을 데이터에 맞게 바로 적용시키고 비교하기 위해 아래와 같이 객체화시켰다.

| In [14]: | ```python
from sklearn.model_selection import KFold
from sklearn.metrics import accuracy_score
import time
from imblearn.over_sampling import SMOTE
smote = SMOTE(random_state=0)

## 5개의 경우의 수로 분할하여 검증
kfold = KFold()
def model_result(model):
    pred_li =[]
    for train_index,test_index in kfold.split(X):
        X_train,X_test = X.iloc[train_index,:],X.iloc[test_index,:]
        y_train,y_test = y.iloc[train_index,:],y.iloc[test_index,:]

        X_train_resample,y_train_resample = smote.fit_resample(X_train,y_train)

        start = time.time()
        model.fit(X_train_resample,y_train_resample)
        end = time.time()

        pred = model.predict(X_test)
        pred_li.append(accuracy_score(pred,y_test['Outcome']))

    ## 마지막 데이터 학습 속도
    print(f"{end - start:.5f} sec")
    ## 5개의 train데이터에 대한 정확도의 평균 값
    print(np.mean(pred_li))
``` |

Logistic regression의 속도, 성능을 확인해보자.

In [15]:	model_result(log)
Out [15]:	0.02620 sec 0.7475087004498769

xgboost의 속도, 성능을 확인해보자.

In [16]:	model_result(xgb)
Out [16]:	0.08129 sec 0.7448518801459978

svm의 속도, 성능을 확인해보자.

In [17]:	model_result(svm_clf)
Out [17]:	3.89016 sec 0.7578898225957049

데이터 수가 적기 때문에 Hold-out 기법이 아니라 Cross-validation 기법으로 성능을 확인하였고, 위에서 언급했던 것처럼 Oversampling 기법인 Smote를 활용하였다. 예상대로 Logistic이 가장 빨랐으며 svm이 성능이 가장 좋은 것을 확인할 수 있었다.

(3) 속도 개선을 위한 차원 축소 방법을 설명하고 수행하시오. 그리고 예측 성능과 속도를 비교하고 결과를 작성하시오.

속도 개선을 위한 차원 축소방법인 PCA를 사용할 수 있다. 예측의 성능은 원본의 데이터를 그대로 사용하는 것보다 떨어질 수 있지만, 차원을 축소함으로써 예측의 속도는 훨씬 상승시킬 수 있다. PCA를 사용할 때, 데이터 스케일에 따라 각 주성분이 설명가능한 분산량이 달라질 수 있기 때문에 데이터 스케일링을 꼭 해주어야 한다.

| In [18]: | ```from sklearn.preprocessing import StandardScaler
from sklearn.decomposition import PCA
from sklearn.model_selection import train_test_split

smote = SMOTE(random_state=0)
X_train, X_test, y_train, y_train = train_test_split(X,y, stratify=y,
        test_size=0.3, random_state=2022)
scaler = StandardScaler()
X_train_s = scaler.fit_transform(X_train)
pca = PCA(n_components=8)
X_train_pca = pca.fit(X_train_s)

print(pca.explained_variance_ratio_)
print(pca.explained_variance_ratio_[:5].sum())``` |
|---|---|
| Out [18]: | ```[0.26110315 0.22613628 0.12025873 0.10650649 0.1016306 0.08197042
 0.05251497 0.04987936]

0.8156352463546326``` |

간략하게, 해당 데이터에서 독립변수를 차원 축소시켜 적절한 주성분의 개수를 찾아보고자 하였다. 8개의 독립변수 대신에 5주성분까지 사용하면, 전체 데이터에 81%를 설명할 수 있음을 파악하였다.

이제 5개의 주성분을 가지고 모델링을 하는 코드를 작성해보자.

```python
def pca_model_result(model):
    pred_li =[]
    for train_index,test_index in kfold.split(X):
        X_train,X_test = X.iloc[train_index,:],X.iloc[test_index,:]
        y_train,y_test = y.iloc[train_index,:],y.iloc[test_index,:]

        X_train_resample,y_train_resample = smote.fit_resample(X_train,y_train)

        scaler = StandardScaler()
        X_train_res_s = scaler.fit_transform(X_train_resample)
        X_test_s = scaler.transform(X_test)

        pca = PCA(n_components=5)
        X_train_pca = pca.fit_transform(X_train_res_s)
        X_test_pca = pca.transform(X_test_s)

        start = time.time()
        model.fit(X_train_pca,y_train_resample)
        end = time.time()

        pred = model.predict(X_test_pca)
        pred_li.append(accuracy_score(pred,y_test['Outcome']))


    print(f"{end - start:.5f} sec")
    print(np.mean(pred_li))
```

Logistic regression의 속도, 성능을 확인해보자.

In [20]:	pca_model_result(log)
Out [20]:	0.00378 sec 0.7305067481538071

xgboost의 속도, 성능을 확인해보자.

In [21]:	pca_model_result(xgb)
Out [21]:	0.09360 sec 0.718809948221713

svm의 속도, 성능을 확인해보자.

In [22]:	`pca_model_result(svm_clf)`
Out [22]:	0.02852 sec 0.7253119429590018

예측 성능은 다소 떨어졌지만, 속도 측면에도 차원 축소에 의해 더 빨라졌다. 향후에 데이터가 크게 늘어난다면 차원 축소를 통해 성능 및 속도 측면에서 더 유의미한 결과를 찾아낼 수 있을 것이다.

■ 통계분석 (50점)

1. 회사 제품의 금속 재질 함유량의 분산이 1.3을 넘으면 불량이라고 판단한다. 회사에서는 품질경영팀으로부터 제조사별로 금속 함유량이 차이가 난다고 제보를 받았다. 해당 금속 함유량 데이터에 대한 검정을 수행하시오(유의확률 : 0.05).

(1) 귀무가설과 대립가설을 작성하시오.

(2) 가설을 양측 검정하시오.

2. 제품 200개의 Lot별 불량 제품 수량 데이터에 대해 p관리도를 구하고 시각화하시오.

(1) p관리도에 따라 관리중심선(Center Line), 관리 상한선, 하한선을 구하시오.

(2) 관리도를 시각화하시오.

3. 제품 1, 2를 만드는 데 재료 a, b, c가 일부 사용되며, 제품 1과 2를 만들 때 12만원과 18만원을 벌 수 있다. 재료는 한정적으로 주어지는데, 이때 최대 수익을 낼 수 있을 때의 제품 1과 제품 2의 개수를 구하라.

재료 공급량 { a : 1300, b : 1000, c :1200 }

구 분	재료 a	재료 b	재료 c
제품 1	20	20	20
제품 2	40	30	30

4. 상품 a와 b가 있을 때 다음과 같은 구매 패턴이 있다고 한다.

['a','a','b','b','a','a','a','a','b','b','b','b','b','a','a','b','b','a','b','b']

(1) 구매 패턴으로 볼 때 두 상품이 연관이 있는지 가설을 세우고 검정하시오.

(2) 가설을 채택하시오.

▶ 정답 및 해설

1. 회사 제품의 금속 재질 함유량의 분산이 1.3을 넘으면 불량이라고 판단한다. 회사에서는 품질경영팀으로부터 제조사별로 금속 함유량이 차이가 난다고 제보를 받았다. 해당 금속 함유량 데이터에 대한 검정을 수행하시오(유의확률 : 0.05). [30분]

(1) 귀무가설과 대립가설을 작성하시오.

귀무가설(H0)	제품들의 금속 재질 함유량 분산은 1.3보다 크다.
대립가설(H1)	제품들의 금속 재질 함유량 분산은 1.3보다 작다.

(2) 가설을 양측 검정하시오.

| In [1]: | ```
import pandas as pd
import numpy as np
## 데이터 불러오기
df = pd.read_csv("https://raw.githubusercontent.com/ADPclass/ADP_book_ver01/main/data/metalicity.csv")
df
``` |
|---|---|
| Out [1]: | **metalicity**

0   42.731551
1   46.429668
2   45.754023
3   45.808060
4   44.072529
...   ...
145   45.915727
146   45.277868
147   45.082157
148   44.297235
149   45.510493

150 rows × 1 columns |
```

가설을 검정하기 전에 해당 데이터가 정규성을 띄는지를 먼저 판단해 주어야 한다.

In [2]:	`## 해당 분포가 정규분포인지부터 판단`
	`import scipy.stats as stats`
	`print(stats.shapiro(df['metalicity']))`

Out [2]:	ShapiroResult(statistic=0.9915123581886292, pvalue=0.5112993121147156)

귀무가설(H0)	정규성을 가진다.
대립가설(H1)	정규성을 가지지 않는다.

p-value > 0.05이므로 귀무가설을 기각하지 못한다. 즉, 정규성을 띈다.

표본 데이터가 정규성을 가지므로 정규분포를 따르는 분산이 1.3인 비교데이터를 만들어주고 등분산 검정을 진행할 수 있다.

In [3]:	`# One sample T-test로 분산이 1.3보다 큰지를 검정`
	`variance_to_test =1.3`
	`# T-test는 평균이 큰지 작은지를 비교하는 것`
	`# 분산도 편차의 제곱의 평균이므로 편차의 제곱 데이터를 만들어야 함`
	`# s^2 편차의 제곱 데이터 만들기`
	`df['metalicity_s2'] = (df['metalicity']-df['metalicity'].mean())**2`
	`# 검정`
	`test_statistic, p_value = stats.ttest_1samp(df['metalicity_s2'],`
	`popmean=variance_to_test, alternative='greater')`
	`# 결과 출력`
	`print("검정 통계량:", test_statistic)`
	`print("p-value:", p_value)`
	`if p_value <0.05:`
	`    print("표본집단의 분산이 1.3보다 크다는 귀무가설을 기각함")`
	`else:`
	`    print("표본집단의 분산이 1.3보다 크다는 귀무가설을 기각하지 못함")`

Out [3]:	검정 통계량: -7.121703494774645 p-value:　　0.999999999978898 표본집단의 분산이 1.3보다 크다는 귀무가설을 기각하지 못함

등분산 검정 결과 pvalue값이 0.05보다 크므로 귀무가설인 "제품들의 금속 재질 함유량의 분산이 1.3보다 크다."를 기각할 수 없다.

즉, 제품들의 금속재질 함유량 분산은 1.3보다 작다고 할 수 있다.

2. 제품 200개의 Lot별 불량 제품 수량 데이터에 대해 p관리도를 구하고 시각화하시오. [30분]

> **Tip**
>
> ADP에는 회차마다 복병문제가 있을 수 있다. p관리도라는 것은 산업공학과가 아니라면 생소한 분야일 수 있다. 저자 또한 통계학과 빅데이터를 전공하며 품질데이터 관련 프로젝트를 하지 않았더라면 몰랐을 수도 있다.
>
> 시험장에서는 모르는 개념이 나왔다 하더라도 최대한 문제를 유추하여 답을 적도록 해야 한다. p관리도를 모른다고 하여도 관리 중심선을 평균으로 상하한선을 중심선 ± 상수 혹은 중심선 ± 3sigma로 그릴 수 있는 것이다.

(1) p관리도에 따라 관리중심선(Center Line), 관리 상한선, 하한선을 구하시오.

p관리도를 구하는 방법은 아래와 같다.

① n : lot별 생산수량

② p : lot별 불량수량 %

③ CL(관리중심선) : 전체 불량수량 / 전체 생산수량

④ 관리 상하한선 : $p \pm 3\sqrt{\dfrac{p(1-p)}{n}}$

In [5]:	```df2 = pd.read_csv("https://raw.githubusercontent.com/ADPclass/ADP_book_ver01/main/data/lot_quality.csv")```
	 ```df2 = df2.set_index('lot')```
	 ```df2```

Out [5]:	<table><tr><th>lot</th><th>생산수량</th><th>불량수량</th></tr><tr><td>1</td><td>143</td><td>10</td></tr><tr><td>2</td><td>131</td><td>9</td></tr><tr><td>3</td><td>131</td><td>7</td></tr><tr><td>4</td><td>159</td><td>8</td></tr><tr><td>5</td><td>122</td><td>7</td></tr><tr><td>...</td><td>...</td><td>...</td></tr><tr><td>196</td><td>142</td><td>10</td></tr><tr><td>197</td><td>143</td><td>6</td></tr><tr><td>198</td><td>157</td><td>5</td></tr><tr><td>199</td><td>127</td><td>0</td></tr><tr><td>200</td><td>130</td><td>2</td></tr></table> 200 rows × 2 columns

| In [6]: | ```
df2["p"] = df2["불량수량"]/df2["생산수량"]
df2["UCL"] = df2["p"] + (3 * (df2["p"]* (1-df2["p"]) / df2["생산수량"])**0.5)
df2["LCL"] = df2["p"] - (3 * (df2["p"]* (1-df2["p"]) / df2["생산수량"])**0.5)

## 관리 중심선 : 전체 불량 비율
CL = df2["불량수량"].sum() / df2["생산수량"].sum()
print("관리중심선 : ", CL )

df2
``` |
|---|---|
| Out [6]: | 관리중심선 :   0.029024320840935338 |

lot	생산수량	불량수량	p	UCL	LCL
1	587	19	0.032368	0.054282	0.010454
2	588	15	0.025510	0.045017	0.006004
3	455	19	0.041758	0.069892	0.013625
4	666	12	0.018018	0.033481	0.002555
5	750	15	0.020000	0.035336	0.004664
...	...	...	...	...	...
196	631	18	0.028526	0.048407	0.008645
197	565	21	0.037168	0.061044	0.013292
198	570	12	0.021053	0.039092	0.003013
199	517	10	0.019342	0.037514	0.001171
200	750	16	0.021333	0.037162	0.005505

200 rows × 5 columns
```

(2) 관리도를 시각화하시오.

In [7]:	```python import matplotlib.pyplot as plt plt.figure(figsize =(14, 10)) plt.plot(df2["UCL"]) plt.plot(df2["LCL"]) plt.plot(df2["p"],marker='o') plt.hlines(CL, 1, 200) plt.legend(['UCL','p','CL','LCL'])```
Out [7]:	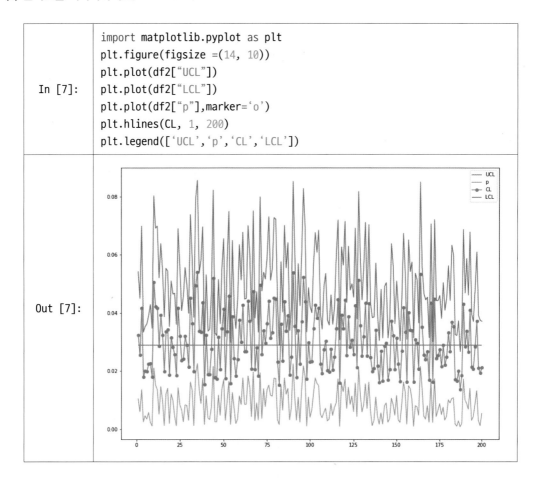

3. 제품 1, 2를 만드는 데 재료 a, b, c가 일부 사용되며, 제품 1과 2를 만들 때 12만원과 18만원을 벌 수 있다. 재료는 한정적으로 주어지는데, 이때 최대 수익을 낼 수 있을 때의 제품 1과 제품 2의 개수를 구하라.
[30분]

재료 공급량 { a : 1300, b : 1000, c :1200 }

구 분	재료 a	재료 b	재료 c
제품 1	20	20	20
제품 2	40	30	30

Tip

ADP에서 이전에는 없었던 새로운 유형의 문제이다. 코딩테스트와 같이 기초적인 프로그래밍과 사고력을 테스트하는 문제까지도 출제되었다. 하지만 이러한 문제는 제23회가 치러지는 동안 한 번 출제되었으므로 자주 출제되는 다른 영역에 우선적으로 집중하는 것이 좋다.

이 문제는 제품 2를 최대로 만드는 경우에서 제품 2의 개수를 하나씩 줄여가면서 제품 1을 만드는 방식으로 풀 수 있다. 즉, 반복문을 사용하여 문제를 풀 수 있다.

원재료로 제품 2를 만들 수 있는 최대 수량은 32이며, 남은 원재료는 a : 20, b : 40, c : 240이 된다.

In [8]:
```python
## 제품1 : x, 제품2 : y
## y가 최대였을때(32개)부터 하나씩 줄여가며 최댓값 갱신
x=0
y=32
max_profit =32*18
material_a =20
material_b =40
material_c =240
while((material_a >0) or (material_b >0) or( material_c >0) ) :
    y-=1
    material_a +=40
    material_b +=30
    material_c +=30

    while ((material_a >=20) and (material_b >=20) and (material_c
>=20)) :
        x+=1
        material_a -=20
```

```
                    material_b -=20
                    material_c -=20

                    if (y*18 + x*12)>max_profit :
                        max_profit = (y*18 + x*12)
                        result_x = x
                        result_y = y

                if y==0:
                    break
            print("최대 수익은 ", max_profit, " 만원 이다. ")
            print("제품 1 수량 :  ", result_x)
            print("제품 2 수량 :  ", result_y)
```

Out [8]:	최대 수익은 600 만원 이다. 제품 1 수량 : 5 제품 2 수량 : 30

4. 상품 a와 b가 있을 때 다음과 같은 구매 패턴이 있다고 한다.   [20분]

['a','a','b','b','a','a','a','a','b','b','b','b','b','a','a','b','b','a','b','b']

(1) 구매 패턴으로 볼 때 두 상품이 연관이 있는지 가설을 세우고 검정하시오.

귀무가설(H0)	연속적인 관측값이 임의적이다. 즉, 연관성이 없다.
대립가설(H1)	연속적인 관측값이 임의적이 아니다. 즉, 연관성이 있다.

가설을 검정하기 위해 one sample run test를 진행한다. 해당 테스트를 진행하기 위해 데이터를 수치형으로 변환해야 하므로 전처리를 진행한다.

| In [9]: | ```
import pandas as pd

data = ['a','a','b','b','a','a','a','a','b','b','b','b','b','a','a','b','b','a','b','b']
test_df = pd.DataFrame(data,columns=["product"])
test_df.loc[test_df['product']=='a','product'] =1
test_df.loc[test_df['product']=='b','product'] =0
test_df['product']
``` |
| Out [9]: | ```
0     1
1     1
2     0
3     0
4     1
5     1
6     1
7     1
8     0
9     0
10    0
11    0
12    0
13    1
14    1
15    0
16    0
17    1
18    0
19    0
Name: product, dtype: object
``` |

| In [10]: | ```
from statsmodels.sandbox.stats.runs import runstest_1samp
runstest_1samp(test_df['product'])
``` |
| Out [10]: | (-1.1144881152070183, 0.26506984027306035) |

첫 번째 값은 통계량이며, 두 번째 값은 p-value이다.

(2) 가설을 채택하시오.

검정 경과 p-value는 유의수준 0.05보다 크므로 귀무가설을 기각할 수 없다. 즉, 상품 a와 b의 구매에는 연관이 없다고 할 수 있다.
```

제3회 기출동형 모의고사

■ 머신러닝 (50점)

> 데이터 : 객실 사용 여부 관련 데이터

(1) 데이터를 탐색하고 탐색 결과를 제시하시오.

(2) 결측치를 탐색하고 대체 방법 및 근거를 제시하시오.

(3) 데이터 질을 향상시킬 수 있는 방법을 제안하시오.

(4) 데이터 불균형을 시각화하여 식별하고 불균형 판단근거를 작성하시오.

(5) 오버 샘플링 기법을 설명하고 비교한 뒤 2개 기법을 선정하고 근거를 제시하시오.

(6) 기법을 선정한 이유를 작성하고, 원데이터를 포함해 3개의 데이터 세트를 구성하시오.

(7) 오버 샘플링 데이터와 원데이터를 사용해 정확도 측면 모델 하나와 속도 측면의 모델 하나를 선정하고, 그 이유를 설명하시오.

(8) 원데이터와 오버 샘플링 데이터를 가지고 각각 분류한 결과를 바탕으로, 오버 샘플링이 성능에 미친 영향에 대해 작성하시오.

▶ 정답 및 해설

(1) 데이터를 탐색하고 탐색 결과를 제시하시오. [20분]

| In [1]: | ```python
import pandas as pd
import numpy as np
hotel = pd.read_csv("https://raw.githubusercontent.com/ADPclass/ADP_
book_ver01/main/data/hotel_bookings.csv")
hotel

# 결측치 확인
hotel.isna().sum()
``` |
|---|---|
| Out [1]: | ```
is_canceled                      0
deposit_type                     0
lead_time                        5
stays_in_weekend_nights          0
stays_in_week_nights             0
is_repeated_guest              358
previous_cancellations           0
previous_bookings_not_canceled   0
booking_changes                  0
days_in_waiting_list             0
adr                           1063
``` |

| In [2]: | ```python
hotel.info()
``` |
|---|---|
| Out [2]: | ```
 #   Column                          Non-Null Count   Dtype
---  ------                          --------------   -----
 0   is_canceled                     20000 non-null   int64
 1   deposit_type                    20000 non-null   object
 2   lead_time                       19995 non-null   float64
 3   stays_in_weekend_nights         20000 non-null   int64
 4   stays_in_week_nights            20000 non-null   int64
 5   is_repeated_guest               19642 non-null   float64
 6   previous_cancellations          20000 non-null   int64
 7   previous_bookings_not_canceled  20000 non-null   int64
 8   booking_changes                 20000 non-null   int64
 9   days_in_waiting_list            20000 non-null   int64
 10  adr                             18937 non-null   float64
``` |

In [3]:	`hotel.deposit_type.describe()`
| Out [3]: | ```
count          20000
unique             3
top       No Deposit
freq           19171
Name: deposit_type, dtype: object
``` |

In [4]:	`hotel.groupby(hotel['deposit_type']).mean()['adr']`
| Out [4]: | ```
deposit_type
No Deposit     101.721891
Non Refund      90.170000
Refundable      69.168919
Name: adr, dtype: float64
``` |

① 결측치 존재 여부

　데이터를 탐색한 결과, hotel_bookings에는 결측치가 있는 변수는 3개이며, 결측치의 개수는 총 1,426개이다. 결측치가 존재하는 변수들은 비율과 분포에 따라 각각 다른 결측치 대체 방식을 사용할 수 있을 것으로 보인다.

② 데이터 타입 설명

　종속변수는 int형, 독립변수는 object와 int, float형태로 구성되어 있다. object타입은 인코딩을 통하여 변환해줄 필요가 있어 보인다.

③ 종속변수 특징

　oject형 데이터로 구성된 deposit_type 변수는 20,000개 관측치 중 19,171개의 관측치가 'No Deposit'에 해당한다. 또한 deposit_type별 adr 평균이 다르게 나타났는데, No Deposit의 평균 adr은 약 101, Non Refund의 평균 adr은 약 90, Refundable의 평균 adr은 약 69이다.

(2) 결측치를 탐색하고 대체 방법 및 근거를 제시하시오. [20분]

In [1]:	# 결측치 확인
	hotel.isna().sum()

Out [1]:	is_canceled 0 deposit_type 0 lead_time 5 stays_in_weekend_nights 0 stays_in_week_nights 0 is_repeated_guest 358 previous_cancellations 0 previous_bookings_not_canceled 0 booking_changes 0 days_in_waiting_list 0 adr 1063

In [2]:	# 결측치 비율 확인
	print('lead time 결측치 비율: %'.format(round(5/len(hotel)*100, 2)))
	print('is repeated guest 결측치 비율: %'.format(round(360/len(hotel)*
	100, 2)))
	print('adr 결측치 비율: %'.format(round(1051/len(hotel)*100, 2)))

Out [2]:	lead time 결측치 비율: 0.03% is repeated guest 결측치 비율: 1.8% adr 결측치 비율: 5.25%

결측치가 있는 변수는 lead_time, is_repeated_guest, adr이다. lead_time 변수는 결측치가 1% 미만이므로, 결측치가 있는 행을 삭제한다. is_repeated_guest 변수의 결측치는 최빈값으로 대체한다. adr 변수의 결측치는 deposit_type별 평균 adr로 대체한다.

| In [3]: | ```
hotel_nonull=hotel
## lead time 변수의 결측치는 1%가 되지 않음
## 제거한다
hotel_nonull.dropna(subset=['lead_time'], axis =0, inplace =True)

## is_repeated_guest 변수는 binary이기 때문에
## 최빈값으로 대체한다
hotel_nonull['is_repeated_guest'] =
hotel_nonull['is_repeated_guest'].fillna(0)

## adr 변수는 연속형 변수이기 때문에 평균대치법을 사용한다.
## 다만, 보증금 유형에 따라 adr이 다르기 때문에
## adr그룹별 평균을 이용해 결측값을 대체한다.
fill_mean_func = lambda g: g.fillna(g.mean())
hotel_nonull=hotel_nonull.groupby('deposit_type').apply(fill_mean_func)

hotel_nonull.index =hotel_nonull.index.droplevel(0)
hotel_nonull.sort_index(inplace =True)

hotel_nonull.isna().sum()
``` |
| Out [3]: | ```
is_canceled                       0
deposit_type                      0
lead_time                         0
stays_in_weekend_nights           0
stays_in_week_nights              0
is_repeated_guest                 0
previous_cancellations            0
previous_bookings_not_canceled    0
booking_changes                   0
days_in_waiting_list              0
adr                               0
dtype: int64
``` |

(3) 데이터 질을 향상시킬 수 있는 방법을 제안하시오. [10분]

IQR 방식으로 lead_time 변수의 이상치를 보정해주어 극단적인 값을 제거함으로써 모델에 특정 값이 영향을 주는 경우를 방지한다. 또는 is_repeated_guest 변수에서 "1"에 해당하는 데이터를 더 수집해 해당 변수의 불균형을 해소한다.

(4) 데이터 불균형을 시각화하여 식별하고 불균형 판단근거를 작성하시오.　　　　　　　　**[15분]**

| In [4]: | ```python
import seaborn as sns
import matplotlib.pyplot as plt
from matplotlib import font_manager, rc
font_path ="C:/Windows/Fonts/NGULIM.TTF"
font = font_manager.FontProperties(fname =font_path).get_name()
rc('font', family =font)

sns.countplot(x='is_canceled', data =hotel_nonull)
plt.title('데이터 불균형 시각화', fontsize =14)
plt.show()
ratio0 =
round(len(hotel_nonull[hotel_nonull['is_canceled']==0])/len(hotel_
nonull)*100, 2)
ratio1 =
round(len(hotel_nonull[hotel_nonull['is_canceled']==1])/len(hotel_
nonull)*100, 2)
print('0 비율: %'.format(ratio0))
print('1 비율: %'.format(ratio1))
``` |
| Out [4]: |

0 비율: 88.0%
1 비율: 12.0% |

s_canceled 변수는 0과 1로 구성된 binary 형태의 데이터이다. 0인 데이터와 1인 데이터가 각각 88:12 의 비율이므로, 0인 데이터가 전체 데이터의 90% 가까이 차지한다. 0인 관측값 수와 1인 관측값 수가 균등하게 분포하지 않기 때문에 해당 데이터는 불균형한 데이터(Imbalanced Data)이다.
```

(5) 오버 샘플링 기법을 설명하고 비교한 뒤 2개 기법을 선정하고 근거를 제시하시오. [15분]

오버 샘플링 기법은 비중이 데이터를 추가로 생성해 수를 늘려 데이터 불균형을 극복하는 방식이다. 소수 레이블을 가진 데이터세트를 다수 레이블을 가진 데이터세트의 수만큼 증식시켜 학습에 충분한 데이터를 확보하는 기법이다. 언더 샘플링은 데이터 손실의 문제로 인해 예측성능이 저하되는 단점이 있으므로, 일반적으로는 불균형한 데이터를 처리하는 방식으로 오버 샘플링을 사용한다.

① Random Oversampling

    ㉠ 소수 클래스에 속하는 데이터의 관측치를 복사하는 방식으로 데이터를 증식한다.

    ㉡ 데이터를 단순 복사하는 방식이므로 기존의 데이터와 동일한 복제 데이터를 생성한다.

    ㉢ Random Oversampling은 소수 클래스에 과적합이 발생할 가능성이 있다는 단점이 있지만, 사용방법이 간단하다는 장점이 있다.

② SMOTE

    ㉠ SMOTE는 적은 데이터세트에 있는 개별 데이터들의 k-최근접 이웃을 찾아, 해당 데이터와 k개 이웃들의 차이를 일정한 값으로 만들어 기존 데이터와 약간의 차이를 지닌 새로운 데이터를 생성하는 방식이다.

    ㉡ SMOTE는 Resampling 방식보다 처리 속도가 느리다는 단점이 있지만, 데이터를 단순히 동일하게 증식시키는 방식이 아니기 때문에, 과적합 문제를 예방할 수 있다는 장점이 있다.

(6) 기법을 선정한 이유를 작성하고, 원데이터를 포함해 3개의 데이터 세트를 구성하시오. [10분]

오버 샘플링 방식으로 Random Oversampling과 SMOTE를 선택하였다. 선택한 이유는 Random Oversampling은 소수의 데이터세트를 랜덤으로 복사하는 간단한 방법으로 데이터 불균형 문제를 해결할 수 있고 SMOTE 기법은 데이터를 생성할 때, 소수의 데이터 분포를 기반으로 데이터를 생성하여 과적합을 방지할 수 있기 때문이다.

| In [5]: | ```
# 먼저 hotel_null 데이터의 object 형태 변수를 one_hot_encoding함
hotel_nonull=pd.get_dummies(hotel_nonull)

from imblearn.over_sampling import RandomOverSampler, SMOTE
import time
# 원본 데이터 (hotel_nonull)
X = hotel_nonull[hotel_nonull.columns.difference(['is_canceled'])]
y = hotel_nonull['is_canceled']

start = time.time()  # 시작 시간 저장
# Random Oversampling
ros = RandomOverSampler(random_state =42)
X_ro, y_ro = ros.fit_resample(X, y)
print('time :', time.time() - start) # 현재시각 - 시작시간 = 실행 시간
``` |
|---|---|
| Out [5]: | time : 0.013033628463745117 |

| In [6]: | ```
start = time.time()  # 시작 시간 저장
# SMOTE
sm = SMOTE(random_state =42)
X_sm, y_sm = ros.fit_resample(X, y)
print('time :', time.time() - start) # 현재시각 - 시작시간 = 실행 시간
``` |
|---|---|
| Out [6]: | time : 0.03776288032531738 |

코드를 통해 time을 확인할 결과 SMOTE의 실행시간이 조금 더 오래 걸림을 알 수 있다.

(7) 오버 샘플링 데이터와 원데이터를 사용해 정확도 측면 모델 하나와 속도 측면의 모델 하나를 선정하고, 그 이유를 설명하시오. [15분]

| In [1]: | ```python
from sklearn.model_selection import train_test_split
from sklearn.ensemble import RandomForestClassifier
from sklearn.metrics import classification_report

start = time.time()  # 시작 시간 저장
X_train, X_test, y_train, y_test = train_test_split(X, y, test_size =0.2,
        stratify =y, random_state =100)
clf = RandomForestClassifier(n_estimators =100, min_samples_split =10)
clf.fit(X_train, y_train)
print('train 정확도 :', clf.score(X_train, y_train), '\n')
pred=clf.predict(X_test)
print(classification_report(y_test, pred))
print("time :", time.time() - start) # 현재시각 - 시작시간 = 실행 시간
``` |
| Out [1]: | ```
train 정확도 : 0.9330457614403601

              precision    recall  f1-score   support

           0       0.93      1.00      0.96      3519
           1       0.97      0.44      0.60       480

    accuracy                           0.93      3999
   macro avg       0.95      0.72      0.78      3999
weighted avg       0.93      0.93      0.92      3999

time : 2.316466808319092
``` |

| In [2]: | ```
start = time.time()  # 시작 시간 저장
X_ro_train, X_ro_test, y_ro_train, y_ro_test = train_test_split(X_ro, y_ro,
         test_size =0.2, stratify =y_ro, random_state =100)
clf_ro = RandomForestClassifier(n_estimators =100, min_samples_split
         =10, random_state =100)
clf_ro.fit(X_ro_train, y_ro_train)
print('train 정확도 :', clf_ro.score(X_ro_train, y_ro_train), '\n')
pred_ro = clf_ro.predict(X_ro_test)
print(classification_report(y_ro_test, pred_ro))
print('time :', time.time() - start) # 현재시각 - 시작시간 = 실행 시간
``` |
|---|---|
| Out [2]: | ```
ro train 정확도 : 0.9849744245524297

              precision    recall  f1-score   support

           0       0.97      0.93      0.95      3519
           1       0.93      0.98      0.95      3519

    accuracy                           0.95      7038
   macro avg       0.95      0.95      0.95      7038
weighted avg       0.95      0.95      0.95      7038

time : 4.432307004928589
``` |

| In [3]: | ```
start = time.time()  # 시작 시간 저장
X_sm_train, X_sm_test, y_sm_train, y_sm_test = train_test_split(X_sm,
         y_sm, test_size =0.2, stratify =y_sm, random_state =100)
clf_sm = RandomForestClassifier(n_estimators =100, min_samples_split
         =10, random_state =100)
clf_sm.fit(X_sm_train, y_sm_train)
print('sm train 정확도 :', clf_sm.score(X_sm_train, y_sm_train), '\n')
pred_sm=clf_sm.predict(X_sm_test)
print(classification_report(y_sm_test, pred_sm))
print('time :', time.time() - start) # 현재시각 - 시작시간 = 실행 시간
``` |
|---|---|
```

	sm train 정확도 : 0.9647271952259164
	precision recall f1-score support
	0 0.87 0.92 0.90 3519
Out [3]:	1 0.91 0.87 0.89 3519
	accuracy 0.89 7038
	macro avg 0.89 0.89 0.89 7038
	weighted avg 0.89 0.89 0.89 7038
	time : 8.255762100219727

	raw=2.316466808319092
	ro=4.432307004928589
	sm=8.255762100219727
In [4]:	print("원본 데이터세트의 모델링 수행속도: ",'\t', raw)
	print("RO 데이터세트의 모델링 수행속도: ",'\t', ro)
	print("SMOTE 데이터세트의 모델링 수행속도: ",'\t', sm)
Out [4]:	원본 데이터세트의 모델링 수행속도: 2.316466808319092
	RO 데이터세트의 모델링 수행속도: 4.432307004928589
	SMOTE 데이터세트의 모델링 수행속도: 8.255762100219727

해당 데이터세트에서는 정확도 측면에서나 속도 측면에서 모두 SMOTE보다 Random Oversampling 의 성능이 우수하다.

(8) 원데이터와 오버 샘플링 데이터를 가지고 각각 분류한 결과를 바탕으로, 오버 샘플링이 성능에 미친 영향에 대해 작성하시오.   [5분]

F1 Score는 정밀도와 재현율을 동시에 고려하여 모델의 예측 성능을 종합적으로 평가하는 지표이다. 원본 데이터와 오버 샘플링 데이터로 랜덤포레스트 분류 예측을 수행했을 때 F1 Score를 비교해보면 오버 샘플링이 분석 정확도에 긍정적인 영향을 주었다는 것을 알 수 있다.

특히 오버 샘플링은 데이터의 불균형으로 인한 과적합을 방지하고, 예측모델의 일반화를 가능하게 하였다.

원본 데이터로 예측한 모델의 F1 Score는 Class0은 0.96, Class1은 0.60이다.

랜덤 오버 샘플링한 데이터로 예측한 모델의 F1 Score는 Class0은 0.95, Class1은 0.95이다.

두 결과를 비교해보면 데이터의 불균형이 있었던 Class1에서의 F1 Score가 큰 차이가 나는 것을 알 수 있다. 이처럼 데이터의 불균형 문제를 전처리 과정에서 극복할 수 있다. 즉, 불균형 데이터가 있을 때에는 오버 샘플링을 통해 분류모델의 성능을 향상시킬 수 있다.

■ 통계분석 (50점)

1. 공장에서는 시제품의 농도(%)가 60이라고 주장하며 품질관리팀에서 10개의 샘플을 뽑았다. 유의수준 5%에서 다음을 검정하시오.

> 데이터 : (시제품 샘플 농도) 52, 61, 61, 60, 26, 45, 60, 35, 60, 14

(1) 연구가설, 귀무가설을 작성하시오.

(2) 유효한 샘플의 수를 계산하시오.

(3) 검정통계량을 구하고 연구가설 채택 여부를 작성하시오.

2. 코로나 시계열 데이터로 다음을 수행하시오.

> 데이터 : 지역별 코로나 확진자 수 시계열 데이터

(1) ACF 사용해서 distancd를 계산하시오.

(2) 계층적 군집 분석을 위해 덴드로그램을 작성하시오.

3. 사회과학, 자연과학, 공학 세 개 학과의 평점조사표를 보고 학과와 성적이 관계있는지 검정하시오.

평점 〱 학과	사회과학	자연과학	공학
데이터 : 세 개 학과의 평점조사표			
3.5~4.5	16	12	18
2.5~3.5	30	20	13
1.5~2.5	12	3	14

(1) 연구가설, 귀무가설을 작성하시오.

(2) 학과와 성적이 독립일 때 기댓값을 구하시오.

(3) 검정통계량을 구하고 연구가설 채택 여부를 작성하시오.

▶ 정답 및 해설

1. 공장에서는 시제품의 농도(%)가 60이라고 주장하며 품질관리팀에서 10개의 샘플을 뽑았다. 유의수준 5%에서 다음을 검정하시오.　　　　　　　　　　　　　　　　　　　　　　　　　　　　　　　　[40분]

중심극한의 정리를 적용하기에 표본의 크기가 작으므로 비모수 분석의 부호검정을 실시한다.

귀무가설(H0)	시제품의 농도는 60이다.
대립가설(H1)	시제품의 농도는 60이 아니다.

유효한 샘플의 수는 최소 표본크기를 계산하여 설정할 수 있다. 최소 표본크기의 계산은 허용오차식을 바탕으로 한다. 허용할 수 있는 오차한계와 신뢰수준이 주어졌을 때, 샘플로부터 추정한 표준편차를 사용해 표본의 크기를 구할 수 있다. 오차한계를 5, 신뢰수준을 0.05로 설정한 뒤 샘플의 표준편차를 구한다.

| In [1]: | ```
x =[52, 61, 61, 60, 26, 45, 60, 35, 60, 14]

import numpy as np
moe=5
a=0.05
std = np.std(x)
print(std)
``` |
|---|---|
| Out [1]: | 17.434448657758008 |

허용오차식에 오차한계 5, 신뢰수준 0.05, 샘플의 표준편차를 대입한다. 결과가 40이므로, 유효한 샘플의 수는 40 이상이다.

In [2]:	`(stats.t.ppf(q = .05, df = 9)*std / 5)**2`
Out [2]:	40.85590828532381

Wilcoxon의 부호검정을 검정방법으로 선택한다. 이 검정방식은 모집단이 정규성을 만족하지 못할 때 사용하는 검정이며, 비교대상들 사이의 차이를 부호와 크기에 대한 정보로 바꾸어 이를 토대로 분포를 비교하는 방식이다. 검정 결과 p-value가 0.06이므로 0.05보다 크다. 따라서 귀무가설을 채택한다. 즉, 시제품의 농도는 60이라고 판단할 수 있다.

| In [3]: | ```
from scipy import stats
stats.wilcoxon(pd.Series(x)-60)
``` |
|---|---|
| Out [3]: | WilcoxonResult(statistic=9.5, pvalue=0.064453125) |

2. 코로나 시계열 데이터로 다음을 수행하시오.　　　　　　　　　　　　**[40분]**

데이터를 읽어온 뒤 ACF 함수의 입력형식에 맞추기 위해 날짜 변수를 제외한 데이터를 covid1에 저장한다.

| In [1]: | ```python
import pandas as pd
covid = pd.read_csv("https://raw.githubusercontent.com/ADPclass/ADP_book_ver01/main/data/서울특별시코로나19.csv")
print (covid.head())

covid1 = covid[covid.columns.difference(['날짜'])]
``` |
|---|---|
| Out [1]: | ```
자치구 기준일  종로구 전체  중구 전체  용산구 전체  성동구 전체  광진구
전체  동대문구 전체  중랑구 전체  \
0  2022.03.30.00   37261  33753   55376   81018   96008   95433
103288
1  2022.03.29.00   36216  32835   53872   79030   93474   92993
100255
2  2022.03.28.00   35276  31878   52391   76802   91030   90277
97419
3  2022.03.27.00   34879  31577   51652   76108   89876   89302
96359
4  2022.03.26.00   34061  30903   50720   74178   87770   87345
93690

    성북구 전체  강북구 전체  ...  구로구 전체  금천구 전체  영등포구
전체  영등포구 추가  동작구 전체  관악구 전체  \
0  116862   75118  ...  109973   63687  110293     4122  106238
132305
1  113609   72934  ...  106162   61840  106171     2072  102955
127626
2  110583   70754  ...  103573   59946  104109     1193  100665
124805
3  109500   70003  ...  102610   59393  102916     2567   99426
123374
4  106437   68329  ...   99938   57925  100349     2693   96989
120413

    서초구 전체  강남구 전체  송파구 전체  강동구 전체
0  104368   136200   176765   121926
1  100529   132333   172292   118842
2   98869   128813   167386   115846
3   96873   126296   165373   113549
4   95124   123992   161650   110649

[5 rows x 27 columns]
``` |

sm.tsa.stattools.acf를 사용해 ACF distance를 계산한다. 이때 n_lag는 데이터의 관측개수를 고려하여 785로 설정한다.

In [2]:	```python
	import numpy as np
	import statsmodels.api as sm
	from statsmodels.tsa.arima_process import ArmaProcess
	def acf(x, n_lags):
	    return sm.tsa.stattools.acf(x, nlags = n_lags)
	# Max ACF lags
	n_lags = 785
	lag_arr = np.repeat(n_lags, covid1.shape[1])
	acf_list = list(map(acf, covid1.transpose().to_numpy(), lag_arr))
	acf_df = pd.DataFrame(acf_list).transpose()
	acf_df.columns = covid1.columns
	
	acf_df
	``

Out [2]:	

	강남구	강동구	강북구	강서구	관악구	광진구
0	1.000000	1.000000	1.000000	1.000000	1.000000	1.000000
1	0.965594	0.964788	0.964873	0.963102	0.964599	0.965118
2	0.931913	0.930000	0.930425	0.927079	0.930349	0.930705
3	0.898790	0.895648	0.896665	0.891603	0.896316	0.896734
4	0.865697	0.861294	0.862291	0.855502	0.861660	0.862274
...	...	...	...	...	...	...
780	-0.016955	-0.015228	-0.015857	-0.015340	-0.016273	-0.015231
781	-0.013717	-0.012334	-0.012831	-0.012420	-0.013163	-0.012320
782	-0.010415	-0.009360	-0.009726	-0.009417	-0.009972	-0.009335
783	-0.007044	-0.006323	-0.006586	-0.006374	-0.006742	-0.006309
784	-0.003576	-0.003204	-0.003344	-0.003242	-0.003435	-0.003199

785 rows × 26 columns

계층적 군집분석의 입력형태를 맞추기 위해 acf_df를 transpose한다.

| In [3]: | ```python
acf_df =acf_df.T
acf_df.head()
``` |
|---|---|
| Out [3]: | |

	0	1	2	3	4	5	6	7	8	9	...	775	776	777	778	779	
강남구	1.0	0.965594	0.931913	0.898790	0.865697	0.832537	0.801510	0.769774	0.738757	0.709541	...	-0.031448	-0.028760	-0.025982	-0.023050	-0.020016	-0.
강동구	1.0	0.964788	0.930000	0.895648	0.861294	0.827337	0.794486	0.761769	0.729945	0.699790	...	-0.028260	-0.025833	-0.023348	-0.020731	-0.018012	-0.
강북구	1.0	0.964873	0.930425	0.896665	0.862291	0.828221	0.792955	0.759475	0.726817	0.695380	...	-0.029677	-0.027141	-0.024501	-0.021740	-0.018874	-0.
강서구	1.0	0.963102	0.927079	0.891603	0.855502	0.819774	0.785463	0.750681	0.716584	0.683842	...	-0.028518	-0.026075	-0.023540	-0.020883	-0.018134	-0.
관악구	1.0	0.964599	0.930349	0.896316	0.861660	0.827261	0.794470	0.761023	0.728057	0.696761	...	-0.030343	-0.027721	-0.025020	-0.022177	-0.019242	-0.

5 rows × 785 columns

ACF distance 계산값으로 계층적 군집분석을 수행한다. 먼저 scipy에서 계층적 군집분석을 수행하는 cluster.hierarchy를 sch로 명명하여 import한다. 또한 덴드로그램을 그리기 위해 matplotlib를 import한다. 한글로 되어 있는 지역명이 덴드로그램에 잘 출력될 수 있도록 font_manager와 rc를 import하여 폰트설정을 입력한다.

acf_df의 인덱스를 label이라는 변수에 담는다. label은 덴드로그램의 노드 이름으로 사용될 것이다. fig에 덴드로그램의 사이즈를 설정한다. figsize=( )로 가로 15, 세로 5의 플롯사이즈를 설정했다. sch의 linkage( )에 acf_df를 입력하여 계층적 군집분석을 수행한다. method는 'average'를 선택하여 평균연결법을 구현한다. 임곗값(cut-off)는 linkage matrix 3번째 열의 최댓값의 30%로 설정했다. linkage matrix는 sch.linkage( )의 결과로 반환되는 행렬이다. 각 열은 다음과 같은 특징이 있다.

① 첫 번째 열 : 한 클래스의 인덱스(index of a class)
② 두 번째 열 : 다른 클래스의 인덱스(index of other class)
③ 세 번째 열 : 클래스 사이의 거리(distance between class)
④ 네 번째 열 : 클래스를 만드는 데 사용된 데이터 포인트의 개수(sum of the numbers in a class and other class)

이중 클래스 사이의 거리로 군집을 나누기 때문에 임곗값 설정을 해야 한다. dend1의 3번째 열을 선택하기 위해 dend1[:, 2]를 활용했다. 임곗값을 설정한 후, sch.dendrogram( ) 함수로 덴드로그램을 완성시킨다. sch.dendrogram( ) 함수에 dend1과 임곗값 및 labels를 입력하여 plt.show( )로 출력한다.
```

| In [4]: | ```python
import scipy.cluster.hierarchy as sch
import matplotlib.pyplot as plt
from matplotlib import font_manager, rc
font_path = "C:/Windows/Fonts/NGULIM.TTF"
font = font_manager.FontProperties(fname =font_path).get_name()
rc('font', family =font)

plt.figure(figsize=(15, 5))
label = acf_df.index
dend1 = sch.linkage(acf_df, method ='average')
cutoff = 0.5 *max(dend1[:,2])
dend_res1 = sch.dendrogram(dend1, color_threshold=cutoff, labels=label)
plt.show()
``` |
| Out [4]: | 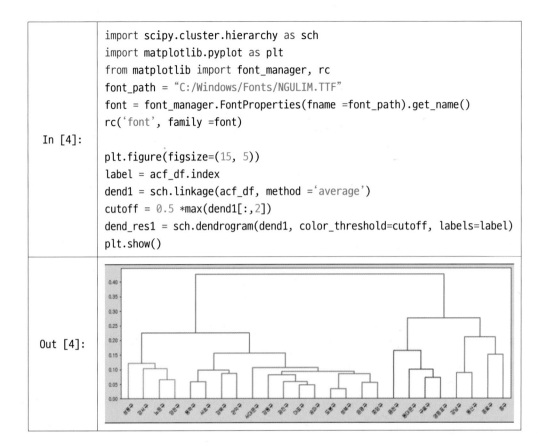 |
```

3. 사회과학, 자연과학, 공학 세 개 학과의 평점조사표를 보고 학과와 성적이 관계있는지 검정하시오.

[30분]

파이썬으로 시험지에 구현된 테이블을 생성한다.

| In [1]: | ```
사회 = [16, 30, 12]
자연 = [12, 20, 3]
공학 = [18, 13, 14]
table = pd.DataFrame('사회과학': 사회,
                     '자연과학': 자연,
                     '공학': 공학,
                     index=['3.5~4.5', '2.5~3.5', '1.5~2.5'])
print (table)
``` |
|---|---|
| Out [1]: |
　　　　　사회과학　자연과학　공학
3.5~4.5　　16　　　　12　　　18
2.5~3.5　　30　　　　20　　　13
1.5~2.5　　12　　　　3　　　　14 |

연구가설을 설정한다.

귀무가설(H0)	성적과 학과 간에는 관련성이 없다.
대립가설(H1)	성적과 학과 간에는 관련성이 있다.

카이제곱 검정을 검정방식으로 채택한다. 카이제곱 검정은 관찰된 빈도와 기대되는 빈도가 의미 있게 다른지의 여부를 검정하기 위해 사용하는 방법이다. 명목척도 자료 분석에 이용되며, 자료가 빈도로 주어졌을 때 사용한다. 카이제곱 검정은 목적에 따라 3가지로 사용될 수 있다.

적합도 검정	관찰된 비율 값이 기댓값과 같은지 조사(어떤 모집단의 표본이 그 모집단을 대표하는지 검정)
동질성 검정	두 집단의 분포가 동일한지 검정
독립성 검정	Contigency Table에서 두 개 이상의 변수가 서로 독립인지 검정
```

세 가지 중 독립성 검정을 위한 카이제곱검정을 수행한다.

| In [2]: | ```
from scipy import stats
stats.chi2_contingency(observed=table)
``` |
|---|---|
| Out [2]: | ```
(10.199441509990177,
 0.03719883770303157,
 4,
 array([[19.33333333, 11.66666667, 15.        ],
        [26.47826087, 15.97826087, 20.54347826],
        [12.1884058,   7.35507246,  9.45652174]]))
``` |

chi-square 값은 10.199이고, p-value는 0.03이다. 학업 성적이 학과와 독립일 때, 기대치는 array 의 출력값과 같다. 유의수준 0.05에서 p-value가 유의수준보다 작기 때문에 대립가설을 채택한다. 즉, 성적과 학과 간에는 관련성이 있다.

제4회 기출동형 모의고사

■ 머신러닝 (50점)

> **고객 정보 데이터**
>
> - ID : 고객의 고유 식별자
> - Year_Birth : 고객의 출생 연도
> - Marital_Status : 고객의 결혼 여부
> - Income : 고객의 연간 가계 소득
> - Kidhome : 고객 가구의 자녀 수
> - Teenhome : 고객 가구의 청소년 수
>
> **소비 제품 데이터**
>
> - MntWines : 지난 2년 동안 와인에 소비한 금액
> - MntFruits : 지난 2년 동안 과일에 소비한 금액
> - MntMeatProducts : 지난 2년 동안 육류에 소비된 금액
> - MntFishProducts : 지난 2년 동안 생선에 소비한 금액
> - MntSweetProducts : 지난 2년간 사탕에 소비한 금액
>
> **구매 채널 데이터**
>
> - NumWebPurchases : 회사 웹사이트를 통해 이루어진 구매 수
> - NumCatalogPurchases : 카탈로그를 사용하여 이루어진 구매 수
> - NumStorePurchases : 매장에서 직접 구매한 횟수
> - NumWebVisitsMonth : 지난 달 회사 웹 사이트 방문 횟수

1. 데이터 전처리 및 군집생성

(1) 결측치를 확인하고, 결측치를 제거하시오(EDA).

(2) 이상치를 제거하는 방법을 서술하고, 이상치 제거 후 결과를 통계적으로 나타내시오.

(3) 위에서 전처리한 데이터로 Kmeans, DBSCAN 등의 방법으로 군집을 생성하시오.

2. 군집분석

(1) 위에서 생성한 군집들의 특성을 분석하시오.

(2) 각 군집별 상품을 추천하시오.

(3) ID가 10870인 고객을 대상으로 상품을 추천하시오.

▶ 정답 및 해설

1. 데이터 전처리 및 군집생성 [70분]

(1) 결측치를 확인하고, 결측치를 제거하시오(EDA).

In [1]:	`import pandas as pd`
	`import numpy as np`
	`data = pd.read_csv(`"`https://raw.githubusercontent.com/ADPclass/ADP_book_`
	`ver01/main/data/26_problem1.csv`"`)`
	`data`

Out [1]:		ID	Year_Birth	Marital_Status	Income	Kidhome	Teenhome	MntWines	MntFruits	MntMeatProducts	MntFishProducts	MntSweetProducts	NumDeals
	0	5524	1957	Single	58138.0	0	0	635	88	546	172	88	
	1	2174	1954	Single	46344.0	1	1	11	1	6	2	1	
	2	4141	1965	Together	71613.0	0	0	426	49	127	111	21	
	3	6182	1984	Together	26646.0	1	0	11	4	20	10	3	
	4	5324	1981	Married	58293.0	1	0	173	43	118	46	27	
	...	...	...	...	...	...	...	...	...	...	...	...	
	2235	10870	1967	Married	61223.0	0	1	709	43	182	42	118	
	2236	4001	1946	Together	64014.0	2	1	406	0	30	0	0	
	2237	7270	1981	Divorced	56981.0	0	0	908	48	217	32	12	
	2238	8235	1956	Together	69245.0	0	1	428	30	214	80	30	
	2239	9405	1954	Married	52869.0	1	1	84	3	61	2	1	

2240 rows × 16 columns

In [2]:	`## 결측치 확인 가능` `data.info( )`

| Out [2]: | ```
<class 'pandas.core.frame.DataFrame'>
RangeIndex: 2240 entries, 0 to 2239
Data columns (total 16 columns):
 #   Column             Non-Null Count  Dtype
---  ------             --------------  -----
 0   ID                 2240 non-null   int64
 1   Year_Birth         2240 non-null   int64
 2   Marital_Status     2240 non-null   object
 3   Income             2216 non-null   float64
 4   Kidhome            2240 non-null   int64
 5   Teenhome           2240 non-null   int64
 6   MntWines           2240 non-null   int64
 7   MntFruits          2240 non-null   int64
 8   MntMeatProducts    2240 non-null   int64
 9   MntFishProducts    2240 non-null   int64
 10  MntSweetProducts   2240 non-null   int64
 11  NumDealsPurchases  2240 non-null   int64
 12  NumWebPurchases    2240 non-null   int64
 13  NumCatalogPurchases 2240 non-null  int64
 14  NumStorePurchases  2240 non-null   int64
 15  NumWebVisitsMonth  2240 non-null   int64
dtypes: float64(1), int64(14), object(1)
memory usage: 280.1+ KB
``` |

| In [3]: | ```
Income_mean = data["Income"].mean( )
data.loc[data["Income"].isna( )==True,"Income"] = Income_mean
data.isna( ).sum( )
``` |
| Out [3]: | ```
ID                   0
Year_Birth           0
Marital_Status       0
Income               0
Kidhome              0
Teenhome             0
MntWines             0
MntFruits            0
MntMeatProducts      0
MntFishProducts      0
MntSweetProducts     0
NumDealsPurchases    0
NumWebPurchases      0
NumCatalogPurchases  0
NumStorePurchases    0
NumWebVisitsMonth    0
dtype: int64
``` |
```

결측치가 있으나 결측치가 전체적으로 많이 있는 것이 아닌, Income에 소수(24개)만 존재하여 평균으로 대체하였다. 확인 결과 결측치가 잘 처리되었다.

(2) 이상치를 제거하는 방법을 서술하고, 이상치 제거 후 결과를 통계적으로 나타내시오.

이상치를 제거하는 방법 중 Box−Plot은 시각적으로 바로 발견할 수 있고, 4분위 수를 활용하는 IQR을 활용하여 통계적으로 이상치를 처리할 수 있다.

Box−Plot을 사용하기 위해 object인 Marital_Status와 의미가 없는 ID는 제외하고 컬럼을 구성하였다.

In [4]:	`box_col = data.columns.drop(['ID','Marital_Status'])`

Out [4]:	Index(['Year_Birth', 'Income', 'Kidhome', 'Teenhome', 'MntWines',
	        'MntFruits', 'MntMeatProducts', 'MntFishProducts',
	        'MntSweetProducts', 'NumDealsPurchases', 'NumWebPurchases',
	        'NumCatalogPurchases', 'NumStorePurchases', 'NumWebVisitsMonth'],
	       dtype='object')

| In [5]: | ```import matplotlib.pyplot as plt
import seaborn as sns
boxplot을 그리기 위해 범주형 변수 제거한 columns 활용
X = data[box_col]
df_v1 = pd.melt(X, var_name='col', value_name='value')
df_v1
plt.figure(figsize = (15, 7))
sns.boxplot(x ='col', y ='value', data = df_v1)
plt.xticks(range(len(X.columns)), X.columns, rotation=45)
plt.show( )``` |
|---|---|
| Out [5]: | 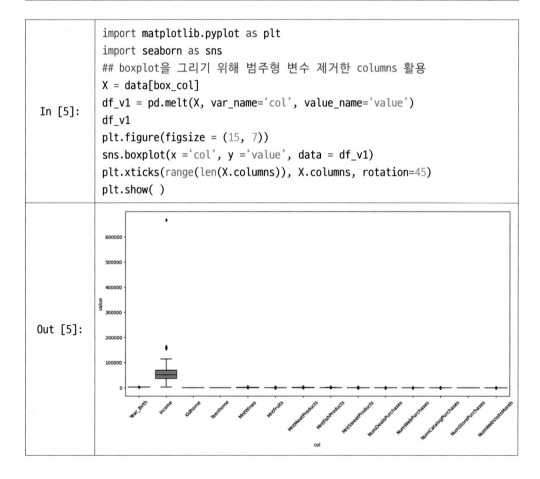 |

Box-Plot을 시각화하여 본 결과 'Income' 변수에 이상치가 있음을 확인하였다. 해당 이상치를 제거하기 위해서 IQR로 이상치를 찾는다.

| In [6]: | ```python
# IQR을 이용한 이상치 탐색 함수
def detect_outliers(df=None, column=None, weight=1.5):
    Q1 = df[column].quantile(0.25)
    Q3 = df[column].quantile(0.75)

    IQR = Q3 - Q1
    IQR_weight = IQR*weight

    outlier_idx = df[(df[column] < Q1 - IQR_weight) | (df[column] > Q3 + IQR_weight)].index

    return outlier_idx
``` |
|---|---|

| In [7]: | ```python
# IQR로 이상치를 찾아 인덱스 저장되어 있음
out_index = detect_outliers(df=data, column='Income')
data.loc[out_index]
``` |
|---|---|

Out [7]:

	ID	Year_Birth	Marital_Status	Income	Kidhome	Teenhome	MntWines	MntFruits	MntMeatProducts	MntFishProducts	MntSweetProducts	NumDeals
164	8475	1973	Married	157243.0	0	1	20	2	1582	1	2	
617	1503	1976	Together	162397.0	1	1	85	1	16	2	1	
655	5555	1975	Divorced	153924.0	0	0	1	1	1	1	1	
687	1501	1982	Married	160803.0	0	0	55	16	1622	17	3	
1300	5336	1971	Together	157733.0	1	0	39	1	9	2	0	
1653	4931	1977	Together	157146.0	0	0	1	0	1725	2	1	
2132	11181	1949	Married	156924.0	0	0	2	1	2	1	1	
2233	9432	1977	Together	666666.0	1	0	9	14	18	8	1	

이상치 중, 666666은 정상적인 값이 아니므로 대체가 필요해 보이나, 다른 7개의 데이터는 특정 고소득층으로 볼 수 있다. 따라서 분석가의 판단으로 666666값만 평균으로 대처하여 처리하고, 나머지는 특정 계층이라고 판단하여 처리하지 않았다.

| In [8]: | ```python
data.loc[out_index[-1], "Income"] = Income_mean
data.loc[out_index]
``` |
|---|---|

Out [8]:

	ID	Year_Birth	Marital_Status	Income	Kidhome	Teenhome	MntWines	MntFruits	MntMeatProducts	MntFishProducts	MntSweetProducts	Num
164	8475	1973	Married	157243.000000	0	1	20	2	1582	1	2	
617	1503	1976	Together	162397.000000	1	1	85	1	16	2	1	
655	5555	1975	Divorced	153924.000000	0	0	1	1	1	1	1	
687	1501	1982	Married	160803.000000	0	0	55	16	1622	17	3	
1300	5336	1971	Together	157733.000000	1	0	39	1	9	2	0	
1653	4931	1977	Together	157146.000000	0	0	1	0	1725	2	1	
2132	11181	1949	Married	156924.000000	0	0	2	1	2	1	1	
2233	9432	1977	Together	52247.251354	1	0	9	14	18	8	1	
```

(3) 위에서 전처리한 데이터로 Kmeans, DBSCAN 등의 방법으로 군집을 생성하시오.

추가 전처리 군집분석을 하기 위해서는 범주형 변수 Marital_Status 인코딩이 필요하다.

In [9]:	df_dum= pd.get_dummies(data,columns=['Marital_Status']) df_dum

	d	Marital_Status_Alone	Marital_Status_Divorced	Marital_Status_Married	Marital_Status_Single	Marital_Status_Together	Marital_Status_Widow	Marital_Status_YOLO
	0	0	0	0	1	0	0	0
	0	0	0	0	1	0	0	0
	0	0	0	0	0	1	0	0
	0	0	0	0	0	1	0	0
Out [9]:	0	0	0	1	0	0	0	0
	...	...	...	...	...	...	...	...
	0	0	0	1	0	0	0	0
	0	0	0	0	0	1	0	0
	0	0	1	0	0	0	0	0
	0	0	0	0	0	1	0	0
	0	0	0	1	0	0	0	0

In [10]:	df_dum.info( )
Out [10]:	``` <class 'pandas.core.frame.DataFrame'> RangeIndex: 2240 entries, 0 to 2239 Data columns (total 23 columns): # Column Non-Null Count Dtype --- ------ -------------- ----- 0 ID 2240 non-null int64 1 Year_Birth 2240 non-null int64 2 Income 2240 non-null float64 3 Kidhome 2240 non-null int64 4 Teenhome 2240 non-null int64 5 MntWines 2240 non-null int64 6 MntFruits 2240 non-null int64 7 MntMeatProducts 2240 non-null int64 8 MntFishProducts 2240 non-null int64 9 MntSweetProducts 2240 non-null int64 10 NumDealsPurchases 2240 non-null int64 11 NumWebPurchases 2240 non-null int64 12 NumCatalogPurchases 2240 non-null int64 13 NumStorePurchases 2240 non-null int64 14 NumWebVisitsMonth 2240 non-null int64 15 Marital_Status_Absurd 2240 non-null uint8 16 Marital_Status_Alone 2240 non-null uint8 17 Marital_Status_Divorced 2240 non-null uint8 18 Marital_Status_Married 2240 non-null uint8 19 Marital_Status_Single 2240 non-null uint8 20 Marital_Status_Together 2240 non-null uint8 21 Marital_Status_Widow 2240 non-null uint8 22 Marital_Status_YOLO 2240 non-null uint8 dtypes: float64(1), int64(14), uint8(8) memory usage: 280.1 KB ```

최적의 클러스터 개수를 결정하는 데 사용되는 방법인 엘보우 기법을 사용한다.

① 클러스터 내 오차제곱합(SSE)을 클러스터 개수마다 비교

② 클러스터 개수를 늘려나가면서 계산한 SSE를 비교

③ 줄어드는 비율이 급격하게 작아지는 부분(=팔꿈치, eblow)이 최적의 클러스터 개수

제4회 기출동형 모의고사 **463**

| In [11]: | ```python
# 엘보우 기법 함수 생성
from sklearn.cluster import KMeans
def elbow(X):
    sse=[ ]
    for i in range(1, 11):
        km=KMeans(n_clusters=i, random_state=1)
        km.fit(X)
        sse.append(km.inertia_)

    plt.plot(range(1, 11), sse, marker='o')
    plt.xlabel('The Number of Clusters')
    plt.ylabel('SSE')
    plt.show( )
    print(sse)
``` |
|---|---|

In [12]:	elbow(df_dum)
Out [12]:	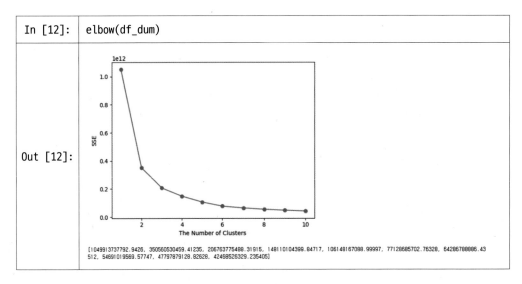 [1049913737792.9426, 350560530459.41235, 206763775488.31915, 148110104399.84717, 106148167088.99997, 77128685702.76328, 64286788886.43512, 54691019569.57747, 47797879128.82628, 42468526329.235405]

엘보우 메서드 결과, 최적의 군집 개수는 3개로 보인다.

이제 K-means기법을 사용하여 3개의 군집으로 데이터를 나누어보자.

| In [13]: | ```python
# K-Means 군집화 실행
km = KMeans(n_clusters=3, random_state=1)
km.fit(df_dum)
``` |
|---|---|
| Out [13]: | KMeans(n_clusters=3, random_state=1) |

최종적으로, 원핫인코딩이 되어있는 전처리 데이터가 아닌, 원본 데이터에 군집의 라벨(0, 1, 2)을 부여하여 해당 군집들의 특성을 분석할 수 있는 전처리를 완료하였다.

In [14]:

```python
# 할당된 군집을 credit 데이터에 추가
new_labels = km.labels_
data['cluster'] = new_labels
data
```

Out [14]:

	ID	Year_Birth	Marital_Status	Income	Kidhome	Teenhome	MntWines	MntFruits	MntMeatProducts	MntFishProducts	MntSweetProducts	NumDeals
0	5524	1957	Single	58138.0	0	0	635	88	546	172	88	
1	2174	1954	Single	46344.0	1	1	11	1	6	2	1	
2	4141	1965	Together	71613.0	0	0	426	49	127	111	21	
3	6182	1984	Together	26646.0	1	0	11	4	20	10	3	
4	5324	1981	Married	58293.0	1	0	173	43	118	46	27	
...	...	...	...	...	...	...	...	...	...	...	...	
2235	10870	1967	Married	61223.0	0	1	709	43	182	42	118	
2236	4001	1946	Together	64014.0	2	1	406	0	30	0	0	
2237	7270	1981	Divorced	56981.0	0	0	908	48	217	32	12	
2238	8235	1956	Together	69245.0	0	1	428	30	214	80	30	
2239	9405	1954	Married	52869.0	1	1	84	3	61	2	1	

2240 rows × 17 columns

제4회 기출동형 모의고사 465

2. 군집분석

(1) 위에서 생성한 군집들의 특성을 분석하시오.

① 그룹화 : 군집별 특성을 확인하는 가장 쉬운 방법은 군집별 변수의 평균을 살펴보는 것이다. 그리고 서술형이기 때문에 각 군집별 특징을 도출하여 서술하면 된다.

In [15]:	data.cluster.value_counts( )
Out [15]:	2 812 1 741 0 687 Name: cluster, dtype: int64

군집은 3개의 사이즈는 유사하여 군집분석을 통해 적절한 샘플사이즈가 분배되었다고 볼 수 있다.

In [16]:	group_mean = data.groupby("cluster").mean() group_mean.reset_index(inplace=True) group_mean

	cluster	ID	Year_Birth	Income	Kidhome	Teenhome	MntWines	MntFruits	MntMeatProducts	MntFishProducts	MntSweetProducts	NumD
Out [16]: 0	0	5770.388646	1967.429403	76967.652111	0.084425	0.350801	616.861718	57.052402	397.494905	82.835517	60.053857	
1	1	5662.222672	1973.105263	28348.147099	0.808367	0.311741	30.568151	5.990553	25.570850	9.068826	6.056680	
2	2	5377.431034	1966.046798	52385.061926	0.416256	0.815271	288.646552	18.821429	100.912562	25.158867	18.320197	

② 데이터의 특징별로 평균치를 해석 : 데이터가 많을 때에는 유사한 데이터끼리 묶어 확인하는 것이 좋다. 〈고객 정보 데이터〉, 〈소비 제품 데이터〉, 〈구매 채널 데이터〉별로 살펴보자.

In [17]:	## 고객 정보 데이터 group_mean[["Year_Birth","Income","Kidhome","Teenhome"]]

Out [17]:		Year_Birth	Income	Kidhome	Teenhome
	0	1967.429403	76967.652111	0.084425	0.350801
	1	1973.105263	28348.147099	0.808367	0.311741
	2	1966.046798	52385.061926	0.416256	0.815271

그룹 0은 평균 1967년생으로 Income 평균이 가장 높은 집단이다. 어린 아이가 집에 없을 확률이 높으며, 10대 청소년도 0.35로 높은 편은 아니다.

그룹 1은 평균 1973년생으로 Income 평균이 가장 낮은 집단이다. 어린아이가 집에 있을 확률이 높다.

그룹 2는 평균 1966년생으로 그룹 1과 연령이 비슷한 집단이며, Income은 전체 평균에 가깝다.

Kidhome 변수가 0.41로 아이가 있을 확률이 높으며, 특히, Teenhome 평균이 0.81로 10대 청소년이 집에 같이 생활할 확률이 매우 높다.

In [18]:	`## 소비 제품 데이터`
	`Mnt_group = group_mean[["cluster",'MntWines','MntFruits','MntMeatProdu`
	`cts','MntFishProducts','MntSweetProducts']]`
	`Mnt_group.set_index("cluster",inplace=True)`
	`Mnt_group`

Out [18]:	

	MntWines	MntFruits	MntMeatProducts	MntFishProducts	MntSweetProducts
cluster					
0	616.861718	57.052402	397.494905	82.835517	60.053857
1	30.568151	5.990553	25.570850	9.068826	6.056680
2	288.646552	18.821429	100.912562	25.158867	18.320197

다음으로 소비 제품 데이터를 확인해보자. 소비 제품 데이터를 보았을 때에, 그룹별 제품 구매 수의 차이가 존재하여 한 번에 해석하기가 어렵다. 이럴 때에는 전체 구매 수로 나누어 비율로 해석하는 것이 좋다.

In [19]:	`sum_group_Mnt = np.array(Mnt_group.sum(1))` `sum_group_Mnt.reshape(3,1)`

Out [19]:	`array([[1214.29839884],`
	`       [  77.25506073],`
	`       [ 451.85960591]])`

In [20]:	`Mnt_group/sum_group_Mnt.reshape(3,1)`
Out [20]:	

	MntWines	MntFruits	MntMeatProducts	MntFishProducts	MntSweetProducts
cluster					
0	0.507998	0.046984	0.327345	0.068217	0.049456
1	0.395678	0.077543	0.330993	0.117388	0.078398
2	0.638797	0.041653	0.223327	0.055679	0.040544

소비특징은 다음과 같다.

그룹 0은 평균연령 1967년생, 소득이 가장 많은 집단으로 전체 구매 수 1214로 가장 높고 그중 와인의 구매가 가장 많았다.

그룹 1은 가장 어린 집단(평균 1973년생)으로 소득의 평균도 낮고, 소비가 가장 적은 집단이다. 전체 구매 수가 77로 현저히 낮으며 소비의 타 그룹과 비교하였을 때, 고기와 과자, 과일의 비율이 가장 높다. 전체적인 소비보다는 특정 상품의 소비의 비율이 높다.

그룹 2는 소득과 소비가 중간이다. 타 그룹과 비교하였을 때, 와인의 구매비율이 0.638로 가장 높다.

(2) 각 군집별 상품을 추천하시오.

위 정보를 가지고 각 군집별 상품을 추천할 수 있다.

그룹 0	와인 추천
그룹 1	고기 추천
그룹 2	와인 추천

(3) ID가 10870인 고객을 대상으로 상품을 추천하시오.

차후 시험에서는 예측할 데이터 테이블을 따로 주고 train 데이터를 fit한 군집분석모델에 test 데이터를 집어넣어 결과가 나오게 하여 상품을 추천하라고 할 수도 있다.

하지만, 해당 문제에서는 바로 ID 값으로 제품을 추천하라고 하였으니, 특정 ID의 군집과 고객 특성을 보고 상품을 추천하면 된다.

In [21]:	data.loc[data["ID"]==10870]										
Out [21]:	ID	Year_Birth	Marital_Status	Income	Kidhome	Teenhome	MntWines	MntFruits	MntMeatProducts	MntFishProducts	MntSweetProducts	NumDealsPurcha
	10870	1967	Married	61223.0	0	1	709	43	182	42	118	

10870 고객은 그룹 2에 속한다. 와인의 구매비율이 높은 집단으로 와인 상품을 추천하는 것이 소비비율의 특징을 보았을 때 적절하다고 판단된다.

그룹 2의 특성상 웹사이트, 매장에서 구매하는 비율이 높았다. 해당 고객은 지난달 구매수와 이번 달 구매 수를 보니 웹사이트를 많이 이용하는 고객으로 보이므로 웹사이트 추천을 하는 것이 좋아보인다.

■ 통계분석 (50점)

1. 한 공장에서 생산된 제품에서 최근 추정 불량률은 90%였다. 오차의 한계가 5% 이하가 되도록 하는 최소 표본 사이즈를 구하시오.

2. 다음은 1월부터 9월까지의 은의 가격이다.

1M	2M	3M	4M	5M	6M	7M	8M	9M
12.14	42.6	34.4	35.29	30.96	57.12	37.84	42.49	31.38

(1) 은의 가격 및 이동평균값 3이 설정된 시계열 그래프를 그리시오.

(2) 1월 대비 9월의 은의 가격은 몇 % 올랐는가?(소수점 두번째 자리에서 반올림)

3. 아래 그래프는 A, B, C 자치구별 H 의원에 대한 찬성, 반대 투표 결과이다. 자치구별 지지율이 같은지에 대해서 검정하시오.

구 분	A	B	C
찬 성	176	193	159
반 대	124	107	141

4. A학교 남녀 학생들의 평균 혈압 차이가 있는지 여부에 대한 검정하시오(단, 남학생과 여학생의 혈압 데이터는 정규분포를 따르며 등분산임을 가정).

(1) 남녀 학생들의 평균 혈압 차이가 있는지에 대해 가설을 설정하시오.

(2) 검정통계량을 구하고 판단하시오.

(3) 평균 혈압차의 신뢰구간을 구했을 때, 판단한 결과가 (2)의 결과를 지지하는지 설명하시오.

5. height(키), weight(몸무게), waist(허리둘레) 컬럼을 가진 problem7.csv파일을 가지고 다음을 분석하시오. A시의 20대 남성 411명을 임의로 추출한 후 키, 몸무게, 허리둘레를 조사하여 기록한 데이터이다. 이 데이터를 이용하여 20대 남성의 키와 허리둘레가 체중에 영향을 미치는지 알아보시오.

(1) 아래 조건을 참고하여 회귀계수(반올림하여 소수점 두자리)를 구하시오.

> 조건1 : 베이지안 회귀모델을 사용
> 조건2 : 1000번의 burn-in 이후 10,000의 MCMC를 수행
> 조건3 : 회귀계수의 사전분포는 부적절한 균일분포(inproper uniform prior distribution)
> 조건4 : 오차항의 분산의 사전분포는 역감마 분포로 지정
> 조건5 : 형상(Shape)모수와 척도(Scale)모수는 각각 0.005로 지정

(2) 위에서 만든 모델을 바탕으로 키 180cm, 허리둘레 85cm인 남성의 몸무게를 추정하시오.

▶ 정답 및 해설

1. 한 공장에서 생산된 제품에서 최근 추정 불량률은 90%였다. 오차의 한계가 5% 이하가 되도록 하는 최소 표본 사이즈를 구하시오.   [20분]

모비율에 대한 추정 : 95% 신뢰구간의 뜻은 모집단 평균이 포함되는 구간이 95% 확률로 생성된다는 의미이다. 그러므로 모비율 추정에서 오차한계는 $Z\_0.05 \times std/sqrt(n)$이다.

오차의 한계가 5% 이하가 되려면 다음과 같아야 한다.

$$Z_{0.05} = \frac{8}{\sqrt[2]{n}} \leq 0.05$$

이를 n에 대해서 정리하면 다음과 같다.

$$n \geq (s)^2 \times (Z_{0.05})^2 \div (0.05)^2$$

그러므로 이 공식을 문제에 대입하여 보면 s^2은 $p(1-p)$이므로 아래와 같이 파이썬 함수를 만들어서 풀 수 있다.

In [1]:	```
	def calculate_sample_size(p, z, d) :
	    n = p*(1-p)*(z**2)/(d**2)
	    print("최소 샘플사이즈는 {}보다 커야합니다".format(n))
	``

In [2]:	`calculate_sample_size(0.9, 1.96, 0.05)`
Out [2]:	최소 샘플사이즈는 138.29759999999993보다 커야합니다

따라서 정답은 139이다.

Tip

최근 기초통계 문제가 많이 나오고 있다. 기초통계학 개념들을 파이썬으로 구현할 준비를 해놓는 것이 좋다.

2. 다음은 1월부터 9월까지의 은의 가격이다. [15분]

(1) 은의 가격 및 이동평균값 3이 설정된 시계열 그래프를 그리시오.

In [1]:	```# 라이브러리 불러오기```
	 `import pandas as pd`
	 `import numpy as np`
	 `data = pd.read_csv("https://raw.githubusercontent.com/ADPclass/ADP_book_ver01/main/data/26_problem4.csv")`
	 `data`

Out [1]:	<table><tr><th>1M</th><th>2M</th><th>3M</th><th>4M</th><th>5M</th><th>6M</th><th>7M</th><th>8M</th><th>9M</th></tr><tr><td>12.14</td><td>42.6</td><td>34.4</td><td>35.29</td><td>30.96</td><td>57.12</td><td>37.84</td><td>42.49</td><td>31.38</td></tr></table>

In [2]:	```# 파생변수를 추가하기 위해서 행열변환```
	 `ma_data = data.transpose( )`
	 `ma_data.columns = ["month_price"]`
	 `ma_data`

Out [2]:	<table><tr><th></th><th>month_price</th></tr><tr><td>1M</td><td>12.14</td></tr><tr><td>2M</td><td>42.60</td></tr><tr><td>3M</td><td>34.40</td></tr><tr><td>4M</td><td>35.29</td></tr><tr><td>5M</td><td>30.96</td></tr><tr><td>6M</td><td>57.12</td></tr><tr><td>7M</td><td>37.84</td></tr><tr><td>8M</td><td>42.49</td></tr><tr><td>9M</td><td>31.38</td></tr></table>

In [3]:	```# 파생변수를 추가```
	
	 `ma_data["ma_3"] =0`
	 `ma_data.loc["3M","ma_3"] = ma_data["month_price"][0:3].mean( )`
	 `ma_data.loc["4M","ma_3"] = ma_data["month_price"][1:4].mean( )`
	 `ma_data.loc["5M","ma_3"] = ma_data["month_price"][2:5].mean( )`
	 `ma_data.loc["6M","ma_3"] = ma_data["month_price"][3:6].mean( )`
	 `ma_data.loc["7M","ma_3"] = ma_data["month_price"][4:7].mean( )`
	 `ma_data.loc["8M","ma_3"] = ma_data["month_price"][5:8].mean( )`
	 `ma_data.loc["9M","ma_3"] = ma_data["month_price"][6:9].mean( )`
	 `ma_data`

Out [3]:

	month_price	ma_3
1M	12.14	0.000000
2M	42.60	0.000000
3M	34.40	29.713333
4M	35.29	37.430000
5M	30.96	33.550000
6M	57.12	41.123333
7M	37.84	41.973333
8M	42.49	45.816667
9M	31.38	37.236667

3개월 이동평균 값을 ma_3에 저장하였다. 인덱싱을 활용하였으며 데이터가 얼마되지 않으므로 반복문은 사용하지 않았다. 이제 ma_3을 시각화해보자.

In [4]:

```
import matplotlib.pyplot as plt
plt.scatter(x = ma_data.index, y = ma_data["month_price"])
plt.plot(ma_data.index[2:], ma_data["ma_3"][2:], c='red')
```

Out [4]:

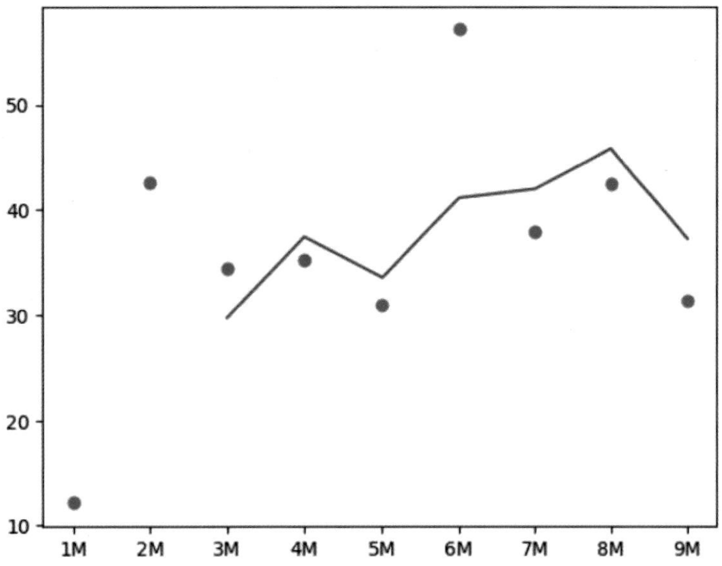

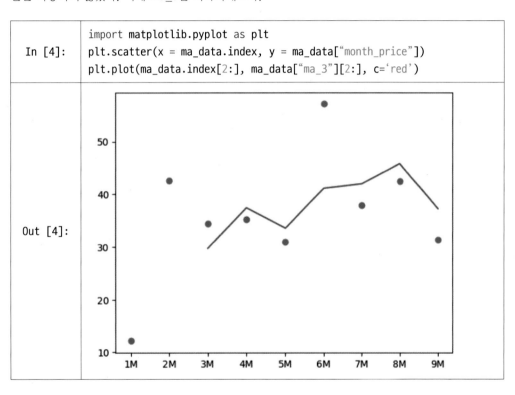

(2) 1월 대비 9월의 은의 가격은 몇 % 올랐는가?(소수점 두번째 자리에서 반올림)

In [1]:

```
round(ma_data["month_price"][-1]/ma_data["month_price"][0]*100,1)
```

Out [1]:

```
258.5
```

정답은 258.5%이다.

3. 아래 그래프는 A, B, C 자치구별 H 의원에 대한 찬성, 반대 투표 결과이다. 자치구별 지지율이 같은지에 대해서 검정하시오.　　　　　　　　　　　　　　　　　　　　　　　　　　　　　　　　　[15분]

이 문제는 두 개 이상의 범주형 변수에 대해서 변수들 간의 관계에 따라 분포의 차이를 보는 것이므로 독립성 검정을 시행해야 한다.

귀무가설	자치구와 지지율은 독립이다.
대립가설	자치구와 지지율은 독립이 아니다.

| In [1]: | ```python
import pandas as pd
import numpy as np
data = pd.DataFrame({"vote" :["찬성","반대"],
                      "A" : [176,124],
                      "B" : [193,107],
                      "C" : [159,141]})
data
``` |
| Out [1]: | ```
   vote   A    B    C
0  찬성   176  193  159
1  반대   124  107  141
``` |

| In [2]: | ```python
data.set_index("vote",inplace=True) ## 교차표를 만들어 주기 위해 인덱스 설정
data
``` |
| Out [2]: | ```
         A    B    C
vote
찬성     176  193  159
반대     124  107  141
``` |

| In [3]: | ```python
# 카이제곱 검정을 통한 독립성 검정 수행
from scipy.stats import chi2_contingency
chi, p, df, expect = chi2_contingency(data)
print('Statistic:', chi)
print('p-value:', p)
print('df:', df)
print('expect: \n', expect)
``` |
| Out [3]: | ```
Statistic: 7.945381231671554
p-value: 0.01882272023214683
df: 2
expect:
 [[176. 176. 176.]
 [124. 124. 124.]]
``` |

p-value가 유의수준 0.05보다 작으므로 귀무가설을 기각한다.

자치구와 지지율은 독립이 아니라고 할 수 있다. 즉, 자치구별 H의원에 대한 지지율은 다르다.

4. A학교 남녀 학생들의 평균 혈압 차이가 있는지 여부에 대한 검정하시오(단, 남학생과 여학생의 혈압 데이터는 정규분포를 따르며 등분산임을 가정). [30분]

(1) 남녀 학생들의 평균 혈압 차이가 있는지에 대해 가설을 설정하시오.

| 귀무가설 | A학교에서 성별에 따른 평균 혈압 차이는 없다. |
| 대립가설 | A학교에서 성별에 따른 평균 혈압 차이는 있다. |

(2) 검정통계량을 구하고 판단하시오.

평균의 차이를 검정하는 문제이니 t-test를 사용한다. 또한 독립적인 두 집단에 대한 평균의 비교이므로 독립표본 t검정을 진행해야 한다.

| In [1]: | ```python
import pandas as pd
data = pd.read_csv("https://raw.githubusercontent.com/ADPclass/ADP_book_ver01/main/data/26_problem6.csv")
data.head( )
``` |
| Out [1]: |
　 gender pressure
0　 male　 106.8
1　 male　 100.8
2　 male　 84.5
3　 male　 104.2
4　 male　 107.0 |

| In [2]: | ```python
# 성별에 따른 혈압이 등분산성을 만족한다는 조건 하에 독립 t검정 수행
(ttest_ind), default is 'two-sided'
import scipy.stats as stats
## 데이터 나누기
male = data.loc[data.gender =='male', 'pressure']
female = data.loc[data.gender =='female', 'pressure']
test_result = stats.ttest_ind(male, female, equal_var=True)
test_result
``` |
| Out [2]: | Ttest_indResult(statistic=1.3813481801194591,
pvalue=0.18044550626193734) |

검정통계량은 1.3813481801194591이며, 검정 결과 귀무가설은 기각하지 못한다. 즉, 성별에 따라 평균 혈압의 차이가 없다고 할 수 있다.

(3) 평균 혈압차의 신뢰구간을 구했을 때, 판단한 결과가 (2)의 결과를 지지하는지 설명하시오.

> **Tip**
>
> (3)과 같은 유형의 문제가 바로 기초, 수리 통계학 준비가 필요한 이유이다.
> 차이에 대한 신뢰구간은 기각역에 Sp/sqrt(1/n1 + 1/n2) 를 해주면 된다. 혹은 t 패키지 내에 있는 interval
> 함수를 사용하면 된다.

In [3]:	```python
	# 평균과 신뢰구간
	from numpy import array,mean
	from scipy.stats import sem,t
	import numpy as np
	
	## 통합 표준편차(Sp)를 구하는 공식이 복잡하므로 함수를 만들어 사용
	def sp(data1, data2) :
	    df =len(data) +len(data2) -2
	    s1 = (len(data1)-1) @(data1.std( )**2)
	    s2 = (len(data2)-1) @(data2.std( )**2)
	    sp = np.sqrt((s1+s2)/ df)
	    return sp```

Out [3]:	Ttest_indResult(statistic=1.3813481801194591, pvalue=0.18044550626193734)

In [4]:	```python alpha =0.95 dof =len(male) +len(female) -2 diff_mean = male.mean( ) - female.mean( ) s = sp(male,female) @(1/len(male) +1/len(female)) CI = t.interval(alpha, dof, loc = diff_mean, scale = s) CI```
Out [4]:	(2.4946163867330915, 8.098439168822473)

소수점 4째 자리에서 반올림한 신뢰구간은 [2.495, 8.098]이다.

우리가 검정에 사용했던 남자평균 − 여자평균의 값이 5.29**@이었으므로 신뢰구간을 구한 결과도 앞선 독립 2표본 t검정 결과를 지지한다.

5. height(키), weight(몸무게), waist(허리둘레) 컬럼을 가진 problem7.csv파일을 가지고 다음을 분석하시오. A시의 20대 남성 411명을 임의로 추출한 후 키, 몸무게, 허리둘레를 조사하여 기록한 데이터이다. 이 데이터를 이용하여 20대 남성의 키와 허리둘레가 체중에 영향을 미치는지 알아보시오.   [30분]

(1) 아래 조건을 참고하여 회귀계수(반올림하여 소수점 두 자리)를 구하시오.

In [1]:	`import pandas as pd`
	`data = pd.read_csv("https://raw.githubusercontent.com/ADPclass/ADP_book_ver01/main/data/26_problem7.csv")`
	`data`

Out [1]:	

	height	weight	waistline
0	174.396	72.102	79.3787
1	179.656	81.255	80.6649
2	175.079	76.207	80.3166
3	180.804	81.354	80.8794
4	177.448	78.768	80.3499
...	...	...	...
406	174.207	73.736	80.1779
407	174.702	74.529	80.1306
408	176.858	76.083	80.4527
409	175.566	76.459	80.2019
410	177.076	74.667	79.9108

411 rows × 3 columns

In [2]:	`from sklearn import linear_model` `help(linear_model)`

Out [2]:	`...중간 생략 ...`
	`sklearn.linear_model._bayes.ARDRegression(sklearn.base.RegressorMixin,`
	`sklearn.linear_model._base.LinearModel)`
	
	`sklearn.linear_model._bayes.BayesianRidge(sklearn.base.RegressorMixin,`
	`sklearn.linear_model._base.LinearModel)`
	
	`sklearn.linear_model._coordinate_descent.ElasticNet(sklearn.base.`
	`MultiOutputMixin, sklearn.base.RegressorMixin,`
	`sklearn.linear_model._base.LinearModel)`

In [3]:	``` from sklearn.linear_model._bayes import ARDRegression help(ARDRegression) # 1000번의 burn-in 이후 10,000의 MCMC를 수행 # 회귀계수의 사전분포는 부적절한 균일분포(inproper uniform prior distribution) # 오차항의 분산의 사전분포는 역감마 분포로 지정 # 이때, 형상(Shape)모수와 척도(Scale)모수는 각각 0.005로 지정 ```
Out [3]:	``` ¦ Bayesian ARD regression. ¦ 중간 생략 ¦ ¦ Parameters ¦ ---------- ¦ n_iter : int, default=300 ¦ Maximum number of iterations. ¦ ¦ alpha_1 : float, default=1e-6 ¦ Hyper-parameter : shape parameter for the Gamma distribution prior ¦ over the alpha parameter. ¦ ¦ alpha_2 : float, default=1e-6 ¦ Hyper-parameter : inverse scale parameter (rate parameter) for the ¦ Gamma distribution prior over the alpha parameter. ¦ ¦ lambda_1 : float, default=1e-6 ¦ Hyper-parameter : shape parameter for the Gamma distribution prior ¦ over the lambda parameter. ¦ ¦ lambda_2 : float, default=1e-6 ¦ Hyper-parameter : inverse scale parameter (rate parameter) for the ¦ Gamma distribution prior over the lambda parameter. ¦ ¦ threshold_lambda : float, default=10 000 ¦ Threshold for removing (pruning) weights with high precision from ¦ the computation. ¦ ¦ fit_intercept : bool, default=True ¦ Whether to calculate the intercept for this model. If set ¦ to false, no intercept will be used in calculations ¦ (i.e. data is expected to be centered). ```

help함수를 통해 sklearn 안에 linear_model에 bayes 함수가 있는지 찾아보았다. sklearn.linear_model._bayes.ARDRegression 함수가 적절해보이므로 해당 함수를 가지고 모델링하였다.

In [4]:	```from sklearn.model_selection import train_test_split```
	```# 훈련 테스트 데이터세트 분리```
	```X = data[["height", "weight"]]```
	```y = data["waistline"]```
	```X_train, X_test, y_train, y_test = train_test_split(X,y, test_size=0.3,```
	``` random_state=7)```

In [5]:	```clf = ARDRegression(n_iter=1000,alpha_2=0.005, lambda_1=0.005,```
	```fit_intercept =False) ## 부적절한 균일분포```
	```clf.fit(X_train, y_train)```
	```y_pred = clf.predict(X_test)```
	```clf.coef_```
Out [5]:	```array([0.53879393, -0.19168936])```

회귀계수는 [0.538, −0.191]이다.

(2) 위에서 만든 모델을 바탕으로 키 180cm, 허리둘레 85cm인 남성의 몸무게를 추정하시오.

In [6]:	```clf.predict([[180,85]])```
Out [6]:	```array([80.68931085])```

추정 몸무게는 80.7이다.

Tip

ADP에서는 5번 문제와 같은 난이도 조절 문제가 나오면 최대한 늦게 푸는 것이 좋다. 모르는 모델이 나오더라도 help( ) 함수를 사용하여 유사한 모델로 푸는 것이 부분점수를 받을 수 있는 방법이다.

※ 우리는 ADP시험을 위해 세상에 존재하는 모든 모델을 공부할 수는 없다. 심지어 이 베이지안 회귀 모델은 많이 쓰지 않는 모델이다. 그러므로 우리는 시험장에서 대부분의 데이터 분석 모델이 있는 sklearn에서 유사모델을 빨리 찾아 최대한 적용해야 한다.

제5회 기출동형 모의고사

■ 머신러닝 (50점)

> **creditcard.csv 데이터**
>
> 신용카드 사기 탐지를 위한 예제 데이터이다.
> - Time : 트랜잭션 시간, 의미 없음
> - V1~V28 : 사용자 ID 및 민감한 기능(v1-v28)을 보호하기 위해 변환된 정보
> - Amount : 거래금액
> - Class : 0은 정상, 1은 이상치(신용카드 사기)

1. 데이터 전처리

(1) 데이터의 특징을 파악하시오(EDA).

(2) 상관관계를 시각화하고 전처리가 필요함을 설명하시오.

2. 차원 축소

(1) 차원 축소 방법 2가지 이상을 비교하고 한 가지를 선택하시오.

(2) 위에서 선택한 방법을 실제로 수행하고, 선택한 이유를 설명하시오.

3. 오버 샘플링과 언더 샘플링

(1) 오버 샘플링과 언더 샘플링의 장단점을 비교하고 선택하시오.

(2) 분류분석 구현 및 위에서 선택한 샘플링기법 중 2가지 이상의 알고리즘으로 모델을 비교하고 성능을 측정하시오.

(3) 현재까지 전처리한 데이터를 통해 분류 모델 수행 후 결과를 분석하시오.

4. 이상탐지 모델

(1) 이상탐지 모델 2가지 이상 기술, 장단점을 설명하시오.

(2) 앞서 전처리한 데이터로 한 가지 이상의 탐지 모델을 구현하고, 3.에서 만든 모델과 비교하시오.

(3) 데이터분석가 관점에서 3.에서 만든 모델과 4.에서 만든 모델을 설명하시오.

▶ 정답 및 해설

1. 데이터 전처리 [30분]

(1) 데이터의 특징을 파악하시오(EDA).

In [1]:	```import pandas as pd df= pd.read_csv("https://raw.githubusercontent.com/ADPclass/ADP_book_ver01/main/data/27_problem1.csv") df.head( )```

Out [1]:		Time	V1	V2	V3	V4	...	V26	V27	V28	Amount	Class
	0	169227.0	1.951886	-0.578118	-0.251923	0.392350	...	0.622765	-0.038340	-0.062118	6.42	0
	1	117304.0	1.819845	-0.746526	-0.669898	0.337468	...	-0.600338	0.025859	-0.012363	102.63	0
	2	151654.0	1.574784	-1.315964	-0.737878	-0.520936	...	0.677185	-0.078182	-0.007301	255.00	0
	3	74478.0	-1.039813	0.245832	1.665945	-0.049794	...	-0.610364	-0.472262	-0.610480	36.00	0
	4	56500.0	1.235277	0.172469	0.154144	0.516811	...	0.102982	-0.038378	0.013682	1.78	0

5 rows × 31 columns

In [2]:	`## 결측치 확인 가능` `data.info( )`
| Out [2]: | ```
<class 'pandas.core.frame.DataFrame'>
RangeIndex: 25446 entries, 0 to 25445
Data columns (total 31 columns):
 #   Column  Non-Null Count  Dtype
---  ------  --------------  -----
 0   Time    25446 non-null  float64
 1   V1      25446 non-null  float64
 2   V2      25446 non-null  float64
 3   V3      25446 non-null  float64
 4   V4      25446 non-null  float64
 5   V5      25446 non-null  float64
 6   V6      25446 non-null  float64
 7   V7      25446 non-null  float64
 8   V8      25446 non-null  float64
 9   V9      25446 non-null  float64
 10  V10     25446 non-null  float64
 11  V11     25446 non-null  float64
 12  V12     25446 non-null  float64
 13  V13     25446 non-null  float64
 14  V14     25446 non-null  float64
 15  V15     25446 non-null  float64
 16  V16     25446 non-null  float64
 17  V17     25446 non-null  float64
 18  V18     25446 non-null  float64
 19  V19     25446 non-null  float64
 20  V20     25446 non-null  float64
 21  V21     25446 non-null  float64
 22  V22     25446 non-null  float64
 23  V23     25446 non-null  float64
 24  V24     25446 non-null  float64
 25  V25     25446 non-null  float64
 26  V26     25446 non-null  float64
 27  V27     25446 non-null  float64
 28  V28     25446 non-null  float64
 29  Amount  25446 non-null  float64
 30  Class   25446 non-null  int64
dtypes: float64(30), int64(1)
memory usage: 6.0 MB
``` |

info로 살펴본 결과 결측치와 범주형 변수가 포함되어 있지 않음을 알 수 있다.
```

		Time	V1	V2	V3	V4	...	V26	V27	V28	Amount	Class
In [3]:	df.describe( )											
Out [3]:	count	25446.000000	25446.000000	25446.000000	25446.000000	25446.000000	...	25446.000000	25446.000000	25446.000000	25446.000000	25446.000000
	mean	94364.629136	-0.077865	0.070513	-0.131596	0.079928	...	-0.000327	0.003988	0.001968	89.014978	0.019335
	std	47518.052259	2.251232	1.812995	2.024774	1.566266	...	0.481564	0.430141	0.298163	257.291780	0.137702
	min	26.000000	-34.591213	-44.639245	-33.680984	-5.683171	...	-1.778061	-7.263482	-8.257218	0.000000	0.000000
	25%	53900.500000	-0.940456	-0.581740	-0.954405	-0.822272	...	-0.326179	-0.071562	-0.053210	5.380000	0.000000
	50%	84204.000000	0.000653	0.078568	0.150565	0.022988	...	-0.053620	0.001883	0.011140	21.950000	0.000000
	75%	139128.250000	1.310108	0.841744	1.013779	0.791941	...	0.241141	0.094430	0.079109	79.372500	0.000000
	max	172787.000000	2.409347	22.057729	3.866661	12.114672	...	3.463246	9.879903	9.718743	11898.090000	1.000000

8 rows × 31 columns

describe로 살펴보았을 때, Amount 변수는 V1~28과는 달리 사이즈가 커서 시각화를 할 경우 다른 데이터들의 특징을 한눈에 보기 어려워 보이며, 차후 전처리를 통해 변수 사이즈를 맞춰줄 필요가 있어 보인다.

In [4]:	
| | ```
## BoxPlot
import matplotlib.pyplot as plt
import seaborn as sns
## seaborn에 있는 BoxPlot을 그리기 위한 데이터 형변환
X = df.copy().drop(columns=['Time','Amount']) ## Amount는 Value값의 차
이가 크므로 제외
df_v1 = pd.melt(X, var_name='col', value_name='value')
df_v1
plt.figure(figsize = (15, 7))
sns.boxplot(x ='col', y ='value', data = df_v1)
plt.xticks(range(len(X.columns)), X.columns, rotation=45)
plt.show( )
``` |

Out [4]:	
	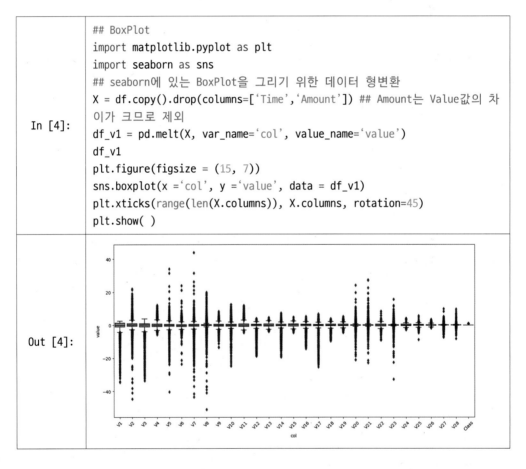

데이터의 이상치의 여부를 판단하기 위해 Box-Plot으로 시각화해보았다. 시각화 결과 각 변수의 많은 이상치들이 보이며, 이 이상치들이 사기행위가 들어간 데이터일 확률이 높아 보인다.
```

(2) 상관관계를 시각화하고 전처리가 필요함을 설명하시오.

| In [5]: | ```python
import seaborn as sns
import matplotlib.pyplot as plt
import numpy as np
# 그림 사이즈 지정
fig, ax = plt.subplots( figsize=(20,15) )
# 히트맵을 그린다
sns.heatmap(df.corr( ),
            cmap ='RdYlBu_r',
            annot =False,    # 실제 값 표시
            linewidths =.5,   # 경계 구분
            )
plt.show( )
``` |
|---|---|
| Out [5]: | |

변수 간의 상관관계를 시각화해보니, 종속변수인 Class와의 관계를 제외하고 독립변수들 간에는 강한 관계가 보이지 않는다. 보통 0.7 이상의 값이 나타날 때에는 원본 데이터 사이즈를 축소시켜 분석을 하는 주성분분석을 사용하지만, 해당 데이터에는 차원 축소를 해주는 것이 적합할지 분석가의 판단이 필요해 보인다.
```

In [6]:	df['Class'].value_counts( )
Out [6]:	0 24954 1 492 Name: Class, dtype: int64

① 이 데이터 세트는 25,446건의 거래 중 492건의 사기가 있는 거래를 나타낸다.

② 데이터 세트는 매우 불균형하며 긍정적인 클래스(사기)가 모든 거래의 1.93%를 차지하고 있다.

③ 변수별로 이상치가 존재하나, 이상치를 찾아 처리하는 과제이므로 이상치를 제거하지는 않는다.

④ 변수 간의 상관성이 높지 않아, 차원 축소와 같은 전처리가 필요할지 검토해보아야 한다.

⑤ Class의 불균형 데이터를 오버 샘플링 혹은 언더 샘플링으로 처리가 필요해 보인다.

⑥ Amount 변수는 다른 변수들과의 수치 값의 차이가 커 모델 사용 시, scale을 적용할 필요가 있어 보인다.

2. 차원 축소

(1) 차원 축소 방법 2가지 이상을 비교하고 한 가지를 선택하시오.

① 요인분석(FA ; Factor Analysis)

요인분석은 수집된 많은 변수들이 있을 때, 유사한 항목들(공통차원)들끼리 묶어서 처리하는 기법이다. 이 때에는 독립변수와 종속변수의 개념이 없으며, 모든 변수들 간의 관계를 분석함으로써 공통요인을 분석가의 판단으로 묶어서 처리할 수 있다.

② PCA 주성분분석

주성분분석이란 데이터에 여러 변수들이 있을 때, 서로 상관성이 높은 변수들의 선형결합으로 이루어진 "주성분"이라는 새로운 변수를 만들어 변수들을 요약하고 축소하는 기법이다. 변수들의 성격을 알 수 없는 해당 데이터에 어울리는 분석은 PCA이다.

(2) 위에서 선택한 방법을 실제로 수행하고, 선택한 이유를 설명하시오.

PCA를 선택한 이유는 다음과 같다. 우선, 해당 데이터의 의미를 정확하게 이해하고 있지 못할 때에는 분석가의 주관적인 견해가 들어가는 요인분석은 사용하기가 어렵다(미리 가정을 하고 분석하는 것에 어울림).

PCA는 데이터 간의 선형 관계만을 가지고 판단하고, 주어진 데이터를 최대한 보존하여 저차원의 데이터를 얻을 수 있으므로 지금과 같은 가명처리 되어있는 변수에 적합한 기법이라 판단하였다.

In [7]:	```from sklearn.preprocessing import MinMaxScaler scaler = MinMaxScaler(feature_range=(-1, 1), copy=True) scaled_Amount = scaler.fit(df[["Amount"]]) scaled_Amount.transform(df[["Amount"]])```

Out [7]:	```array([[-0.99892084],
	       [-0.98274849],
	       [-0.95713598],
	       ...,
	       [-0.98690714],
	       [-0.95881692],
	       [-0.99285095]])```

실제 PCA를 수행하기에 앞서, 앞에서 데이터의 사이즈의 차이가 컸던 Amount 변수를 −1~1로 스케일링해주었다.

In [8]	```# 원본 데이터에 파생변수 추가 df["Scaled_Amount"] = scaler.transform(df[["Amount"]])```

In [9]:	`# 차원을 축소할 데이터만 추출`
	`features = df.columns.drop(["Time","Class","Amount"])`
	`features`

Out [9]:	Index(['V1', 'V2', 'V3', 'V4', 'V5', 'V6', 'V7', 'V8', 'V9', 'V10', 'V11', 　　'V12', 'V13', 'V14', 'V15', 'V16', 'V17', 'V18', 'V19', 'V20', 'V21', 　　'V22', 'V23', 'V24', 'V25', 'V26', 'V27', 'V28', 'Scaled_Amount'], 　　dtype='object')

In [10]:	`from sklearn.decomposition import PCA`
	`## Scree Plot으로 주성분 개수 정하는 방법 (변수의 개수 29개)`
	`pca = PCA(n_components=29)`
	`pca_fit = pca.fit(df[features])`

In [11]:	`print("\n ===================== PCA Result Summary ===================")`
	`print("\n고유 값 : \n",pca.singular_values_)`
	`print("\n분산 설명력: \n", pca.explained_variance_ratio_)`

Out [11]:	`===================== PCA Result Summary ===================`
	
	`고유 값 :`
	`[567.40353285 313.45944868 268.76925763 247.49557957 245.21558213`
	` 234.06558568 220.88939828 215.16741395 206.74283044 176.47206584`
	` 173.82711864 167.10086384 161.65414737 159.55696026 156.95791012`
	` 145.83772876 141.74985119 139.47656662 133.43897447 131.24172456`
	` 127.45072644 116.14690455 103.96599455  96.52319279  84.19066543`
	`  76.7381171   66.79198064  46.95762978   1.67231048]`
	
	`분산 설명력:`
	`[2.83079430e-01 8.63946745e-02 6.35160417e-02 5.38591053e-02`
	` 5.28713463e-02 4.81725206e-02 4.29016491e-02 4.07077635e-02`
	` 3.75824560e-02 2.73826945e-02 2.65680270e-02 2.45517036e-02`
	` 2.29772444e-02 2.23849305e-02 2.16616062e-02 1.87009654e-02`
	` 1.76672708e-02 1.71051441e-02 1.56563180e-02 1.51449589e-02`
	` 1.42826526e-02 1.18614975e-02 9.50400961e-03 8.19195579e-03`
	` 6.23235418e-03 5.17781488e-03 3.92258972e-03 1.93881592e-03`
	` 2.45899739e-06]`

분산설명력은 PCA를 사용했을 때, 주성분 1~29까지가 원본 데이터를 얼마나 설명할 수 있는가를 알려준다. 이를 시각화하여 원본데이터를 설명할 수 있는 최적의 주성분 개수를 파악할 수 있다.

| In [12]: | ```
# Scree Plot
import matplotlib.pyplot as plt
plt.title('Scree Plot')
plt.xlabel('Number of Components')
plt.ylabel('Cumulative Explained Variance')
plt.plot(pca.explained_variance_ratio_,'o-')
``` |
|---|---|
| Out [12]: | 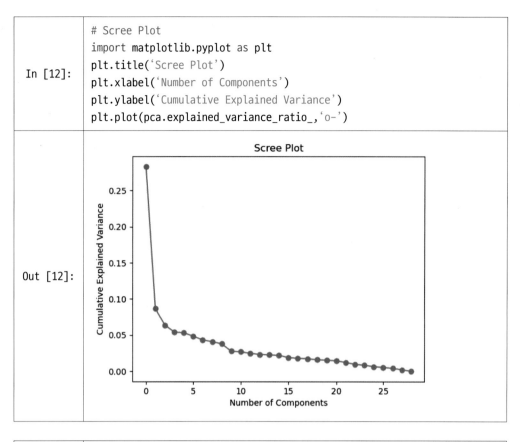 |

| In [13]: | ```
print("주성분 3개로 축소할 시 분산설명력 :
",pca.explained_variance_ratio_[:3].sum()*100)
print("주성분 9개로 축소할 시 분산설명력 :
",pca.explained_variance_ratio_[:9].sum()*100)
``` |
|---|---|
| Out [13]: | 주성분 3개로 축소할 시 분산설명력 : 43.29901465777061
주성분 9개로 축소할 시 분산설명력 : 70.90849873887333 |

PCA 결과는 다음과 같다. 해당 데이터는 앞서 분산설명력을 시각화한 자료만 보아서는 3개의 차원 축소 값으로 사용하면 되어 보이지만 분산 설명력이 전체 데이터의 50%도 되지 않으므로 하나의 성분 하나하나가 개별적 의미를 가진다고 볼 수 있다.

결론적으로 해당 데이터에서 차원의 축소는 적합하지 않아 보인다.

3. 오버 샘플링과 언더 샘플링 [20분]

(1) 오버 샘플링과 언더 샘플링의 장단점을 비교하고 선택하시오.

① 오버 샘플링

㉠ 데이터 세트의 균형을 맞추기 위해 업 샘플링을 적용할 수 있다. 대표적으로 랜덤 오버 샘플링과 KNN을 이용한 SMOTE기법이 있다.

㉡ 랜덤오버 샘플링은 소수 클래스의 정보를 복제하여 다수 클래스의 크기에 맞추는 기법이며, 이는 오버피팅의 우려가 있다.

㉢ SMOTE는 KNN을 이용하여 최근접 이웃의 거리 계산을 통해 K개의 중간 지점의 데이터를 생성한다. 오버피팅을 막을 수 있으나, 새로운 데이터나 작은 데이터세트에서는 사용하기가 어렵다.

② 언더 샘플링

언더 샘플링은 다수 데이터를 소수 데이터의 크기에 맞추는 기법이다. 랜덤 샘플링을 통해 소수의 클래스로 만드는 과정에서 데이터의 손실이 발생하는 문제가 있을 수 있다. 소수 클래스의 크기가 너무 작을 경우 머신러닝 과정에서의 과소적합이 발생할 수 있다.

데이터세트가 크기 때문에 언더 샘플링을 하게 되면 데이터의 손실이 너무 크므로 오버 샘플링을 선택한다.

(2) 분류분석 구현 및 위에서 선택한 샘플링기법 중 2가지 이상의 알고리즘으로 모델을 비교하고 성능을 측
정하시오.

In [14]:	## 원본 학습 시, 모델 : 컬럼이 많은 데이터세트에서도 적용가능한 랜덤포
	레스트 앙상블 모델 사용
	`from sklearn.ensemble import RandomForestClassifier`
	`from sklearn.metrics import plot_roc_curve`
	`from sklearn.model_selection import train_test_split`
	`X = df[features]`
	`y = df["Class"]`
	`X_train, X_test, y_train, y_test = train_test_split(X, y, test_size=0.3,`
	`        random_state=321)`
	`clf = RandomForestClassifier(random_state=321)`
	`clf.fit(X_train,y_train)`
	`plot_roc_curve(clf, X_test, y_test)`

Out [14]:	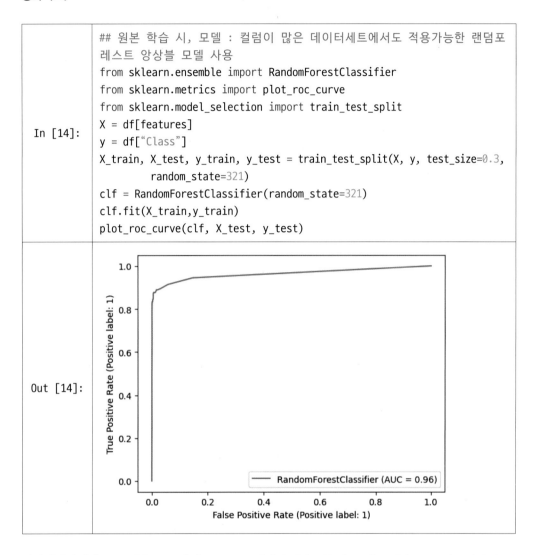

해당데이터에서 RF모델은 AUC값이 0.96으로 굉장히 좋은 성능을 보이고 있다. AUC가 높을수록 모
델이 사기인 데이터와 정상데이터를 잘 분류한다는 것이다. 하지만 데이터의 불균형이 있을 경우 모든
데이터를 정상으로 분류하여도 AUC의 값은 높아지게 된다. 그러므로 오버 샘플링·언더 샘플링을 하
여 모델의 정확도를 살펴볼 필요가 있다.

| In [15]: | ```
## 1번 오버 샘플링 기법 - 랜덤오버 샘플링
import imblearn.over_sampling
from imblearn.over_sampling import  RandomOverSampler
X_resampled, y_resampled =
RandomOverSampler(random_state=0).fit_resample(X_train, y_train)
clf_re = RandomForestClassifier(random_state=0)
clf_re.fit(X_resampled,y_resampled)
plot_roc_curve(clf_re, X_test, y_test)
``` |
| Out [15]: | 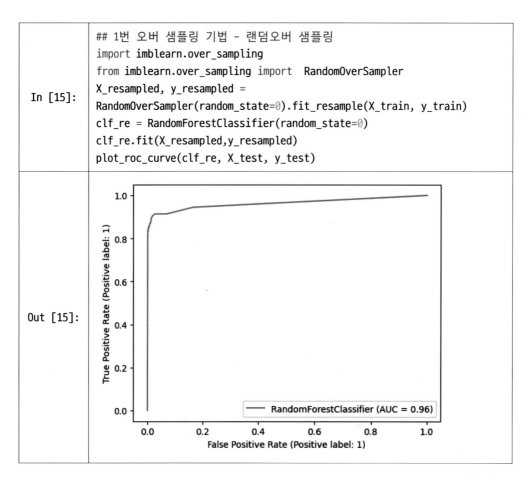 |

먼저, 2가지 기법 중, Class가 소수인 집단에서 랜덤하게 샘플을 복제시키는 랜덤오버 샘플링기법을
사용하였을 때에 AUC가 0.96으로 굉장히 좋은 모델 성능을 보여준다.
```

| In [16]: | ```python
## 2번 오버 샘플링 - SMOTE
from imblearn.over_sampling import SMOTE
# 모델설정
sm = SMOTE(k_neighbors=5,random_state=2020)
# train데이터를 넣어 복제함
X_resampled_over, y_resampled_over = sm.fit_resample(X_train,y_train)
clf_over = RandomForestClassifier(random_state=2020)
clf_over.fit(X_resampled_over,y_resampled_over)
plot_roc_curve(clf_over,X_test,y_test)
``` |
| Out [16]: | 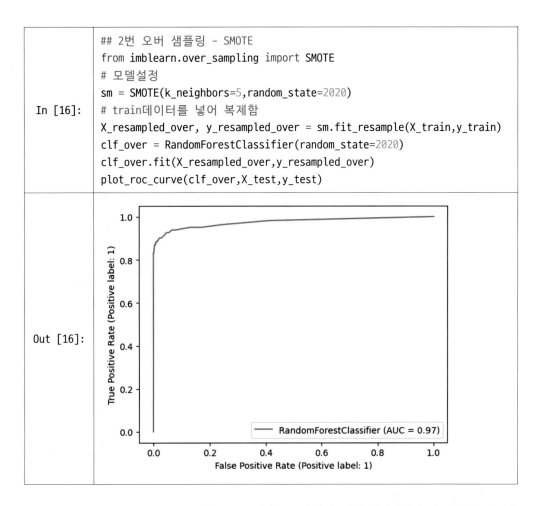 |

SMOTE를 이용하였을 때에는 AUC가 0.97로 약간은 높아졌다. 해당 데이터에서 분류분석을 진행하기 가장 좋은 샘플링 기법은 SMOTE이다.

(3) 현재까지 전처리한 데이터를 통해 분류 모델 수행 후 결과를 분석하시오.

① 오버 샘플링 2개의 기법 중, SMOTE기법의 AUC가 더 높은 것으로 보아, SMOTE 기법이 불균형한 소수 클래스의 특징을 잘 반영하여 데이터를 생성하였다고 볼 수 있다.

② 하지만, 랜덤포레스트와 같은 경우 오버 샘플링 기법이 없이도 0.96이라는 높은 예측력을 보이므로, 굳이 가상의 데이터를 만들어 예측력을 높이는 오버 샘플링을 적용시킬 필요가 없는 데이터라고 할 수도 있다.

③ 오버 샘플링 시, KNN을 이용한 데이터 복제가 모델의 성능을 높일 수 있는 방법이 될 수 있다. 하지만 해당 데이터에서는 워낙 모델의 성능이 좋게 나와 데이터 원본 자체가 0과 1이 명확하게 분리가 되는 데이터인 것으로 보인다.
```

4. 이상탐지 모델 [30분]

(1) 이상탐지 모델 2가지 이상 서술하고 기술, 장단점을 설명하시오.

① DBSCAN

   ⊙ 클러스터가 더 낮은 밀도의 영역으로 분리된 공간의 밀도가 높은 영역이라는 가정하에 작동한다. 데이터를 클러스터링하기 위해 DBSCAN 알고리즘은 데이터의 고밀도 영역과 저밀도 영역을 분리한다. 거리와 군집당 최소 데이터 수를 사용하여 이상 데이터를 특이치로 분류한다.

   ⓒ 장단점

     • 장점 : DBSCAM의 경우 주변 데이터에서 멀어지는 데이터의 특징을 찾아서 Class를 분류하기에 0 혹은 1이 아닌 특이점이라도 발견할 수 있다. 또한 아웃라이어를 탐색하는 데에 적합하다.

     • 단점 : 데이터의 특성을 잘 파악하여 군집 밀도와 최소 데이터 수 등 파라미터를 조정하는 것이 어려운 단점이 있다.

② SVM

   ⊙ 데이터를 선형모델을 분류하고자 할 때, 선형으로 완전히 분류할 수 없는 데이터의 차원을 올려주어 선으로 분류할 수 있게 커널트릭을 사용하여 데이터를 분류하는 방법이다.

   ⓒ SVM 분류 모델은 데이터 공간에 존재하는 경계로 표현되며, 데이터를 분류하는 여러 경계 중에서 가장 큰 마진으로 갖는 경계를 찾는다. 이 경계를 이용하여 이상치 Class1을 찾을 때에 이 모델을 사용할 수 있다.

   ⓒ 장단점

     • 장점 : SVM의 경우는 비선형 분류에도 사용되어 오류 데이터에 대한 영향이 거의 없으므로, 과적합되는 경우가 적다. 즉, 오류가 많을 경우에는 해당 모델이 강점을 보일 수 있다.

     • 단점 : SVM은 학습속도가 느리고, 해석이 어려우며 복잡한 모델이라는 단점이 있다.

(2) 앞서 전처리한 데이터로 한 가지 이상의 탐지 모델을 구현하고, 3.에서 만든 모델과 비교하시오.

DBSCAN 이상탐지를 이용하기 위해서는 적절한 epsilon과 minPoints 값을 찾아야 한다. epsilon의 경우 K-distance 그래프를 사용하여 판단할 수 있다. K 거리 그래프를 그리려면 데이터 세트의 모든 데이터 포인트에 대해 포인트와 가장 가까운 데이터 포인트 사이의 거리가 필요한데, sklearn. neighbors에서 NearestNeighbors를 사용하여 거리를 알 수 있다.

※ 예제 데이터가 너무 크므로 DBSCAN 학습 속도를 위해 샘플사이즈를 1/5 줄여서 학습시키겠습니다. 실제 시험에서는 이 정도로 큰 데이터는 제시하지 않을 것입니다.

| In [17]: | ```
## 샘플사이즈 축소
features.drop("Scaled_Amount")
df_sample = df.sample(n=5000)
df_sample = df_sample.drop(df_sample[df_sample["Class"]==1].index)
df_outlier = df[df["Class"]==1].sample(n=60)
df_sample_com = pd.concat([df_sample,df_outlier])
X_sp = df_sample_com[features]
y_sp = df_sample_com["Class"]
``` |
|---|---|

| In [18]: | ```
from sklearn.neighbors import NearestNeighbors
import numpy as np
neigh = NearestNeighbors(n_neighbors=2)
nbrs = neigh.fit(X_sp)
distances, indices = nbrs.kneighbors(X_sp)
# 거리 변수는 데이터세트의 모든 데이터 포인트에 대해 데이터 포인트와
가장 가까운 데이터 포인트 사이의 거리 배열을 포함
distances
``` |
|---|---|
| Out [18]: | ```
array([[0.        , 2.9084518 ],
       [0.        , 2.22240292],
       [0.        , 2.68384505],
       ...,
       [0.        , 4.96636387],
       [0.        , 7.66748276],
       [0.        , 2.64315354]])
``` |
```

| In [19]: | ```python
# Plotting K-distance Graph
distances = np.sort(distances, axis=0)
distances = distances[:,1]
plt.figure(figsize=(20,10))
plt.plot(distances)
plt.title('K-distance Graph',fontsize=20)
plt.xlabel('Data Points sorted by distance',fontsize=14)
plt.ylabel('Epsilon',fontsize=14)
plt.show( )
``` |
| Out [19]: | 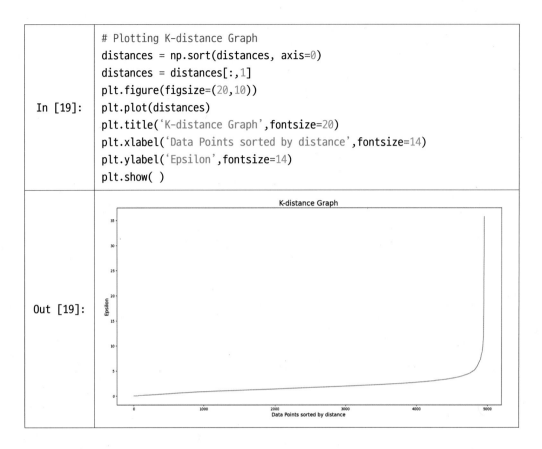 |

엡실론의 최적 값은 K-거리 그래프에서 최대 곡률 지점에 있으며 이 경우 5정도로 지정해주면 된다. 이제 minPoints의 값을 찾을 차례이다. minPoints의 값도 도메인 지식에 따라 다르다. 이번에는 minPoints를 10으로 사용한다.

모델이 취하는 두 가지 가장 중요한 매개변수 값은 두 포인트 사이의 거리를 지정하는 esp이다. 즉, 클러스터의 일부로 간주되기 위해 데이터 포인트가 서로 얼마나 가까워야 하는지를 지정한다. min_samples는 포인트가 클러스터에 있어야 하는 최소 이웃 수를 지정한다.

| In [20]: | ```python
from sklearn.cluster import DBSCAN
from sklearn.preprocessing import StandardScaler
# scale data first
db = DBSCAN(eps=6, min_samples=10).fit(X_sp)
labels = db.labels_
data = pd.DataFrame()
data["Class"] = y_sp.copy()
data["labels"] = labels
data.loc[data["labels"]==-1,'Class'].sum()
``` |
| Out [20]: | 53 |

60개의 이상치 중 53개를 분류해내었다.

DBSCAN의 놀라운 점은 데이터세트에서 노이즈를 꽤 잘 분리한다는 것이다. 여기서 0은 양호한 클러스터이고 −1은 노이즈이다.

In [21]:	data.loc[data["labels"]==-1]
Out [21]:	Class labels 13781 0 -1 21351 0 -1 3546 0 -1 9744 0 -1 8105 0 -1 ... ... 25342 1 -1 25080 1 -1 24978 1 -1 25397 1 -1 25301 1 -1 152 rows × 2 columns

하지만, 전체 데이터 중 labels 가 −1로 된 데이터를 보면 정상이지만 −1로 분류된 데이터들이 99개나 존재한다. 우리는 confusion Matrix로 AUC와 같이 모델의 정확도를 구할 수 있다.

샘플 사이즈 4981개 중, ConfusionMatrix를 그리면 아래와 같다.

In [21]:	``` from sklearn.metrics import confusion_matrix from sklearn import metrics ## CM을 그리기 위해서 -1을 Class와 같이 1로 변경 data.loc[data.labels==-1, "labels"] =1 confusion_matrix(data.Class,data.labels) ```
Out [21]:	``` array([[4822, 99], [7, 53]], dtype=int64) ```

최신기출 제5회

구분		예측	
		Positive (Labels : −1)	Negative (Labels : 0)
실제	True (Class : 1)	4822	99
	False (Class : 0)	7	53

| In [22]: | ```
accuracy = metrics.accuracy_score(data.Class,data.labels)
print("정확도:", accuracy)
precision = metrics.precision_score(data.Class,data.labels)
print("정밀도:", precision)
recall = metrics.recall_score(data.Class,data.labels)
print("재현율:", recall)
f1 = metrics.f1_score(data.Class,data.labels)
print("f1 점수:", f1)
``` |
|---|---|
| Out [22]: | ```
정확도: 0.9787191327042762
정밀도: 0.34868421052631576
재현율: 0.8833333333333333
f1 점수: 0.5
``` |

DBSCAN은 정확도는 RF와 비슷하지만, 사기가 아닌 일부 고객들도 사기데이터라고 판단하여 정밀도가 떨어진다. 사기인지 아닌지를 0과 1로 구분하는 이러한 케이스에서는 RF모델이 성능이 좋음을 알 수 있다.

(3) 데이터분석가 관점에서 3.에서 만든 모델과 4.에서 만든 모델을 설명하시오.

4번 모델에서 labels 가 −1이면서 Class가 0인 고객은 위험군으로 분류할 수 있다. 분류의 정확도만 보자면 3번의 RandomForest 모델의 정확도가 훨씬 높아 사기를 당할 확률을 예상할 때에는 RandomForest모델이 좋아 보인다. 하지만, 0과 1의 분류가 아닌 정상의 범주를 벗어나는 여러 케이스가 있을 경우에는 분류해내기 어렵다. 하지만 DBSCAN과 같은 거리기반 이상치 탐지는 정상으로 분류되지 않은 이상치를 가지고 위험군으로 관리할 수 있는 장점이 있다.

■ 통계분석 (50점)

1. 2년 전 제품 생산량이 100,000개, 1년 전 제품 생산량이 150,000개, 그 후 팩토리 기술의 상승으로 제품 생산량이 250,000개 되었을 때, 연평균 상승률의 대푯값을 구하시오(반올림하여 소수점 아래 둘째자리까지 표기).

2. 12건의 광고시간을 측정한 데이터에서, 평균은 15.5초, 분산은 3.2초였다. 이때 광고시간의 90% 신뢰구간을 구하시오.

3. 강의 상류와 하류의 생물 다양성 점수에 차이가 있는지 유의수준 0.1하에 검정하시오(단, 같은 강에서 상류와 하류는 서로 독립적이지 않으며, 종속적인 관계에 있음. 정규성을 만족한다고 가정).

(1) 귀무가설과 대립가설을 세우시오.

(2) 검정 통계량과 유의 확률을 구하고, 연구가설 채택여부를 검정하시오.

4. user_counts를 종속변수로 하는 데이터이다.

(1) 분위수 회귀분석(Quantile Regression)을 사용하여 회귀계수를 구하시오(반올림하여 소수점 아래 둘째자리까지 표기).

(2) (1)의 회귀계수를 활용하여 temperature 10.5, wind 8.2, precipitation 3.5일 때 user_counts를 예측하시오(반올림하여 소수점 아래 둘째자리까지 표기).

5. 지하철 호선과 월별, 승객 수 간 상관관계가 있는지 확인하시오.

(1) 귀무가설과 대립가설을 설정하시오.

(2) Type III Anova를 사용하여 상관관계가 있는지 검정하시오.

▶ **정답 및 해설**

1. 2년 전 제품 생산량이 100,000개, 1년 전 제품 생산량이 150,000개, 그 후 팩토리 기술의 상승으로 제품 생산량이 250,000개 되었을 때, 연평균 상승률의 대푯값을 구하시오(반올림하여 소수점 아래 둘째자리까지 표기).   [15분]

| In [1]: | ```
import numpy as np
prod_2y = 100_000
prod_1y = 150_000
prod_0y = 250_000
rt1 = (prod_1y/prod_2y)
rt2 = (prod_0y/prod_1y)
geo_mean= (rt1 * rt2)**(1/2)
print('기하평균:', round(geo_mean *100, 2), '%')
``` |
|---|---|
| Out [1]: | 기하평균: 158.11 % |

연평균 상승률의 대푯값(기하평균)은 158.11이다.

2. 12건의 광고시간을 측정한 데이터에서, 평균은 15.5초, 분산은 3.2초였다. 이때 광고시간의 90% 신뢰구간을 구하시오.   [15분]

우선, 정규분포를 가정하고 샘플 광고수가 30개 미만이므로 t검정을 사용하겠다.

| In [1]: | ```
# 정규분포를 가정하며, 집계한 광고수가 30개 미만이므로
# t검정을 사용한다.
# n이 30 이하이다.

from scipy import stats
mu =15.5
std =3.2**1/2
dof =12-1
print('신뢰구간:', stats.t.interval(alpha=0.9, loc=15.5, scale=std, df=11))
``` |
|---|---|
| Out [1]: | 신뢰구간: (12.626584290074128, 18.373415709925872) |

정답은 [12.626584290074128, 18.373415709925872]이다.

3. 강의 상류와 하류의 생물 다양성 점수에 차이가 있는지 유의수준 0.1하에 검정하시오(단, 같은 강에서 상류와 하류는 서로 독립적이지 않으며, 종속적인 관계에 있음. 정규성을 만족한다고 가정).   [20분]

(1) 귀무가설과 대립가설을 세우시오.

귀무가설	상·하류 간의 생물 다양성에는 차이가 없다.
대립가설	상·하류 간의 생물 다양성에는 차이가 있다.

(2) 검정 통계량과 유의 확률을 구하고, 연구가설 채택여부를 검정하시오.

| In [1]: | ```
import pandas as pd
import numpy as np
df = pd.read_csv("https://raw.githubusercontent.com/ADPclass/ADP_book_ver01/main/data/27_problem7.csv")
df
``` |
|---|---|
| Out [1]: |
river up down
0 a 57.1 45.7
1 b 51.6 37.2
2 c 53.9 53.3
3 d 59.0 54.3
4 e 57.5 46.3 |

| In [2]: | ```
# 강은 동일하나 처리만 바뀐 경우 (상류, 하류)
# 대응표본 검정
## 유의 수준 0.1
## 정규성이 만족한다고 가정한다.
import scipy.stats as stats
stats.ttest_rel(df['up'],df['down']) ## default two-sided
``` |
|---|---|
| Out [2]: | 신뢰구간: (12.626584290074128, 18.373415709925872) |

p-value가 0.1보다 작으므로, 유의수준 0.1하에서 귀무가설 기각한다. 즉, 상·하류 간 다양성에는 유의미한 차이가 있다고 할 수 있다.

4. user_counts를 종속변수로 하는 데이터이다.　　　　　　　　　　　　　　　　　　[30분]

(1) 분위수 회귀분석(Quantile Regression)을 사용하여 회귀계수를 구하시오(반올림하여 소수점 아래 둘째
　자리까지 표기).

| In [1]: | ```
import pandas as pd
import numpy as np
df_user= pd.read_csv("https://raw.githubusercontent.com/ADPclass/ADP_
book_ver01/main/data/27_problem1.csv")
df_user
``` |
|---|---|
Out [1]:	 |	temperature	wind	precipitation	user_counts
0	10.400000	4.600000	0.844944	6368
1	5.666667	4.625000	0.040860	5902
2	4.933333	4.725000	0.008696	6226
3	3.400000	2.675000	0.156989	5829
4	8.900000	3.950000	7.988462	7589
...	...	...	...	...
2092	3.500000	2.100000	0.024096	5430
2093	8.233333	2.000000	16.843820	2125
2094	9.500000	3.666667	11.550575	6008
2095	4.800000	1.200000	0.104651	4929
2096	4.166667	1.466667	2.088235	2401 | 2097 rows × 4 columns

| In [2]: | ```
from sklearn.linear_model import QuantileRegressor
from sklearn.model_selection import train_test_split
X = df_user[['temperature','wind','precipitation']]
y = df_user['user_counts']
X_train, X_test, y_train, y_test = train_test_split(X,y, test_size=0.3)
model = QuantileRegressor( )
model.fit(X_train, y_train)

model.coef_
``` |
|---|---|
| Out [2]: | array([2.12515333e+02, -1.46690880e-08, 8.14061028e-08]) |

temperature 212.52, wind 0, precipitation 0이다.

(2) (1)의 회귀계수를 활용하여 temperature 10.5, wind 8.2, precipitation 3.5일 때 user_counts를 예측하
　시오(반올림하여 소수점 아래 둘째자리까지 표기).

In [3]:	`10.5 * model.coef_[0] +8.2*model.coef_[1] +3.5* model.coef_[2]`
Out [3]:	2231.410993784296

정답은 2231.41이다.

5. 지하철 호선과 월별, 승객 수 간 상관관계가 있는지 확인하시오. [30분]

(1) 귀무가설과 대립가설을 설정하시오.

① 상호작용효과 검정에 대한 가설

귀무가설(H0)	지하철 호선과 월별, 승객 수 간 상관관계가 없다.
대립가설(H1)	지하철 호선과 월별, 승객 수 간 상관관계가 있다.

② 주효과 검정에 대한 가설(2개)

귀무가설(H0)	지하철 호선 승객 수 차이는 존재하지 않는다.
대립가설(H1)	지하철 호선 승객 수 차이는 존재한다.

귀무가설(H0)	월별 승객 수 차이는 존재하지 않는다.
대립가설(H1)	월별 승객 수 차이는 존재한다.

(2) Type Ⅲ Anova를 사용하여 상관관계가 있는지 검정하시오.

| In [1]: | ```python
import pandas as pd
df = pd.read_csv("https://raw.githubusercontent.com/ADPclass/ADP_book_ver01/main/data/27_problem9.csv")
df
``` |
|---|---|
| Out [1]: | |

	line	month	total
0	1	1	1310
1	1	2	1300
2	1	3	1305
3	1	4	1200
4	1	5	1301
...	...	...	...
67	3	8	1365
68	3	9	1374
69	3	10	1337
70	3	11	1332
71	3	12	1343

72 rows × 3 columns
```

| In [2]: | ```
## 분산분석 수행
from statsmodels.formula.api import ols
from statsmodels.stats.anova import anova_lm
formula ='total ~C(line)*C(month)'
model = ols(formula, df).fit()
aov_table = anova_lm(model, typ=3)
aov_table
``` |
|---|---|
| Out [2]: | |

	sum_sq	df	F	PR(>F)
Intercept	3.466344e+06	1.0	33455.335657	4.849033e-55
C(line)	1.336630e+05	2.0	645.022520	6.417946e-29
C(month)	3.942483e+04	11.0	34.591616	7.896179e-16
C(line):C(month)	9.696908e+04	22.0	42.540665	1.582232e-19
Residual	3.730000e+03	36.0	NaN	NaN

유의수준 0.1하에서

① 상호작용효과 검정에 대한 가설은 p-value가 0.1보다 작기에 귀무가설을 기각한다. 즉, 지하철 호선과 월별, 승객 수 간 상관관계가 있다.

② 주효과 검정에 대한 가설(2개)은 모두 p-value가 0.1보다 작으므로 귀무가설을 기각한다. 즉, 지하철 호선 승객 수 차이는 존재하며 월별승객 수 차이 또한 존재한다.

교호작용을 먼저 검정하는 Type Ⅲ 아노바의 경우 아래의 시각화 자료를 통해 상관관계를 한눈에 알 수 있다.

| In [3]: | ```
from statsmodels.graphics.factorplots import interaction_plot
import matplotlib.pyplot as plt
## Series로 변경
total = df["total"]
line = df["line"]
month = df["month"]
fig, ax = plt.subplots(figsize=(6, 6))
fig = interaction_plot(month,line, total, ms=10, ax=ax)
``` |
|---|---|

Out [3]:

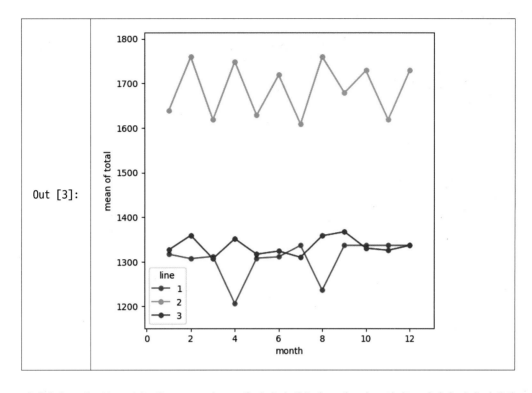

인터렉션 그래프를 보았을 때, Month와 line에 따라 승객수의 그래프가 교차하는 지점이 없이 평행해 야지 인터렉션이 없다고 할 수 있지만, 해당 그래프에서는 여러 번 교차하므로, 월별 호선이 승객 수 에 서로 영향을 준다고 할 수 있다. 즉, 상관관계가 존재한다고 할 수 있다.

■ 머신러닝 (50점)

---

student-mat.csv 데이터

학생의 결석횟수 등급을 예측하기 위한 예제 데이터이다.

- 데이터 설명: 두 학교의 중등교육 학생 결석횟수 등급과 연계된 학생 정보 데이터
- sex : 학생의 성별(F : 여성 / M : 남성)
- age : 학생의 나이(숫자 : 15세부터 22세까지)
- famsize : 가족 규모(이진수 : 'LE3' – 3 이하 또는 'GT3' – 3보다 큼)
- Pstatus : 부모의 동거 상태(이진수 : 'T' – 동거 또는 'A' – 별거)
- Medu : 어머니의 교육
  [숫자 : 0 – 없음, 1 – 초등 교육(4학년), 2 – 5∼9학년, 3 – 중등 교육 또는 4 – 고등 교육]
- Fedu : 아버지의 교육
  [숫자 : 0 – 없음, 1 – 초등 교육(4학년), 2 – 5∼9학년, 3 – 중등 교육 또는 4 – 고등 교육]
- reason : 이 학교를 선택하는 이유(명목 : '집'에서 가까움, 학교 '평판', '학과' 선호도 또는 '기타')
- guardian : 학생의 보호자
- traveltime : 집에서 학교까지 이동 시간
  (숫자 : 1 – 〈15분, 2 – 15∼30분, 3 – 30분∼1시간 또는 4 – 〉1시간)
- studytime : 주당 공부 시간(숫자 : 1 – 〈2시간, 2 – 2∼5시간, 3 – 5∼10시간 또는 4 – 〉10시간)
- failures : 과거 클래스 낙제 횟수
- paid : 코스 과목 내 추가 유료 수업(예 또는 아니오)
- activities : 과외 활동(예 또는 아니오)
- famrel : 가족 관계의 질(숫자 : 1 – 매우 나쁨 ∼ 5 – 훌륭함)
- freetime : 방과 후 자유 시간(숫자 : 1 – 매우 낮음 ∼ 5 – 매우 높음)
- absences_grade : 결석 횟수
  (1∼5등급 : 1 – 3회 미만, 2 – 3∼5회, 3 – 5∼7회, 4 – 7∼9회, 5 – 10회 이상)

---

1. 데이터 전처리 및 시각화

(1) EDA를 진행하고, 차원축소의 필요성이 있는지 판단하시오.

(2) 데이터 품질을 개선할 수 있는 방법을 제안하고 데이터세트를 재생성하시오.

(3) (2)에서 제시한 방법이 데이터 과적합이 된다는 가정하에 과적합을 해결할 수 있는 2가지 방안을 제시하고 각 방법의 장단점을 기술하시오.

2. 데이터 분석

(1) 데이터세트를 기준으로 random forest, neural network, lightgbm 3가지 방식으로 학교 결석 횟수 등급을 예측하는 모델을 만들고, f1 score로 모델을 평가하시오.

(2) Hard Voting, Soft Voting에 대한 장단점을 설명하고 2-(1)의 3가지 모델로 구현하시오. 그리고 두 방식의 f1-score를 비교하시오.

(3) 총 5개 모델(RF, NN, LGBM, Hard Voting, Soft Voting) 중 실시간 온라인 시스템에 가장 적합한 모델과 선정이유를 객관적으로 제시하시오.

3. 데이터 모델링

(1) 적정 모델과 선정 및 모델링 과정에서 추가적으로 고려해볼 만한 사항을 설명하시오.

(2) 모델을 학교 시스템에 적용하여 활용하려 한다. 모델 적용 및 운영과정에서 고려해볼 만한 사항을 설명하시오.

▶ 정답 및 해설

1. 데이터 전처리 및 시각화 [60분]

(1) EDA를 진행하고, 차원축소의 필요성이 있는지 판단하시오.

차원축소가 필요하지는 않다.

EDA 결과 차원을 축소할 만큼 데이터의 특성이 많지 않으며, 상관관계 히트맵을 보았을 때, 특성 간 상관관계가 높은 컬럼이 없으므로 차원축소를 진행하지 않아도 된다.

이하의 과정을 통해 판단할 수 있다.

| In [1]: | ```python
import pandas as pd
from matplotlib import pyplot as plt
import seaborn as sns
import numpy as np
# 데이터 불러오기
url ="https://raw.githubusercontent.com/ADPclass/ADP_book_ver01/main/data/28_problem1.csv"
data = pd.read_csv(url)
# 데이터 확인
data.head(5)
``` |
|---|---|
| Out [1]: | <table><tr><th>school</th><th>sex</th><th>age</th><th>address</th><th>famsize</th><th>Pstatus</th><th>Medu</th><th>Fedu</th><th>reason</th><th>guardian</th><th>traveltime</th><th>studytime</th><th>failures</th><th>paid</th><th>activities</th><th>famrel</th><th>freetime</th><th>absences_grade</th></tr><tr><td>GP</td><td>F</td><td>18</td><td>U</td><td>GT3</td><td>A</td><td>4</td><td>4</td><td>course</td><td>mother</td><td>2</td><td>2</td><td>0</td><td>no</td><td>no</td><td>4</td><td>3</td><td>3.0</td></tr><tr><td>GP</td><td>F</td><td>17</td><td>U</td><td>GT3</td><td>T</td><td>1</td><td>1</td><td>course</td><td>father</td><td>1</td><td>2</td><td>0</td><td>no</td><td>no</td><td>5</td><td>3</td><td>2.0</td></tr><tr><td>GP</td><td>F</td><td>15</td><td>U</td><td>LE3</td><td>T</td><td>1</td><td>1</td><td>other</td><td>mother</td><td>1</td><td>2</td><td>3</td><td>yes</td><td>no</td><td>4</td><td>3</td><td>4.0</td></tr><tr><td>GP</td><td>F</td><td>15</td><td>U</td><td>GT3</td><td>T</td><td>4</td><td>2</td><td>home</td><td>mother</td><td>1</td><td>3</td><td>0</td><td>yes</td><td>yes</td><td>3</td><td>2</td><td>1.0</td></tr><tr><td>GP</td><td>F</td><td>16</td><td>U</td><td>GT3</td><td>T</td><td>3</td><td>3</td><td>home</td><td>father</td><td>1</td><td>2</td><td>0</td><td>yes</td><td>no</td><td>4</td><td>3</td><td>2.0</td></tr></table> |
```

In [2]:	# 1. 데이터 탐색 data.info()
Out [2]:	``` <class 'pandas.core.frame.DataFrame'> RangeIndex: 395 entries, 0 to 394 Data columns (total 18 columns): # Column Non-Null Count Dtype --- ------ -------------- ----- 0 school 395 non-null object 1 sex 395 non-null object 2 age 395 non-null int64 3 address 395 non-null object 4 famsize 395 non-null object 5 Pstatus 395 non-null object 6 Medu 395 non-null int64 7 Fedu 395 non-null int64 8 reason 395 non-null object 9 guardian 395 non-null object 10 traveltime 395 non-null int64 11 studytime 395 non-null int64 12 failures 395 non-null int64 13 paid 395 non-null object 14 activities 395 non-null object 15 famrel 395 non-null int64 16 freetime 395 non-null int64 17 absences_grade 380 non-null float64 dtypes: float64(1), int64(8), object(9) memory usage: 55.7+ KB ```

info로 살펴본 결과 absences_grade에 결측치가 15개 존재, 여러 object범주형 변수가 포함되어 있음을 알 수 있다.

In [3]:	```
	# 수치형 변수인 경우, 히스토그램으로 분포를 바로 시각화 가능
	plt.figure(figsize=(8, 6))
	plt.hist(data['absences_grade'], bins=5, color='skyblue',
	edgecolor='black', alpha=0.5)
	plt.title('Distribution of Absences Grade')
	plt.xlabel('Grade')
	plt.ylabel('Frequency')
	plt.xticks(range(1, 6))
	plt.grid(True)
	plt.show()
	``

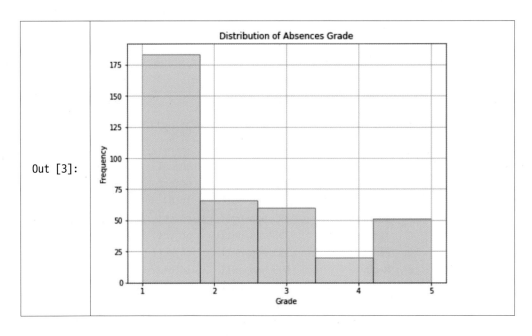

Out [3]:

종속변수인 absences_grade를 시각화하여 분포를 살펴보았을 때, 결석등급은 1이 가장 많았다. 즉, 결석 수 3회 미만인 학생이 가장 많았다.

| In [4]: | ```python
# 2. 기술통계 분석
print(data.describe())
``` |
|---|---|
| Out [4]: | ```
              age        Medu        Fedu  traveltime   studytime    failures  ￦
count  395.000000  395.000000  395.000000  395.000000  395.000000  395.000000
mean    16.696203    2.749367    2.521519    1.448101    2.035443    0.334177
std      1.276043    1.094735    1.088201    0.697505    0.839240    0.743651
min     15.000000    0.000000    0.000000    1.000000    1.000000    0.000000
25%     16.000000    2.000000    2.000000    1.000000    1.000000    0.000000
50%     17.000000    3.000000    2.000000    1.000000    2.000000    0.000000
75%     18.000000    4.000000    3.000000    2.000000    2.000000    0.000000
max     22.000000    4.000000    4.000000    4.000000    4.000000    3.000000

           famrel    freetime  absences_grade
count  395.000000  395.000000      380.000000
mean     3.944304    3.235443        2.184211
std      0.896659    0.998862        1.424536
min      1.000000    1.000000        1.000000
25%      4.000000    3.000000        1.000000
50%      4.000000    3.000000        2.000000
75%      5.000000    4.000000        3.000000
max      5.000000    5.000000        5.000000
``` |

기술통계량을 살펴보면 종속변수인 결석 등급은 2.1등급이 평균임을 알 수 있다.

In [5]:	```python
	# 3. 시각화
	# 수치형 변수 히스토그램
	data.hist(figsize=(10, 10))
	plt.tight_layout()
	plt.show()
	DD
	``

Out [5]:	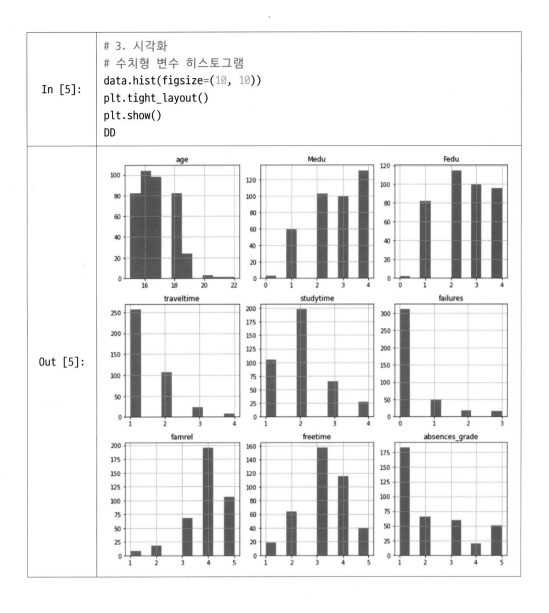

| In [6]: | ```python
# 4. 범주형 변수 시각화
categorical_features = data.select_dtypes(include=['object']).columns
# 그래프의 전체 크기 설정
num_cols =3
num_rows = (len(categorical_features) -1) // num_cols +1
plt.figure(figsize=(15, 5 * num_rows))
# 범주형 변수를 3열로 나열하여 그래프 그리기
for i, col in enumerate(categorical_features, start=1):
    plt.subplot(num_rows, num_cols, i)
    sns.countplot(x=col, data=data)
    plt.title(f'Countplot of {col}')
    plt.xticks(rotation=45)
plt.tight_layout()
plt.show()
``` |
| Out [6]: | 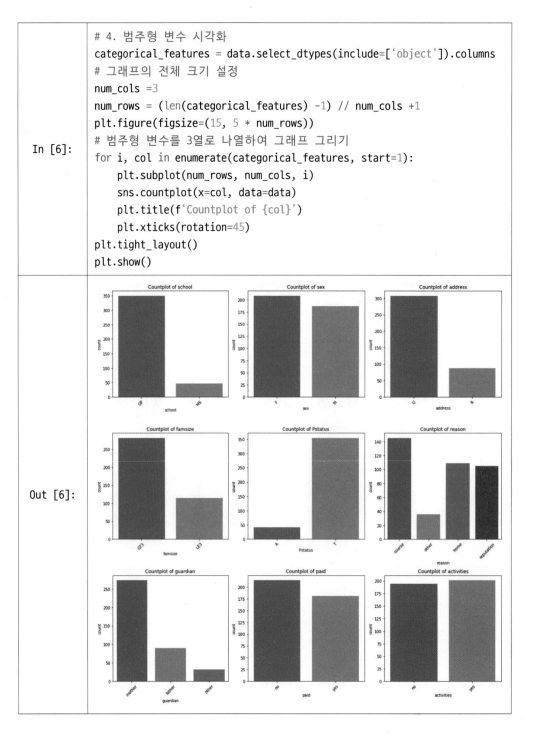 |

연속형, 범주형 변수를 모두 시각화하므로 모든 변수들의 분포를 알 수 있다. GP학생의 수와 U주소의 수가 유사하였으며 Pstatus(부모와 동거 여부)는 A(별거)보다 T(동거)가 훨씬 많았다. 보호자가 어머니인 경우가 아버지인 경우보다 많았으며, 이 외에는 범주형 변수 중 치우치는 분포는 없었다.
```

In [7]:	# 상관관계 히트맵
	plt.figure(figsize=(10, 8))
	sns.heatmap(data.corr(), annot=True, cmap='coolwarm', fmt=".2f",
	linewidths=0.5)
	plt.title('Correlation Heatmap')
	plt.show()

Out [7]:	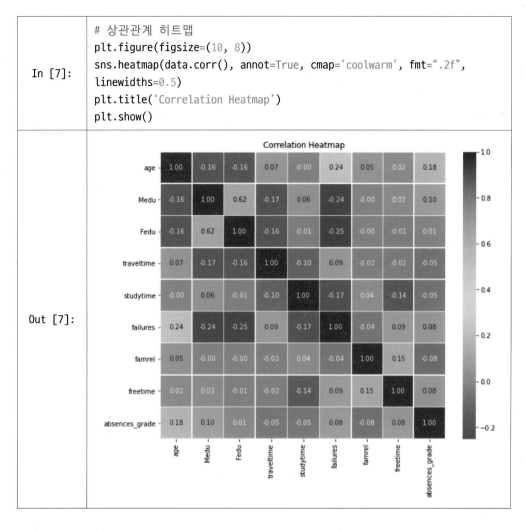

상관관계 분석결과 0.5 이상의 상관관계를 보이는 변수들은 없었다.

최신기출 제6회

In [8]:	`# 이상치 확인 (상자 그림)`
	`plt.figure(figsize=(10, 6))`
	`sns.boxplot(data=data, orient='h')`
	`plt.title('Boxplot of Numeric Variables')`
	`plt.show()`

Out [8]:	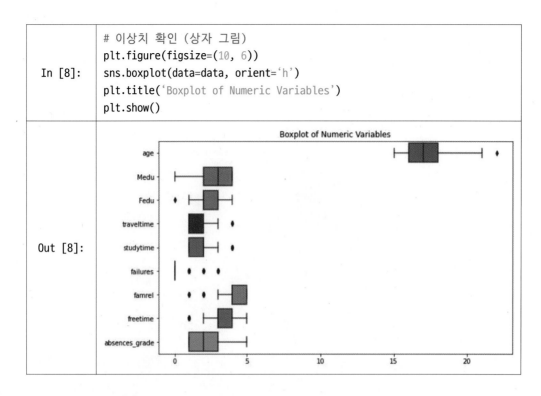

이상치 확인 결과, 몇 개의 변수에는 이상치가 존재했다.

(2) 데이터 품질을 개선할 수 있는 방법을 제안하고 데이터세트를 재생성하시오.

EDA 결과 결측치가 존재하여 평균값으로 대체할 수 있다.

범주형 변수를 머신러닝 모델에 사용하기 위해서는 숫자 형태로 변환해야 한다. 원-핫 인코딩(One-Hot Encoding)을 통해 각 범주형 변수의 각 범주를 새로운 이진 변수로 변환한다.

In [9]:	```
	# 1. 결측치 처리 : 평균값으로 채우기
	mean_absences_grade = data['absences_grade'].mean()
	data['absences_grade'].fillna(mean_absences_grade, inplace=True)
	# 재생성된 데이터세트 정보 출력
	print(data.info())
	``

Out [9]:	``` <class 'pandas.core.frame.DataFrame'> RangeIndex: 395 entries, 0 to 394 Data columns (total 18 columns): # Column Non-Null Count Dtype --- ------ -------------- ----- 0 school 395 non-null object 1 sex 395 non-null object 2 age 395 non-null int64 3 address 395 non-null object 4 famsize 395 non-null object 5 Pstatus 395 non-null object 6 Medu 395 non-null int64 7 Fedu 395 non-null int64 8 reason 395 non-null object 9 guardian 395 non-null object 10 traveltime 395 non-null int64 11 studytime 395 non-null int64 12 failures 395 non-null int64 13 paid 395 non-null object 14 activities 395 non-null object 15 famrel 395 non-null int64 16 freetime 395 non-null int64 17 absences_grade 395 non-null float64 dtypes: float64(1), int64(8), object(9) memory usage: 55.7+ KB None ```

| In [10]: | ```# 2. 범주형 변수를 원-핫 인코딩으로 변환
data_encoded = pd.get_dummies(data, columns=['school', 'sex',
'address', 'famsize', 'Pstatus', 'reason', 'guardian', 'paid',
'activities'])
결과 확인
print(data_encoded.head())``` |
|---|---|
| Out [10]: | |

	age	Medu	Fedu	traveltime	studytime	failures	famrel	freetime	absences_grade	school_GP	...	reason_home	reason_other	reason_reputation	guardia...
0	18	4	4	2	2	0	4	3	3.0	1	...	0	0	0	
1	17	1	1	1	2	0	5	3	2.0	1	...	0	0	0	
2	15	1	1	1	2	3	4	3	4.0	1	...	0	1	0	
3	15	4	2	1	3	0	3	2	1.0	1	...	1	0	0	
4	16	3	3	1	2	0	4	3	2.0	1	...	1	0	0	

(3) (2)에서 제시한 방법이 데이터 과적합이 된다는 가정하에 과적합을 해결할 수 있는 2가지 방안을 제시하고 각 방법의 장단점을 기술하시오.

아래 두 가지 방법으로 해결이 가능하다.

① 규제 추가(Regularization) : 릿지 또는 라쏘 회귀 등

장점	단점
• 모델의 복잡도를 감소시켜 과적합을 방지한다. • 모델 파라미터에 페널티를 부여하여 너무 큰 파라미터 값이 발생하지 않도록 제한한다. • 일반화 성능을 향상시킬 수 있다.	• 적절한 규제 하이퍼파라미터를 선택하는 것이 어려울 수 있다. • 모델의 복잡성을 줄이는 만큼 학습 데이터에 대한 성능이 감소할 수 있다.

② 교차 검증(Cross Validation) : K-폴드 교차검증 등 사용 가능

장점	단점
• 데이터를 여러 번 나누어 모델을 평가하므로 일반화 성능을 더 정확하게 추정할 수 있다. • 과적합을 방지하기 위해 모델의 일반화 성능을 더 잘 평가할 수 있다.	• 계산 비용이 더 많이 들 수 있다. • 모델을 여러 번 훈련하므로 시간이 더 오래 걸릴 수 있다.

2. 데이터 분석 [40분]

(1) 데이터세트를 기준으로 random forest, neural network, lightgbm 3가지 방식으로 학교 결석 횟수등급을 예측하는 모델을 만들고, f1 score로 모델을 평가하시오.

In [11]:	```# f1 score는 분류분석의 지표이므로, 타깃데이터를 범주형 변수로 변환해 주어야 한다.
data_encoded['absences_grade'] = data_encoded['absences_grade'].astype('int').astype('category')
data_encoded```
Out [11]:	(표)

age	Medu	Fedu	traveltime	studytime	failures	famrel	freetime	absences_grade	school_GP	...	reason_home	reason_other	reason_reputation	guardian_fa
18	4	4	2	2	0	4	3	3	1	...	0	0	0	
17	1	1	1	2	0	5	3	2	1	...	0	0	0	
15	1	1	1	2	3	4	3	4	1	...	0	1	0	
15	4	2	1	3	0	3	2	1	1	...	1	0	0	
16	3	3	1	2	0	4	3	2	1	...	1	0	0	
...	...	...	...	...	...	...	...	...	...	...	...	...	...	
20	2	2	1	2	2	5	5	5	0	...	0	0	0	
17	3	1	2	1	0	2	4	2	0	...	0	0	0	
21	1	1	1	1	3	5	5	2	0	...	0	0	0	
18	3	2	3	1	0	4	4	1	0	...	0	0	0	
19	1	1	1	1	0	3	2	2	0	...	0	0	0	

| In [12]: | ```python
from sklearn.model_selection import train_test_split
from sklearn.ensemble import RandomForestClassifier
from sklearn.neural_network import MLPClassifier
from lightgbm import LGBMClassifier
from sklearn.metrics import f1_score

# data_encoded 데이터세트에서 특성과 타깃데이터를 분리
X = data_encoded.drop(columns=['absences_grade'])
y = data_encoded['absences_grade']
# 훈련데이터와 테스트데이터 분리
X_train, X_test, y_train, y_test = train_test_split(X, y, test_
        size=0.2, random_state=42)

# Random Forest 모델학습
rf_model = RandomForestClassifier(random_state=42)
rf_model.fit(X_train, y_train)
rf_predictions = rf_model.predict(X_test)
rf_f1_score = f1_score(y_test, rf_predictions, average='micro')

# Neural Network 모델학습
nn_model = MLPClassifier(random_state=42)
nn_model.fit(X_train, y_train)
nn_predictions = nn_model.predict(X_test)
nn_f1_score = f1_score(y_test, nn_predictions, average='micro')

# LightGBM 모델학습
lgbm_model = LGBMClassifier(random_state=42)
lgbm_model.fit(X_train, y_train)
lgbm_predictions = lgbm_model.predict(X_test)
lgbm_f1_score = f1_score(y_test, lgbm_predictions, average='micro')

print("Random Forest 모델 F1 Score:", rf_f1_score)
print("Neural Network 모델 F1 Score:", nn_f1_score)
print("LightGBM 모델 F1 Score:", lgbm_f1_score)
``` |
| Out [12]: | ```
Random Forest 모델 F1 Score: 0.4177215189873418
Neural Network 모델 F1 Score: 0.4936708860759494
LightGBM 모델 F1 Score: 0.35443037974683544
``` |

F1 스코어는 정밀도와 재현율의 조화 평균으로 계산되는 평가 지표로, 분류 모델의 성능을 종합적으로 평가한다. F1 모델 평가결과 해당 데이터에서 Neural Network 모델이 성능이 가장 좋다.

(2) Hard Voting, Soft Voting에 대한 장단점을 설명하고 2-(1)의 3가지 모델로 구현하시오. 그리고 두 방식의 f1-score를 비교하시오.

① Hard Voting(동일한 가중치로 투표) : 각 분류기의 예측 결과를 다수결로 결정하는 방식이다. 즉, 각 분류기의 예측 결과를 모두 더하고, 가장 많이 선택된 클래스를 최종 예측값으로 선택한다.

장 점	단 점
• 구현이 간단하고 이해하기 쉽다. • 다수결 투표 방식을 사용하기 때문에 이상치나 잘못된 예측에 덜 민감하다.	• 모든 분류기가 동일한 가중치로 투표하기 때문에 모든 분류기가 동일한 성능을 가정한다는 제약이 있다. • 각 분류기의 예측 확신 정도(신뢰도)를 고려하지 않는다.

② Soft Voting(가중치를 통한 투표) : 각 분류기의 예측 확률을 이용하여 가중 평균을 계산하고, 그중에서 가장 높은 확률을 가진 클래스를 최종 예측값으로 선택한다.

장 점	단 점
• 각 분류기의 신뢰도를 고려하여 가중치를 부여하기 때문에 더욱 정확한 예측을 할 수 있다. • 분류기가 예측한 확률 정보를 보존하여 더 많은 정보를 활용할 수 있다.	• 모든 분류기가 확률을 예측할 수 있어야 하므로, 일부 분류기가 확률을 제공하지 않는 경우 사용할 수 없다. • 분류기가 제대로 된 확률을 제공하지 않거나 과도한 확신을 갖는 경우 잘못된 가중 평균을 계산할 수 있다.

| In [13]: | ```python
from sklearn.ensemble import VotingClassifier

# 각각의 분류기 정의
rf_model = RandomForestClassifier(random_state=42)
nn_model = MLPClassifier(random_state=42)
lgbm_model = LGBMClassifier(random_state=42)

# Hard Voting Classifier 생성
hard_voting_clf = VotingClassifier(estimators=[('rf', rf_model),
('nn', nn_model), ('lgbm', lgbm_model)], voting='hard')
hard_voting_clf.fit(X_train, y_train)
hard_voting_predictions = hard_voting_clf.predict(X_test)
hard_voting_f1_score = f1_score(y_test, hard_voting_predictions,
average='micro')

# Soft Voting Classifier 생성
soft_voting_clf = VotingClassifier(estimators=[('rf', rf_model),
('nn', nn_model), ('lgbm', lgbm_model)], voting='soft')
soft_voting_clf.fit(X_train, y_train)
soft_voting_predictions = soft_voting_clf.predict(X_test)
soft_voting_f1_score = f1_score(y_test, soft_voting_predictions,
average='micro')

print("Hard Voting 모델 F1 Score:", hard_voting_f1_score)
print("Soft Voting 모델 F1 Score:", soft_voting_f1_score)
``` |
| Out [13]: | Hard Voting 모델 F1 Score: 0.45569620253164556
Soft Voting 모델 F1 Score: 0.4810126582278481 |

③ Voting 결과 : Hard Voting보다 Soft Voting 모델의 F1 Score가 0.481로 더 높다.
```

(3) 총 5개 모델(RF, NN, LGBM, Hard Voting, Soft Voting) 중 실시간 온라인 시스템에 가장 적합한 모델과 선정이유를 객관적으로 제시하시오.

① 실시간 온라인 시스템 선정 주요 사항

실시간 온라인 시스템에서는 예측 속도가 매우 중요하다. 따라서 각 모델의 예측 시간을 측정하고 가장 빠른 모델을 선택할 수 있다.

Light GBM은 효율적인 부스팅 알고리즘으로 빠른 학습 속도와 높은 정확도를 제공하며, 작은 메모리 사용량과 분산 학습이 가능하여 대용량 데이터세트 적합하다. 그러므로 실시간 온라인 시스템에 가장 적합한 모델은 Light GBM이다.

② Light GBM

장 점	단 점
• 효율적인 부스팅 알고리즘으로, 빠른 학습 속도와 높은 정확도를 제공한다. • 작은 메모리 사용량과 분산 학습이 가능하여 대용량 데이터세트에 적합하다. • 카테고리형 특성을 자동으로 처리할 수 있다.	• 과적합에 민감할 수 있으며, 하이퍼파라미터 튜닝이 필요하다.

3. 데이터 모델링 [20분]

(1) 적정 모델과 선정 및 모델링 과정에서 추가적으로 고려해볼 만한 사항을 설명하시오.

① 하이퍼파라미터 튜닝

모델의 성능을 향상시키기 위해 하이퍼파라미터를 조정하는 것이 중요하다. Grid Search나 Random Search와 같은 방법을 사용하여 최적의 하이퍼파라미터 조합을 탐색할 수 있다.

② 모델의 일반화

모델의 일반화 성능을 높이기 위해 교차검증을 수행하고, 오버피팅을 방지하기 위한 정규화 기법을 적용할 수 있다.

③ 실시간 예측 성능

모델의 예측 속도와 메모리 사용량을 고려하여 실시간 예측 환경에서의 성능을 평가해야 한다. 모델의 복잡성과 예측 속도를 균형 있게 고려해야 한다.

(2) 모델을 학교 시스템에 적용하여 활용하려 한다. 모델 적용 및 운영과정에서 고려해볼 만한 사항을 설명하시오.

① 데이터 업데이트 주기

모델이 실시간 예측을 위해 학습한 데이터는 주기적으로 업데이트되어야 한다.
새로운 데이터를 효과적으로 수집하고 모델에 통합하는 프로세스를 구축해야 한다.

② 모델 성능 모니터링

모델의 성능을 지속적으로 모니터링하여 변화하는 데이터 패턴에 대응할 수 있어야 한다.
모델의 정확도, 정밀도, 리콜 등의 성능지표를 주기적으로 확인하고 이상 징후를 감지할 수 있는 모니터링 시스템을 구축해야 한다.

③ 보안 및 개인정보 보호

학생들의 개인정보를 다루는 모델을 운영할 경우 데이터 보안 및 개인정보 보호에 특히 신경을 써야 한다.
데이터 저장, 전송, 처리 등의 모든 과정에서 보안을 유지해야 한다.

④ 사용자 교육 및 훈련

학교 시스템을 사용하는 교사와 관리자들에게 모델의 사용 방법과 응용에 대한 교육 및 훈련이 필요하다.
올바른 모델 사용법을 익히고 모델을 최대한 효과적으로 활용할 수 있도록 지원해야 한다.

■ 통계분석 (50점)

1. 두 회사의 데이터를 분석하시오.

(1) Kaplan Meier 방법을 사용하여 생존분석을 수행하고, 회사부품별 25, 35, 45개월 후의 생존확률을 구하시오.

(2) 두 회사 간 생존시간 차이를 log-rank 방식으로 검정하시오. 가설설정, 통계량, 귀무가설 기각 여부 판단하시오.

2. 28_problem5.csv 데이터는 구매한 사람들의 데이터이다. 시식 여부가 구매의사에 영향을 주는지 가설을 설정하고 분석하시오.

3. 2개의 고등학교 시험점수 데이터이다. 두 학교 시험점수의 분포 차이가 있는지 검정하시오(단, 각 학생들의 성적은 독립이라고 가정).

4. 몸무게를 제어한다고 생각하고, 나이와 콜레스테롤 상관계수 및 유의확률을 구하시오.

▶ 정답 및 해설

1. 두 회사의 데이터를 분석하시오. [60분]

(1) Kaplan Meier 방법을 사용하여 생존분석을 수행하고, 회사부품별 25, 35, 45개월 후의 생존확률을 구하시오.

| In [14]: | ```# 데이터 불러오기
url ="https://github.com/ADPclass/ADP_book_ver01/blob/main/data/28_problem4.csv?raw=true"

# CSV 파일을 데이터프레임으로 읽기
df = pd.read_csv(url)
df.head(5)``` |
|---|---|
| Out [14]: | <table><tr><th></th><th>time(month)</th><th>survival</th><th>company</th></tr><tr><td>0</td><td>39</td><td>Y</td><td>B</td></tr><tr><td>1</td><td>29</td><td>Y</td><td>B</td></tr><tr><td>2</td><td>15</td><td>N</td><td>B</td></tr><tr><td>3</td><td>43</td><td>N</td><td>A</td></tr><tr><td>4</td><td>8</td><td>Y</td><td>A</td></tr></table> |

ADP에서 문제에 모델을 제시하였을 때, 처음 보는 모델이라면 아래와 같이 Python에 내장되어있는 모델 매뉴얼 중 EXAMPLE 코드를 그대로 사용해서 문제를 해결할 수 있다.

In [14]:	```from lifelines import KaplanMeierFitter help(KaplanMeierFitter)```

Out [14]:	… 생략 …
	
	  Examples
	  ¦ --------
	  ¦ .. code:: python
	  ¦
	  ¦ from lifelines import KaplanMeierFitter
	  ¦ from lifelines.datasets import load_waltons
	  ¦ waltons = load_waltons()
	  ¦
	  ¦ kmf = KaplanMeierFitter(label="waltons_data")
	  ¦ kmf.fit(waltons['T'], waltons['E'])
	  ¦ kmf.plot()
	  ¦
	  … 생략 …

```
from lifelines import KaplanMeierFitter

# Kaplan-Meier 모델 생성
kmf = KaplanMeierFitter()

# 회사 A에 대한 생존분석 수행
company_A_data = df[df['company'] =='A']
kmf.fit(company_A_data['time(month)'], event_observed=company_A_
data['survival'] =='Y')
survival_prob_A_25 = kmf.survival_function_.iloc[25].values[0]
survival_prob_A_35 = kmf.survival_function_.iloc[35].values[0]
survival_prob_A_45 = kmf.survival_function_.iloc[45].values[0]

# 회사 B에 대한 생존분석 수행
company_B_data = df[df['company'] =='B']
kmf.fit(company_B_data['time(month)'], event_observed=company_B_
data['survival'] =='Y')
survival_prob_B_25 = kmf.survival_function_.iloc[25].values[0]
survival_prob_B_35 = kmf.survival_function_.iloc[35].values[0]
survival_prob_B_45 = kmf.survival_function_.iloc[45].values[0]

# 결과 출력
print("Company A:")
print(f"Survival Probability at 25 months: {survival_prob_A_25:.3f}")
print(f"Survival Probability at 35 months: {survival_prob_A_35:.3f}")
print(f"Survival Probability at 45 months: {survival_prob_A_45:.3f}")
print()

print("Company B:")
print(f"Survival Probability at 25 months: {survival_prob_B_25:.3f}")
print(f"Survival Probability at 35 months: {survival_prob_B_35:.3f}")
print(f"Survival Probability at 45 months: {survival_prob_B_45:.3f}")
```

In [15]: (code above)

Out [15]:
```
Company A:
Survival Probability at 25 months: 0.714
Survival Probability at 35 months: 0.516
Survival Probability at 45 months: 0.231

Company B:
Survival Probability at 25 months: 0.716
Survival Probability at 35 months: 0.519
Survival Probability at 45 months: 0.268
```

A회사와 B회사의 생존확률 차이는 45개월이었을 때 3.7%였으며, 35개월까지 큰 차이가 없었다.

(2) 두 회사 간 생존시간 차이를 log-rank 방식으로 검정하시오. 가설설정, 통계량, 귀무가설 기각 여부 판단하시오.

| In [16]: | ```python
from lifelines.statistics import logrank_test

# 회사별 생존시간 데이터 추출
company_X = data[data["company"] =="A"]["time(month)"]
company_Y = data[data["company"] =="B"]["time(month)"]

# 로그-랭크 테스트 수행
results = logrank_test(company_X,company_Y)

# 결과 출력
print("로그-랭크 통계량(Test Statistic):", results.test_statistic)
print("p-value:", results.p_value)

# p-value를 기준으로 귀무가설 기각 여부 판단
if results.p_value <0.05:
    print("귀무가설을 기각합니다. 따라서 두 회사 간의 생존시간에는 통계적으로 유의한 차이가 있다.")
else:
    print("귀무가설을 기각할 수 없습니다. 따라서 두 회사 간의 생존시간에는 통계적으로 유의한 차이가 없다.")
``` |
| Out [16]: | 로그-랭크 통계량(Test Statistic): 1.4314366255653204
p-value: 0.23153012348396543
귀무가설을 기각할 수 없습니다. 따라서 두 회사 간의 생존시간에는 통계적으로 유의한 차이가 없다. |
```

2. 28_problem5.csv 데이터는 구매한 사람들의 데이터이다. 시식 여부가 구매의사에 영향을 주는지 가설을 설정하고 분석하시오. [30분]

| In [17]: | ```python
import pandas as pd
# 데이터의 URL
url ="https://github.com/ADPclass/ADP_book_ver01/blob/main/data/28_
problem5.csv?raw=true"
# CSV 파일을 데이터프레임으로 읽기
df = pd.read_csv(url)
df.head(5)
``` |
|---|---|
| Out [17]: | <table><thead><tr><th></th><th>시식전</th><th>시식후</th><th>유저아이디</th></tr></thead><tbody><tr><td>0</td><td>Y</td><td>Y</td><td>ID1</td></tr><tr><td>1</td><td>N</td><td>Y</td><td>ID2</td></tr><tr><td>2</td><td>N</td><td>N</td><td>ID3</td></tr><tr><td>3</td><td>N</td><td>Y</td><td>ID4</td></tr><tr><td>4</td><td>Y</td><td>Y</td><td>ID5</td></tr></tbody></table> |

| In [18]: | ```python
# 검증을 하기 위해 교차표 생성
# 귀무가설 : 시식 전과 시식 후의 구매여부는 유의한 차이가 없다.

from scipy.stats import chi2_contingency
cross_table = pd.crosstab(df['시식전'], df['시식후'])
chi2, p, dof, expected = chi2_contingency(cross_table)

print("Chi-square Statistic:", chi2)
print("p-value:", p)
print("Degree of Freedom:", dof)
print("Expected Frequencies Table:")
print(expected)
``` |
|---|---|
| Out [18]: | ```
Chi-square Statistic: 0.11136462407648856
p-value: 0.7385958474438541
Degree of Freedom: 1
Expected Frequencies Table:
[[21.32 30.68]
 [19.68 28.32]]
``` |
```

- 카이제곱 통계량 (Chi-square Statistic) : 0.111
- p-value : 0.739
- 자유도(Degree of Freedom) : 1
- 예상 빈도 테이블 (Expected Frequencies Table)

	시식 전	시식 후
구 매	21.32	30.68
미구매	19.68	28.32

이벤트인 시식 전후의 구매 여부 간에는 통계적으로 유의한 차이가 없다. 카이제곱 통계량이 매우 작고, p-value가 유의수준보다 크기 때문에 귀무가설을 기각할 수 없으며, 시식 전후의 구매 여부는 서로 관련이 없다고 결론을 도출할 수 있다.

3. 2개의 고등학교 시험점수 데이터이다. 두 학교 시험점수의 분포 차이가 있는지 검정하시오(단, 각 학생들의 성적은 독립이라고 가정). [30분]

| In [19]: | ```python
import pandas as pd
# 데이터의 URL
url ="https://github.com/ADPclass/ADP_book_ver01/blob/main/data/28_
problem6.csv?raw=true"
# CSV 파일을 데이터프레임으로 읽기
df = pd.read_csv(url)
df.head(5)
``` |
|---|---|
| Out [19]: | |

	Score	School	ID
0	97	A	ID1
1	84	A	ID2
2	77	A	ID3
3	93	A	ID4
4	67	A	ID5

| In [20]: | ```python
# 귀무 가설(H0) : 두 학교의 시험점수 분포는 같다(평균 점수는 같다).
# 대립 가설(H1) : 두 학교의 시험점수 분포는 다르다(평균 점수는 다르다).

from scipy.stats import ttest_ind

# 두 학교의 시험점수
scores_school_a = df[df['School'] =='A']['Score']
scores_school_b = df[df['School'] =='B']['Score']

# 독립표본 t-검정 수행
t_statistic, p_value = ttest_ind(scores_school_a, scores_school_b)
# 결과 출력
print("T-statistic:", t_statistic)
print("P-value:", p_value)
``` |
|---|---|
| Out [20]: | ```
T-statistic: 0.9792447503166659
P-value: 0.32865402565919544
``` |

귀무가설(H0)	두 학교의 시험점수 분포는 같다(평균 점수는 같다).
대립가설(H1)	두 학교의 시험점수 분포는 다르다(평균 점수는 다르다).

두 학교의 시험점수(독립)의 차이를 검증하는 T-test의 검정통계량은 약 2.18로 높으며, 유의확률은 약 0.03이다. 유의수준을 0.05로 설정했을 때, 유의확률이 이 값보다 작으므로 귀무가설을 기각한다. 따라서 두 학교의 시험점수 분포는 다르다고 할 수 있다.
```

4. 몸무게를 제어한다고 생각하고, 나이와 콜레스테롤 상관계수 및 유의확률을 구하시오. [30분]

| In [20]: | ```python
import pandas as pd
import numpy as np
import pandas as pd
# 데이터의 URL
url ="https://github.com/ADPclass/ADP_book_ver01/blob/main/data/28_
problem7.csv?raw=true"
# CSV 파일을 데이터프레임으로 읽기
df = pd.read_csv(url)
df.head(5)
``` |
|---|---|
| Out [20]: | <table><tr><th></th><th>age</th><th>Cholesterol</th><th>weight</th></tr><tr><td>0</td><td>61</td><td>255</td><td>56</td></tr><tr><td>1</td><td>71</td><td>241</td><td>114</td></tr><tr><td>2</td><td>44</td><td>271</td><td>59</td></tr><tr><td>3</td><td>73</td><td>257</td><td>87</td></tr><tr><td>4</td><td>80</td><td>259</td><td>112</td></tr></table> |

| In [21]: | ```python
from scipy.stats import pearsonr
# 나이와 콜레스테롤 간의 상관계수 및 유의확률 계산
correlation_coefficient, p_value = pearsonr(df['age'],
df['Cholesterol'])
print("나이와 콜레스테롤의 상관계수:", correlation_coefficient)
print("나이와 콜레스테롤의 유의확률:", p_value)
``` |
|---|---|
| Out [21]: | 나이와 콜레스테롤의 상관계수: 0.003696499024083197
나이와 콜레스테롤의 유의확률: 0.9070599415159041 |

귀무가설(H0)	나이와 콜레스테롤 간에는 상관관계가 없다.

나이와 콜레스테롤 간의 상관계수는 약 0.042로 매우 낮으며, 유의확률은 약 0.187이다. 유의수준을 0.05로 설정했을 때, 유의확률이 이 값보다 크므로 귀무가설을 기각하지 못하고 나이와 콜레스테롤 간의 상관관계는 통계적으로 유의하지 않다고 할 수 있다.

제 7 회 기출동형 모의고사

■ 머신러닝 (50 + 20점)

<table>
<tr><td colspan="2" align="center">데이터 : 주택 계약 관련 데이터</td></tr>
<tr><td align="center">컬럼 이름</td><td align="center">데이터 정보</td></tr>
<tr><td align="center">seq</td><td align="center">순 서</td></tr>
<tr><td align="center">renewal_counts</td><td align="center">재계약 횟수</td></tr>
<tr><td align="center">residence_months</td><td align="center">거주기간 (월)</td></tr>
<tr><td align="center">house_type</td><td align="center">주택 유형</td></tr>
<tr><td align="center">ratings</td><td align="center">만족도</td></tr>
<tr><td align="center">floors</td><td align="center">층</td></tr>
<tr><td align="center">area_size</td><td align="center">면 적</td></tr>
<tr><td align="center">contract_id</td><td align="center">계약자 고유번호</td></tr>
<tr><td align="center">move_in_year</td><td align="center">입주연도</td></tr>
<tr><td align="center">move_out_year</td><td align="center">퇴거연도</td></tr>
<tr><td align="center">residence_year</td><td align="center">거주연도</td></tr>
<tr><td align="center">monthly_rentals</td><td align="center">월 세</td></tr>
<tr><td align="center">deposits</td><td align="center">보증금</td></tr>
<tr><td align="center">ages</td><td align="center">나 이</td></tr>
<tr><td align="center">sex</td><td align="center">성 별</td></tr>
<tr><td align="center">marriage_status</td><td align="center">혼인여부</td></tr>
<tr><td align="center">resident_counts</td><td align="center">거주자 수</td></tr>
<tr><td align="center">eviction_status</td><td align="center">퇴거여부</td></tr>
</table>

(1) 각 계약자 고유번호(contract_id)를 기준으로 가장 최신의 거주연도(residence_year)만 포함하는 데이터프레임을 만드시오.

(2) (1)의 데이터로 EDA를 진행하고 결측치를 처리하시오.

(3) (2)의 데이터에서 이상치를 처리하시오.

(4) (3)의 데이터에서 재계약 횟수(renewal_counts)의 중앙값을 기준으로 중앙값보다 크거나 같으면 'High', 작으면 'Low'으로 'renewal_h/l' 변수를 생성하시오.

(5) (4)의 데이터로 차원을 축소하고 차원축소가 필요한 이유를 논하시오. 차원축소가 불필요하다고 판단되는 경우, 차원을 축소하지 않되 그 근거를 논하시오.

(6) (4)의 데이터의 'renewal_hl' 변수를 기준으로 데이터를 나누고, 각 데이터의 특징을 서술하시오.

(7) 재계약횟수를 종속변수로 하는 회귀분석을 두 가지 이상의 방법론을 통해 수행하고 최종 모델을 결정하시오.

(8) 최종 채택한 모델에서 각각 유의하게 작용하는 변수를 확인하고 설명하시오.

(9) 해당 분석결과로 얻을 수 있는 인사이트를 제시하시오.

구 분	컬럼명	데이터 정보	의 미
타자 행동	a1_1	1회 첫 타자 행동	
	a1_2	1회 두 번째 타자 행동	
	a2_1	2회 첫 타자 행동	
	a2_2	2회 두 번째 타자 행동	
	a3_1	3회 첫 타자 행동	
	a3_2	3회 두 번째 타자 행동	
	a4_1	4회 첫 타자 행동	1 : 1루타
	a4_2	4회 두 번째 타자 행동	2 : 2루타
	a5_1	5회 첫 타자 행동	3 : 3루타
	a5_2	5회 두 번째 타자 행동	4 : 홈런
	a6_1	6회 첫 타자 행동	5 : 아웃(삼진아웃 제외)
	a6_2	6회 두 번째 타자 행동	6 : 볼넷
	a7_1	7회 첫 타자 행동	7 : 삼진
	a7_2	7회 두 번째 타자 행동	8 : 몸에 맞는 공
	a8_1	8회 첫 타자 행동	9 : 희생번트
	a8_2	8회 두 번째 타자 행동	
	a9_1	9회 첫 타자 행동	
	a9_2	9회 두 번째 타자 행동	
득 점	b	1회 총 득점수	
	b	2회 총 득점수	
	b	3회 총 득점수	
	b	4회 총 득점수	
	b	5회 총 득점수	
	b	6회 총 득점수	
	b	7회 총 득점수	
	b	8회 총 득점수	
	b	9회 총 득점수	

데이터 : 야구 경기 데이터

(1) 회차별로 1번 타자의 출루[1,2,3루타와 사사구(볼넷, 몸에 맞는 공)]가 있는 경우에 대해 득점이 발생했는지 확인하는 분석을 위한 전처리 과정을 수행하시오(단, 첫 번째 혹은 두 번째 타자가 홈런을 친 경우 해당 회차 데이터는 제외).

(2) (1)의 데이터에 대해 Logistic Regression을 적용하고 2번 타자의 희생번트 여부에 대한 회귀계수 검정을 적용하시오.

(3) SMOTE(random_state=0)를 적용하여 Data Imbalance를 해결하시오.

(4) (3)의 데이터에 Logistic Regression을 적용하고 결과를 분석하시오

▶ 정답 및 해설

> 데이터 : 주택 계약 관련 데이터

(1) 각 계약자 고유번호(contract_id)를 기준으로 가장 최신의 거주연도(residence_year)만 포함하는 데이터 프레임을 만드시오. [10분]

계약자 고유번호를 기준으로 가장 최신의 거주연도만 포함하는 데이터프레임을 만드는 방법은 다음과 같다. 먼저 데이터프레임을 계약자 고유번호와 거주연도를 기준으로 오름차순 정렬을 한 뒤, 계약자 고유번호를 기준으로 중복값을 제거한다. 중복값은 마지막 행을 제외한 행들을 제거함으로써 가장 최신의 거주연도를 각 계약자 고유번호 행에 남길 수 있도록 한다.

문제에 해당하는 데이터를 불러온 뒤, 계약자 고유번호(contract_id) 유일값의 개수를 확인해보자.

| In [1]: | ```python
import pandas as pd
url ="https://raw.githubusercontent.com/ADPclass/ADP_book_ver01/main/data/29_problem1.csv"
data = pd.read_csv(url)
# 계약자 고유번호마다 1개 연도가 나와야 하므로, 계약자 고유번호 개수 확인
print(len(data['contract_id'].unique()))
``` |
|---|---|
| Out [1]: | 10348 |

이번에는 계약자 고유번호와 거주연도를 기준으로 데이터프레임을 오름차순 정렬을 한 뒤, 계약자 고유번호를 기준으로 중복값을 제거해보자. 중복값은 마지막 행을 제외한 행들을 제거한다. 데이터의 길이를 확인해보면, Out [1]에서 확인한 계약자 고유번호와 일치한다.

| In [2]: | ```python
# 계약자 고유번호 및 거주연도를 기준으로 오름차순 정렬
data = data.sort_values(['contract_id', 'residence_year'], ascending =True).reset_index(drop =True)
# 계약자 고유번호 기준으로 마지막 순번만 남기고 중복되는 계약자 고유번호는 버림
data = data.drop_duplicates(['contract_id'], keep ='last')
print(len(data))
``` |
|---|---|
| Out [2]: | 10348 |

(2) (1)의 데이터로 EDA를 진행하고 결측치를 처리하시오. **[20분]**

① EDA 수행

describe() 함수를 활용해 범주형 변수와 수치형 변수의 분포를 확인한다. 범주형 변수의 유일값 개수(unique)와, 가장 많은 빈도를 차지하는 항목(top) 및 빈도수(freq)를 확인할 수 있다. 이를 종합해보면 계약자 중 약 90%가 미혼임을 확인할 수 있고 계약자 중 약 60%가 현재 거주 중임을 알 수 있다. 수치형 변수의 경우 평균과 4분위 값을 각각 확인할 수 있다. 특히 min과 25%값, max와 75%값의 차이를 비교하여 이상치가 몇 분위수에서 발생하는지 추측해볼 수 있다. 예를 들어 ages 변수는 max와 75%값의 차이가 더 크기 때문에 3분위수 이상 구간에서 이상치가 발생하고 있음을 확인할 수 있다.

In [3]:	`import numpy as np`
	`print(data.describe(exclude =np.number))`
	`print(data.describe())`

Out [3]:

```
             sex    marriage_status    eviction_status
count      10348             10348              10348
unique         2                 2                  2
top       Female            Single           Residing
freq        5898              8968               6255
```

	seq	renewal_counts	residence_months	house_type	ratings	floors	area_size	contract_id	move_in_year	move_out_year
count	10348.000000	10348.000000	10348.000000	10348.000000	10207.000000	10348.000000	10348.000000	10348.000000	10348.000000	4093.000000
mean	43178.496231	5.874275	137.787592	1.809432	6.366317	7.861422	13.219559	48508.618187	2007.091129	2014.317371
std	25050.882265	3.214617	77.529265	0.866580	1.284807	4.284207	2.337709	26845.947221	6.222782	3.736649
min	6.000000	1.000000	1.000000	1.000000	5.000000	1.000000	12.000000	1.000000	1994.000000	2008.000000
25%	21364.000000	3.000000	71.000000	1.000000	5.000000	4.000000	12.000000	25058.750000	2002.000000	2011.000000
50%	42817.000000	6.000000	137.000000	2.000000	7.000000	8.000000	12.000000	48593.500000	2004.000000	2015.000000
75%	64665.500000	9.000000	222.000000	2.000000	7.000000	12.000000	12.000000	74050.250000	2012.000000	2018.000000
max	86903.000000	12.000000	323.000000	5.000000	10.000000	15.000000	19.000000	86892.000000	2020.000000	2020.000000

Seaborn의 pairplot을 활용해 산점도와 히스토그램을 살펴볼 수 있다. renewal_counts 변수와 residence_months 변수는 양의 상관관계를 확인할 수 있다. 또한 ratings는 4개의 숫자값에 분포해있으며 area_size 변수는 3개의 숫자값에 분포해있다. 두 변수는 각 숫자값에 분포한 계약자 수를 확인할 수 있다. 산점도와 히스토그램을 통해 이상치가 존재하는 변수를 직관적으로 확인할 수 있다. 예를 들어 ages와 deposits 변수 중에는 분포에서 떨어져 존재하는 이상치를 확인할 수 있다.

| In [4]: | ```python
# 히스토그램
import seaborn as sns
import matplotlib.pyplot as plt
import warnings
warnings.filterwarnings('ignore')
hist = ['renewal_counts', 'residence_months', 'ratings', 'floors',
        'area_size', 'residence_year',
        'monthly_rentals', 'deposits', 'ages', 'resident_counts']
hist_hue = hist + ['marriage_status']
sns.pairplot(data[hist_hue], corner =True)
``` |
|---|---|
| Out [4]: | 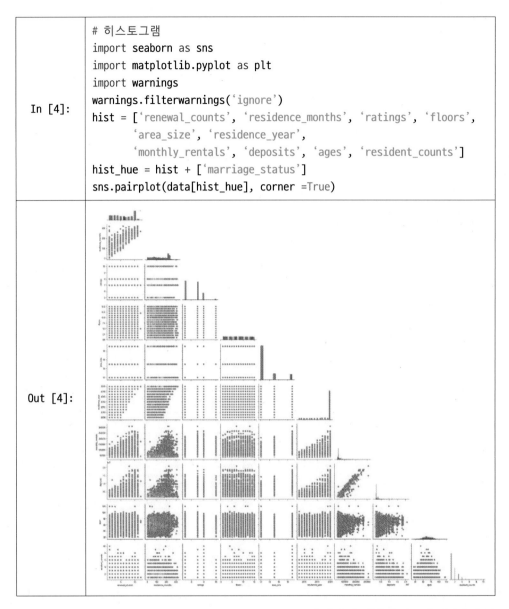 |

area_size, house_type, sex, merriage_status, ratings 변수에서 각 항목에 분포한 계약자 수를 확인하여 어느 정도의 비율로 분포하였는지 확인할 수 있다.
```

| In [5]: | ```
for val in ['area_size', 'house_type', 'sex', 'marriage_status',
'ratings']:
    print(val, '비율')
    dis = data[val].value_counts().sort_index()
    print(dis /(len(data))*100)
``` |
| Out [5]: | ```
area_size 비율
12    75.028991
15    13.210282
19    11.760727
Name: area_size, dtype: float64
house_type 비율
1    42.703904
2    38.490530
3    15.307306
4     2.155006
5     1.343255
Name: house_type, dtype: float64
sex 비율
Female    56.996521
Male      43.003479
Name: sex, dtype: float64
marriage_status 비율
Married    13.33591
Single     86.66409
Name: marriage_status, dtype: float64
ratings 비율
5.0     42.017781
7.0     39.360263
8.0     15.123695
10.0     2.135678
Name: ratings, dtype: float64
``` |

② 결측치 처리

isnull().sum()을 활용하여 ratings와 move_out_year에 결측치가 있음을 확인할 수 있다. 두 변수의 결측치는 각각 다른 방법으로 처리할 수 있다. rating은 만족도를 나타내므로 계약자들이 가장 많이 선택한 최빈값으로 대체할 수 있다. move_out_year는 퇴거연도를 나타내는 변수이다. 퇴거연도는 퇴거여부를 나타내는 eviction_status 변수와 거주기간을 나타내는 residence_month 변수로 설명할 수 있는 부분이다. 다시 말해, move_out_year 변수는 결측치가 없는 기존 변수가 설명하는 정보를 중복하여 나타내므로 해당 열을 제거할 수 있다.

In [6]:	`data.isnull().sum()`
| Out [6]: | ```
seq                  0
renewal_counts       0
residence_months     0
house_type           0
ratings            141
floors               0
area_size            0
contract_id          0
move_in_year         0
move_out_year     6255
residence_year       0
monthly_rentals      0
deposits             0
ages                 0
sex                  0
marriage_status      0
resident_counts      0
eviction_status      0
dtype: int64
``` |

drop()을 활용하여 결측치를 제거한다. 또한 Out [5]에서 확인한 정보를 바탕으로 ratings 변수의 결측치에 최빈값 5를 대체하여 데이터프레임 결측치 제거를 완료한다.

| In [7]: | ```
# 열 제거
data.drop(['move_out_year'], axis =1, inplace =True)
# 빈도가 가장 많은 점수 부여
data['ratings'] = data['ratings'].fillna(5)
print(len (data))
``` |
|---|---|
| Out [7]: | `10348` |

(3) **(2)의 데이터에서 이상치를 처리하시오.** [10분]

Out [4]의 결과를 통해 ages와 deposits에 이상치가 존재한다는 것을 시각적으로 확인할 수 있었다.
이상치는 IQR 방식으로 제거할 수 있다. 다만, Out [3]에서 확인한 바와 같이 해당 데이터는 ages와
deposits 변수에서 3분위수 이후 발생하는 값이 분포에서 멀리 떨어져 있다. 그러므로 3IQR * 1.5를
넘어가는 구간에 이상치를 제거한다.

| In [8]: | ```
data=data[(data['ages'] < data.describe()['ages']['75%'] *1.5)]
data=data[(data['deposits'] < data.describe()['deposits']['75%'] *1.5)]
print (len (data))
``` |
|---|---|
| Out [8]: | 8658 |

(4) **(3)의 데이터에서 재계약 횟수(renewal_counts)의 중앙값을 기준으로 중앙값보다 크거나 같으면 'High',**
작으면 'Low'으로 'renewal_h/l' 변수를 생성하시오. [10분]

np.where()로 해당 문제를 쉽게 해결할 수 있다. 재계약 횟수의 중앙값은 .median()으로 구할 수 있
다. np.where()을 조건에 맞게 작성한 뒤, reset_index()를 활용해 데이터의 인덱스값을 초기화한다.

> np.where(조건식, 조건이 True일 경우 설정값, 조건이 False일 경우 설정값)

| In [9]: | ```
import numpy as np
data['renewal_h/l'] = np.where(data['renewal_counts']>=data['renewal_
counts'].median(), 'High', 'Low')
data.reset_index(drop=True, inplace=True)
print('변수 생성 확인: ', data['renewal_h/l'].unique())
``` |
|---|---|
| Out [9]: | 변수 생성 확인: High, Low |

(5) (4)의 데이터로 차원을 축소하고 차원축소가 필요한 이유를 논하시오. 차원축소가 불필요하다고 판단되는 경우, 차원을 축소하지 않는 근거를 논하시오. **[10분]**

차원축소를 해야 하는 경우는 데이터보다 차원의 수가 더 많을 때 문제가 될 수 있다. 흔히 차원의 저주라 불리는 현상은, 데이터학습을 위한 차원(변수)이 증가하면서 학습데이터의 수보다 차원의 수가 많아져 모델의 성능이 떨어지는 현상을 의미한다. 차원이 높으면 과적합이 발생할 수 있다. 또한 get_dummies()를 활용해 범주형 변수를 원-핫 인코딩할 경우, 데이터에 빈 공간(0)이 생기는 데이터 성김현상(sparcity)가 발생한다. 쉽게 말해 대부분이 0으로 가득 차 있는 데이터가 될 수 있다. 해당 데이터는 범주형 변수를 포함하기 때문에 원-핫 인코딩 작업이 필수이다. 차원축소 방법 중 하나인 PCA를 사용하면, 데이터의 분산을 가장 잘 설명하는 새로운 조합으로 데이터를 나타낼 수 있다. 다만 해당 데이터는 원-핫 인코딩을 적용한 이후 데이터 차원(31)이 학습데이터의 수(8658)보다 작으므로 차원축소를 반드시 해야 할 필요는 없다. 또한 이후 문제풀이에서 재계약횟수를 종속변수로 하는 회귀분석에서 유의하게 작용하는 변수를 해석해야 하므로, 변수를 그대로 두어야 할 필요가 있다.

data를 data2에 복제한 뒤, Out [5]에서 확인한 변수들을 판다스의 get_dummies()를 통해 원-핫 인코딩을 수행한다.

In [10]:	```python col = ['area_size', 'house_type', 'sex', 'marriage_status', 'ratings'] data2 = data.copy() data2[col] = data2[col].astype(str) data2 = pd.get_dummies(data2) data2.reset_index(drop=True, inplace=True) print(data2.shape)```
Out [10]:	(8658, 31)

만약 차원축소를 적용해야 한다면?

(5)의 풀이에서 차원축소가 필요했다면, 다음 풀이를 적용해볼 수 있다.

Out [10]의 data2로 차원축소를 진행해보자.

feature에 target 변수인 renewal_counts와 target의 파생변수인 renewal_h/l를 제외한 feature 변수를 할당한다. feature 데이터는 정규화를 수행한 뒤 2개의 구성요소를 가진(n_components=2) PCA를 진행한다.

In [1]:	```from sklearn.preprocessing import StandardScaler```

```
from sklearn.preprocessing import StandardScaler
from sklearn.decomposition import PCA

feature = data2.columns.difference(['renewal_counts', 'renewal_h/l'])
data2_scaled = StandardScaler().fit_transform(data2[feature])

pca=PCA(n_components =2)
pca.fit(data2_scaled)
data2_pca = pca.transform(data2_scaled)
print(data2_pca.shape)
```

Out [1]:	(8658, 2)

PCA 변환 결과와 target인 renewal_counts를 결합해 분석에 사용할 수 있는 데이터프레임으로 만들 수 있다. 머신러닝 프로세스에 차원축소 과정을 추가할 경우, PCA로 얻은 pca1, pca2 변수를 독립변수로, renewal_counts 변수를 종속변수로 사용하면 된다.

In [2]:	```pca_columns = ['pca1', 'pca2']```

```
pca_columns = ['pca1', 'pca2']
df_pca = pd.DataFrame(data2_pca, columns = pca_columns)
df_pca['renewal_counts'] = data2.renewal_counts
print(df_pca.head())
```

Out [2]:	

```
      pca1       pca2  renewal_counts
0  2.022195   5.197803               4
1  2.551291   1.557557               7
2  4.349451   0.775252              10
3  4.722776   2.451171              10
4  3.893315  -0.198590               9
```

(6) (4)의 데이터의 'renewal_hl' 변수를 기준으로 데이터를 나누고, 각 데이터의 특징을 서술하시오. [10분]

① High 데이터 특징

거주기간(residence_months)의 평균은 약 186개월이며, 퇴거여부(eviction_status)에 대해 거주 중인 답변이 전체의 약 68%를 차지하여 계약자의 과반수가 미퇴거 상태임을 알 수 있다.

| In [11]: | ```python
high = data[data['renewal_h/l']=='High']
print(high.describe())
print(high.describe(exclude =np.number))
``` |
|---|---|

Out [11]:

	seq	renewal_counts	residence_months	house_type	ratings	floors	area_size	contract_id	move_in_year	residence_year	mc
count	4562.000000	4562.000000	4562.000000	4562.000000	4562.000000	4562.000000	4562.000000	4562.000000	4562.000000	4562.000000	
mean	42886.847435	7.940377	186.342832	1.817185	6.370890	7.804253	13.092284	41426.540772	2004.008330	2018.579132	
std	24935.509383	1.939435	46.908462	0.847185	1.264638	4.263781	2.214052	23431.091603	3.377566	2.706984	
min	13.000000	5.000000	78.000000	1.000000	5.000000	1.000000	12.000000	6.000000	1994.000000	2008.000000	
25%	21376.000000	6.000000	144.000000	1.000000	5.000000	4.000000	12.000000	21394.500000	2002.000000	2019.000000	
50%	42437.000000	8.000000	196.000000	2.000000	7.000000	8.000000	12.000000	40848.000000	2003.000000	2020.000000	
75%	63933.000000	10.000000	222.000000	2.000000	7.000000	11.000000	12.000000	62480.000000	2005.000000	2020.000000	
max	86899.000000	12.000000	323.000000	5.000000	10.000000	15.000000	19.000000	86892.000000	2013.000000	2020.000000	1

	sex	marriage_status	eviction_status	renewal_h/l
count	4562	4562	4562	4562
unique	2	2	2	1
top	Female	Single	Residing	High
freq	2760	3958	3128	4562

② Low 데이터 특징

거주기간(residence_months)의 평균은 약 57개월이며, 퇴거여부(eviction_status)에 대해 거주 중인 답변이 전체의 약 50%를 차지하여 계약자의 절반이 퇴거 상태임을 알 수 있다.

| In [12]: | ```python
low = data[data['renewal_h/l']=='Low']
print(low.describe())
print(low.describe(exclude =np.number))
``` |
|---|---|

Out [12]:

	seq	renewal_counts	residence_months	house_type	ratings	floors	area_size	contract_id	move_in_year	residence_year	mc
count	4096.000000	4096.000000	4096.000000	4096.000000	4096.000000	4096.000000	4096.000000	4096.000000	4096.000000	4096.000000	
mean	43580.734131	2.474854	57.657471	1.751709	6.262451	7.825684	12.971191	61590.395996	2012.259521	2016.468994	
std	25126.401771	1.110436	35.481046	0.845369	1.277098	4.340443	2.115043	26549.323251	6.150079	4.492622	
min	11.000000	1.000000	1.000000	1.000000	5.000000	1.000000	12.000000	1.000000	1994.000000	2008.000000	
25%	21689.250000	1.000000	29.000000	1.000000	5.000000	4.000000	12.000000	44492.750000	2007.000000	2012.000000	
50%	43158.000000	2.000000	58.000000	2.000000	7.000000	8.000000	12.000000	76661.000000	2014.000000	2020.000000	
75%	65935.750000	3.000000	81.000000	2.000000	7.000000	12.000000	12.000000	84435.000000	2017.000000	2020.000000	
max	86903.000000	4.000000	318.000000	5.000000	10.000000	15.000000	19.000000	86867.000000	2020.000000	2020.000000	1

	sex	marriage_status	eviction_status	renewal_h/l
count	4096	4096	4096	4096
unique	2	2	2	1
top	Female	Single	Residing	Low
freq	2141	3721	2073	4096

(7) 재계약횟수를 종속변수로 하는 회귀분석을 두 가지 이상의 방법론을 통해 수행하고 최종 모델을 결정하
시오. [20분]

선형회귀분석과 AdaBoost 회귀분석을 각각 적용해보자.

| In [13]: | ```python
from sklearn.model_selection import train_test_split
features = ['seq', 'residence_months', 'floors', 'contract_id',
        'move_in_year', 'residence_year', 'monthly_rentals',
        'deposits', 'ages', 'resident_counts', 'house_type_1',
        'house_type_2', 'house_type_3', 'house_type_4', 'house_type_5',
        'ratings_10.0', 'ratings_5.0', 'ratings_7.0', 'ratings_8.0',
        'area_size_12', 'area_size_15', 'area_size_19', 'sex_Female',
        'sex_Male', 'marriage_status_Married', 'marriage_status_Single',
        'eviction_status_Moved-out', 'eviction_status_Residing']
x = data2[features].values
y = data2['renewal_counts'].values
x_train, x_test, y_train, y_test = train_test_split(x, y, test_size
        =0.2, random_state =42)

from sklearn.linear_model import LinearRegression
linear = LinearRegression()
linear.fit(x_train, y_train)

from sklearn.metrics import mean_absolute_error, mean_squared_error
from sklearn.metrics import r2_score
import numpy as np
pred = linear.predict(x_test)
mae = mean_absolute_error(y_test, pred)
mse = mean_squared_error(y_test, pred)
rmse = np.sqrt(mse)
r2 = r2_score(y_test, pred)
print('MSE\t{}'.format(round(mse,3)))
print('MAE\t{}'.format(round(mae,3)))
print('RMSE\t{}'.format(round(rmse,3)))
print('R2\t{}%'.format(round(r2 *100,3)))
``` |
|---|---|
| Out [13]: | ```
MSE     0.579
MAE     0.487
RMSE    0.761
R2      94.199%
``` |

AdaBoost 회귀분석을 적용해보자.

| In [14]: | ```
from sklearn.ensemble import AdaBoostRegressor
reg = AdaBoostRegressor(base_estimator =None)
pred=reg.fit(x_train, y_train).predict(x_test)

mse = mean_squared_error(y_test, pred)
mae = mean_absolute_error(y_test, pred)
rmse = np.sqrt(mse)
r2 = reg.score(x_test, y_test)
print('MSE\t{}'.format(round(mse,3)))
print('MAE\t{}'.format(round(mae,3)))
print('RMSE\t{}'.format(round(rmse,3)))
print('R2\t{}%'.format(round(r2 *100,3)))
``` |
|---|---|
| Out [14]: | ```
MSE     1.033
MAE     0.773
RMSE    1.017
R2      89.652%
``` |

성능평가지표 MSE, MAE, RMSE, R2를 비교한 결과, 선형회귀분석의 정확도가 더 높음을 확인할 수 있다. MSE, MAE, RMSE은 예측값과 실제값 사이의 차이를 지표화한 것으로, 선형회귀분석 결과가 더 낮은 점수를 가지고 있어 AdaBoost 회귀보다 성능이 우수하다 해석할 수 있다. 또한 R2는 독립변수 X로 설명할 수 있는 종속변수 Y의 변동 비율이며, 선형회귀분석의 R2가 더 높으므로 설명력 관점에서 AdaBoost 회귀보다 성능이 우수하다고 판단할 수 있다.

따라서 최종 모델은 선형회귀모델로 선정한다.

(8) 최종 채택한 모델에서 각각 유의하게 작용하는 변수를 확인하고 설명하시오. [20분]

선형회귀모델에서는 .coef를 활용하여 선형회귀모델의 계수를 확인할 수 있다. 변수와 계수를 매칭한 뒤 오름차순을 통해 계수의 크기를 비교해보자. 계수의 절댓값이 큰 순서대로 변수 2개를 선택하여 재계약횟수와의 관계를 설명할 수 있다. house_type_4에 거주하는 것은 −1.86으로 가장 큰 부정적 영향을 주었으며, ratings_10(만족도 10점)은 1.96으로 가장 큰 긍정적 영향을 주었다고 해석할 수 있다.

| In [15]: | ```python
var = {round(c,2):f for f, c in zip(features, list(linear.coef_))}
print(sorted(var.items())[0])
print(sorted(var.items())[-1])
``` |
|---|---|
| Out [15]: | (-1.86, 'house_type_4')
(1.96, 'ratings_10.0') |

AdaBoost 회귀모델에서는 변수중요도를 수치화하여 각 변수의 영향력을 확인할 수 있다. 중요도가 가장 높은 변수는 residence_month이므로, 거주기간이 재계약횟수에 영향을 주는 인자로 해석할 수 있다.

| In [16]: | ```python
importances = reg.feature_importances_
column_nm = pd.DataFrame(features)
feature_importances = pd.concat([column_nm,
                                 pd.DataFrame(importances)], axis=1)
feature_importances.columns = ['feature_nm', 'importances']
print(feature_importances.sort_values(by ='importances', ascending
=False).reset_index().loc[0,:])
``` |
|---|---|
| Out [16]: | ```
index                         1
feature_nm      residence_months
importances             0.567528
Name: 0, dtype: object
``` |
```

(9) 해당 분석결과로 얻을 수 있는 인사이트를 제시하시오. [10분]

EDA 결과 재계약횟수가 중앙값보다 높은 집단은 그렇지 않은 집단보다 약 129개월 더 오래 거주하고 있으며 계약자의 약 70%가 미퇴거 상태임을 알 수 있었다. 또한 회귀분석을 통해 house_type 4에 거주하는 것은 재계약 횟수에 부정적인 영향을 주고, 만족도가 10이 될수록 긍정적인 영향을 준다고 볼 수 있었다. 거주기간인 residence_month 또한 재계약횟수에 영향을 주는 인자로 파악된다. 이를 통해 거주기간과 주거만족도가 재계약 횟수에 영향을 준다고 판단할 수 있다.

> 데이터 : 야구 경기 데이터

(1) 회차별로 1번 타자의 출루[1,2,3루타와 사사구(볼넷, 몸에 맞는 공)]가 있는 경우에 대해 득점이 발생했는지 확인하는 분석을 위한 전처리 과정을 수행하시오(단, 첫 번째 혹은 두 번째 타자가 홈런을 친 경우 해당 회차 데이터는 제외). [30분]

먼저 첫 번째 혹은 두 번째 타자가 홈런을 친 경우의 회차 데이터를 제외한다.

타자행동에 대한 컬럼을 a_col에 저장한다. data[data[a_col]!=4][a_col]은 타자행동에서 4가 아닌 경우는 값을 그대로 유지하고, 4인 경우에 값을 NaN으로 바꾸어준다. 이 결과에 뒤이어 .dropna()로 결측치를 제거하면 타자행동에서 4인 경우, 즉 홈런인 경우를 제거하게 된다. .index()로 인덱스 정보만 취득하여 data에 슬라이싱을 하면 홈런을 친 경우의 회차 데이터가 삭제된다.

| In [1]: | ```# 첫번째 또는 두번째 타자가 홈런 친 경우 제외
a_col = [x for x in data.columns if 'a' in x]
homerun_idx = data[data[a_col]!=4][a_col].dropna().index
data = data.loc[homerun_idx, :].reset_index(drop =True)
data``` |
|---|---|
| Out [1]: | (table below) |

	game_id	a1_1	a1_2	a2_1	a2_2	a3_1	a3_2	a4_1	a4_2	a5_1	...	a9_2	b1	b2	b3	b4	b5	b6	b7	b8	b9
0	201900016	5	5	5	5	5	5	5	5	5	...	5	0	0	0	0	0	0	4	2
1	201900112	5	7	6	1	5	5	1	5	1	...	5	0	3	0	0	0	1	0	0
2	201900131	5	1	2	5	2	5	7	2	6	...	6	0	2	4	1	2	2	0	1	0
3	201900141	6	5	6	5	7	5	5	5	5	...	7	0	5	0	0	2	2	3	0	0
4	201900142	5	6	5	1	5	6	5	5	5	...	7	2	0	2	0	3	0	1	0	0
...																					
78	201902288	7	7	6	1	5	5	6	7	...	7	0	2	0	0	0	0	0	7	0
79	201902301	5	5	7	5	5	7	5	6	7	...	7	0	0	1	3	0	1	1	0	0
80	201902307	5	7	5	8	5	5	7	5	4	...	9	0	2	0	0	0	3	0	0	7
81	201902327	5	2	5	7	1	9	5	5	5	...	5	0	0	0	0	0	3	1	0	0
82	201902373	5	7	5	6	5	9	7	5	1	...	5	0	0	0	0	0	1	0	0	0

홈런조건을 제외한 후, 문제에서 요구하는 데이터프레임으로 구조화해야 한다. 분석을 위한 데이터프레임의 형태는 각 게임별 ID, 첫 타자의 행동, 두 번째 타자의 행동, 스코어, 득점여부, 회차정보가 들어가야 한다. 이를 위해 각 회차별 1번 타자 컬럼을 a1_col에 저장한다. 두 번째 타자를 a2_col로 생성하고, 스코어를 b_col에 저장한다. for문을 돌며 게임별 ID와 회차정보에 해당하는 타자의 행동과 스코어를 데이터프레임으로 저장한다. 그 뒤 스코어 열을 기준으로 득점여부 컬럼을 생성한다.

| In [2]: | ```python
a1_col = [x for x in a_col if '_1' in x]
a2_col = [x for x in a_col if '_2' in x]
b_col = [x for x in data.columns if 'b' in x]
score = []
i=1
for a1, a2, b in zip(a1_col, a2_col, b_col):
    df = data[['game_id', a1, a2, b]]
    df.columns = ['game_id', '1st', '2nd', 'score']
    df['inning'] = i
    i+=1
    score.append(df)
score = pd.concat(score, axis =0).reset_index(drop =True)
score['score label'] = np.where(score['score']==0, False, True)
score
``` |
| Out [2]: | |

	game_id	1st	2nd	score	inning	score label
0	201900016	5	5	0	1	False
1	201900112	5	7	0	1	False
2	201900131	5	1	0	1	False
3	201900141	6	5	0	1	False
4	201900142	5	6	2	1	True
...	...	...	...	...	...	...
724	201902250	7	5	0	9	False
725	201902288	5	7	0	9	False
726	201902307	1	9	7	9	True
727	201902327	7	5	0	9	False
728	201902373	1	5	0	9	False

729 rows × 6 columns

이번에는 각 회차마다 1번 타자의 출루가 있는 경우에 해당하는 데이터프레임을 추출해보자. 출루가 있는 경우는 1번 타자의 행동값에 1, 2, 3, 6이 있는 경우이다. 출루에 해당하는 값이 있는 행을 필터링하도록 조건을 적용해준다.
```

In [3]:	`score = score[score['1st'].isin([1, 2, 3, 6])]` `score`

Out [3]:		game_id	1st	2nd	score	inning	score label
	3	201900141	6	5	0	1	False
	5	201900150	1	6	2	1	True
	11	201900213	2	5	2	1	True
	12	201900285	6	5	0	1	False
	14	201900380	2	5	2	1	True
	...	...	...	...	...	...	...
	704	201901579	2	2	2	9	True
	710	201901888	6	5	0	9	False
	723	201902211	1	1	1	9	True
	726	201902307	1	9	7	9	True
	728	201902373	1	5	0	9	False

241 rows × 6 columns

최종적으로 241개 행과 6개 열을 가진 데이터프레임을 생성했으며, 득점한 경우는 241건, 득점하지 못한 경우는 488건으로 확인된다.

In [4]:	`score.reset_index(drop=True, inplace =True)` `score['score label'].value_counts()`

Out [4]:	`False    488`
	`True     241`
	`Name: score label, dtype: int64`

(2) (1)의 데이터에 대해 Logistic Regression을 적용하고 2번 타자의 희생번트 여부에 대한 회귀계수 검정을 적용하시오. [20분]

2번째 타자의 희생번트가 있을 경우 1, 아닐 경우 0인 값으로 2nd_9 변수를 생성한 뒤 train과 test로 나누어보자.

| In [6]: | ```python
from sklearn.model_selection import train_test_split
score['2nd_9'] = np.where(score['2nd']==9, 1, 0)
x=score[['1st', '2nd', '2nd_9']].values
y=score['score label'].values
train_x, test_x, train_y, test_y=train_test_split(x,y,stratify =y,
        train_size =0.7, random_state =1)
print(train_x.shape, test_x.shape, train_y.shape, test_y.shape)
``` |
| Out [6]: | (168, 3) (73, 3) (168,) (73,) |

2nd_9 변수의 회귀계수 검정을 위한 가설은 다음과 같다.

귀무가설(H0)	회귀계수는 0이다.
대립가설(H1)	회귀계수는 0이 아니다.
```

2nd_9에 해당하는 x3의 p값이 0.003이므로 유의수준 0.05에서 귀무가설을 기각할 수 있다. 따라서 회귀계수는 0이 아니며 유의한 변수라 판단할 수 있다.

| In [7]: | ```import statsmodels.api as sm
logR = sm.Logit(train_y, sm.add_constant(train_x)).fit()
print(logR.summary())``` |
|---|---|
| Out [7]: | ```
Optimization terminated successfully.
         Current function value: 0.643709
         Iterations 5
                              Logit     Regression       Results
==============================================================
Dep. Variable:                  y     No. Observations:        168
Model:                      Logit     Df Residuals:            164
Method:                       MLE     Df Model:                  3
Date:             Wed, 03 Apr 2024    Pseudo R-squ.:       0.04621
Time:                    19:32:16     Log-Likelihood:      -108.14
converged:                   True     LL-Null:             -113.38
Covariance Type:        nonrobust     LLR p-value:         0.01491
==============================================================
                 coef    std err       z      P>|z|    [0.025    0.975]
--------------------------------------------------------------
const          1.4665      0.531    2.760     0.006     0.425     2.508
x1            -0.0150      0.076   -0.199     0.842    -0.163     0.133
x2            -0.2451      0.091   -2.697     0.007    -0.423    -0.067
x3             1.7328      0.591    2.932     0.003     0.574     2.891
==============================================================
``` |
```

(3) SMOTE(random_state =0)를 적용하여 Data Imbalance를 해결하시오. [20분]

SMOTE를 적용하여 train 데이터가 200행으로 증가하였다.

In [8]:	```python from imblearn.over_sampling import SMOTE smote = SMOTE(random_state =0) x_train_s, y_train_s = smote.fit_resample(train_x, train_y) print(x_train_s.shape, y_train_s.shape)```
Out [8]:	(200, 3) (200,)

(4) (3)의 데이터에 Logistic Regression을 적용하고 결과를 분석하시오. [10분]

LLR은 로지스틱 회귀 모델에서 모델의 적합도를 평가하는 데 사용할 수 있다. 유의수준 0.05보다 작으므로 로지스틱 회귀모델이 통계적으로 유의미하다고 해석 가능하다. 또한 1번째 타자의 행동에 해당하는 x1 회귀계수의 p-value 값이 0.05보다 크기 때문에 유의한 설명력을 가진다고 볼 수 없다. 회귀계수가 가장 크면서 유의미한 설명력을 가진 변수는 2번째 타자의 희생번트 여부이다. 따라서 2번째 타자의 희생번트 여부는 해당 회차의 득점여부에 유의한 영향을 준다고 볼 수 있다.

In [9]:	`import statsmodels.api as sm`
	`logR = sm.Logit(y_train_s, sm.add_constant(x_train_s)).fit()`
	`print(logR.summary())`

```
Optimization terminated successfully.
        Current function value: 0.653495
        Iterations 5
                          Logit    Regression      Results
==============================================================
Dep. Variable:                 y   No. Observations:      200
Model:                     Logit   Df Residuals:          196
Method:                      MLE   Df Model:                3
Date:           Wed, 03 Apr 2024   Pseudo R-squ.:     0.05721
Time:                   19:41:50   Log-Likelihood:    -130.70
converged:                  True   LL-Null:           -138.63
Covariance Type:       nonrobust   LLR p-value:      0.001211
==============================================================
                 coef   std err        z    P>|z|    [0.025    0.975]
--------------------------------------------------------------
const          1.2887     0.495    2.605    0.009     0.319     2.258
x1            -0.0475     0.067   -0.704    0.481    -0.180     0.085
x2            -0.2732     0.086   -3.173    0.002    -0.442    -0.104
x3             2.0005     0.556    3.600    0.000     0.911     3.090
==============================================================
```

■ 통계분석 (30점)

1. 제품 A의 불량률은 0.03이다. 25개의 제품을 뽑았을 때 3개가 불량일 확률을 구하시오(소수점 다섯째 자리에서 반올림).

2. 해당하는 데이터를 분석하여 답하시오.

(1) C사 생산 제품 1000개 중 양품이 600개, D사 생산 제품 500개 중 양품이 200개이다. 두 회사의 양품률에 차이가 있는지 검정하시오.

(2) 각 차종별 범퍼 파손의 정도에 차이가 유의한지 검정하시오.

(3) 귀무가설을 채택한다면 그 의미를 해석하고, 귀무가설을 기각하였다면 사후분석을 시행하시오.

3. L1, L2, L3 세 개의 생산라인에서 각각 13%, 37%, 50%를 생산하며 각각 1.1%, 2.1%, 3.3% 불량률을 갖는다. 불량 제품이 나왔을 때 L1 라인에서 생산되었을 확률을 구하시오(소수점 둘째자리에서 반올림).

---

1. **제품 A의 불량률은 0.03이다. 25개의 제품을 뽑았을 때 3개가 불량일 확률을 구하시오(소수점 다섯째 자리에서 반올림).** **[20분]**

   이항분포에서 X=3일 때를 계산하는 문제이다. 이항분포는 연속된 n번의 독립적 시행에서 각 시행이 확률 p를 가질 때의 이산 확률 분포이다.

$$p(x) = {}_nC_x \, p^x (1-p)^{n-x}$$

   위 공식에 맞게 p(x=3)을 파이썬으로 계산해보자.

In [1]:	```python import math n=25 x=3 p=0.03 answer = (math.factorial(n))/(math.factorial(x)*math.factorial(n-x))*(p **3)*((1 -p)**(n -3)) print(round(answer, 4))```
Out [1]:	`0.0318`

2. 해당하는 데이터를 분석하여 답하시오.

(1) C사 생산 제품 1000개 중 양품이 600개, D사 생산 제품 500개 중 양품이 200개이다. 두 회사의 양품률에 차이가 있는지 검정하시오. [20분]

C사는 양품률이 60%, D사는 양품률이 40%이다. 검정을 위해서는 다음과 같이 가설을 세울 수 있다.

귀무가설(H0)	C사와 D사의 양품률 차이는 없다.
대립가설(H1)	C사의 양품률이 D사의 양품률보다 크다.

검정통계량 Z와 p-value를 구하여 가설검정을 해보자. 우선 검정통계량 Z를 구하는 공식은 다음과 같다.

$$Z = \frac{(\widehat{P_1} - \widehat{P_2}) - 0}{\sqrt{\frac{\widehat{P_1} * (1 - \widehat{P_1})}{n_1} + \frac{\widehat{P_2} * (1 - \widehat{P_2})}{n_2}}}$$

alpha=0.05에서 검정통계량은 4.2258로 임계치 1.6449보다 크다. 또한 p-value가 0.00001로 alpha=0.05보다 작기 때문에 귀무가설은 기각된다. 따라서 C사와 D사의 양품률에 차이가 있다고 판단할 수 있다.

| In [2]: | ```python
import scipy.stats as stats
alpha=0.05
n1=1000
n2=500
p1_hat=600 /n1
p2_hat=200 /n2
zscore=((p1_hat -p2_hat)-0)/np.sqrt((p1_hat *(1 -p1_hat)/n1)+((p2_hat)+(1 -p2_hat))/n2)
rv=stats.norm() # 정규분포
print("alpha=0.05일 때 임계치: ", round(rv.ppf(0.95), 4))
print("검정통계량(Z): ", round(zscore, 4))
print("p-value: ", round(1 -rv.cdf(zscore), 5))
``` |
| Out [2]: | ```
alpha=0.05일 때 임계치 : 1.6449
검정통계량(Z) : 4.2258
p-value : 1e-05
``` |

(2) 각 차종별 범퍼 파손의 정도에 차이가 유의한지 검정하시오.　　　　　　　　　　　　　**[20분]**

각 차종 별 범퍼의 파손정도의 차이 검정을 위해 가설을 다음과 같이 세운다.

귀무가설(H0)	각 차종별 범퍼의 파손정도는 동일하다.
대립가설(H1)	각 차종별 범퍼의 파손정도는 차이가 있다.

데이터를 업로드하여 차종이 어떻게 구성되어있는지 확인한다.

In [3]:	url ="https://raw.githubusercontent.com/ADPclass/ADP_book_ver01/main/data/29_problem3.csv" data = pd.read_csv(url) print(data.Type.unique())
Out [3]:	['A' 'C' 'D' 'B']

각 차종별로 데이터를 구분한 뒤 일원분산분석(One way ANOVA)로 검정통계량을 구한다. p-value 가 유의수준 0.05보다 작으므로 귀무가설은 기각한다. 따라서 각 차종별 범퍼의 파손정도는 차이가 있다고 판단할 수 있다.

In [4]:	import scipy.stats as stats data_a = data[data['Type']=='A']['Demage'] data_b = data[data['Type']=='B']['Demage'] data_c = data[data['Type']=='C']['Demage'] data_d = data[data['Type']=='D']['Demage'] F_statistics, p_value = stats.f_oneway(data_a, data_b, data_c, data_d) print(F_statistics, p_value)
Out [4]:	24.976953069958586 2.817477959463302e-06

(3) 귀무가설을 채택한다면 그 의미를 해석하고, 귀무가설을 기각하였다면 사후분석을 시행하시오.   [20분]

Turkey HSD 사후분석방법으로 집단간 평균이 어떻게 다른지 살펴볼 수 있다. group1과 group2는
비교 가능한 모든 그룹의 조합이며 reject는 p-value를 근거로 해당 집단의 평균 차이가 유의미한지
알려준다. reject가 True라면 귀무가설을 기각하여 평균의 차이가 유의미하다고 판단할 수 있다. A와
D는 reject가 False이므로 귀무가설을 기각하지 못하고, 두 집단 사이의 평균 다르지 않다고 해석할
수 있다. A-D 집단을 제외한 비교 가능한 그룹 조합에서 reject가 True이므로 평균의 차이가 있다고
해석 가능하다.

| In [5]: | ```# 사후검정
from statsmodels.stats.multicomp import MultiComparison
com = MultiComparison(data['Demage'], data['Type'])
result = com.tukeyhsd()
print(result.summary())``` |
|---|---|
| Out [5]: | ```
Multiple Comparison of Means - Tukey HSD, FWER=0.05
==================================================
group1  group2  meandiff  p-adj    lower     upper    reject
--------------------------------------------------
    A       B    15.1685   0.001    6.1261   24.211   True
    A       C   -11.8562   0.0085  -20.8987  -2.8138  True
    A       D    -1.9929   0.9    -11.0354   7.0495  False
    B       C   -27.0248   0.001   -36.0672 -17.9823  True
    B       D   -17.1614   0.001   -26.2039  -8.119   True
    C       D     9.8633   0.0302    0.8208  18.9058  True
--------------------------------------------------
``` |
```

3. L1, L2, L3 세 개의 생산라인에서 각각 13%, 37%, 50%를 생산하며 각각 1.1%, 2.1%, 3.3% 불량률을 갖는다. 불량 제품이 나왔을 때 L1 라인에서 생산되었을 확률을 구하시오(소수점 둘째자리에서 반올림).

[20분]

조건부확률을 구하는 문제이다. 불량제품이 나왔을 경우를 사건 A라 하고 불량제품이 나왔을 때 해당 제품이 L1라인이었을 경우를 사건 B라고 하여 이를 파이썬으로 계산할 수 있다.

| In [6]: | ```
# 조건부확률
A = (0.13 *0.011)+(0.37 *0.021)+(0.5 *0.033)
B = (0.13 *0.011)
answer = B / A
print(round(answer, 3))
``` |
|---|---|
| Out [6]: | 0.06 |

계산 결과 확률은 0.06(또는 6%)이다.
```

참고문헌 및 사이트

■ 참고문헌
- 〈An Introduction to Statistical Learning with Application in R〉, Gareth James · Daniela Witten · Trevor Hastie · Robert Tibshirani, 루비페이퍼
- 〈Hans-On Machine Learning with Scikit-Learn, Keras & Tensorflow〉, 오렐리앙 제롱, 한빛미디어
- 〈데이터 통계학 이론과 응용〉, 박용태 · 금영정, 생능출판사
- 〈머신러닝과 통계〉, 프라탑 단게티, 에이콘출판사
- 〈파이썬 라이브러리를 활용한 머신러닝〉, 안드레아스 뮐러 · 세라 가이도, 한빛미디어
- 〈혼자 공부하는 머신러닝+딥러닝〉, 박해선, 한빛미디어

■ 참고사이트
www.kaggle.com/mirichoi0218/insurance
www.kaggle.com/crawford/80-cereals
www.kaggle.com/datasets/kukuroo3/body-performance-data
www.kaggle.com/sveneschlbeck/beginners-classification-dataset
www.kaggle.com/uciml/indian-liver-patient-records
www.kaggle.com/yasserh/breast-cancer-dataset
www.kaggle.com/goyalshalini93/car-data
www.kaggle.com/luci
www.kaggle.com/code/kukuroo3/adp-26-problem-python
www.kaggle.com/akkefa/imdb-dataset-of-50k-movie-translated-urdu-reviews

좋은 책을 만드는 길, 독자님과 함께하겠습니다.

파이썬 한권으로 끝내기 : 데이터분석전문가(ADP) + 빅데이터분석기사 실기대비

개정2판1쇄 발행	2024년 06월 20일 (인쇄 2024년 05월 31일)
초 판 발 행	2022년 06월 03일 (인쇄 2022년 04월 28일)
발 행 인	박영일
책 임 편 집	이해욱
편 저	데싸라면 · 빨간색 물고기 · 자투리코드
편 집 진 행	김은영 · 이정선
표 지 디 자 인	하연주
본 문 디 자 인	신지연 · 곽은슬
발 행 처	(주)시대고시기획
출 판 등 록	제10-1521호
주 소	서울시 마포구 큰우물로 75 [도화동 538 성지 B/D] 9F
전 화	1600-3600
팩 스	02-701-8823
홈 페 이 지	www.sdedu.co.kr

I S B N	979-11-383-7225-1 (13000)
정 가	31,000원

다년간 누적된 합격의 DATA!

시대에듀
빅데이터분석기사 시리즈

유료 동영상 교재

빅데이터분석기사 필기
한권으로 끝내기

유료 동영상 교재

❶ 핵심이론 + 확인 문제 구성으로 이론 완벽 복습 가능
❷ 단원별 적중예상문제로 실전감각 UP
❸ 2021~2023년 총 6회분의 최신 기출복원문제 수록

빅데이터분석기사 실기(R)
한권으로 끝내기

빅데이터분석기사 실기(파이썬)
한권으로 끝내기

❶ 2023년 변경된 출제유형 완벽 반영
❷ 2021~2023년 총 6회분의 최신 기출복원문제 수록
❸ 유형별 단원종합문제 + 합격모의고사 2회분
❹ 자사 홈페이지를 통해 예제 파일 제공

※ 도서의 이미지 및 구성은 변경될 수 있습니다.

빅데이터분석기사 + 데이터분석전문가(ADP) 동시대비

파이썬
한권으로 끝내기

❶ 기초부터 심화까지 아우르는 종합기본서

❷ 핵심이론 + 예제로 단계별 학습 가능

❸ 최신 기출동형 모의고사 7회분 수록

❹ 깃허브를 통해 예제 파일 및 코드 제공

※ 도서의 이미지 및 구성은 변경될 수 있습니다.

실무에 쓰이는 고급 데이터 분석

시대에듀
데이터 분야 심화과정

빅데이터분석기사
실기 R 심화

빅데이터 활용서 Ⅰ · Ⅱ

❶ 실기대비 및 실무용 심화 도서

❷ 챕터별 연습문제 및 단원종합문제 수록

❸ 편리한 학습을 위해 찾아보기(색인) 제공

❹ [부록] R 데이터세트 수록

❶ R을 이용한 중 · 고급 데이터 분석의 바이블

❷ 샘플 데이터를 통한 실전 데이터 분석 학습 가능

❸ 빅데이터 분야 유일, 시뮬레이션 및 최적화 제시

나는 이렇게 합격했다

당신의 합격 스토리를 들려주세요
추첨을 통해 선물을 드립니다

베스트 리뷰
갤럭시탭/ 버즈 2

상/하반기 추천 리뷰
상품권/ 스벅커피

인터뷰 참여
백화점 상품권

이벤트 참여방법

합격수기

시대에듀와 함께한
도서 or 강의 **선택**
> 나만의 합격 노하우
정성껏 **작성**
> 상반기/하반기
추첨을 통해 선물 증정

인터뷰

시대에듀와 함께한
강의 선택
> 합격증명서 or
자격증 사본 **첨부,**
간단한 **소개 작성**
> 인터뷰 완료 후
백화점 상품권 증정

이벤트 참여방법
다음 합격의 주인공은 바로 여러분입니다!

QR코드 스캔하고 ▷ ▷ ▷ ▶
이벤트 참여하여 푸짐한 경품받자!

합격의 공식
시대에듀